Zu diesem Buch

Der britische Historiker und vielfach ausgezeichnete Dokumentarfilmer Alan Ereira erfuhr in den siebziger Jahren von sehr alten Goldschmiedearbeiten, die in großer Zahl auf den Antiquitätenmarkt kamen. Geschaffen haben sollten diese meisterlichen kleinen Kunstwerke die Tairona. Wer aber waren die Tairona? Spanische Chroniken aus dem 16. Jahrhundert erwähnten immerhin ihre Kultstätten. Ereira machte sich auf die Suche und entdeckte tatsächlich auf versteckten Grabräuberpfaden hoch oben im Urwald der unzugänglichen Sierra Nevada de Santa Marta die Ruinen einer solchen untergegangenen Tempelstadt der Tairona. Ringsherum auf den Bergflanken und Hochebenen wohnt bis heute ein kleinwüchsiges Indiovolk, das seit vierhundert Jahren den Kontakt gemieden hat und so die urtümliche altamerikanische Kultur bewahren konnte.

Mit viel Geduld, Geschick und Glück erwirbt sich Ereira das Vertrauen der kleinen Gebirgsbauern in ihrer weißen Baumwollkleidung. Sie laden ihn sogar ein in ihre tausend Jahre alten Siedlungen, wo er, der Forscher aus dem fernen England, die kaum veränderte materielle und geistige Kultur der Chibcha kennenlernt und filmen darf: das Volk des El Dorado.

Andere nennen sie heute «Kogi», sie selber bezeichnen sich seit alters als «die älteren Brüder» der Menschheitsfamilie, weil sie nach der grausamen Eroberung Amerikas durch die «jüngeren Brüder» (die Europäer) überzeugt sind, daß deren Torheit und Habgier in wenigen Jahren alles Leben auf der Erde vernichten werden, wenn nicht sie, die Erstgeborenen, jetzt für die Wiederherstellung der natürlichen Ordnung sorgen.

Verblüffenderweise haben die spirituellen Führer der Kogi beschlossen, ihre Botschaft an die Welt Alan Ereira anzuvertrauen. Ihm sagen sie alles, was die Erde braucht, damit wir weiter von ihr leben können. Ereira darf überall Filmaufnahmen machen, selbst in der auch von den Kogi gemiedenen Gipfelregion der Sierra. Die geheiligten mündlichen Überlieferungen darf Ereira aufzeichnen und soll sie in die bedrohte Welt von uns unreifen jüngeren Brüdern hinaustragen, damit wir den Weg ins sichere Verderben verlassen und zurückkehren zu den Gesetzen, die Natur, Menschenwelt und Geisterreich regieren.

Alan Ereira legt Zeugnis ab von seinen aufregenden Erlebnissen, Erfahrungen und Erkenntnissen. Ihm ist ein Buch geglückt, das gleichermaßen als Reisereportage, als Forschungsbericht und als ökologisches Menetekel eine Meisterleistung darstellt.

Alan Ereira

Die großen Brüder

Die Botschaft der Hüter des Lebens

Deutsch von Kurt Neff

Rowohlt

rororo transformation

Herausgegeben von Bernd Jost
und Jutta Schwarz

Umschlaggestaltung: Walter Hellmann
(Foto: Felicity Nock / The Hutchinson Library)

Veröffentlicht im Rowohlt Taschenbuch Verlag GmbH,
Reinbek bei Hamburg, Mai 1995
Die Originalausgabe erschien 1990 im Verlag Jonathan Cape Ltd.,
London, unter dem Titel «The Heart of the World»
Copyright der deutschen Ausgabe © 1993 by Rowohlt Verlag GmbH,
Reinbek bei Hamburg
«The Heart of the World» Copyright © Alan Ereira 1990
Alle Rechte vorbehalten
Gesamtherstellung Clausen & Bosse, Leck
Printed in Germany
1890-ISBN 3 499 19933 5

Inhalt

Dank

Eine große Zahl von Menschen opferte Zeit und Kraft, um mir dabei zu helfen, der Welt die Worte der Älteren Brüder zu Gehör zu bringen. Meine Frau Sarah und meine Töchter Kate und Ros integrierten dieses Projekt für die Dauer von drei Jahren in ihr Leben; meine Besessenheit tolerierten sie nicht nur, sondern sie teilten sie auch und begleiteten mich nach Kolumbien, um mir dort zur Hand zu gehen.

Dieses Buch ist das Protokoll der Entstehung eines Fernsehfilms. Die BBC und die Goldsmith Foundation gewährten mir bei allem, was ich tat, ihre uneingeschränkte Unterstützung; dafür danke ich ihnen ebenso wie für die Erlaubnis zum Zitieren aus meinen Interviews und den im Zuge der Dreharbeiten entstandenen Tonbandaufzeichnungen. Das Kamerateam (Bill Broomfield, John Cridlin und Bruce Wills) und die beiden ethnologischen Fachberater (Dr. Graham Townsley und Felicity Nock) standen die strapaziösen Etappen des Unternehmens klaglos durch, sorgten dafür, daß alles wunschgemäß lief, und entlasteten mich in denkbar fürsorglicher Weise. Hervorgehoben seien hier billigerweise John und Bruce, weil sie auf den folgenden Seiten viel zu kurz gekommen sind. Die nie erlahmende nervenstärkende Mithilfe von Menschen, die mit ihrer Zuverlässigkeit und Liebenswürdigkeit ebenso zum Gelingen beitrugen wie mit ihrem beruflichen Können, und die es, was auch kommen mochte, an jenen guten Eigenschaften niemals fehlen ließen, verwandelte die gesamte Aktion, die sich ebensogut zur reinen Strapaze hätte auswachsen können, in etwas scheinbar ganz Einfaches.

Was viele andere mit ihrer Hilfe zum Gelingen beitrugen, wird dem Leser an Ort und Stelle nicht verborgen bleiben. Ganz entscheidende Anteile haben die sämtlichen Mitarbeiter des Büros Santa Marta der «Asuntos Indigena» (Amt für indianische Angelegenheiten), die sogar soweit gingen, Dr. Townsley in ihren Büroräumen zu beherbergen. Bei meinen Aufenthalten in Bogotá machte sich Alec Bright mit rückhaltlosem Einsatz zum Sachverwalter meiner Interessen. Das Museo del Oro, der Kunsthändler Cano und die Hubschraubervermietung Helicol sorgten dafür, daß ich im Bedarfsfall bekam, was ich brauchte. Und selbstverständlich gebührt (wie mein Bericht im einzelnen noch sehr viel deutlicher zeigen wird) Ricardo Nuñez und Frankie Rey, denen die Sorge für unser leibliches Wohl oblag, Dank für mehr als bloß fürs Kochen und Quartiermachen – wenngleich auch das schon keine geringe Leistung war und ich den beiden in dieser Hinsicht das große Kompliment machen muß, daß wir unseren Aufenthalt in Kolumbien allesamt gesünder und in besserer körperlicher Verfassung beendeten, als wir ihn begonnen hatten.

Danken möchte ich ferner den diplomatischen Vertretern der kolumbianischen Regierung in London, Herrn Ricardo Samper, der zeitweilig das Amt des Geschäftsführenden Botschafters versah, und dem Herrn Gesandten Dr. Cepeda, die jedesmal, wenn ich mich in den Fußangeln der kolumbianischen Bürokratie zu verfangen drohte, mit der größten Bereitwilligkeit zu meinen Gunsten in Bogotá intervenierten. Ohne ihre Hilfe wäre ich nie ans Ziel gelangt.

Bei der Abfassung dieses Buches hat mir Dr. Graham Townsley sehr geholfen; die folgenden Seiten verdanken ihm Wesentliches. Er hielt sich beträchtlich länger in der Sierra auf als ich und blieb auch nach meiner Abreise noch dort, um die Übersetzungsarbeit zu leiten. Dessenungeachtet ist das Folgende ein Bericht aus meiner persönlichen Sicht, für den ich allein die Verantwortung zu tragen habe.

Kolumbien ist ein Land ohne inneren Frieden, mit dessen Ruf es auf der internationalen Szene nicht zum Besten steht. Überall, wo ich hinkam, begegnete man mir mit Hilfsbereitschaft, Wohlwollen und Interesse. Die Politiker und die Staatsbeamten, die ich kennenlernte, kümmern sich um die Eingeborenen und tun viel – in manchen Fällen enorm viel, wie selbst der schärfste Kritiker würde einräumen müssen –, um ihnen bei der Wahrung ihrer Lebensform, Sicherheit und Ungestörtheit zu helfen. Dabei haben sie unsere volle Unterstützung nötig – und ein Recht darauf. Sie brauchen sehr viel Mut für ihre Arbeit. Von uns hingegen wird in dieser Sache nicht Mut, sondern lediglich Verantwortungsbewußtsein verlangt.

1 Die Sierra Nevada
de Santa Marta

Wir sind die Erstgeborenen.
Wir waren unter allen die Erstgeborenen.
Mit größerem Wissen um Geist wie Materie.

Die Reden der Älteren Brüder wurzeln in archaischer Vergangenheit. Vier Jahrhunderte lang haben diese Menschen – die einzige höherentwickelte Kultur des präkolumbischen Amerika, die bis heute überdauert hat – in den kolumbianischen Bergen verborgen die Rolle von schweigenden Beobachtern gespielt. Sie haben ihre Welt in ihrer ursprünglichen Unberührtheit am Leben erhalten. Und sie haben Distanz gehalten. Jetzt, da sie befürchten, daß es mit dem Leben auf der Erde zu Ende gehen könnte, fordern sie uns zum Zuhören auf.

Die Worte der Älteren Brüder müssen aus mehreren Gründen ernstgenommen werden. Sie gewähren einen einzigartigen Einblick in die Gedankenwelt hinter den Städten und Goldschätzen, die einst die spanischen Eroberer blendeten und heute stumm vor uns stehen. Sie öffnen uns einen Zugang zum Verständnis unserer eigenen Vergangenheit und gewähren uns Einsichten in die wahre Bedeutung und Tiefe archaischer Religiosität.

Vor allen Dingen aber müssen wir zuhören, weil es für uns wichtig ist, was uns die Älteren Brüder zu sagen haben. Nach eigener Überzeugung sind sie die Hüter des Lebens auf der Erde. Für sie ist die Welt ein einziges lebendes Wesen, für dessen Wohl zu sorgen ihnen aufgetragen ist. Ihre ganze Lebensweise ist auf Hege und Pflege der Fauna und Flora der Welt ausgerichtet; kurzum, sie sind eine ökologische Gemeinschaft mit einer Moral, die sich ausschließlich um Wohl und Wehe unseres Planeten dreht. Heute beobachten die Älteren Brüder Veränderungen, die das Ende des Lebens anzukündigen pflegen. Die Welt tritt in den Todeskampf ein. Ihnen ist klar, daß wir es sind, die sie umbringen. Darum haben die Älteren Brüder das Wort an uns gerichtet: um uns zu warnen und eines Besseren zu belehren.

Wir haben Anhaltspunkte dafür, daß unsere Welt sehr wahrscheinlich bereits auf dem Weg in eine Katastrophe ist und daß wir selbst die Urheber dieser Entwicklung sind. Aber unsere Reaktion angesichts des drohenden Unheils besteht darin, Abhilfe in technischer «Flickschusterei» zu suchen, in bleifreiem Benzin und Abgaskatalysatoren fürs Auto, in «Scrubbers» zur Verringerung der Schadstoffemission von Industrieanlagen und eventuell auch in dem verstärkten Einsatz von Kernkraft statt Kohle zur Energiegewinnung. Wenn die Kogi recht haben, bietet von solchen Lösungsvorschlägen keiner auch nur die geringste Aussicht auf realen Erfolg, denn sie resultieren samt und sonders aus derselben Einstellung, die überhaupt erst das Problem hervorgebracht hat. Wir müssen lernen, die Welt unter anderem Vorzeichen zu begreifen. Deswegen liegt den Kogi unendlich viel daran, daß wir zuhören.

Sie sagen, daß es noch nicht zu spät ist. Sie sagen auch, daß sie kein zweites Mal sprechen werden.

Santa Marta

Das den Älteren Brüdern nächstgelegene «zivilisierte» Gemeinwesen ist Santa Marta, ein zwischen Bergwänden und dem Karibischen Meer eingezwängtes Städtchen, in dem zwielichtige Verhältnisse und rauhe Sitten herrschen. Die Verbindungen zum übrigen Kolumbien sind brüchig. Der Telefonverkehr krankt an häufiger Überlastung des Leitungsnetzes, Totalausfälle sind keine Seltenheit. Ein ohnedies nicht sonderlich umfangreicher Flugplan wird lückenhaft und durchweg mit Verspätung abgewickelt. Der Bahnhof ist eher ein Denkmal als ein Tor zur Welt: Die Strecke nach Bogotá ist stillgelegt; die einzige Verkehrsverbindung auf dem Landweg ist ein Bus, der die mehr als tausend Kilometer Entfernung im Schneckentempo zurücklegt. Unwiderruflich aufs tote Gleis geschoben sind hier zwei Lokomotiven, die nach den zwei berühmtesten Puffmüttern der Stadtgeschichte heißen. Zu Grabe geleitet wurden die «Madames» jeweils von Leidtragenden in solcher Zahl, wie sie auf dem Friedhof von Santa Marta weder zuvor noch danach je gesichtet wurde.

Die Einwohner von Santa Marta – die «Samarios» – haben einen dem undurchsichtigen Charakter ihrer Stadt angemessenen Lebensstil entwickelt. Das Wirtschaftsleben basiert seit Jahrhunderten auf Schmuggel und Banditentum. Ein exzellenter Malzwhisky kostet hier weniger als in jedem Duty-Free-Shop der Welt. Bis vor wenigen Jahren war Santa Marta das Zentrum des kolumbianischen Marijuanahandels; damit war es vorbei, als US-Flugzeuge über der Gegend im Tiefflug ihre Fracht von Entlaubungsmittel abluden. Carlos, der heute im örtlichen Büro des Amts für indianische Angelegenheiten arbeitet, war als Maultiertreiber bei der letzten Marijuanakarawane zur Küste mit dabei. Eskortiert von sechshundert mit Gewehren bewaffneten Männern und jungen Burschen, kamen zwölfhundert Maultiere, jedes mit zwei Sack Blättern beladen, aus den Bergen herab. Ein herrlicher Anblick, meint Carlos.

Das Militär, der Polizeichef und die örtlichen Bonzen waren im voraus geschmiert worden. Doch als die Anführer des endlosen Trecks um eine Wegbiegung herumkamen, sahen sie sich trotzdem unverhofft drei Polizisten gegenüber.

Drei Polizisten auf der einen, sechshundert Gewehre auf der anderen Seite... Das Angebot der drei hörte sich an, als seien sie lebensmüde: Für drei Millionen Pesos würden sie sich aus der Sache heraushalten. Ihr Pokerspiel war auf seine Weise ein heroischer Akt. Wenn man das Geld nicht opfern wollte, würde man die drei umlegen müssen, und das wiederum würde in den Amtsstuben in Bogotá schlafende Hunde wecken.

Die Polizisten bekamen ihr Geld, die Hälfte sofort, die andere Hälfte zu einem späteren Zeitpunkt – im Austausch gegen den Namen ihres Informanten. In Santa Marta schätzt man das Inkognito und die Rache höher als das Geld.

Die Geschichte der Stadt ist ein schwer zu entwirrendes Rätsel. Die Wahrscheinlichkeit spricht dafür, daß hier der Ort war, wo Europäer das südamerikanische Festland entdeckten.

1493 gründete Kolumbus auf der Antilleninsel, die er «Hispaniola» genannt hatte, mit eintausendzweihundert Siedlern die erste spanische Kolonie. Fünf Jahre später unternahm ein Siedler namens Alonso de Ojeda eine Schiffsexpedition nach Süden, wo er Gold, Perlen und Sklaven zu finden hoffte.* Wahrscheinlich segelte er am Strand von Santa Marta entlang** und entdeckte einen Kontinent.

Ein anderer Mann begleitete ihn auf einem zweiten Schiff. Man trennte sich, um jeder für sich einen anderen Küstenabschnitt zu erkunden. Das zweite Schiff fuhr längs der venezolanischen Küste ostwärts.

---

* Reichel-Dolmatoff 1951, S. 3
** Aguado 1906, Bd. 31, S. 138

Amerigo Vespucci veröffentlichte einen aufsehenerregenden Bericht über seine Reise und wurde damit in den Augen der Welt zum Entdecker des Festlands. Nichts dergleichen ist von Alonso de Ojeda zu vermelden.

Santa Marta wurde im Jahre 1525 gegründet und ist somit die älteste unter den heute noch existierenden Ansiedlungen der spanischen Kolonisatoren in Südamerika. Bis auf den heutigen Tag haben hier fünf alte Familien, Relikte der Kolonialzeit, das Sagen. Als Besitzer riesiger Latifundien in ruhiger, von Alterspatina gefärbter Grandezza lebend, bilden sie eine selbstherrliche Oberschicht, beinahe dem mittelalterlichen Feudaladel vergleichbar. Die übrige Einwohnerschaft muß sehen, wie sie zurechtkommt.

Als ich im Januar 1988 zum erstenmal hierherkam, war die Hochkonjunktur des Marijuanahandels vorüber. Aber es gab bereits ein neues, noch profitableres Geschäft, das nach Dunkel und Verschwiegenheit verlangt. Kolumbien war zum größten Kokainexportland der Welt geworden, und Santa Marta hatte seine traditionelle Rolle dem neuen Metier angepaßt. Einige Bosse des berüchtigten Medellín-Kartells hatten ihre Landgüter in der Gegend, und auf dem Flugplatz waren beständig kleine Maschinen im Pendelverkehr nach Miami am Starten und Landen. Die größten Häuser längs des Strands gehörten den Figuren aus dem zweiten und dritten Glied, und ungekrönter König von Santa Marta war José Abello, genannt *El Mono*, «Der Geck», der Sproß einer Mittelstandsfamilie, der es im Kokainhandel zum Multimillionär gebracht hatte.

Der Streifen Land im Rücken der Stadt, das Hügelvorland des Gebirges, war nicht leicht zu durchqueren. Er war von den *narco-traficantes*, den Drogenhändlern, in Besitz genommen worden, und nach allem, was ich hörte, war es das Beste für mich, wenn ich respektvollen Abstand zu dem Gebiet wahrte. Das war ein Problem für mich, denn ich mußte ins Gebirge.

Das Gebirge

Die Sierra Nevada de Santa Marta ist ein höchst merkwürdiges Gebirge. Steil und zerklüftet ragt sie fast übergangslos aus dem Karibischen Meer. In nur 42 Kilometer Entfernung von der Küste erhebt sich ihr Zwillingsgipfel mit den annähernd gleich hohen Spitzen bis zur Höhe von 5770 Metern. Sie ist das höchste Küstengebirge der Erde, eine bis weit draußen auf See sichtbare Landmarke.

Die Spanier haben es nie wirklich zur Herrschaft über das Gebirge gebracht. Noch heute sind Teile davon so gut wie unzugänglich. Die untere Region ist – zumindest auf der Nordseite – von dichtem Dschungel überwachsen, und selbst in der kurzen Trockenperiode ist das steile Gelände für Maultiere großenteils unpassierbar. Wer sich hier ohne die Hilfe der Indianer zurechtfinden muß, dessen Aktionsradius ist begrenzt durch die Proviantmenge, die er tragen kann – und das Fortbewegungstempo ist ziemlich langsam.

Aus der Sicht des Geologen ist die Sierra eine Anomalie. Sie liegt nahe bei den nördlichen Ausläufern der Anden, ist aber im Gegensatz zu den Kordilleren kein Faltengebirge und besteht auch aus anderem Gestein als diese. Das nahezu wie eine ebenmäßige dreiseitige Pyramide mit einer Basiskantenlänge von einhundertfünfzig Kilometern geformte Gebilde scheint eine tektonische Insel zu sein – ein Minikontinent, der isoliert für sich auf dem riesigen Magma-Ozean unter der Erdkruste treibt und durch eine Laune des Zufalls an das südamerikanische Festland angeschwemmt wurde.

An ihrem Ankerplatz liegt die Sierra dem Äquator so nahe, daß sie keinen Wechsel der Jahreszeiten kennt und sich das ganze Jahr über auf dem Punkt der Tagundnachtgleiche befindet. Heftige Regengüsse sorgen für reichlich Bewässerung, nur zweimal, im Juni und von Dezember bis Februar, tritt im Jahresablauf eine – «Sommer» genannte – Periode merklich nachlassender Niederschläge ein.

Auf ihren vom Karibikstrand und von trockenheißem Wüstenboden am Fuß bis in die Region des ewigen Schnees hinaufreichenden Hängen vereinigt die Sierra Nevada sämtliche zwischen dem Äquator und den Polen anzutreffenden Klima- und Vegetationszonen. Es gibt hier dichten tropischen Regenwald, immerfeuchten Nebel- und Höhenwald, regengrünen Trockenwald und, oberhalb der Waldgrenze, alpine Matten und Höhentundra – und in jeder Zone die entsprechende Fauna. In den Wäldern leben noch Bären, Tapire, Hirsche, Jaguare und Pumas, dazu eine Vielfalt von kleinerem Getier: Affen, Pekaris (Nabelschweine), Gürteltiere, Ozelote, Wildkatzen, Truthähne und Krokodile, um nur einige Beispiele zu nennen. Die Vogelwelt ist mit Pelikanen und Kondoren, Störchen und Papageien, Drosseln, Kolibris und Falken vertreten. Nur wenige Pflanzen, Landtiere oder Vögel finden in der unendlichen Vielfalt von Biotopen, die das Gebirge bietet, nicht ihre Nische.

Zwischen seinen gewundenen Kämmen birgt das Sierra-Nevada-

Massiv in allen Richtungen verlaufende Talungen, die jeweils eine separate kleine Klimazone und ein Ökosystem für sich darstellen. Da die Sierra einerseits durch das Meer, andererseits durch die brennendheiße Tiefebene von jeder anderen Höhenregion isoliert ist, sitzt die große Vielfalt der Lebewesen, die zum Überleben auf die klimatischen Bedingungen der kühleren *tierra fría* und höhergelegener Zonen angewiesen sind, hier ausweglos fest. Nur die Vögel können von hier weg, und viele der in dem Gebirge heimischen Tier- und Pflanzenarten sind nirgends sonst mehr anzutreffen.

Ist die Sierra Nevada de Santa Marta so gesehen bereits als eine Art ökologisches Versuchslabor ein Faszinosum, so ist gleichwohl ihre Bedeutung damit noch lange nicht erschöpft. Kolumbus und sein Nachtrab, die europäischen Invasoren, zerstörten die Lebenswelten, die sie auf dem amerikanischen Kontinent vorfanden. Die altamerikanischen Kulturen brachen unter dem Ansturm der Europäer zusammen und verschwanden. Nur hier gibt es noch kleine und große Ortschaften, Bauerngehöfte, Priester, Tänze und eine Volkserziehung in ungebrochener präkolumbischer Tradition: Ortschaften, in denen das Rad, Bauern, denen der Pflug, Erzieher, denen das geschriebene Wort unbekannt ist, und eine Priesterschaft, die die Zügel der Herrschaft in den Händen hält. Die Sierra ist nicht nur ein Wildtier-, sondern zugleich ein Mentalitätsreservat: die Heimat eines sozialen Organismus, der unverfälscht die Geistesform bewahrt hat, die überall sonst auf dem amerikanischen Kontinent der Ummodelung durch die Europäer zum Opfer gefallen ist.

Dies ist das Land der Kogi, der Menschen, die sich selbst die Älteren Brüder der Menschheit nennen. Wir sind ihre Jüngeren Brüder.

Zu Fuß zur Sierra

Es erscheint unfaßlich, daß diese Menschen so nahe der ungestümen, brutalen Dynamik von Santa Marta ihre strenge Zurückgezogenheit wahren konnten. Nur gute dreißig Kilometer liegen zwischen einem Tempel oder Kulthaus der Kogi und der Kathedrale von Santa Marta. Aber für uns, die Jüngeren Brüder, ist diese Wegstrecke so schwer zu überwinden, als führte sie durch ein Minenfeld. Die Natur, die Kolumbier und die Kogi haben sich verschworen, das Refugium in den Bergen wirksam abzuschirmen.

Ein Problem gibt schon das Gelände auf. Ein kräftiger Mann in guter körperlicher Verfassung kann mit einem guten Führer an der Seite und einer Machete in der Hand etwas mehr als acht Kilometer am Tag zurücklegen. Es wimmelt hier von Giftschlangen und Giftspinnen, und zur Abrundung kommen noch ein paar ausgefallenere Scheusale aus dem Horrorkabinett von Mutter Natur hinzu (mein persönlicher Liebling ist der rabiate Große Vampir). Diese Dinge können einem Kopfweh bereiten, bilden aber alles in allem kein unüberwindliches Hindernis.

Die Kokapflanzungen erscheinen demgegenüber als ein größeres Problem; aber wer sich ortskundig macht, kann ohne große Mühe eine Route austüfteln, die Abstand von den kritischen Geländestellen wahrt (und wenn er noch dazu Glück hat, sind die Privatarmeen der *narcotraficantes* im richtigen Moment von Regierungsseite lahmgelegt – ich selbst würde mich allerdings nicht unbedingt darauf verlassen).

Aber das ist längst noch nicht alles. Wer die scheinbar bequemste Route wählt und so weit wie möglich den Verkehrspisten folgt, findet sich unversehens mitten in der Räuberhöhle wieder, nämlich in einem Gebiet, das von Banditen kontrolliert wird. Auf der nordöstlichen Seite des Gebirges gibt es einen planierten Weg in das Kogi-Territorium – doch der führt durch die heruntergekommenen Ortschaften der Guajira-Wüste, wo die Mordquote die höchste von ganz Kolumbien (und das heißt in diesem Fall: der ganzen Welt) ist und in denen das Auftauchen eines Fremden bisweilen als gute Gelegenheit betrachtet wird, Funktionstüchtigkeit und Treffgenauigkeit einer Schußwaffe zu testen.

Oder aber man wird nur schlicht seines Gepäcks, seiner Stiefel, seines Geldes und seiner Kleider beraubt. Das passiert hier so manchem Durchreisenden.

Als nächstes sind da die Guerillas. Die größte Guerillagruppe war bis vor kurzem «M 19». Vor einigen Jahren inszenierte sie einen aufsehenerregenden Coup, bei dem sie das Justizministerium in Bogotá stürmte und die Richterschaft als Geiseln nahm. Die Staatsmacht reagierte mit äußerster Härte, beschoß das Ministeriumsgebäude mit Granatwerfern und tötete gleichermaßen Richter wie Guerilleros. Die Anführer der «M 19» waren davon offenbar zutiefst beeindruckt. Sie wandten den Bergen den Rücken und sitzen heute im Senat. Danach bleiben immer noch die «Nationale Befreiungsarmee» (ELN) und die «Revolutionären Streitkräfte Kolumbiens» FARC. Die FARC-Guerilleros kontrollieren die Landwirtschaftsgebiete im Westen der Sierra. Ihre Bekanntschaft zu machen,

ist nicht unbedingt empfehlenswert. Die ELN kontrolliert die Landwirtschaftsgebiete im Süden und zum Teil auch die im Osten. *Ihre* Bekanntschaft zu machen, ist noch weniger zu empfehlen.

Habe ich eigentlich schon von den Grabräubern gesprochen? Sie legen größten Wert darauf, unbehelligt zu bleiben, und selbst in den zivili-
siertesten Landstrichen kann es einem passieren, daß man unverhofft ihre
Kreise stört. Das sollte man nach Möglichkeit vermeiden.

Wer jetzt trotz allem noch weitermarschiert (die Temperatur liegt bei
ungefähr siebenunddreißig Grad Celsius, die relative Luftfeuchtigkeit bei
neunzig Prozent), begegnet vielleicht einem kleinwüchsigen Mann von
dunkler Hautfarbe, der eine weiße Baumwolltunika und eine Hose mit
aufgerollten Beinen trägt. Kann sein, daß er einen gar nicht zur Notiz
nimmt. Falls er jedoch ein paar Brocken Spanisch spricht, kann es auch
sein, daß er einen mit dem traditionellen Kogi-Gruß bedenkt: «Wann
gehen Sie wieder weg?»

Die Kogi mögen keine Besucher. Im sechzehnten Jahrhundert haben
sie die Ankunft der Spanier erlebt, und sie erinnern sich noch lebhaft, wie
es danach weiterging. Sie wissen, wie es der Jüngere Bruder am Fuß des
Gebirges treibt, und sie beobachten dieses Treiben mit äußerstem Argwohn. Wir sind die Kokapflanzer, die Söldner, die Guerilleros, die ge-
dungenen Mörder. Wir sind Diebe, Menschenschlächter, die Zerstörer
menschlichen Lebens, gewachsener Kultur, der ganzen Erde. Die Eingeborenen Amerikas waren einst gastfreundlich. Sie haben die Erfahrung
gemacht, daß Gastfreundlichkeit für ihren Besitzer unter allen Tugenden
die riskanteste ist.

Geht man ungeachtet der rapide zunehmenden Beschwerlichkeit auf
dem eingeschlagenen Weg weiter, gelangt man am Ende vielleicht zu
einem Dorf aus kreisrunden Hütten mit eigenartig geformten Strohdä-
chern. Im wahrscheinlichsten Fall macht das Dorf einen sauberen, ordentlichen Eindruck, aber die Türen sind sämtlich geschlossen, und keine
Menschenseele ist zu sehen.

Sofern der mitgebrachte Proviant ausreicht, kann man hier ein paar
Tage kampieren und abwarten. Wenn man Glück hat, kommt niemand,
und man kann anschließend unbehelligt den Rückweg antreten. Eine
deutsche Ethnologin kam vor kurzem so weit und hatte Pech. Sie fand
sich unversehens von einer tobenden Menschenmenge umringt und
wurde in eine Hütte eingesperrt.

Kurz bevor ich mich zum erstenmal auf den Weg zur Sierra machte, hatte ein Kollege von mir, der Filmemacher Brian Moser, etwas Ähnliches erlebt. Zusammen mit einem Freund hatte Brian sich schon früher einmal in der Region aufgehalten und bei dieser Gelegenheit einige Eindrücke von den Kogi mitbekommen; seine Erlebnisse von damals sind in dem Buch *The Cocaine Eaters* geschildert. Jeder, der auch nur flüchtig mit der Welt der Kogi in Berührung kommt, begreift auf der Stelle, daß er es in ihnen mit Menschen ganz besonderer Art zu tun hat: Kein Wunder also, daß Brian auf die Idee verfiel, wiederzukommen und einen Fernsehfilm über sie zu drehen. Er wurde verprügelt und mit Brachialgewalt aus dem Territorium hinausexpediert.

An sich neigen die Kogi nicht zu Gewaltanwendung: Gewaltsames Vorgehen ist ihnen zuwider, sie betrachten es eher als unsere Spezialität. Aber als einziges von allen südamerikanischen Völkern haben sie ihre Welt mit ihren Geheimnissen unberührt hinwegretten können über die Perioden der Konquista, der Kolonial- und Nachkolonialkriege und des barbarischen Gemetzels an den Indianern zum Zwecke des Landraubs (wie es in anderen Teilen Südamerikas noch heute an der Tagesordnung ist). Wenn ungebetene Besucher auf stur schalten, können sie mit unsanfter Behandlung rechnen.

Die letzten Tairona

Die Kogi sind keine Wildbeuter und kein schweifender Stamm, sondern ein Volk, das seit über tausend Jahren von festen Siedlungen aus kontinuierlich den Boden bestellt. Fragmente verwandter Kulturen – der Inka und der Maya – haben sich in versprengten Gemeinschaften in den Anden und in Mittelamerika gehalten, aber es sind eben Fragmente, noch dazu mehr oder minder eng an unsere Welt angebunden und durch diesen Einfluß in allen Fällen mehr oder minder stark umgemodelt. Nur die Kogi haben als Proto-Staatswesen überlebt, halten die Autorität ihrer eigenen theokratischen Institutionen und die Geltung ihrer uralten Gesetze aufrecht und leben in einer Wahrnehmungswelt, die sich von unserem Weltverhältnis himmelweit unterscheidet. Diese Älteren Brüder betrachten uns als – gefährliche, unberatene und im wesentlichen hilflose – Kinder. Auf spanisch nennen sie uns *civilisados*, die «Zivilisierten». Der Ausdruck füllt sich in ihrem Mund mit abgründiger Ironie.

Die Kogi sind die Vertreter der am vollständigsten erhaltenen Kultur des präkolumbischen Amerika. Sie sind jedoch keine Fossilien, und ihre soziale Welt ist kein Museum. Als die Spanier erstmals den Kontinent betraten, fanden sie hier eine Kultur vor, der sie den Namen «Tairona» gaben. Genaugenommen war Tairona der Name eines Volkes unter vielen in der Sierra, aber all diese Völker zusammen bildeten auf kultureller Ebene ein kohärentes Ganzes. In der Archäologie wird der Name «Tairona» noch heute zur Bezeichnung dieses globalen Kulturzusammenhangs gebraucht.

Wie für alle Kulturen Süd- und Zentralamerikas hatte die Begegnung mit den Spaniern auch in diesem Fall letztlich ruinöse Folgen. Die beispiellose Leistung der Tairona besteht darin, daß es ihnen gelang, das Rencontre zu überleben; sie verdanken dies zu gleichen Teilen ihrer eigenen inneren Stärke wie der außergewöhnlichen geographischen Lage ihres Territoriums. Allerdings wurde ihre Kultur nahezu vollständig zerstört, und auf diese radikale Krise reagierten die Tairona mit der Schaffung der Kogi-Gesellschaft.

Die Kogi-Kultur hat sich im Laufe von fünf Jahrhunderten gewandelt – wenngleich in beträchtlich geringerem Maß als die unsrige. Und die Teilnehmer dieser Kultur behielten stets die Kontrolle über den Wandel. Auge in Auge mit der Gefahr des totalen Untergangs sahen sie sich in die Entscheidung gedrängt: Was war für sie wirklich wesentlich? Wie konnte, wie sollte Überleben für sie aussehen? Das Überleben einer Kultur ist nicht dasselbe wie das Überleben von Individuen: Es ist das Überleben des Geistes, nicht des Körpers. Und für die Kogi-Gesellschaft wurde das Leben des Geistes zum kulturellen Mittelpunkt und ist es bis heute geblieben – eine Form des Lebens, die *uns* nahezu unbegreiflich ist.

Grundbedingung dieses Überlebens ist die unaufhebbare räumliche Abtrennung ihrer Welt von der unsrigen. Jeder, der auf ihr Territorium vordringt – ob Tourist, Völkerkundler, Räuber, Bauer, Profitgeier oder Weisheitssucher –, stellt eine Bedrohung dar. Sie sind versteckt und haben eine Kultur der Verschwiegenheit und Verborgenheit entwickelt. Kontakte mit der Außenwelt sind tabu: Schon den Kindern wird beigebracht, daß sie sich vor Fremden verstecken müssen, und die Erwachsenen sehen in jedem, der von draußen kommt, eine Gefahr. Alles, was mit den Kogi zu tun hat, liegt unter der Decke der Geheimhaltung verborgen.

Warum ich?

Ich bin kein erfahrener Forscher. Ich bin ein Mensch mit leidlich guten Geschichtskenntnissen, der Fernsehsendungen macht. Der Geschmack am Kitzel des gefährlichen Lebens geht mir ab, und jede Unbequemlichkeit ist mir zuwider, ich habe mich nie für einen körperlich besonders robusten Typ gehalten und ziehe einen bequemen Sessel jedem noch so kurzen Spaziergang vor. Ich verstehe nicht sonderlich viel von Völkerkunde oder Archäologie, und ich war vorher noch niemals in Südamerika gewesen.

Aber die Kogi kamen zu dem Schluß, daß sie ihr langes Schweigen brechen müssen. Und ich war derjenige, von dem sie sich für ihre Absichten die größte Hilfe versprachen.

Zu ihrer veränderten Haltung sahen sich die Kogi kraft derselben Logik gezwungen, die sie zuvor zum Dasein in Verborgenheit genötigt hatte, nämlich kraft jener Logik, die ihnen die Pflicht zum Überleben auferlegt. Es ist eine Pflicht, die sich aus ihrem Status als Ältere Brüder ergibt.

Für die Kogi ist es ausgemachte Sache, daß sie die Hüter des Lebens auf der Erde sind. Nichts anderes heißt es, ein Älterer Bruder zu sein. Sie ordnen die Wirklichkeit und stimulieren die Natur geschickt zu Produktivität und Fruchtbarkeit. In dieser Überzeugung werden sie bestärkt nicht nur durch die Manifestation ausbündiger Vitalität im Erscheinungsbild der Sierra Nevada und den massiven Gegensatz zwischen ihrem wohlbestellten Land und der wüsten Szenerie am Fuß des Gebirges, sondern auch durch ihre eigene hohe Lebenserwartung. Nach unserer Rechnung beträgt die normale menschliche Lebensspanne dreimal zwanzig plus zehn Jahre. Ihnen sind zwanzig Jahre mehr gewährt: Ein Kogi kann damit rechnen, daß er mit achtzig in besserer körperlicher Verfassung und leistungsfähiger ist als wir mit fünfzig, und ich kenne eine ganze Reihe rühriger, springlebendiger Kogi um die hundert.

Indem sie sich für das Wohl der Welt verantwortlich erklären, übernehmen sie zugleich die Verantwortung für das Wohl des Jüngeren Bruders. Das verpflichtet uns zu nichts. Solange es den Kogi gelingt, zu überleben und ihre Arbeit fortzusetzen, ist der Bestand der Welt im wesentlichen gesichert.

Bislang haben wir von dem Jüngeren Bruder keine Notiz genommen. Wir haben uns noch nicht einmal herabgelassen, ihm einen Klaps zu geben.

Aber jetzt können sie den Jüngeren Bruder nicht länger ignorieren. Der Jüngere Bruder läuft Amok: Er hat begonnen, Bau und Bestand der Welt im ganzen zu untergraben.

Die Führer dieses außerordentlichen Gemeinwesens kamen zu dem Schluß, daß wir gewarnt werden müssen. Die Augen müssen uns geöffnet werden für unser Treiben, und wir müssen einen Begriff davon bekommen, welche Katastrophe da über uns hereinzubrechen droht. Nur auf diesem Weg ist ihrer Ansicht nach für uns und sie noch Hoffnung.

Aber jetzt können wir die Sorge für die Welt nicht länger allein auf unseren Schultern tragen. Der Jüngere Bruder richtet zuviel Schaden an. Er muß sehen und begreifen und Verantwortung übernehmen. Jetzt werden wir gemeinsam Hand anlegen müssen. Andernfalls wird die Welt sterben.

Daß Brian Moser mit den Kogi eine so ganz andere Erfahrung machte als ich, liegt sehr wahrscheinlich nur am Zeitpunkt. Wäre er ein Jahr später gekommen, wäre er vermutlich höflicher empfangen worden.

Es fiel den Kogi sehr schwer, sich für die Zusammenarbeit mit mir zu entscheiden. Den Führern wurde es schon sauer genug, die Entscheidung im Grundsatz zu treffen, aber noch größere Schwierigkeiten machte es ihnen, sie in die Praxis umzusetzen und jedermann im Volk davon zu überzeugen, daß er die sorgfältig kultivierte Gewohnheit argwöhnischen, auf Heimlichkeit bedachten Verhaltens aufgeben müsse. Daß dies geschah, ist nicht anders als mit nackter Panik zu erklären. Die Kogi haben alles aufs Spiel gesetzt: Für sie steht außer Frage, daß der Einsatz unter den gegebenen Umständen gewagt werden muß.

Ramón – ein Kogi, der in meiner Geschichte eine wichtige Rolle spielt – bat mich einmal, ich solle ihm einen Globus mitbringen. «Ich weiß, daß die Welt rund ist», sagte er, «so wie ein Auge rund ist und ein Kopf rund ist und ein Haus rund ist. Und du weißt auch, daß die Erde rund ist. Aber du weißt es anders als ich. Darum bring mir bitte einen Globus mit, damit ich verstehe, was du weißt.»

Ich griff nach einer Orange und strichelte die Erdteile auf die Schale.

«So sieht ein Globus aus», sagte ich: «Das ist die Erde, hier ist Amerika, hier das Meer und hier, ziemlich weit im Norden, meine Heimat, England. Hier in der Mitte, zwischen Nord- und Südamerika und zwischen den zwei Weltmeeren, ist die Sierra Nevada.»

Ramón starrte verständnislos auf die Orange. Das alles war blanker Unsinn. Aber unverkennbar hatte es für mich eine Bedeutung. Und wenn ich der Ansicht war, daß die Erde irgendwie einer Orange glich, dann war es vielleicht möglich, mir an Hand dieser Orange etwas zu verdeutlichen. Er winkelte den Unterarm an und streckte mir den Ellbogen mit der sorgsam darauf ausbalancierten Orange entgegen.

«Die Erde ruht in Balance auf einem Ellbogen. In sehr prekärer Balance. Mit jedem neuen Tag wird sie prekärer. Ihr rüttelt an dem Ellbogen. Und wenn ihr nur noch ein kleines bißchen mehr rüttelt –» er berührte die Orange sacht mit einer Fingerspitze – «dann stürzt sie ab.» Die Orange fiel zu Boden, und Ramón sah mich fragend an, ob ich verstanden hätte.

Kürzlich habe ich einen Film mit dem Titel *Network* gesehen. Darin vernimmt ein Nachrichtensprecher namens Peter Finch gegen Ende seiner Laufbahn eine Stimme, die nicht die Stimme Gottes ist, und diese Stimme trägt ihm auf, der Welt die Wahrheit zu sagen. Voller Ehrfurcht fragt Peter Finch: «Warum ich?» Und die Stimme, die nicht die Stimme Gottes ist, antwortet: «Weil du sechzig Millionen Zuschauer hast, du Dussel! Du bist im Fernsehen!»

Die Kogi baten mich, der Außenwelt ihre Botschaft zu übermitteln, weil sie möchten, daß wir von der aus ihrer Sicht drohenden und beinahe schon unabwendbaren Vernichtung verschont bleiben – und weil sie zwar noch niemals einen Fernsehapparat gesehen oder ein Buch in der Hand gehabt haben, aber trotzdem wissen, daß diese Medien, was immer sie sein mögen, den einzigen Weg darstellen, auf dem sie sich Gehör verschaffen können.

Es ist wichtig, zu begreifen, daß dies kein neuer Aufruf à la «Rettet die Indianer» oder «Rettet den Regenwald» ist. Keine Frage: Die Kogi sind bedroht, und bedroht ist auch der Regenwald, der ein Teil ihres Lebensraums ist. Aber den Kogi geht es darum, *uns* zu retten – auf dem Spiel steht *unser* Überleben.

Die Stiftung

Wahr bleibt trotzdem: Die Kogi haben ihre eigenen Nöte. Ich habe in Kolumbien eine Stiftung gegründet – die «Stiftung Erbe der Tairona» –, deren Verwaltungsrat sich ausschließlich aus Sierra-Indianern zusammensetzt sowie aus Menschen, deren Beruf es ist, ihnen zu helfen, und solchen, die für denselben Zweck freiwillig ihr Expertenwissen zur Verfügung stellen. Einen Teil des Garantiehonorars für dieses Buch habe ich an die Stiftung überwiesen, und sollte der Verkauf weitere Honorare abwerfen, so wird ein Teil davon ebenfalls auf das Konto der Stiftung wandern. Die Dreherlaubnis für den Fernsehfilm wurde den Kogi von der BBC mit einer Pauschalsumme vergütet. Die Produktionskosten wurden von der Goldsmith-Stiftung mitgetragen, und alle Erlöse der Stiftung aus ihrem Anteil an den Verwertungsrechten gehen zu einem festgesetzten Teil an die «Stiftung Erbe der Tairona».

Zweck der Stiftung ist es, den Indianern die Möglichkeit zum Wiedererwerb von Land, das ihren Vätern gehört hatte, zu verschaffen, ihre medizinische Versorgung zu verbessern und ihnen zu helfen, die Grenze zwischen den Eingeborenen der Sierra und der Außenwelt zu befestigen. Meine Hoffnung geht dahin, daß diese Grenze einmal zu einem Ort der Begegnung und des Austauschs wird, wo die Kogi ihre landwirtschaftlichen Erzeugnisse verkaufen und von uns kaufen, was sie brauchen (Werkzeuge und Geräte aus Eisen zum Beispiel). Auch daß es dort zum Kulturaustausch kommt, wäre zu wünschen, denn wir können viel von ihnen lernen, sofern wir nur bereit sind, ihnen zuzuhören, und sie wünschen nicht, daß wir ihr Territorium betreten.

Das sind nach lokalen Maßstäben kostspielige Projekte, aus globaler Sicht jedoch Bagatellen: Unter der Voraussetzung, daß die kolumbianische Regierung auch weiterhin mitzieht, könnte die Stiftung alles derzeit Realisierbare für nicht mehr Geld in die Tat umsetzen, als ein Rolls-Royce kostet.

Die Kogi sind freilich nicht der Ansicht, daß die Erde gerettet werden kann, indem man ihnen Geld zusteckt. In ihren Augen sind wir moralisch Schwachsinnige, getrieben von schlechterdings unfaßlicher Raffgier. Immer wieder tauchen wir in ihren Reden als die Ausplünderer des Planeten auf, als Beutegeier, die ehrfurchtslos am Fleisch der Erde reißen. Der höchste Grad der Moralität definiert sich durch die Einsicht, daß für alles, was genommen wird, etwas gegeben werden muß. Lange Zeit sind wir ungestraft davongekommen, aber jetzt ist die Uhr abgelaufen, und wir werden das Problem nicht allein mit wohltätigen Spenden lösen können. Die Kogi verlangen von uns, daß wir uns verantwortungsbewußt verhalten und anfangen, uns um das Wohl der Erde zu kümmern. Sie verlangen von uns eine ethische Umkehr mit dem Ergebnis, daß der Habgier und dem Egoismus Grenzen gesetzt werden durch das Gefühl der Ehrfurcht und die Sensitivität dafür, daß die Erde ein – womöglich nicht mehr lange – lebendes Ganzes ist.

Falls wir nicht auf sie hören, sagen sie, wird binnen kurzem alles Leben ausgelöscht sein. Sie haben die bösen Vorzeichen gesehen und befürchten das Schlimmste. Da ich unter ihnen gelebt habe, weiß ich, daß man ihrem Urteil trauen kann.

2 Kontaktaufnahme

Nach Kolumbien führte mich der Weg erstmals im Januar 1988, im Zuge der Dreharbeiten an einem Film über die Geschichte der spanischen Armada. Das Gold der Neuen Welt war im sechzehnten Jahrhundert der Gravitationspunkt, um den die Geschicke Spaniens kreisten, und ich verfolgte die Geschichte des amerikanischen Goldes zurück zum Ursprung. Auf dieser Spur gelangte ich, wie einst die Konquistadoren, zu den Tairona der Sierra Nevada.

Die Anfänge der Geschichte liegen auf der Antilleninsel, die Kolumbus auf den Namen Hispaniola taufte und auf der er die erste spanische Kolonie gündete. Dort gab es Gold, aber innerhalb weniger Jahre waren die Fundstellen ausgebeutet und die indianischen Ureinwohner ausgerottet. Hispaniola wurde zur Operationsbasis für Erkundungs- und Eroberungsfahrten zur Festlandküste.

Bald wurde es auch zum Zankapfel europäischer Großmächte: Frankreich erzwang die Abtretung des halben Eilands, und bis auf den heutigen Tag ist die Insel politisch geteilt in die Dominikanische Republik mit Spanisch als Staatssprache und das frankophone Haiti. Mein Interesse galt einem Raubzug Francis Drakes, einer der Provokationen, die Spanien zu der großen Seekriegsexpedition gegen England anstachelten. Meine Recherchen führten mich in die Hauptstadt der Dominikanischen Republik, Santo Domingo.

Der Stadtkern von Santo Domingo sieht großenteils noch so aus wie zur Gründerzeit: ein paar Straßen mit spanischen Prachtbauten des sechzehnten Jahrhunderts, eine Festung und eine Kathedrale (die älteste Kathedrale in ganz Amerika). Noch heute vermittelt er eine Ahnung von der militärischen Macht und dem Reichtum des größten Reichs, das die Welt je gesehen hat, eines Imperiums, das in den ersten hundert Jahren nach

Kolumbus Länder in beiden Amerikas, in Afrika und Asien, dazu Jerusalem und halb Europa sein eigen nannte. Hier wurde die architektonische Dreifaltigkeit der Konquistadorenzeit – Festung, Kirche und Vizekönigspalast – kreiert. Hier war die Werkstatt, in der die Neue Welt gefertigt wurde.

Drake traf hier zu einer Zeit ein, als von dem Gold Hispaniolas nur noch eine vage Erinnerung übrig war, und so segelte er weiter zum heutigen Kolumbien. Dahin mußte ich nun ebenfalls, denn die vortrefflichste Sammlung von amerikanischem Gold befindet sich im Museo del Oro in Bogotá. Ich suchte die Relikte einer untergegangenen Welt, und wie die Menschen, die drei Jahrhunderte zuvor die Region geplündert hatten, hatte ich keinen Begriff von Sinn und Bedeutung dieser Relikte. Ich wußte lediglich, daß sie aus Gold waren, und zwar aus dem gleichen Gold, das die Geschichte Europas in eine neue Richtung gelenkt hatte.

Dieses Gold verschaffte seinerzeit der spanischen Krone den Reichtum, der es ihr erlaubte, riesige Armeen und eine gewaltige Flotte zu unterhalten. Der Allerchristlichste König von Spanien verwandelte das heilige Gold der Inka und Azteken in christliche Münze. Er kaufte sich den Titel eines Kaisers des Heiligen Römischen Reichs und finanzierte der Christenheit die Rückeroberung der Vorherrschaft auf dem Mittelmeer aus den Händen der Türken. Söldnerheere wurden angeworben, die in Deutschland die Lutheraner aufs Haupt schlugen. Neue Mächte, neue Techniken, neue Kriege stiegen aus dem eingeschmolzenen Gold hervor, und die Schiffe Europas folgten der magnetischen Anziehung der goldenen Hauptader über den Atlantik.

Wenn diese Hauptader je einen Namen hatte, so lautete er El Dorado. Aber El Dorado war kein Ort: Der Name bedeutet «Der vergoldete Mann». Jeder neue Häuptling der Muisca wurde bei seiner Einsetzung über und über mit Gold bedeckt und mit zeremoniellem Gepränge auf einem Floß in die Mitte eines Sees gefahren, um hier ins Wasser einzutauchen. Im feuchten Element entledigte er sich seiner Last von Gold und Kleinodien, die als Weihegabe zurückblieb.

Die Eroberung Südamerikas war eine Menschenjagd, war die Suche nach El Dorado. Aufgestöbert wurde er hoch oben im Andengebirge, im Gebiet des heutigen Bogotá. Im Jahre 1538 trafen hier zwei unabhängig voneinander operierende Expeditionstrupps aufeinander. Von der halben Einwohnerschaft begleitet, war Gonzalo Jiménez de Quesada in Santa

Marta aufgebrochen; nach achthundert strapazenreichen Kilometern hatte er noch siebzig halbverhungerte Soldaten bei sich. Von Süden – von den Ruinen der achthundert Kilometer entfernten Andenfestung Quito, die niedergebrannt worden war, damit er sie nicht plündern konnte – kam Sebastián de Benalcázar mit seiner zerlumpten Streitmacht von einhundertsechzig Mann: Drei Jahre lang hatte ihr Marsch gedauert, auf dem sie eine Herde Schweine als Proviant vor sich her getrieben hatten.

Hier war die Heimat von El Dorado; der heilige See füllte den Krater eines erloschenen Vulkans. Auf dem Talgrund errichteten die Konquistadoren ihre Kathedrale, ihre Festung und ihren Palast. Die Stadt Santa Fé de Bogotá war eine Schöpfung von Desperados, die der Phantasmagorie vom grenzenlosen Reichtum am Ende der Welt nachjagten.

Heute ist El Dorado ein Flughafen. Aber die Menschenjagd nach Reichtum geht ohne Unterlaß weiter. Alle Welt hatte mir Histörchen über Bogotá zu berichten. Und alle Welt war sich einig, daß es die gewalttätigste Stadt der Welt sei. Das stimmt nicht ganz – aber ungefähr. Freunde und selbst zufällige Reisebekanntschaften überhäuften mich mit Warnungen, und je näher ich meinem Reiseziel kam, desto nachdrücklicher wurden die Warnungen. Gehen Sie im Zentrum auch bei Tag niemals eine längere Strecke allein zu Fuß. Nehmen Sie niemals von einem Fremden etwas zu essen, zu trinken oder zu rauchen an: Es könnte mit Nervengift bestreut sein, und Sie wachen zwei Tage später bis auf die nackte Haut ausgeraubt im Rinnstein auf. Machen Sie keine Zufallsbekanntschaften. Raubüberfälle gehören zur Normalität, ein Mord lockt keinen Hund hinter dem Ofen hervor. Meiden Sie die Slums, meiden Sie die Innenstadt, am besten, Sie schließen sich in Ihr Zimmer ein und verzichten ganz aufs Ausgehen.

Bei der Ankunft in El Dorado wurde ich von Alec Wright in Empfang genommen, der sich mir als mit Land und Leuten vertrauter Cicerone zur Verfügung gestellt hatte. Alec war ein Emigrant von der Isle of Wight, für den es am Ort anscheinend nichts und niemanden gab, was er nicht wußte oder den er nicht kannte, und der meine Ängstlichkeit auf einen neuen Höhepunkt trieb mit dem Hinweis, wie gefährlich sogar schon der Aufenthalt im Flughafengebäude sei. Unter den Kolumbiern nahm er sich schrecklich deplaziert aus in seiner britischen Aufmachung mit Krawatte und Tweedsakko, mit seinem abgezirkelten, eleganten Schritt und seinem gequälten, ängstlich gespannten Gesichtsausdruck. Später wurde mir klar, daß Alec an dem sogenannten Tunnelblick – einer ringförmigen

Einengung des Gesichtsfeldes – litt und ständig von der Angstvorstellung gepeinigt sein mußte, daß jeder bewaffnete Räuber, der nicht direkt von vorn, sondern schräg von der Seite her auf ihn zukam, ihn vollkommen unvorbereitet überraschen würde.

Ich war erleichtert und in mancher Hinsicht auch enttäuscht, als sich herausstellte, daß mein Hotel und Alecs Wohnung an Straßenzügen im Nordteil der Stadt lagen, die ein Musterbild von Komfort und Wohlstand waren und wo ich mich bedeutend weniger gefährdet fühlte als auf den Straßen meines Wohnorts in North London. Alecs Haus war von Orchideenbüschen umringt, die regelmäßig zu bestimmten Tageszeiten Besuch von einem Kolibripärchen erhielten. Mein Hotel konnte es in puncto Luxus mit jedem Hotel der Welt aufnehmen: Das Charleston war ein ruhiges, kultiviertes Haus, das mich an manche der kleinen, teuren Hotels in Washington erinnerte. In der Nachbarschaft wohnten allem Anschein nach wohlhabende Leute. Später kam ich dahinter, daß man sie in der Tat wohlhabend nennen konnte. Es waren Milliardäre. Kokainmilliardäre. Aber zum damaligen Zeitpunkt lief ich noch in seliger Ahnungslosigkeit durch die Gegend.

In der Innenstadt von Bogotá war die Atmosphäre spannungsgeladener, und dem wirkte nicht gerade entgegen, daß Alec allenfalls über kürzeste Entfernungen zu Fuß laufen wollte, und auch das nicht, ohne mich jedesmal zum Geschwindschritt anzutreiben und mir einzuschärfen, ich solle, komme, was da wolle, ja die Finger fest um den Griff des Aktenkoffers geschlossen halten. Vielleicht ist es da tatsächlich so gefährlich. Ich kann jedenfalls nicht leugnen, daß ich mich zu Zeiten auf der Straße recht unbehaglich fühlte; der Anblick eines Wohnblocks, vor dem ein zerlumpter Mann mit einer Machete Wache schiebt, hat für mich etwas Beängstigendes Gleichwohl lagert mitten in dieser Stadt einer der größten Schätze der Welt: Das Museo del Oro birgt über fünfzehntausend Goldartefakte aus der präkolumbischen Ära.

Das Herzstück des Museums ist ein großer, mit Zeitschloß gesicherter Tresorraum. Durch eine Stahltür mit Flügeln von reichlich einem halben Meter Dicke tritt man in das unbeleuchtete Innere. Die Tür wird hinter einem abgeschlossen. Langsam blenden die Strahler auf und enthüllen einen riesigen Hort von Goldsachen – Halsketten, Armbänder, Kronen, Masken und seltsame Kleinplastiken von Menschen, die keine Menschen, und von Tieren, die keine Tiere sind.

Die schönsten Stücke – allesamt in einem sehr charakteristischen Stil ausgeführt – sind diejenigen mit der Etikettierung «Tairona». Sie weisen eine barocke Üppigkeit und eine Durchgeformtheit auf wie meinem Eindruck nach wenige Ausstellungsstücke sonst.

Die verschollene Stadt der Tairona

Kurz vor meiner Abreise aus London hatte mir jemand die Fotokopie eines Zeitschriftenartikels über eine unlängst entdeckte Tairona-Stadt zugesteckt.* In der Nomenklatur der Archäologen hat die Fundstätte den Namen «Buritaca 200» bekommen, einer breiteren Öffentlichkeit ist sie lediglich als *La Ciudad Perdida*, «Die verschollene Stadt», bekannt geworden. Sie sollte etwa siebeneinhalb bis acht Quadratkilometer Bergland bedecken und in einem Urwaldgebiet liegen, dessen einladender Name *El Infierno*, «Die Hölle», zu verstehen gab, daß hier nicht ganz leicht durchzukommen war. Bei der BBC hatte man gemeint, wenn ich schon einmal in Kolumbien sei, könnte ich mir auch gleich einen Tag Zeit nehmen und nachsehen, ob die «Verschollene Stadt» etwas fürs Fernsehen hergab.

Von den Tairona hatte ich noch nie gehört. Nach und nach dämmerte mir, daß mein Wissen von der Eroberung Südamerikas sich nicht aus den Chroniken und Geschichtswerken, sondern ausschließlich aus archäologischen Quellen speiste. Die Archäologen hatten die großen Städte der Azteken, der Inka und der Maya entdeckt, mithin war mir das alles bekannt. Aber zum erstenmal war hier ein bedeutender Ruinenplatz der Tairona gefunden worden. Die Tairona waren soeben in die Geschichte eingetreten.

Allerdings findet man schon in den Chroniken aus der Zeit der Konquista Schilderungen von beachtlichen städtebaulichen Leistungen der Tairona. Neben Kapitalen wie Bonda, Betoma und Pocigueca beschreibt ein spanischer Chronist in den skurrilen Reimen, die so etwas wie sein Markenzeichen sind, auch Hunderte kleinerer Ansiedlungen. Beispielsweise liest man über Taironaca:

> Strohdach-Stadt auf festem Grund,
> Halbzerfallen hier gen Morgen liegt

* La Ciudad Perdida – Major Colombian Archaeological Find. In: *Colombia Today* 14, H. 4, New York 1979

Ein weiter Platz, dreieckig und
Mit Steinpflasterboden, aus mächt'gen Platten wohlgefügt.
Und jede Seite zieht genau
Sich hundert Schritt' die Länge hin,
An jeder Ecke steht ein Bau,
Da wohnen ihre König' drin [...].
Auch diese sind gedeckt mit Stroh.
Zum Mahl gehn viele Esser hier hinein,
Und dreihundert Krieger oder so
Haben da Platz zum Schlafen obendrein.*

Die Tairona selbst waren ein Volk ohne hegemonialen Ehrgeiz, und ihr Siedlungsgebiet lag außer Reichweite sowohl der Inka im Süden wie der Azteken im Norden. Sie waren jedoch Teil eines größeren Kulturkreises, dessen Spuren von Nordkolumbien bis nach Zentralamerika nachzuweisen sind und der vor etwa eintausendfünfhundert Jahren seine fertige Gestalt ausgebildet hatte. In diesem Verband komplexer Gesellschaften hatte man es in den Techniken der Steinbearbeitung und des Steinbaus großen Stils so weit gebracht, daß man in der Lage war, Berghänge zu terrassieren, Großbauten zu errichten sowie ausgedehnte Systeme von Be- und Entwässerungskanälen anzulegen. Die Siedlungsstruktur war hierarchisch gegliedert in Dörfer, kleine und größere Städte, man hatte töpfernde und metallverarbeitende Fachwerkstätten und trieb ausgedehnten Handel mit landwirtschaftlichen Erzeugnissen und Manufakturprodukten. Anfangs waren die Goldsachen, die von den einzelnen Völkern der Region – Muisca, Quimbaya, Sinu und Tairona – hergestellt wurden, noch ziemlich primitiv und wiesen allerorten weitgehend die gleichen Stilmerkmale auf, was auf weitgehende Übereinstimmung in Glauben und Ritual hindeutet. Es gibt Anhaltspunkte dafür, daß diese Übereinstimmung sich über ein noch weit größeres Gebiet erstreckte, dessen Nord-Süd-Achse von Zentralamerika bis nach Ecuador reicht.

Vor ungefähr tausend Jahren – so läßt sich den archäologischen Funden entnehmen – kletterte der Stand der Technik bei jenen Völkern auf ein höheres Niveau, und von da an sind ihre Goldarbeiten leichter voneinander zu unterscheiden. Als die Spanier kamen, verkörperten die Tairona bereits seit gut fünfhundert Jahren ein hochentwickeltes, komplexes

* Castellanos 1886, S. 8, 322

Sozialsystem. Sie unterhielten ein ausgedehntes Netz von Handelsbezie-hungen, die bis nach Costa Rica reichten. Ihre Goldartefakte – doppel-köpfige Tiere und sonderbare Figürchen mit Menschenleibern – lassen erkennen, daß man über ein reichhaltiges Symbolrepertoire verfügte: Der dreieckige Platz, den Castellanos in seiner Beschreibung von Taironaca erwähnt, könnte durchaus ein Symbol für den dreieckigen Grundriß der Sierra Nevada gewesen sein.

Dem Anschein nach genoß das Kerngebiet der Tairona-Kultur eine längere Schonfrist als die anderen Kulturen des amerikanischen Kon-tinents. Um die großen Imperien war es schnell geschehen: Die Maya-Reiche waren schon lange vor dem Eintreffen der Spanier zusam-mengebrochen, das Azteken- und das Inka-Imperium wurden 1521 be-ziehungsweise 1535 zerstört. Und fast im selben Tempo wurden auch die nächsten Verwandten der Tairona – zum Beispiel die Muisca – unterwor-fen und versklavt. Doch obschon 1525 Santa Marta gegründet wurde, lebten die Tairona danach noch rund fünfundsiebzig Jahre lang in fried-licher Nachbarschaft mit den Spaniern. Und als es dann zum Endkampf kam, in dem die Indianer eine vernichtende Niederlage hinnehmen muß-ten, beugten sie sich in der Folge nicht widerwillig unter die Autorität der spanischen Behörden. Sie zogen sich zurück und tauchten unter.

Tatsächlich jedoch war es schlicht so, daß der Fluß der Geschichte sich ein neues Bett gegraben hatte. Die Goldflut aus Südamerika war schon bald nach dem ersten, ungeheuerlichen Sturzbach zu einem dün-nen Rinnsal verkümmert, aber im bolivianischen Hochland, bei Potosí, gab es einen ganzen Berg aus Silber, und jetzt konzentrierten die Spanier ihren ganzen Eifer darauf, ihrer heimischen Wirtschaft in den Silber-minen von Potosí das Grab zu schaufeln.

Mochten die Tairona auch Gold verarbeiten, ihren Rohstoff bezogen sie ersichtlich nicht aus eigenen Minen. Die Sierra Nevada trägt auf ge-wachsenem Fels nur eine dünne Krume, die in den unteren Regionen von dichtem Urwald überwuchert ist: Die Bodenverhältnisse – zerklüftete Steilhänge – machen die Landwirtschaft hier zu einem unendlich mühse-ligen Geschäft. Es lohnte wirklich nicht, sich hier abzuplagen, wenn man anderswo mit sehr viel weniger Aufwand sehr viel bessere Erträge erzie-len konnte. Die Spanier waren glücklich und zufrieden, nachdem sie die Eingeborenen aus der Umgebung von Santa Marta als Sklaven rekrutiert hatten, und verspürten keinerlei Bedürfnis, in das Gebirge vorzudringen. Solange die Indianer sich nicht unliebsam bemerkbar machten, interessierte es im Grunde niemanden, ob sie am Leben blieben oder ob der Teufel sie holte oder was sie da oben überhaupt trieben.

Und so zog der Fluß der Geschichte an der Sierra Nevada de Santa Marta vorüber, beleckte allenfalls dann und wann ihren Fuß, störte jedoch nicht den Frieden ihrer indianischen Bewohner.

Der große Freiheitskämpfer Simón Bolívar brach am Río Magdalena auf, der westlich der natürlichen Pyramide der Sierra Nevada ins Meer fließt. Im frühen neunzehnten Jahrhundert befreite er «Gran Colombia» aus den Händen der Spanier und zog sich dann, während sein neuer amerikanischer Großstaat in untereinander zerstrittene Einzelrepubliken auseinanderbrach, nach Santa Marta zurück. Hier starb er, nachdem er die Geschichte eines ganzen Kontinents in eine neue Richtung gelenkt hatte. Doch in gut dreißig Kilometer Entfernung lief hinter der Urwaldmauer das Leben in denselben alten Bahnen weiter wie eh und je.

In den siebziger Jahren des neunzehnten Jahrhunderts begab sich ein katholischer Geistlicher in die Sierra, um die Indianer zu missionieren und sich die Voraussetzungen für die Abfassung eines Katechismus in ihrer Sprache anzueignen. Tatsächlich brachte Pater Rafael Celedón, der Bischof von Santa Marta, nicht nur den geplanten Katechismus, sondern im selben Zug auch gleich eine Grammatik des Kogi zu Papier (sie ist bis auf den heutigen Tag die einzige geblieben). Mit seinen Bekehrungsversuchen jedoch scheiterte er genauso gründlich wie mit allen anderen Bemühungen, engere Beziehungen zu den Indianern anzuknüpfen. Er war unwillkommen, und das ließ man ihn merken: Auf Schritt und Tritt begegnete ihm nur mürrisches Desinteresse. Die Kogi setzten ihm keinerlei aktiven Widerstand entgegen, sondern brachten lediglich unmißverständlich zum Ausdruck, daß ihnen seine Anwesenheit nicht behagte. 1915 hielt sich der Ethnologe Konrad Theodor Preuss, seines Zeichens Direktor des Staatlichen Museums für Völkerkunde in Berlin, zweieinhalb Monate lang in Palomino, ihrer tiefstgelegenen Dorfgemeinde, auf. Die meiste Zeit lag er krank in seiner Hängematte, hinterher berichtete er von einer komplexen Mythologie, in der «Dämonen» eine große Rolle spielen.

Im frühen zwanzigsten Jahrhundert fand sich aus den USA die United Fruit Company hier ein, um auf der Grundlage von Kontraktarbeit – einer modernen Form der Sklaverei – am Südrand der Sierra Bananen anzubauen, die auf der Güterbahnstrecke entlang dem Westrand in die Häfen von Baranquilla und Santa Marta verfrachtet wurden. Landarbei-

ter strömten in Scharen auf die rund um die Städte Fundación und Valledupar angelegten Pflanzungen, und die Südhänge des Gebirges, freundlicher als die auf der Nordseite, wurden entwaldet, um Anbaufläche für
das neue Profitobjekt Banane zu gewinnen. Santa Marta erlebte einen
Aufschwung, in Fundación und Valledupar machte sich Unterdrückung
breit. Aber als es plötzlich aus war mit dem Bananen-Boom und die United Fruit Company sich wieder aus der Region verzogen hatte, war die
Sierra auf der Nordseite noch genauso undurchdrungen, unerschlossen,
geheimnisumwittert wie zuvor.

1940 drangen zwei Ethnologen, der russische Emigrant Gerardo Reichel-Dolmatoff und seine Frau Alice, im Auftrag der Regierung tiefer in
das Gebirge ein. Sie entdeckten das bisher intakteste kulturelle Residuum
des präkolumbischen Amerika: eine soziale Gruppe, die nicht nur das
rituelle Brauchtum einer untergegangenen Welt bewahrt hatte, sondern
diese Traditionen auf der Basis intellektueller Analyse und systematischen Wissens am Leben zu erhalten schien. Die beiden Forscher hatten
die Welt der Kogi betreten.

Ich hatte mich in Reichel-Dolmatoffs Schriften eingelesen, aus denen
mir klar hervorzugehen schien, daß die Kogi die geistigen, wenn nicht
sogar die realen Nachfahren der Tairona sind. Außer ihnen leben in der
Sierra noch zwei Stämme, die in der Literatur zuweilen als Ika und Sanka
bezeichnet werden (ich sollte sie unter den Namen Asario und Arhuaco
kennenlernen), aber alle beide waren sie dem Vernehmen nach in sehr viel
höherem Grad akkulturiert. Sie bewohnen den südlichen und den westlichen Teil der Sierra, wo das Terrain Neusiedlern weniger Widerstand
entgegensetzt. Die Kogi waren die eigentlich interessante Volksgruppe,
so zeichnete sich für mich ab, und die «Verschollene Stadt» schien auf
Kogi-Territorium zu liegen.

Sie waren fraglos ein äußerst rätselhaftes Volk. Noch zwanzig Jahre
nach seiner ersten Veröffentlichung über sie schätzte Reichel-Dolmatoff
die Zahl der in der Sierra versteckten Kogi auf ungefähr zweitausend.[*]
Zwanzig Jahre später, 1987, sprach er zwar noch immer von einer «kleinen» Gruppe, hatte aber inzwischen seine Schätzung auf das Dreifache
erhöht.[**] Mir waren, als ich das las, bereits höhere Zahlen zu Ohren
gekommen. Tatsächlich wissen wir heute von annähernd elftausend hier

[*] Reichel-Dolmatoff 1967, S. 57
[**] Reichel-Dolmatoff 1987, S. 73

lebenden Kogi. Ihre Zahl ist größer als die der Asario und Arhuaco zusammen, und es spricht für die Effizienz ihrer Abschottungsstrategie, daß eine so umfangreiche Bevölkerungsgruppe der Allgemeinheit verborgen bleiben konnte, bis sie sich selbst entschloß, ans Licht zu treten. Es handelt sich schließlich um seßhafte Bauern, und jede Kogi-Familie hat zudem ihr Dorfhaus in einer Kollektivsiedlung.

Alles, was ich in Bogotá hörte, steigerte mein Interesse. Zumindest aus der Fama wußte hier jeder über die Kogi Bescheid: über ihre selbstgewählte Absonderung, ihre Entschlossenheit, sich unter keinen Umständen auf Kontakte mit der Außenwelt einzulassen. Man schilderte sie mir als Hüter eines Geheimwissens und als Meister okkulter Künste wie Levitation und Telepathie, mit direktem Zugang zu übernatürlichen Mächten in der Geisterwelt.

In gewissem Umfang waren auch handfestere Informationen zu erhalten. Alec Bright war von Beruf Architekt und hatte an der Planung des Museo del Oro mitgearbeitet (freilich nicht an der Planung des Sicherheitssystems, dessen Konzept aus einer sorgfältigen Analyse des Einbruchs in dem Film *Topkapi* hervorgegangen war). Ein bestimmter Typus des Tairona-Goldartefakts hatte sein spezielles Interesse geweckt. Ja, Alec hatte in diesem Zusammenhang sogar eine eigene Theorie entwickelt, nämlich die, daß der pilzförmige Auswuchs um den Kopf der in vielen Exemplaren verbreiteten Kleinplastik einer kauernden Menschengestalt mit Fledermausgesicht tatsächlich etwas mit halluzinogenen Pilzen zu tun hat und den explosionsartigen Ausbruch der inneren Visionen nach dem Genuß der magischen Speise symbolisiert.* An Hand ausgeklügelter Diagramme bemühte sich Alec, mir die Kosmologie der Kogi zu veranschaulichen, derzufolge die Erde eine viergeteilte Scheibe ist – eine scheibenförmige Mittelwelt zwischen scheibenförmigen Ober- und Unterwelten.

Zentrum des öffentlichen Lebens der Kogi, erklärte er mir, ist das runde Zeremonialhaus mit den vier Feuerstellen auf dem Boden, das die Erde symbolisiert. Das konische Dach versinnbildlicht den gesamten oberen Teil des Universums und umfaßt symbolische Darstellungen der scheibenförmigen Oberwelten. Unter der Erde denkt man sich den

---

* Richard Evans Schultes und Alec Bright, Ancient Gold Pectorals from Colombia: Mushroom Effigies?. In: *Botanical Museum Leaflets* 27, H. 5/6 (Harvard University, Cambridge, Mass.), S. 113–141

Dachkegel in einer trichterförmigen Stufenfolge von Unterwelten gespiegelt. Die Priester der Kogi, die «Mamas», sitzen im Zeremonialhaus wie in einem Uterus, am unteren Ende einer Nabelschnur, die von oben her durch die Dachmitte zu ihnen herabführt.

Tairona-Gold

Von den Goldsachen im Museo del Oro stammt allenfalls ein verschwindend geringer Teil aus der Beute der Spanier: Was den Spaniern an Gold in die Hände fiel, wurde eingeschmolzen und in Form von Barren in die europäische Heimat verschifft.

Bei den Exponaten handelt es sich im allgemeinen um Stücke, die in den vergangenen fünfzig Jahren von Grabräubern erbeutet wurden. Die Grabräuberei wird von den kolumbianischen Bauern in großem Stil betrieben – in so großem Stil, daß sie 1972 sogar den Versuch machten, sich mit der Gründung eines *Sindicato de Guaqueros*, einer «Grabräubergewerkschaft» mit über zehntausend Mitgliedern, als legaler Berufsstand zu etablieren. Wer genau es war, von dem die kolumbianischen Grabräuber sich so sehr ausgebeutet fühlten, daß sie meinten, zu diesem Mittel greifen zu müssen, entzieht sich meiner Kenntnis, fest steht jedoch: Es operierten und operieren in dieser Branche ein paar ganz große Haie. Einer der größten war übrigens Guillermo Cano, dem heute die feinsten Souvenirläden Kolumbiens gehören, in denen er originalgetreue Replikate seiner Beutestücke verkauft. Cano war klug genug gewesen, seine private Sammlung an das staatliche Museum zu verkaufen, nachdem er sich vorher Gußformen von allen Objekten hatte anfertigen lassen. So kann er heute die besten Replikate präkolumbischer Goldartefakte anbieten.

Mit der Grabräuberei ist es in Kolumbien so eine Sache… Es gibt Gesetze gegen sie, aber mit denen verhält es sich wie mit den Vorschriften der Straßenverkehrsordnung für die Geschwindigkeitsbegrenzung: Jeder weiß, daß es sie gibt, und niemand, den ich kenne, will je mit ihnen in Konflikt gekommen sein, aber keiner weiß so recht, was genau denn nun da drinsteht. Wenn ihnen danach ist, können Canos Kunden, um sich beim Durchstöbern der Schaukästen mit den Goldreplikaten zwischenhinein ein wenig zu entspannen, vom bequemen Lederfauteuil aus auf einem aufwendig produzierten Video mit allen Einzelheiten verfolgen, wie eine archäologische Fundstätte geplündert wird. —

Bei undifferenzierter Betrachtung könnte man natürlich sagen, daß die Goldsachen die Relikte untergegangener Kulturen und infolgedessen herrenlos sind. Aber die Kogi beanspruchen die Tairona-Gräber als ihr Eigentum, und so gibt es Mißhelligkeiten in bezug auf das Tairona-Gold. Zum Zeichen der Ehrerbietung, so erzählte mir Alec, habe das Museum den Kogi-Mamas Geschenke überbringen lassen, bestehend aus einer Anzahl Steinperlen, die man für Tairona-Erzeugnisse hielt, und einer gewissen Menge Salz. Nach einiger Zeit kamen die Perlen wieder an das Museum zurück und dazu eine Botschaft:

> Danke für das Salz. Es kommt aus einer Region, aus der wir seit vierhundert Jahren kein Salz mehr gehabt haben. Aber die Perlen sind nicht unsere Sache. Sie gehören nicht hierher.

El Dorado

Nach dem Museumsbesuch stand als nächster Punkt der Besuch der «Verschollenen Stadt» auf meinem Kalender. Nach allem, was ich gehört hatte, war ich überzeugt, daß es die Nähe der Kogi war, was die Stadt interessant machte. Der Fall war einmalig: ein gewaltiger Ruinenplatz, um den herum die bodenständige Tradition unberührt überlebt hatte. Allerdings war da ein unübersehbares Problem: Die Eingeborenen würden mich bestimmt nicht mit offenen Armen empfangen.

Hinzu kam ein zweites Problem. Ich hatte noch nicht einmal Elementarkenntnisse von den Lebensbedingungen in den Anden. Das Gebirge, der Urwald, die Indianer und ihre uralte Kultur – nichts wußte ich davon. In aller Eile hatte ich mich mit derben Stiefeln und einer großen Tasche voll Medikamenten ausgerüstet und fühlte mich nunmehr für meine Aufgabe denkbar schlecht gerüstet.

Um mir Gelegenheit zu verschaffen, mich schmerzlos an die örtlichen Verhältnisse zu gewöhnen, schlugen Alec und sein Sohn einen Ausflug nach dem unweit von Bogotá gelegenen Guatavita, der legendären Heimat El Dorados, vor. Hier befindet sich der kreisrunde schwarze See, der noch immer den sagenhaften Goldschatz der Muisca-Indianer birgt. Die ersten Konquistadoren hatten seiner nicht habhaft werden können. Ihre Mittel reichten nicht aus, um an ihn heranzukommen. Im Laufe einiger Jahrzehnte brach man ein riesiges keilförmiges Stück der Kraterwand heraus: die dadurch bewirkte Absenkung des Wasserspiegels um sechs Meter brachte ein paar Schätze zum Vorschein, aber das Zentrum des Sees blieb unzugänglich. In den Anfangsjahren unseres Jahrhunderts unternommene Versuche, den Krater durch Anbohrung trockenzulegen, führten zu keinem Erfolg. Vor kurzem kam aus einem Grab eine aus Gold gefertigte, mit goldenen Figürchen besetzte Miniaturnachbildung eines Floßes zutage, die man heute im Museo del Oro bewundern kann.

Nach Guatavita zu kommen ist heute bei weitem nicht mehr so schwierig wie im Jahre 1538, aber noch immer kein Zuckerlecken. Wahrscheinlich wäre es das, würde man ein Gefährt mit Allradantrieb benutzen, aber die Kolumbier halten eisern an der Überzeugung fest, daß der mit Abstand beste Geländewagen ein zwanzig Jahre alter Packard ist. Die Strecke von Bogotá zum Guatavita-Stausee, der die Elektrizitätsversorgung von Bogotá sichert, machte keine Probleme, aber auf der steilen Piste zum Kratersee hinauf war unser Taxi überfordert. Glücklicherweise waren wir vier Fahrgäste, und während unser Fahrer beherzt auf seinem Posten hinterm Lenkrad ausharrte, schafften wir ihn und seine Kutsche mit vereinten Kräften zum Ziel hinauf.

Hier oben hatte ich Gelegenheit, meine Stiefel einzutreten, indem ich den Kraterrand abschritt. Gelegenheit, meine Lunge einzugewöhnen, indem ich kurzatmig die dünne Luft einsog, und zudem auch Gelegenheit, meine kleinen grauen Zellen einzuüben. Rund um den Oberrand des vollkommen ebenmäßigen Vulkankegels führte ein Fußweg. Auf dem Kraterrand schütterer Grasbewuchs, die Böschung zu der kreisrunden schwarzen Wasserfläche hinunter von Sträuchern bestanden: Der Ort wirkte recht zahm, wie ein Picknickplatz für die Städter aus Bogotá. Was auch immer für Mysterien hier einmal zelebriert worden sein mochten, es war längst nichts mehr davon übrig. Der Anblick des Sees dort unten flößte mir keine weitere Erkenntnis ein als die, daß ich einen See von so vollendeter geometrischer Kreisförmigkeit vor Augen hatte, daß er aussah wie von Menschenhand angelegt. Und obwohl ich die Lokalsage kannte und das Miniaturfloß im Museum gesehen hatte, konnte ich mir auf das alles im Grunde keinen Reim machen. Vermutlich würde es mir mit der «Verschollenen Stadt» genauso gehen.

Zwischen den Kogi und El Dorado gibt es eine Verbindung: Wie die Muisca sind die Kogi ein Chibcha-Volk, und das Kogi gehört zu den Chibcha-Sprachen. Nach meinem Dafürhalten sind sie diejenigen, von denen wir uns am ehesten Aufschluß darüber erhoffen dürfen, was es mit dem Opferritual in Guatavita auf sich hatte, so wie wahrscheinlich auch sie uns noch am ehesten zum Verständnis vieler Einzelheiten der untergegangenen Kulturen verhelfen könnten. Allerdings vermochte ich mir damals nicht vorzustellen, was sie dazu bewegen könnte, mir über diese Dinge Auskunft zu geben.

In dieser Gemütsverfassung flogen Alec und ich zur Küste, um den geplanten Tagesausflug zur «Verschollenen Stadt» zu absolvieren.

Bürokratie

Dem war ein ganz netter Papierkrieg vorausgegangen.

Gleich nach der Entdeckung der Stadt war die Hoffnung aufgekommen, daß sie ein ähnlicher Touristenmagnet werden könnte wie die peruanischen Monumentalstädte Cuzco und Machu Picchú, die Massen spendabler Devisenbringer anlocken. Santa Marta und ihre Trabantenstadt, der Luxusbadeort Rodadero, sind beliebte Urlaubsziele, auch wenn es schwer ist, dort hin-, und noch schwerer, wieder von dort wegzukommen. Während der New Yorker Urlaubssaison verwandelt sich der Flughafen jeden Abend in ein Nachtasyl für geduldige Urlauber, deren Maschine ausgeblieben und deren Hotelzimmer schon wieder anderweitig vermietet ist. Nichtsdestotrotz hielt mancher noch mehr Touristen für eine prima Sache, und so wurden Hubschrauberflüge von den Hotels zur «Verschollenen Stadt» organisiert. Sie mußten bald wieder eingestellt werden.

In Anbetracht der labyrinthisch verschachtelten Regierungsbürokratie war es erstaunlich, daß die «Verschollene Stadt» jemals erforscht wurde. Der Dschungel in der Sierra wird – zumindest auf dem Papier – verwaltet in einem nicht minder undurchdringlichen Dschungel in Bogotá, wo die einander überschneidenden und miteinander verfilzten Kompetenzen der Indianerbehörde, der Nationalparkverwaltung und des Instituts für Völkerkunde und Archäologie sich in permanentem Rangstreit gegenseitig abzuwürgen und auszustechen suchen. Und für den Fall, daß es unter den dreien einmal zu harmonischer Zusammenarbeit kommen sollte, gab es da immer noch eine regierungsunabhängige, aber zur fraglichen Zeit vom Präsidenten mit unklaren Kompetenzen ausgestattete «Stiftung Sierra Nevada», die sich querlegte.

Im ersten Begeisterungstaumel nach der Entdeckung der Ruinenstätte war es tatsächlich zu einer kurzfristigen Kooperation all dieser Stellen gekommen. Da jedoch in Kolumbien Völkerkunde und Archäologie zu einem einzigen Sachbereich zusammengefaßt sind, wurden zur Finanzierung der Ausgrabungen auf dem Terrain der «Verschollenen Stadt» ethnologische Forschungsprojekte im Amazonasgebiet eingestellt. Reibereien waren die Folge, als ein Amazonas-Ethnologe, ein ehemaliger Mitarbeiter eines der abgeblasenen Projekte, zum Leiter der Indianerbehörde ernannt wurde. Die Reibereien nahmen zu, als der Direktor des Instituts für Völkerkunde und Archäologie die Leitung der Nationalparkverwaltung übernahm. Und sie steigerten sich noch weiter, als die vom Präsidenten protegierte «Stiftung Sierra Nevada» auch bei dessen Nachfolger um Protektion buhlte.

Die «Verschollene Stadt» wurde gesperrt. Archäologische Betätigung war hier fortan verboten. Und um den Ruinenplatz betreten zu dürfen, benötigte ich von jeder einzelnen der rivalisierenden Amtsstellen eine Genehmigung.

Hubschrauberflüge gab es nicht mehr zu buchen. Man hätte zu Fuß gehen können, aber für die reichlich dreißig Kilometer Fußmarsch von Santa Marta aus hätte man hin wie zurück jedesmal mindestens vier Tage gebraucht, und überdies war das Gebiet um den Ruinenplatz in der Hand der Guerillas. So blieb als einzige praktikable Möglichkeit, in Medellín einen Hubschrauber zu mieten und ihn zur rund sechshundertfünfzig Kilometer entfernten Küste fliegen zu lassen. Nachdem Alec in ausdauernden Verhandlungen alle erforderlichen Genehmigungen zusammengebracht hatte, flogen wir nach Norden, dem Treffen mit unserem Hubschrauber entgegen.

Cartagena und Ciénaga Grande

Was die Konquistadoren an Gold in Kolumbien fanden, wurde eingeschmolzen, zu dem Karibikhafen Cartagena transportiert und von dort nach Spanien verschifft. Nachdem Francis Drake von Hispaniola mit leeren Händen abgezogen war, fuhr er weiter nach Cartagena und erstürmte den Hafen. Auf meinem Weg zur «Verschollenen Stadt» mußte ich in Cartagena Zwischenstation machen, um Arrangements für die Aufnahmearbeiten zu dem Armada-Film zu treffen.

In Bogotá gibt man sich mit würdigem, bisweilen sauertöpfischem

Ernst, bei den *costeños* – den Küstenbewohnern – überwiegt das karibische Temperament. Der Wechsel aus der kühlen Höhenluft Bogotás in die Dauerhitze und den Radau an der Küste verschlägt einem den Atem. Selbst während der Nacht geht die Temperatur hier kaum zurück. Doch der alte Stadtkern von Cartagena im unverfälschten spanischen Kolonialstil, mit engen Sträßchen, hohen Häusern und überhängenden Balkonen, bot Schatten und entzückte.

Zu der Zeit, da Drake hier anlangte, war Cartagena noch jung und die einfache Verteidigungsanlage im Handumdrehen überrannt. Später erhielt der Hafen ein komplettes Befestigungssystem zum Schutz vor den englischen Seeräubern, das heute noch komplett erhalten ist. Aber da wurden kaum noch nennenswerte Mengen Gold ausgeführt – es war alles weg. Der Nation, die es stahl, hatte es schweres Unglück gebracht. In Kastilien hatte das Gold das Überleben einer starren Feudalordnung gesichert und das Land in den Zustand der Lähmung manövriert: Die großen Schafzüchter waren pleite, die Landwirtschaft ruiniert. Die Barren wurden zu Münzen geschlagen, die man «Goldene Regentropfen» nannte, weil sie beim Auftreffen auf den heißen Boden Spaniens zu einer Wolke von Schulden verdunsteten, die sich in den Kisten und Kasten nordeuropäischer Bankiers niederschlug. Auf seinem Lauf durch das übrige Europa bewirkte der Goldstrom eine galoppierende Inflation und stürzte wohlgeordnete Königreiche ins Chaos. Nach und nach bildete sich eine neue Weltordnung heraus, in der Spanien nur mehr eine wahrlich unbedeutende Machtstellung innehatte. Cartagena war zu einem Monument der Jagd nach Luxus und des militanten Reichtums geworden, und ein Monument ist es bis heute geblieben, weil den Spaniern Geld und Anlaß zur weiteren Stadtentwicklung abhanden gekommen waren.

Sobald ich meine Blitzbesichtigung der Altstadt und der Befestigungsanlagen abgeschlossen hatte, heuerten wir einen Taxifahrer an, uns entlang der Küste nach Santa Marta zu kutschieren. Mit dem Hubschrauberpiloten waren wir für kurz nach Sonnenaufgang verabredet, so daß wir noch in der Dunkelheit losfuhren. Die Straßenverhältnisse waren ausnahmsweise einmal gut, und die Fahrt verlief problemlos. Im Morgengrauen passierten wir die Küstenseenkette bei Ciénaga Grande, wo ganze Fischergemeinden in Pfahldörfern wohnen. Wasser und Dunst verschmolzen im Frühlicht zum homogenen Einerlei, so daß man nach allen Seiten in diesige, fahlleuchtende Leere hineinblickte. Himmel und Wasser waren nicht zu unterscheiden. Die Einbäume mit den fast nackten

Fischern, vom Gegenlicht in Schattenrisse verwandelt, schienen zu schweben. Von Zeit zu Zeit stand in einem der Boote ein Mann auf, wirbelte ein kleines, rundes Netz über dem Kopf und warf es in das Licht hinein, wo es verschluckt wurde.

Diese Seen waren bis vor kurzem Süßwasserlagunen gewesen. Die Straße wurde auf dem schmalen Landstreifen – er ist nicht breiter als ein Deich – angelegt, der Süß- und Salzwasser trennte. Irgendwie scheinen durch den Bau der Straße Zu- und Abfluß des Wassers aus dem Gleichgewicht gebracht worden zu sein, so daß jetzt Salzwasser in die Lagunen eindringt. Die dichten Wälder, die hier ehemals gediehen, sind abgestorben; im fahlen Frühlicht fuhren wir durch ein Spalier von silbrigen Baumleichen, die von dem schimmernden vergifteten Wasser drunten kahl in die dunstige Luft emporragten. Eine Reiseimpression von gespenstischer, betroffen machender Art. Unterdessen führte uns der Weg ständig näher an das Gebirge – die schwarze, schroffe, steile Sierra – heran.

In der «Verschollenen Stadt»

Der Flughafen von Santa Marta – eine einzelne Rollbahn und eine kleine Ankunfts- und Abflughalle – liegt direkt am Meer. Der Hubschrauber war pünktlich da, und wir arbeiteten mit dem Piloten die Route zu unserem Ziel aus. Obschon die «Verschollene Stadt» nicht weit vom Flughafen liegt, war das eine knifflige Sache, denn es galt, alle derzeit bekannten Kokapflanzungen zu meiden.

Der Flug war ein Erlebnis. Die Sierra erhebt sich praktisch unmittelbar neben dem Flugplatz, und innerhalb von wenigen Minuten flogen wir über dichtem Urwald. Das Gebirge besteht aus unzähligen schmalen, durch tiefe Talungen getrennten Zügen. Die unteren Hänge sind von Bäumen bestanden, und noch auf den Kämmen ragen sie stolz bis zu dreißig Meter hoch und höher in den Himmel.

Unversehens tauchte eine kahle Stelle auf. Entlang einem scharfkantigen Höhenzug war ein gewaltiges System von gemauerten Terrassen angelegt worden, darunter große, kreisrunde steinerne Plattformen mit Grasbewuchs. Weit und breit war sonst kein ebenes Gelände zu sehen. Die größte Rundplattform gab einen idealen Landeplatz ab, der sich uns mitten aus dem dichten Urwald heraus einladend anbot. Aus der Vogelperspektive sah es tatsächlich so aus, als habe man beim Bau der «Verschollenen Stadt» eigens auf Hubschrauber Rücksicht genommen.

Beim Landeanflug wurden wir gewahr, daß diese auf unterschiedlichen Niveaus angelegten Plattformen gruppenweise durch Treppen verbunden waren. Mitten auf einer Plattform stand eine Holzbaracke, aus der in diesem Augenblick zwei Uniformierte hervortraten. Es waren Sicherheitskräfte, die zur Bewachung der Ruinenstätte hierherkommandiert waren.

Als wir aufsetzten, war schon der gesamte Wachtrupp ins Freie gekommen: drei Männer in olivgrüner Montur und billigen Gummistiefeln, einer – der Koch – im T-Shirt. Sie waren sichtlich enttäuscht, uns zu sehen. Vor einem Vierteljahr waren sie für eine Monatsschicht hierherbeordert worden, und als sie uns hörten, nahmen sie an, ihre Ablösung sei gekommen. Alec hatte etwas Derartiges vorausgeahnt und ihnen als Trost eine Flasche Rum mitgebracht.

Die Soldaten führten uns herum und machten dabei von Zeit zu Zeit Bemerkungen über meine Stiefel. Ich war froh, daß ich sie hatte. Aber aus irgendeinem Grund boten die kräftigen, stahlverstärkten Gummisohlen nicht den erwarteten festen Halt. Die ganze Stadt war ein Netz von uralten Treppen mit schmalen Stufen und von steilen, steingepflasterten Wegen. Im tiefgrünen Licht des Urwalds rieselt unaufhörlich Laub herab, das steinigem Untergrund eine tückische Schlüpfrigkeit verleiht.

Die ausgedehntesten Terrassen – offenbar Fundamente von Kultbauten und -plätzen – befanden sich auf der Kammhöhe; die tiefergelegenen kleineren Terrassen und runden Steinplattformen bezeichneten Wohngebiete und Arbeitsreviere, in Einzelfällen auch winzige Äcker. Im Zeremonialbezirk waren die Treppenstufen tief und wohlbehauen, weiter unten jedoch schmal und uneben. Ich mußte mich seitwärts wie eine Krabbe auf ihnen bewegen: Der Auftritt war viel zu kurz für meine Stiefel. Mit der Zeit ging mir auf, daß sie für bloße Füße gemacht waren: Nackten Fußballen boten sie einen idealen Halt.

Je länger ich mich umsah, desto deutlicher wurde mir bewußt, wie wohldurchdacht hier alles war. Rings um jedes Haus lief ein mit Steinen ausgekleideter Abzugskanal, der das Wasser auf eine tieferliegende Ebene ableitete: Noch heute, vierhundert Jahre nachdem die Stadt von ihren Bewohnern aufgegeben wurde, funktioniert die Dränung vorzüglich. Die Terrassen hatten auskragende Ränder, damit das ablaufende Wasser nicht die darunterliegende Wand angreifen konnte.

Die Mauersteine waren grob behauen, aber präzise genug geformt, um sich ohne Mörtel zu zehn Meter hohen Mauern aufschichten zu lassen. Die allgemeine Stimmung des Ortes war Monumentalität und Dörflichkeit in einem. Aber überwältigt war ich, wenn ich bedachte, daß diese Stadt in einem Gebiet lag, wo Wasserreichtum und eine wuchernde Fruchtbarkeit herrschten. Sie war im Urwald verschwunden (der jeden verlassenen Siedlungsplatz binnen zwei Jahren zurückerobert), hatte vier Jahrhunderte lang gewaltigen Regenstürzen widerstanden und hätte dennoch jederzeit wieder besiedelt werden können.

Aber was war sie? Sie hatte doch sicherlich zumindest einen Namen? In den spanischen Chroniken findet man eine Anzahl weitläufiger Tairona-Städte beschrieben, aber keine dieser Beschreibungen paßt anscheinend so recht auf diesen Ort. Wie hat das Leben hier ausgesehen? Wie die Bauwerke, die einstmals auf diesen Fundamenten standen? Waren es zum Teil Kult- und Zeremonialhäuser, wie Alec ausgeführt hat? Und wie und weshalb nahm das Leben in der Stadt ein Ende?

Auf keine dieser Fragen hatten die Archäologen die Antwort gefunden. Aber nach allem, was ich gehört hatte, schienen die Kogi Bescheid zu wissen. Sie waren wenig erbaut gewesen von der Arbeit der Archäologen und hatten protestiert mit der Begründung, daß es sich hier um eine ihrer heiligen Stätten handle. Für sie gab es keinen Unterschied zwischen Archäologie und Grabräubertum – und die Vorstellung von Touristen, die auf der Heimstatt ihrer Ahnen herumtrampeln, war ihnen ein Graus. Die Dinge hatten sich zu ihren Gunsten gewendet: die politischen Streitigkeiten hatten sowohl der Arbeit der Archäologen als auch dem Tourismus den Garaus gemacht, und Martin von Hildebrand, der ehemalige Erforscher der Amazonasvölker, der jetzt die Indianerbehörde leitete, hatte ihre Einwände als Begründung dafür benutzt, die staatlichen Forschungsmittel von der Sierra abzuziehen und wieder ins Amazonasgebiet zu dirigieren. Für die Kogi bestand kein Anlaß, jemanden mit Erklärungen zu bedienen.

Aber vielleicht würde ich Kontakt aufnehmen können. Einer der Wachmänner hatte sich mit seiner derzeitigen Umgebung anscheinend ein bißchen besser befreunden können als seine Kollegen: Da es für ihn sonst nichts zu tun gab, hatte er sich auf die Beobachtung der Vogelwelt verlegt und sich im Urwald häuslicher als die anderen eingerichtet. Wir sprachen über die Kogi, und er machte mir eine kleine Kalebasse zum Geschenk. Das sei ein Poporo, erklärte er. Das flaschenförmige Ding war etwa fünfzehn Zentimeter lang, innen hohl, am einen Ende offen und am anderen verdickt: Es sah einem gelbbraunen Godemiché nicht unähnlich.

Die Kogi gebrauchen den Poporo im Zusammenhang mit ihrer Gewohnheit, die Blätter der Kokapflanze zu kauen. Die Kalebasse enthält pulverisierte Muschelschale, in die ein mit Speichel befeuchtetes Stäbchen eingetaucht wird. Durch Ablecken des Stäbchens führt man sich ausreichend Kalk zur Aktivierung des Koka-Wirkstoffs zu. Danach wird das Stöckchen rund um den Kalebassenhals abgestrichen, wo sich aus dem abgelagerten, eingetrockneten Kalk-Speichel-Gemisch eine mit der Zeit immer dicker werdende – mitunter fünf bis acht Zentimeter starke – gelbe «Manschette» bildet.

Aus der Kokapflanze wird bekanntlich Kokain gewonnen, aber das Kauen der Blätter wirkt ganz anders als das Aufschnupfen oder Injizieren des Wirkstoffs in chemisch reiner Form. Die Blätter sind etwas kleiner und heller als Ligusterblätter. Für die Herstellung von zehn Gramm Kokain in Handelsqualität braucht man mehr als ein Kilo Kokablätter und eine komplizierte chemische Apparatur. Die Kogi kauen ununterbrochen kleine Prieme aus den bitterschmeckenden, getrockneten Blättern. In derart geringfügigen und noch dazu sehr langsam aufgeschlüsselten Dosen entfaltet das Kokain eine leicht betäubende und gesundheitsfördernde Wirkung. Im peruanischen Cuzco, wo man als Ortsfremder leicht von der Höhenkrankheit befallen wird, serviert man in den besseren Hotels den neueintreffenden Gästen zur Stabilisierung als erstes eine Tasse Koka-Tee. Das Kauen der Blätter wirkt anästhetisierend: Man verspürt weder Hunger noch Erschöpfung; unter Koka-Einfluß können die Indianer gewaltige Entfernungen zu Fuß zurücklegen, unermüdlich arbeiten und nächtelang ohne Schlaf auskommen. Seit mindestens tausend Jahren ist der Kokagenuß in ganz Südamerika gang und gäbe. Nichts spricht dafür, daß Kokablätter, gekaut oder als Tee genossen, auch nur im geringsten schädlich wären.

Der Poporo ist bei den Kogi das Abzeichen des Mannestums: Weder Frauen noch Kinder benutzen ihn. Meiner war noch unbenutzt: bestimmt für jemanden an der Schwelle des Erwachsenseins.

Ich fragte den Soldaten, ob er jemanden kenne, der sowohl Spanisch wie Kogi spreche. Ja, so einen gebe es, er heiße Ramón. Ich solle mich in Santa Marta nach ihm erkundigen – in der Casa Indígena, dem «Haus der Indianer».

Es wurde Zeit für den Rückflug. Frühmorgens herrscht im Umkreis der Sierra gewöhnlich klare Sicht, aber gegen Mittag braut sich Bewölkung zusammen, und wir konnten es nicht riskieren, hier festzusitzen. Ich raffte meinen jungfräulichen Poporo an mich und kletterte hinter Alec in den startbereiten Hubschrauber.

Schließlich und endlich traf doch noch eine Ablösung für die Wachmannschaft ein. Sie fand am Einsatzort drei Leichen: zwei Wachmänner und den Koch. Wie es schien, hatte eine Schießerei stattgefunden. Einige Monate lang nahm man an, daß der dritte Wachmann seine Genossen ermordet habe und geflohen sei, aber dann fand man ein Stück weiter den Hang hinunter auch seine Leiche. Jetzt geht die Fama, daß die Wachmannschaft gegen Grabräuber angetreten war – die sie mit durchschlagendem Erfolg zum Abtreten zwangen. Die Geschichte um Gold, Blut und Tod scheint kein Ende nehmen zu wollen. Der Vorfall wirft einen Schatten auf meinen kleinen, reinen Poporo.

Wir landeten um die Mittagszeit. Ich hatte einen Nachmittag Zeit, um mein Filmprojekt auf den Weg zu bringen.

Die Casa Indigena

Der Soldat hatte von der Casa Indigena gesprochen. Ich wußte nicht, was ich mir darunter vorzustellen hatte, aber am Flugplatz versicherte mir ein Taxifahrer, er kenne den Weg dorthin. Wir fuhren die Küstenstraße entlang, vorbei an Luxushotels, über die Kuppe eines flachen Ausläufers der Sierra, und sahen Santa Marta in seiner ganzen Ausdehnung vor uns liegen.

Es präsentierte sich als eine wirre Ansammlung niedriger Gebäude, aus deren Mitte eine weiße Kathedrale aufragte, auf einem tischebenen, keilförmigen Stück Land zwischen zwei Ausläufern des Gebirges. Der Industriehafen bezeichnete die jenseitige, eine Barackensiedlung die diesseitige Stadtgrenze, dazwischen lagen die Überreste der alten Kolonialstadt.

Der Taxifahrer hatte sich binnen kurzem verfranzt, fand aber schließlich doch noch über eine ungepflasterte Nebenstraße vor ein Tor in einem hohen Maschendrahtzaun. Das Tor war verschlossen. Hinter dem Zaun lag ein Gebäudekomplex, bestehend aus einer Anzahl weißgekalkter Rundhütten mit Kegeldächern aus Asbest sowie einem quadratischen

Bau, in dem offenbar Büros untergebracht waren. Von dem Bürogebäude her näherte sich ein wachsam dreinblickender Indianer. Er war ungefähr einsfünfzig groß und blütenweiß gekleidet: in einem weißen Baumwollkittel mit weiten Ärmeln und eine geräumige weiße Hose mit bis zu den Waden aufgerollten Beinen. Er hatte einen Cowboy-Strohhut auf, unter dem hervor das glatte schwarze Haar bis auf die Schultern fiel. In der Hand trug er einen Poporo, dessen Schale durch lange Handhabung eine tiefbraune Tönung angenommen und um dessen Hals sich eine daumenbreite Kalkmanschette gebildet hatte. Aus der Öffnung ragte ein langes Stäbchen heraus. An Bändern kreuzweise über die Schultern gehängt trug er drei Stofftaschen, zwei unter einem, die dritte unter dem anderen Arm, alle drei weiß mit farbigen Streifen. Außerdem trug er eine schwarze Kunststoff-Digitalarmbanduhr Marke Casio und ausgelatschte schwarze Lederschuhe.

Der Taxifahrer, der halbwegs mitgekriegt hatte, was ich wollte, eröffnete ihm in gebieterischem Ton, daß ich irgend jemanden zu sprechen wünschte, der hier etwas zu sagen habe. «Es ist niemand da.» Alec und ich mischten uns ein, um zu verhindern, daß noch mehr Porzellan zerschlagen wurde. Der Indianer vermied es, uns ins Gesicht zu sehen. Ich versuchte unser Begehr nach Einlaß zu begründen. Wir suchten nach einem Mann namens Ramón. «Wir wollen hier drin keine Gringos haben.»

Ich war des Glaubens, daß mit «Gringos» prinzipiell nur US-Amerikaner gemeint wären, und erklärte deshalb schwungvoll, weshalb der Ausdruck in diesem Fall nicht zutreffe: Ich war kein Gringo, ich war aus England. Später fand ich natürlich heraus, daß «Gringos» die Europäer mit einschließt, aber zum fraglichen Zeitpunkt gereichte mir meine Unwissenheit klar zum Vorteil. Dem Indianer war England unbekannt, und so ließ er uns mit unbewegter Miene ein.

Der Taxifahrer und Alec wollten sofort losstürzen, um jemanden aufzutreiben, der nach offizieller Funktion aussah, aber mir lag mehr daran, mich mit dem Indianer zu unterhalten. Während Alec ins Spanische übersetzte, erklärte ich ihm, daß wir direkt aus der «Verschollenen Stadt» kamen. Kannte er die? «Ja, ich habe da einen Bauernhof.» Damit hatte ich nicht gerechnet. Hieß das, daß die Stadt nicht ganz unbewohnt war? «Es ist in der Umgebung. In der allernächsten Umgebung.» Ich war ein Filmemacher, der sich für die «Verschollene Stadt» interessierte und Kontakt mit den Kogi aufnehmen wollte. «Ich bin ein Kogi.»

Alec und dem Fahrer war Argwohn anzumerken. Ich erläuterte

meine Idee, den Anlaß meines Kommens. Glaubte er, daß ich diese Idee den Kogi-Mamas nahebringen könnte? Er schüttelte den Kopf. Nein. Die Kogi-Mamas interessierten sich nicht für so was. War außer ihm noch jemand hier? Nur der Koch. Er wandte sich zum Gehen. Während des ganzen Gesprächs hatte er mir nicht ein einziges Mal ins Gesicht gesehen.

Der Koch tauchte aus dem Bürogebäude auf, und ich erläuterte nochmals den Grund meines Hierseins. Heute war Sonntag, konnte ich nicht morgen wiederkommen? Nein, ich reiste noch heute nach Bogotá weiter. Na ja, heute ist Sonntag, das heißt, der Chef ist zu Hause… Innerhalb von Minuten hatte der Taxifahrer die Adresse heraus und mit uns die paar Straßen zu dem Haus in dem ruhigen Wohngebiet zurückgelegt, wo Amparo Jimenéz Luque, Leiterin des Amtes für indianische Angelegenheiten des Ministers des Innern, Büro Sierra Nevada de Santa Marta, zuständig für die Provinzen Magdalena und Guajira, soeben das gemeinsame Mittagessen mit ihren Eltern beendet hatte.

Unterwegs kamen mir Bedenken wegen des schlechten Eindrucks, den wir möglicherweise bei dem Indianer hinterlassen hatten. Alec war voller Zuversicht. Der Indianer mit seinen Schuhen und seiner Armbanduhr war viel zu akkulturiert, sprach viel zu gut Spanisch, seine Kleidung war viel zu sauber und seine Kopfbedeckung viel zu modisch – vermutlich war er überhaupt kein Kogi. Er war ein Stadtbewohner, ein Mensch ohne alle Bedeutung. Mir hingegen sagte ein unbehagliches Gefühl, daß im Umkreis der Sierra nichts ohne Bedeutung war. Wir mußten mit äußerster Behutsamkeit vorgehen.

Für die bevorstehende Begegnung hatte Alec strikte Anweisung, sich beim Übersetzen genau an den Buchstaben zu halten und keinerlei eigene Interpretationen einzuflechten; der Taxifahrer war vergattert worden, sich ganz herauszuhalten. Wenn jetzt etwas schiefging, wußte ich wenigstens, daß es allein meine Schuld war.

Die Frau, die mir entgegenkam, um mich zu begrüßen, war dem Aussehen nach etwa vierzig und von gedrungener, kräftiger Statur; Ernsthaftigkeit stand in das schmale, lange Gesicht geschrieben. Alles, was ich sagte, hörte sie sich aufmerksam an.

Wie üblich hatte ich keine Ahnung, mit wem ich es zu tun hatte. Von all den unerschrockenen, entschlossenen Menschen, die ich in Kolumbien kennengelernt habe, ist Amparo der unerschrockenste und entschlossenste. Wie so viele intelligente Leute, die in den fünfziger und sechziger Jahren großgeworden sind, war sie als Studentin zur politischen

Radikalen geworden. Man befand sich damals in den grausamen Schluß-
dekaden von *La Violencia*, dem hundertjährigen Bürgerkrieg zwischen
Liberalen und Konservativen, in dem über eine Viertelmillion Menschen
für ihre politische Überzeugung ihr Leben lassen mußten. Schwach und
korrupt, wie er war, hatte der Staat seinen Bürgern nichts zu bieten: weder
war er in der Lage, ein wirtschaftliches Hilfsprogramm für die Armen auf
die Beine zu stellen, noch vermochte er für eine funktionierende Rechts-
pflege und eine korrekte Amtsausübung der Polizei zu sorgen. Castros
Machtübernahme in Kuba entfachte die Hoffnung auf eine Revolution,
die der Gewalt und der Ungerechtigkeit ein Ende machen und den Armen
eine Zukunftsperspektive eröffnen würde.

Amparo war eine von vielen Tausenden, die als Studenten diese Hoffnung teilten, und die Idee der sozialen Gerechtigkeit ist ihr bis auf den
heutigen Tag ein brennendes Anliegen geblieben. Als sie durch eine
glückliche Kombination zufälliger Umstände ihr gegenwärtiges Amt an-
getragen bekam, wußte sie so gut wie nichts vom Leben der Indianer, aber
sie lernte schnell, und sie begriff, daß sie hier die Aufgabe ihres Lebens
gefunden hatte.

Sie hat sich viele Feinde gemacht. Kaum eine Woche vergeht ohne
einen intriganten Versuch, sie von ihrem Amtssessel zu stürzen oder sie
bei der Regierung oder irgendeiner ideologischen Gaunerclique anzu-
schwärzen, doch zum Zeitpunkt der Niederschrift dieser Zeilen sitzt sie
nach wie vor unbeirrt im Sattel und wacht mit eiserner Entschlossenheit
über die Sierra. Die Kogi sind ihre Schutzbefohlenen, und für sie kämpft
sie wie die sprichwörtliche Löwin für ihre Jungen. Als frischbestallte
Amtsinhaberin ging sie ins Gebirge hinauf, stellte sich dort als Abge-
sandte der Regierung in Bogotá vor und versprach den Kogi, daß sie ihre
ganze Kraft darauf verwenden werde, ihnen zu helfen. Die Kogi besahen
sich die Besucherin, waren von dem, was sie sahen, angetan und kamen zu
der Überzeugung, daß ihnen hier womöglich ein Freund und Bundesge-
nosse in der Welt der Jüngeren Brüder erwachsen war. Amparo genießt
das Vertrauen der Kogi in einem Maß wie kein zweiter Volksfremder.
Und Amparo würde gegen jeden – ihren Arbeitgeber, die Regierung mit
eingeschlossen – zu Felde ziehen, der es wagte, ihren Schützlingen ein
Haar zu krümmen.

Zum fraglichen Zeitpunkt wußte ich von dem allem nichts. Ich trug
einfach nur meine Vermutung vor, daß die Kogi-Mamas unter Umständen daran interessiert sein könnten, einmal zur Außenwelt zu sprechen.

Vielleicht sähen sie ja darin eine Möglichkeit, den Jüngeren Bruder bei sich einzulassen, ohne deswegen gleich ihr Territorium für den Tourismus öffnen zu müssen. Könnte es nicht sein, daß sie das eine und andere aus der Außenwelt benötigten, und wäre dies in ihren Augen nicht vielleicht eine gute Gelegenheit, diese Information nach draußen zu tragen? Vielleicht war es ihnen durchaus willkommen, selber ihre Kultur und die Bedeutung der archäologischen Fundstätten erklären zu können, als Alternative zum endlosen Zustrom von Touristen und Forschern. Denn daß sie unter dem Druck von Touristik- und akademischen Forschungsinteressen standen, war ja wohl kaum zu bezweifeln.

Überdies hatte ich Berichte gehört, denen zufolge die Kogi der Ansicht waren, ihre Tage seien gezählt. Vielleicht legten sie Wert darauf, etwas von ihrem Wissen weiterzugeben, ehe es zu spät dafür war.

Die Hauptsache jedoch: Dieser Film sollte *ihr* Film sein, hergestellt in gleichberechtigter Zusammenarbeit zwischen ihnen und mir. Ich wollte keinen Film *über* die Kogi, ich wollte einen Film *mit* ihnen machen. Sie würden über die Aussage des Films entscheiden, ich würde ihnen bei der fernsehgerechten Aufbereitung helfen. Sah Amparo eine Möglichkeit, diesen Vorschlag an die Mamas weiterzuleiten? Persönlich wollte ich mit ihnen nur unter der Bedingung Kontakt aufnehmen, daß sie über meinen Vorschlag informiert waren und mich zu sich eingeladen hatten.

Amparos Antwort erstaunte mich. Schon viele Fernsehteams – europäische, US-amerikanische, japanische – waren dagewesen und hatten die Kogi filmen wollen. Alle hatten sich um ihre Unterstützung bemüht, denn ohne ihre Genehmigung durfte man keine Kamera in die Sierra mitnehmen. Und bis heute hatte sie noch jedesmal abgelehnt. Doch diesmal war es anders. Zum erstenmal hatte jemand den Vorschlag gemacht, mit den Kogi zusammenzuarbeiten – nicht einen Film über sie, sondern mit ihnen zu drehen. Ja, das war eine gute Idee. Dafür würde sie sich stark machen. Natürlich konnte sie nicht voraussagen, was die Mamas davon halten würden. Aber sie würde mit ihnen reden. Ja.

Es gab da freilich ein Sprachproblem. Sie selbst sprach kein Kogi, und sie kannte unter ihren Landsleuten niemanden, der diese Sprache beherrscht hätte. Aber Ramón – sein voller Name war Ramón Gil – könnte dolmetschen. Ramón war offenbar ein Kogi, der fließend Spanisch sprach. Sie würde meinen Vorschlag durch Ramón überbringen lassen und mir dann Bescheid geben, wie die Mamas reagiert hätten.

Mein Tag in der Sierra hatte ein Happy-End genommen.

Professor Reichel-Dolmatoff

Wieder in Bogotá, wollte ich nunmehr mit den Reichel-Dolmatoffs sprechen, den Leuten, die die Kogi erforscht hatten und mir helfen konnten, ihre Denkweise zu verstehen. Sie waren jedoch nicht zu Hause, und ich hatte keine Zeit, nach ihnen zu suchen. Das Kamerateam für die Dreharbeiten zu dem Film über die spanische Armada war eingetroffen, und ich mußte mich wieder dem eigentlichen Anlaß meines Aufenthalts hier zuwenden. Mit der Dreherlaubnis gab es ein kleines technisches Problem – irgendwo hakte es im kolumbianischen Behördenapparat –, aber es gelang uns, den toten Punkt zu überwinden. Ich habe das ganze Hin und Her bis heute nicht so recht begriffen – jedenfalls hatten wir am Ende grünes Licht, und das Museo del Oro stellte uns für die Aufnahmen ein zauberhaftes Sortiment von Goldsachen zusammen.

Als nächstes hatten wir die Aufnahmen an den Plätzen abzudrehen, die ich in Cartagena ausgekundschaftet hatte, aber inzwischen war der Flugbetrieb der Avianca durch einen Streik lahmgelegt. Wir würden die knapp 1300 Kilometer durch die Anden Richtung Norden per Auto zurücklegen müssen. Ich fand das eine grauenvolle Aussicht, bis ich entdeckte, daß ich auf diese Weise vielleicht doch noch Gelegenheit zu einem Zusammentreffen mit den Reichel-Dolmatoffs haben würde. Sie hielten sich im 150 Kilometer nördlich von Bogotá unweit der Fernstraße gelegenen Villa de Leyva auf.

Villa de Leyva liegt hoch über der Fernstraße in einem trockenheißen Gebiet, in dem zahlreiche Dinosaurierknochen gefunden und mehrere Westernfilme gedreht wurden. Der 1572 als Ruhesitz für den Vizekönig erbaute Ort macht den Eindruck eines Bühnenbilds. Er ist ein in ursprünglicher Form erhaltenes Kolonialstädtchen mit ultraweißen Häusern und einer riesigen Plaza, der größten im ganzen Land. Nur einen Steinwurf von der Plaza entfernt liegt das weitläufige Haus, in dem der Professor wohnte.

Gerardo Reichel-Dolmatoff ist der *grand old man*, die unübertroffene Koryphäe der kolumbianischen Anthropologie. Im Stil eines Aristokraten der Sozialwissenschaft hat er im ganzen Land bahnbrechende Feldforschungen durchgeführt. In weißem Tropenhelm und Blazer, auch im Urwald an keinem Tag auf die formvollendete Teetafel verzichtend, studierten er und seine Frau Alicia die Archäologie und die Menschen der Sierra. Praktisch alles, was wir heute an gesichertem Wissen über die Kogi besitzen, verdanken wir ihrer Arbeit. Alicia verzichtete vor vielen Jahren auf die Fortsetzung ihrer akademischen Laufbahn, um sich ganz auf die Erziehung ihrer Kinder und die Unterstützung ihres Mannes konzentrieren zu können.

Wir wurden zuvorkommend empfangen und eingeladen, im Patio auf der schattigen Veranda Platz zu nehmen, wo Alicia Tee und Gebäck servieren ließ und ich mein Anliegen schilderte und was ich in diesem Zusammenhang bisher unternommen hatte. Reichel blieb unbeeindruckt, und von Amparo hatte er noch nie gehört. Bei den Kogi zu filmen sei selbst dann ein Ding der Unmöglichkeit, wenn sie mich auf ihrem Territorium duldeten. Er selbst habe sich dort mit schauerlichen Arbeitsbedingungen herumschlagen müssen. Soweit ich mitbekam, waren seine Hauptinformanten junge Männer und seine Bewegungsfreiheit in der Welt der Kogi anscheinend nicht völlig uneingeschränkt gewesen; erstaunt war ich jedoch, als ich hörte, wie sauer sie es ihm gemacht hatten.

«Sie tun alles bei Nacht: Tagsüber reden sie kein einziges Wort. Im Haus drin, in der Hängematte liegend, in der Dunkelheit – *da* fangen sie an zu reden. Und die Hälfte von dem, was sie sagen, versteht man nicht; die ganze Zeit haben sie den Mund voller Kokablätter und nuscheln. Deswegen hat ja auch bis heute noch niemand ihre Sprache erlernen können. Manche sprechen Spanisch, aber sehr schlecht. Ich mußte mir meine Notizen bei Fackellicht machen, dabei lag ich in der Hängematte, und von dem, was man mir sagte, konnte ich fast kein Wort verstehen. Auf *der* Basis kriegen Sie keinen Film hin.»

Reichel war ein hochgewachsener, gutgebauter Mann mit weißem Haar und einem scharf gestutzten weißen Schnurrbart. Alles an ihm war peinlich korrekt: seine Manieren, sein schwarzer Blazer, sein prägnant artikuliertes, wohllautendes, fehlerfreies Englisch. Ich versuchte ihn mir vorzustellen, wie er in der Hängematte seine Notizen machte. Die Fackel mußte er ja wohl zwischen den Zähnen gehalten haben, so daß er während des Schreibens nicht sprechen konnte. Das war wohl nicht gerade die glücklichste Zeit seines Lebens gewesen.

Es gebe da überhaupt nichts zu filmen, versicherte er mir. Dieses Volk habe keine visuellen Künste: Seine Kultur sei eine reine Verstandeskultur. Er erzählte, wie er sich einmal erkundigt hatte, ob die Kogi denn keine Tierplastiken häten. «Oh, doch», hieß es darauf, «wir haben eine Monumentalplastik aus Stein von einem Jaguar.» Begeistert bat er darum, sie sehen zu dürfen, und wurde auf einen viertägigen strapaziösen Fußmarsch durch das Gebirge geschleppt. Bei einem kolossalen schwarzen Felsbrocken machte man schließlich halt. Er sah sich suchend um. «Wo ist der Jaguar?» – «Na, hier. Siehst du ihn denn nicht? Siehst du nicht das Auge?» Reichel beäugte einen nichtssagenden Kratzer auf dem unförmigen schwarzen Gesteinsbrocken. «Ach so. Ja. Jetzt sehe ich's.» Ich mochte ihn nicht fragen, ob die Kogi vielleicht eine humoristische Ader hätten, konnte mich aber des Eindrucks nicht erwehren, daß sie ihn ganz schön ins Schwitzen gebracht hatten. Wann und wo immer er auftauchte, sagte er, hätten die Leute sofort die Unterhaltung oder die Arbeit eingestellt. Warum filmte ich nicht lieber die Arhuaco? Die sind viel aufgeschlossener.

Aber die Arhuaco seien doch wohl stärker akkulturiert, stärker durch die Außenwelt beeinflußt, meinte ich. Ihre unverfälschte, unbeeinträchtigte Eigenkultur haben sich die Kogi bewahrt. Über die Bedeutung der «Verschollenen Stadt» können uns allenfalls die Kogi Aufschluß gewähren. Das sei richtig, stimmte er zu. Aber ich würde nichts erreichen.

Aber schön, wenn ich es unbedingt darauf ankommen lassen wolle, könne er mir ein paar Ratschläge mit auf den Weg geben: «Es ist wichtig, die richtigen Geschenke dabeizuhaben. Bringen Sie ihnen Meeresmuscheln für ihre Poporos mit. Sie sind vom Meer abgeschnitten. Machen Sie sich in der richtigen Bewußtseinshaltung auf den Weg. Denken Sie nicht, daß Sie ein paar arme Primitive besuchen, die unseren Schutz und unsere Hilfe brauchen. Das einzige, was sie von uns brauchen, sind Medikamente und daß wir sie in Ruhe lassen.»

Wir gingen in gutem Einvernehmen auseinander, und ich versprach, mich wieder zu melden und je nach Fortgang der Entwicklung um weitere Hilfe nachzusuchen. Reichel hatte mich überzeugt, daß die Kogi wirklich ein ganz besonderer Menschenschlag waren. Er selbst war der Überzeugung, daß sie über Grade der Einsicht verfügen, von der wir viel lernen können. Aber wieso hatte er noch nie von Amparo gehört? Konnte es sein, daß sie letztlich doch keine echte Verbindung zu den Kogi hatte? Ich fand, nach meiner Rückkehr nach London sei es an der Zeit, noch andere Fährten zu verfolgen.

Die Einladung

Ich hatte noch einen zweiten Namen aufgeschnappt: Dem Vernehmen nach arbeitete der Ethnolinguist Xavier Rodriguez im Kogi-Teil des Gebirges. Wie ich gehört hatte, war er früher Jesuitenpater gewesen und in die Sierra gekommen, um die Arhuaco zu missionieren. Doch 1973 vertrieben die Arhuaco alle Missionare von ihrem Territorium: Nachdem sie ihnen vierhundert Jahre lang zugehört hatten, kamen die Indianer zu dem Schluß, daß die Missionare nichts Gescheites zu sagen hatten, und forderten sie auf zu verschwinden. Xavier, dem an den Arhuaco mehr lag als an seinem Priestertum, sagte dem geistlichen Stand Valet und blieb. Für mich war klar, daß ich jemanden brauchte, der Kogi sprach, und wenn er inzwischen wirklich sein Tätigkeitsfeld zu den Kogi verlegt hatte, dann war er womöglich mein Mann.

Zudem lernte ich in London die kolumbianische Filmemacherin Patricia Castaño kennen, die mir von einem Mann namens Bernardo Valderrama erzählte, der seinen Architektenberuf an den Nagel gehängt hatte, um Forscher zu werden. Valderrama kannte die Sierra wie keiner. Valderrama war bei der ersten archäologischen Erkundung der «Verschollenen Stadt» mit von der Partie. Valderrama kannte Ruinenplätze und Städte, die keines anderen Menschen Auge je erblickt hatte. Sowohl Valderrama als auch Rodriguez erklärten sich bereit, mir zu helfen.

Ich schickte den beiden Briefe und Fotos von mir zur Weiterleitung an die Mamas. Man hatte mir gesagt, diese Dinge würden für das Divinationsritual benötigt, in dem die Mamas die Ahnen befragen, wie sie sich verhalten sollen. Und dann erhielt ich eine Nachricht von Amparo. «Ich habe mit den Mamas gesprochen. Sie sagen, daß sie zur Zusammenarbeit mit Ihnen bereit sind. Sie müssen kommen.»

3 Der Weg ins Herz
der Welt

Genau ein Jahr nach meinem ersten Aufenthalt kehrte ich nach Kolumbien zurück. Erneut folgte ich der Route der Spanier und machte Hispaniola zum Ausgangspunkt meiner Reise. Doch diesmal brach ich vom anderen Ende der Insel auf, von Haiti. Das letzte Mal war ich dem Weg des Goldes gefolgt; jetzt hatte ich das Geisterreich ins Auge gefaßt.

Die Spanier hatten auf Hispaniola Gold gefunden, es abgeräumt und die Ureinwohner abgeschlachtet. Die Franzosen fanden fettes Ackerland und transportierten aus Afrika Schiffsladungen von Negersklaven heran, ihre Plantagen zu bearbeiten. Die größten und ertragreichsten Sklavenplantagen der Welt waren die Haitis vor zweihundert Jahren. Im 18. Jahrhundert war dieses Land unter allen Kolonien für das Mutterland die lukrativste, lukrativer noch als Indien. Hier wurde Zucker und Kaffee in ausreichenden Mengen produziert, um ganz Frankreich zu versorgen.

Die Europäer waren zivilisierte Leute. Die Spanier waren Christen und brachten den Menschen, die sie ausrotteten, die Heilsbotschaft. Die Franzosen waren Aufklärungsphilosophen und brachten den Menschen, die sie versklavten, die Botschaft von der Freiheit. Ich besuchte Haiti anläßlich der Zweihundertjahrfeier der Französischen Revolution, um den verbliebenen Gehalt dieser Botschaft zu erkunden.

Die Sklaverei wurde von der französischen Regierung erst abgeschafft, als Robespierre den Gipfel seiner Macht erklommen hatte und die Pariser Jakobiner mit den «gemäßigten» Revolutionären in der Provinz im Krieg lagen – in der Revolutionsperiode, die unter dem Namen «Schreckensherrschaft» bekannt ist. Doch um diese Zeit hatten die Sklaven bereits selber ihre Ketten zerbrochen. Der Staat Haiti wurde aus einem gewaltigen Sklavenaufstand geboren, und anders als im Fall der

Franzosen gelang es der Grande Armée nicht, die Haitianer unter die Knute des erneuerten Ancien régime zu zwingen.

Tatsächlich machte Napoleon den Versuch, in Haiti einzufallen und die Sklaverei wieder einzuführen, doch das schlug fehl. Seine Truppen waren machtlos gegenüber einem Volk, dessen Zusammenhalt durch eine neue Religion gestiftet wurde, die in der Esse der haitianischen Revolution geschmiedet worden war – geschmiedet aus Materialien, die aus den himmelweit auseinanderliegenden Welten westafrikanischer Stammesrituals und französischer Polittheorie genommen waren. Dieses bizarre Mischprodukt, das sich als unzerstörbar erwiesen hatte, trägt den Namen Vaudou (Wodu, Voodoo). Meine Absicht war es, das Wüten der Schreckensherrschaft mit den Feuern das Vaudou zu beleuchten.

Es war früher Abend, als wir in Port-au-Prince ankamen. Wir fuhren durch einen riesigen Slum aus verrottenden Bauten und ungepflasterten Straßen, bevölkert von einer wimmelnden Menge und in Gruppen um Tische voller Kerzen herumstehenden Menschen. Es gab keine Ladengeschäfte im üblichen Sinn, nur Stände und Buden. Der Fahrer versicherte uns, die Stadt habe sich in den letzten Wochen sehr beruhigt – «Nicht viele Schießereien» –, aber jedermann warte schon auf den nächsten Gewaltausbruch.

Wir hatten im Hotel Splendid gebucht, einem kleinen Palast mit säulengetragener Vorhalle, geschwungenen Treppen und einem riesigen, holzgetäfelten Speisesaal. Überall sonst in der Karibik hatte um diese Zeit das Tourismusgewerbe Hochsaison, doch hier waren wir die einzigen Gäste.

Der Hotelbesitzer war ein Deutscher, der 1940 auf die Insel gekommen war. Er sammelte einheimische Maler: sinnen- und farbenfrohe, nicht selten primitive Bilder, die häufig ein Haiti zeigen, das nur noch in der Erinnerung existiert, das tropisch üppige Haiti mit den undurchdringlichen Urwäldern und der Tierwelt von überquellendem Artenreichtum. Das Hotel besaß einen eigenen Brunnen, der größte Teil der Bevölkerung jedoch hatte weder sauberes Wasser noch elektrischen Strom. Haiti ist das ärmste Land der westlichen Hemisphäre, und die Armut ist hier um so drückender, als der Landescharakter gründlich verwestlicht ist. Bei höherer Bevölkerungsdichte als in Holland haben die Menschen den Boden ausgelaugt und die Berge restlos entwaldet. Sie haben kaum Aussicht, mit ihrer Landwirtschaft auch nur den Eigenbedarf zu decken. In Scharen strömen sie nach Port-au-Prince, das ihnen nichts zu bieten hat als die Hoffnung auf eine Elendsbehausung, eine Handvoll Reis und Wasser aus dem Rinnstein.

Politische Wirren und Aids haben Haitis Tourismusgewerbe, der einzigen noch verbliebenen Einnahmequelle des Landes, den Garaus gemacht. An der Nordküste schloß der Club Mediterranée seine Pforten, und während unseres Aufenthalts bekamen wir keinen einzigen anderen ausländischen Gast zu Gesicht.

Haiti war lange Jahre von dem Finsterling François «Papa Doc» Chevalier regiert worden, einem Schwarzen in schwarzem Anzug, mit schwarzem Homburg auf dem Kopf und schwarzem Herzen im Leib. Papa Doc hatte die Nachtseite des Vaudou zu einem Instrument systematischer Tyrannei verbogen: Er war Baron Samedi, der Totengott im Gehrock. Er leistete dem Volksglauben Vorschub, demzufolge die Mitglieder seiner Prätorianergarde von Meuchelmördern, die Tontons-Macoute, Zombies waren: aus dem Grab auferstandene und unter Baron Samedis Anleitung mit Geistern wiederbeseelte Leichname.

Papa Docs Nachfolger war sein Sohn Baby Doc, dem das sinistre Charisma seines Vaters abging. Er wurde von den Militärs abserviert. Die Haitianer, die stolz darauf sind, eine Geschichte als freies Volk zu haben, feierten ausgelassen die heraufdämmernde Chance eines demokratischen Neubeginns. Doch von Santo Domingo aus erlebte ich mit, wie die versprochenen freien Wahlen wieder abgeblasen wurden; statt dessen klammerte sich jetzt General Prosper Avril mit Hilfe des Militärs an die Macht.

Die Armee war gespalten, sporadisch auch in reale Kämpfe – Einheit gegen Einheit – mit sich selbst verwickelt. Unterdessen sichtete die Zivilbevölkerung da und dort ein ehemaliges Mitglied der aufgelösten Tontons-Macoute und wies mit Hilfe einer geringen Menge Heizöl und eines Streichholzes nach, daß der Geist, der in ihm wohnte, auf denkbar einfache Weise freigesetzt und der Körper in seinen früheren Leichenzustand zurückversetzt werden konnte.

Für eine Reise zu den Kogi ist Haiti der ideale Ausgangspunkt: Die Welt, die man verläßt, und die Welt, in die man reist, sind polare Gegensätze. Haiti mit seinem Absturz aus höchstem Wohlstand in tiefstes Elend verkörpert in unüberbietbarer Reinheit und Absolutheit das Scheitern des europäischen Kolonialismus. Und da es hier war, wo Kolumbus zuerst die spanische Herrschaftsgewalt über die Neue Welt aufrichtete, bezeichnet diese Insel auch ein Stück Kogi-Geschichte.

Kolumbus kam nicht in die Sierra, aber für die Kogi war jeder Konquistador «Kolumbus». Für sie ist «Kolumbus» nicht einfach nur der Name eines einzelnen Menschen, sondern die Bezeichnung eines Rollenfachs, wie für uns «Caesar». Jede Galeone, die ein Kreuz mit den Segeln trug und Priester und Männer im Goldrausch mit sich führte, war mit «Kolumbus» bemannt.

Vor einigen Jahren entdeckten Archäologen in der Nähe des aufgegebenen Club Mediterranée bei Cap-Haïtien die Überreste der von Kolumbus gegründeten ersten spanischen Siedlung. Nachdem sie von einem US-amerikanischen Team aus Florida ausgegraben worden waren, wurden sie auf das Besichtigungsprogramm gesetzt, mit dem der kurz darauf stattfindende Staatsbesuch des französischen Präsidenten garniert war.

Baby Doc wies den Provinzgouverneur an, die Ruinenstätte für den offiziellen Anlaß tipptopp in Form zu bringen, und der Anweisung wurde prompt und beflissen Folge geleistet. Als der Hubschrauber mit Baby Doc und dem Staatsgast zur Landung einschwenkte, setzte er auf einer riesigen makadamisierten Fläche auf. Die Fundstätte war mit Bulldozern planiert und unter einem Schotterbelag begraben worden. Ob es einem nun gefiel oder nicht: alles war tipptopp in Form. Nachdem die Nachricht nach Florida durchgedrungen war, brauchte der Archäologe, der die Ausgrabungen geleitet hatte, vierzehn Tage, um sich von seinem Schock zu erholen.

Der Aufstand der Haitianer gegen die Sklaverei begann mit einer Vaudou-Zeremonie, der Zeremonie Bois Caiman, «Der Krokodilwald». Ich war hier, um etwaige Relikte dieser Zeremonie aufzuspüren. Im Zuge der Vorbereitung auf diese Reise hatte ich mich in Paris mit Exil-Haitianern getroffen, die mir in großzügigster Weise den Weg ebneten und Türen aufmachten. Sie legten Wert darauf, mir begreiflich zu machen, daß der Vaudou mehr ist als ein Volkskult der Armen: Er ist das eigentliche Herzstück der haitianischen Kultur. Ohne daß ich es zu jenem Zeitpunkt bereits geahnt hätte, wurde mir damals auch die Initiation in ein Wissen zuteil, das gemeinsames Erbteil Afrikas und Amerikas ist, das Wissen nämlich, daß die Welt ein einziger Geistkörper ist.

Vaudou

Durch ein Gewühl von knallbunten Verkehrsbussen fuhren wir aus der überfüllten Stadt hinaus, weiter durch krüppelig wirkende Schonungen, wo Menschen in lange Reihen sich selbst und ihre Wäsche im Wasser des Straßengrabens wuschen, bis wir in einer Barackensiedlung anlangten. Die Tempelanlage befand sich in der Dorfmitte: eine langgestreckte Baracke, die die Schreine enthielt und an deren einem Ende im rechten Winkel der Tanzboden, eine Veranda von zwölf auf zwölf Meter Grundfläche, angesetzt war.

Nach Norden und Süden wurde die Veranda von Mauerbrüstungen begrenzt, auf der Ost- und der Westseite reichte die Wand bis zu dem Flachdach hinauf. Auf der Westwand war der Golgathahügel mit der Kreuzigungsszene aufgemalt. Von der Decke hingen, reihenweise angebracht, Tausende von etwa zwanzig Zentimeter langen Papierstreifen in allen Regenbogenfarben herab. In der Mitte der Tanzfläche stand ein kleines grünes Postament mit einer roten Säule darauf.

Der Priester war ein dünnes Männchen mittleren Alters in abgewetztem Anzug und kragenlosem Hemd. Er schien entzückt, daß ich die Feier heute abend filmen wollte. Bei Einbruch der Dunkelheit wurde im Hof vor dem Tempel ein mächtiges Feuer entzündet. Bewacht wurde es von hünenhaften Männern mit langen Rindslederpeitschen in den Händen, die von Zeit zu Zeit Heizöl in die Flammen gossen und mit ihren Peitschen knallten, um die bösen Geister zu verscheuchen. Von den Hüften aufwärts waren sie nackt, und im Feuerschein glitzerte der Schweiß auf der schwarzen Haut.

Auf der Tanzfläche war ein kunstvolles Bildwerk aus farbigem Sand im Entstehen. Unter dem unablässigen temporeichen Pochen der Trommeln breitete sich langsam ein Bildteppich über den Boden der Veranda aus. Er verkörperte das Tor zur Geisterwelt: die kunstvoll gestaltete Pforte mitsamt Schlössern und Schlüsseln, die den Ahnengeistern – den einheimischen wie auch den mit den Sklaventransporten aus Afrika herübergekommenen – Einlaß gewährte, damit sie am Tanz teilnehmen konnten.

Es war ein umständliches Geschäft, das Stunden bis zur Fertigstellung benötigte. Als es schließlich soweit war, wurde das Ganze mit Matten abgedeckt. Der Tanzboden war hergerichtet.

Jetzt kamen der Priester und seine Akolythen, eine Schar Frauen in bestickten blauen Röcken und geschlungenen roten Kopftüchern, in Tanzprozession aus dem Tempel hervor. Der Priester trug ein riesiges, mit brennenden Kerzen besetztes Kreuz, ihm links und rechts zur Seite schritten Flaggenträger mit bunten, mit den Symbolen der Geistergottheiten verzierten Fahnen. Die Frauen, die die Sklaven darstellten, von denen sie abstammten, trugen jede einen Sack Mais auf dem Kopf. Barfuß, mit wiegenden Vor- und Rückwärtsbewegungen, umtanzten sie zum zuckenden Trommelrhythmus das Feuer. Mittlerweile hatten sich zwei-, dreihundert Dorfbewohner eingefunden; Rum wurde herumgereicht, und jedermann war schon mit Leib und Seele in das Geschehen eingetaucht. Die Nacht war heiß, das Feuer loderte unbändig, und das stundenlange hypnotische Pochen der Trommeln war inzwischen allen Anwesenden bis ins Mark gedrungen.

Die Prozession zog weiter zum Tanzboden. Und jetzt tanzten alle mit; der Priester stand auf dem Postament in der Mitte, nahm aus einer Flasche immer wieder von neuem einen Mundvoll eines Gemischs von Rum und Kräutertinktur und besprühte aus dem vollen Mund die Tänzer. Am Rand der Tanzfläche stand ein Faß, in das die Maissäcke entleert wurden; paarweise einander ablösend machten die Teilnehmer des Festes sich daran, unter fortgesetztem Tanzen die Körner mit einem riesigen Stampfer zu zerstampfen. Die Tanzbewegungen waren torkelnd, unbeholfen: So tanzten Menschen in Fußschellen.

Und dann, während es tiefer in die Nacht hineinging, rückte der Tanz in ein neues Stadium: Die unsichtbaren Ketten wurden zerbrochen, die Tänzer brachen in die Freiheit aus. Arbeit wandelte sich von erzwungenem zu freiem Tun. Die Akolythen gerieten nach und nach unter die Gewalt von Geistern, die sich ihrer Körper bedienten, um am Tanz teilzunehmen. Manche dieser Geister werden in Flaschen in einem Schrein des Tempels aufbewahrt, und wenn die Akolythen sterben, dürfen sie damit rechnen, daß auch ihre Seelen im sicheren Gewahrsam einer ausgebrauchten Rum- oder Coca-Cola-Flasche in der Obhut des Priesters verbleiben.

Der Vaudou hat keinen Begriff von Heiligkeit, die Dichotomie heilig/profan ist ihm unbekannt. Ein Vaudou-Schrein ist eine Bizarrerie höchsten Grades: Man findet da vielleicht einen Totenschädel traulich vereint mit Flaschenkappen, Plastikpuppen, einem farbenfroh bemalten Kleinkinderdreirad, Aufklebern und Talmischmucksachen. Mir dämmerte, daß hier alles Leben und alles Sterben als zusammenhängende

Teile eines einzigen nahtlosen Gewebes verstanden werden, und dieses ist die Geisterwelt, die höchste Form der Wirklichkeit. Im normalen Leben unseren Alltagsgeschäften nachgehend, sind wir von diesem Gewebe abgetrennt, aber in dem durch Trommelschlag, Tanz, Trunkenheit, Singsang hervorgerufenen Trancezustand gelangt der Mensch wieder zurück in die wirkliche Welt.

Die Nacht war erfüllt von der viszeralen Energie des Rituals, eines Rituals, das dazu da war, unter Umgehung des Verstandes unmittelbar auf den Körper zu wirken. Als es Zeit für mich wurde, mich zu verabschieden, war der Priester weggetreten: In seinem Körper hatte ein mächtiger Geist Wohnung genommen, der freilich die Augen nicht ganz unter Kontrolle zu halten vermochte und auch nicht verhindern konnte, daß der Kopf bedenklich schwankte. Aber seine Kraft reichte aus, meine Spende für den Tempel entgegenzunehmen und mich mit der Versicherung seiner Zuversicht, daß ich bestimmt nicht zum letztenmal hiergewesen sei, zu entlassen. Ich hoffe, daß er recht behält.

Gonavindua Tairona

Ich verabschiedete mich von meinem Kamerateam und flog, den Kopf noch immer voll Trommelgepoche, nach Bogotá. Gleich nach der Ankunft klappte ich erst mal zusammen: Die gebündelten Auswirkungen der Höhenkrankheit, einer katastrophalen Mahlzeit in der panamesischen Maschine und des Kulturschocks bescherten mir eine Magenkolik. Eine vierundzwanzigstündige Erholungspause zwischen kühlen Laken im Charleston war unumgänglich.

Alec hatte enorme Mühe, einen Hubschrauber anzuheuern, schaffte es zu guter Letzt aber doch noch, und ich konnte nordwärts nach Santa Marta starten. Begleitet wurde ich von Felicity Nock, einer Ethnologin, die über die Webarbeiten der Andenvölker gearbeitet hatte und für das völkerkundliche Ressort der BBC tätig war. Sie war meine Spanischdolmetscherin und Beraterin in völkerkundlichen Fragen.

Bei den Kogi war offenbar irgend etwas Eigenartiges im Gange. Meine drei Verbindungsleute, Amparo, Xavier und Bernardo, hatten ihre Kontaktversuche in ganz verschiedenen Gegenden der Sierra unternommen, und alle drei waren mit derselben Antwort, einer Einladung, zurückgekommen. Ich war bisher von der Annahme ausgegangen, daß man es mit einer fragmentierten sozialen Gruppe zu tun habe, so daß man in verschiedenen Dörfern mit unterschiedlichen Reaktionen rechnen müsse; aber offensichtlich existierte eine allseits verbindliche gemeinsame Zielsetzung.

Nach und nach konnte ich mir ein Bild der Vorgänge machen. Offenbar waren die Mamas zu dem Schluß gekommen, daß eine Katastrophe gewaltigen Ausmaßes im Anzug ist, die alles Leben auf dem Planeten bedroht. Sie hatten sich zu der Grundsatzentscheidung durchgerungen, mit dem Jüngeren Bruder zu sprechen, und erhielten meine Nachricht, als sie eben begonnen hatten, nach Mitteln und Wegen zur Ausführung dieser Entscheidung zu suchen.

Ich würde nunmehr alle drei Gebiete aufsuchen, um herauszufinden, wo man zur Zusammenarbeit mit mir bereit war. Den ersten Vorstoß würde ich bei Amparos Gewährsleuten machen. Felicity und ich begaben uns zur Casa Indigena, um Klarheit über den weiteren Ablauf zu erhalten.

Dort begrüßte uns ein kleines Empfangskomitee, bestehend aus Amparo, zwei Indianern und zwei Samarios. Den einen Indianer erkannte ich auf den ersten Blick wieder: Es war der Mann, der mir vor einem Jahr mit unverhohlenem Argwohn begegnet war. Ich wurde in aller Form mit Ramón Gil bekannt gemacht. Der andere hieß Adalberto.

Felicity hatte sich bemüht, mich rechtzeitig auf den Schock der Begegnung mit Eingeborenen vorzubereiten, und mir eingeschärft, ich dürfe mir auf keine Weise meine Betroffenheit angesichts Krankheit und Frühvergreisung, den Folgen von Armut und Entbehrung, anmerken lassen. Ich hatte mich dementsprechend mit Fassung gewappnet und sah mich jetzt zwei Menschen gegenüber, die sich unverkennbar in sehr viel besserer physischer Verfassung befanden als ich selbst. Ramón – noch genauso gekleidet wie vor einem Jahr – wirkte frisch und geschmeidig, der hochgewachsene Adalberto war mit ansehnlichen Muskeln bepackt und besaß einen Teint wie das blühende Leben. Er trug ein togaähnliches weißes Gewand mit eingewebtem rotem Streifen und Stoffgürtel, darunter die gleiche weiße Baumwollhose wie Ramón. Das schwarze Lockenhaar floß bis zu den Schultern herab, der Schopf war gekrönt von einem – wie ein abgeplatteter Kegel geformter, fast helmartiger – Hut, ebenfalls aus Baumwollstoff. Das reine Weiß des Hutes, das Schwarz des prachtvollen Haars und das glänzende dunkle Gesicht ergaben zusammen ein eindrucksvolles Bild.

Sierra Nevada de Santa Marta: in ihren Nordabhang hat sich ein Fächer steilwandiger Flußtäler hineingeschnitten, zwischen denen schier unüberwindliche Bergrippen aufragen.

Der Hauptverkehrsweg zur Verlorenen Stadt ist verbunden mit einem Wegenetz aus der Tairona-Zeit, wovon bis heute 300 Kilometer Pflasterstrecke archäologisch erfaßt sind.

Terrassenbauten der alten Stadtanlage – einst wohl Schauplätze volkreicher Zeremonien.

Sich selbst überlassen, überwuchert der Urwald sofort alles mit meterlangen Wurzeln, ohne zerstörend in die Steinfugen einzudringen.

Dieser mit eingeritzten Linien bedeckte Monolith am Eingang zur Stadt gab sein Geheimnis bislang noch nicht preis. Eine Wegekarte? Aber die existierenden Pfade der Sierra wollen nicht dazu passen.

Goldfigürchen der Tairona. Die Kogi sehen darin eine Vampir-Fledermaus, wie die Tairona-Mamas sie als Kostüm trugen.

Der Frosch war eine der mächtigsten Gestalten der Tairona-Mythologie.

Abertausende von Baumleichen dörren in der Ciénaga Grande, wo sich eine bisher unerklärliche Umweltkatastrophe abspielt.

Ansichten von Pueblo Viejo

Allein die Mamas tragen Spitzhüte – geformt wie die Dächer ihrer Häuser. Die
Sombreros sind aus handgeflochtenen Spiralen aufgebaut. Adalberto trägt die
weiße Kappe der Arhuacos. Und Ramón schmückt sich mit dem Cowboyhut.

Juan Jacinto, der Jefe Mayor, geboren als Grundherr

Adalberto ist ein Arhuaco. Auch er besaß einen Poporo – Asario, Arhuaco und Kogi, die drei Sierravölker, gehören ein und demselben Kulturkreis an –, sprach jedoch kein Kogi und wirkte in seinem äußeren Erscheinungsbild und seinen Bewegungen eher wie ein dunkelhäutiger Europäer.

Die Atmosphäre war von Verkrampftheit und Befangenheit bestimmt. Beide Indianer vermieden es konsequent, mir ins Gesicht zu sehen. Die anderen Anwesenden waren Carlos, ein stämmiger *costeño*, der in der Casa Indigena arbeitete, und Margarita, seine schick aufgemachte junge Frau – in Rock, Bluse und Sonntagsschuhen –, die, wie sich herausstellte, Adalbertos Schwester war. Carlos war in Minca, einem Ort in den Vorbergen der Sierra unmittelbar hinter Santa Marta, aufgewachsen, hatte aber wie viele *costeños* bis ins Erwachsenenalter hinein keine Ahnung davon gehabt, daß im Gebirge Indianer leben. Er hatte seine Arbeit in der Casa Indigena angetreten, ohne zu wissen, was das für eine Institution war. Margarita hingegen war die Tochter eines Arhuaco-Mamas, die aus der Sierra weggezogen war und sich in Santa Marta ganz der städtischen Lebensform angepaßt hatte. Ihre Arbeit in der Casa Indigena war für sie anfangs ein Sekretärinnenjob wie jeder andere gewesen. Doch inzwischen zog es sie wieder zu ihren Wurzeln zurück, die Carlos seinerseits jetzt erstmals mit Bewußtsein kennenlernte: Er war bezaubert. Die beiden sind ein entzückendes Paar und sehr besorgt um die Kogi. Mir begegneten sie mit größtem Argwohn.

Ich erklärte, daß ich nicht mit irgendeiner fix und fertigen Vorstellung von einem Film im Kopf daherkomme. Ich würde die Mamas lediglich fragen, ob sie mit mir an einem Film zusammenarbeiten wollten – ob sie sich dieses Mittels bedienen wollten, mit den Jüngeren Brüdern zu reden. Ich würde beraten, ich würde zuhören, ich hätte nicht vor, mich aufzudrängen, wo ich unerwünscht war. Nach und nach entspannte sich die Atmosphäre. Und nach und nach kam ich dahinter, wie die Dinge lagen.

Ramón war Cabildo Gobernadór, «Leitender Rat», einer Organisation, die sich Gonavindua Tairona nannte, einer rechtsfähigen Körperschaft, deren sich die Mamas für die Kommunikation mit der Außenwelt bedienen wollten. Die Arhuaco verfügten seit längerem über eine derartige Organisation, die sich bewährt hatte, indem sie ihnen zu wirkungsvoller Präsenz auf der politischen Szene Kolumbiens verhalf. Das war der Schlüssel zu ihrem Erfolg sowohl bei der Vertreibung der Missionare als auch beim Loseisen von öffentlichen Förderungsmitteln für eine Reihe von Projekten.

Die Kogi, denen es an Erfahrung im Umgang mit der Außenwelt gebricht, waren für den Aufbau einer solchen Organisation auf die Mithilfe sachkundiger Vertrauenspersonen angewiesen. Einen vertrauenswürdigen Helfer fanden die Mamas in Adalberto, der bereits in der Arhuaco-Organisation Erfahrungen gesammelt hatte. Und sie fanden ihn in Ramón.

Ramón ist kein reinblütiger Kogi. Seine Mutter war eine Kogi, sein Vater ein Asario-Mama. Ebenso dessen Vater. Er selbst war als Asario aufgewachsen, in einer Gemeinde mit ausgedehnten Verbindungen zu den Samarios. Er sprach ein wenig Spanisch, ein gutes Asario, und hatte von seiner Mutter Kogi gelernt. Ramón ist von rascher Auffassungsgabe und besitzt eine ausgeprägte Sprachbegabung.

Ramón hatte einen gewissen Ruf als politischer Aktivist: Er hatte eine führende Rolle gespielt bei den Bestrebungen, in der Sierra die Schwemme bäuerlicher Neusiedler zurückzudämmen und die Landnahme zu unterbinden. Mit seinem Engagement in dieser Sache hat er sich viele Feinde gemacht: Siedler verübten Mordanschläge auf ihn, und sein Bruder, der einen anderen Kurs politischen Handelns verfolgt und sich der Guerilla anschloß, ist sein Todfeind geworden. Aber in Kolumbien schafft man sich mit jeder Art öffentlicher Wirksamkeit Feinde, und Ramón genoß das Mitmischen in bedeutenden Angelegenheiten, ja womöglich sogar die Gefahr.

Nachdem die Kogi-Mamas erst einmal den Entschluß gefaßt hatten, das Wort an die Außenwelt zu richten, erkannten sie in Ramón ihr wichtigstes Werkzeug. Man ließ ihn kommen und eröffnete ihm, daß jene bedeutenden und ungewöhnlichen Kräfte, die seinem Großvater eigen gewesen waren, nicht an seinen Vater übergegangen seien, sondern sich in ihrer sicheren Obhut befänden. Sie würden sie nunmehr ihm verleihen, doch zuvor müsse er geschult werden für das große Werk, das seiner harre.

Vierzehn Monate lang wurde Ramón auf seine Aufgabe geistig vorbereitet. Während dieser Zeit durfte er nicht bei seiner Frau wohnen noch irgendwelchen sexuellen Kontakt mit ihr haben – für beide eine erhebliche Belastung. Er wurde durch einen Schnellkurs in Kogi-Kultur gehetzt, der speziell auf das Ziel zugeschnitten war, ihn zum Dolmetscher zwischen den Kulturen auszubilden. Am Ende mußte er tief genug in die Kogi-Weisheit eingedrungen sein, um sie in Metaphern umsetzen zu können, die für den Jüngeren Bruder begreiflich waren. Außerdem wurde er nach Santa Marta geschickt, um dort ein korrektes Spanisch sprechen zu lernen.

«Du fragst: ‹Was ist das Gesetz der Mutter?›» Lange Pause des Nachdenkens. «Wie soll ich es dir erklären? Nimm den Fuß vom Gas! Das ist das Gesetz der Mutter. Nimm den Fuß vom Gas bei deiner Zunge, bei deinem Geist, bei deiner Sexualität. Auf diese Weise sparst du Benzin und kommst mit einer Tankfüllung viel weiter.» Ich sollte noch Anlaß genug haben, Ramón zutiefst dankbar zu sein, denn als einziger meiner Gewährsleute war er wirklich in der Lage, zwischen unser beider himmelweit unterschiedenen Vorstellungswelten hin und her zu pendeln und die Kluft zwischen beiden konzeptuell zu überbrücken.

Ich war und bin mir der Tiefe des Abgrunds, der meinen Verstand von der Welt der Kogi trennt, aufs schärfste bewußt. Die geheimen Kräfte, die Ramón zu guter Letzt verliehen wurden – die Kraft, Berge zu öffnen, und die Befähigung zur Levitation –, machen in unserer Welt keinen Sinn. Irgendwie können wir uns mit derlei Vorstellungen leichter befreunden, wenn sie uns in «primitiveren» Gesellschaften begegnen, wo sie zum Standardrepertoire von Leuten gehören, die wir mal als Zauberer, mal als Medizinmänner oder Schamanen bezeichnen. Die Kogi jedoch sind hoch kultiviert. Sie glauben, daß die Welt von der Kraft des Geistes, der Intelligenz getragen wird, und die Gaben, mit denen Ramón ausgestattet wurde, hat man sich nicht als Gauklertricks oder Täuschungsmanöver vorzustellen. Sie haben durchaus Realitätswert – wenn auch nicht den, an den der Jüngere Bruder als erstes zu denken und den er vorzugsweise nach dem Rezept «Laß mal sehen!» zu verifizieren pflegt.

Man war mit größtem Eifer bemüht, mich über Gonavindua Tairona ins Bild zu setzen, denn es sei wichtig, daß ich mich für meine Arbeit der Vermittlung dieser Organisation bediene. Die Verbindungen, die ich über Xavier und Bernardo angeknüpft hatte, seien insofern gefährlich, als sie in Separatbeziehungen zwischen mir und einzelnen Kogi-Gemeinschaften münden würden. So könnte ich ungewollt zum Auslöser einer möglicherweise verhängnisvollen Zersplitterung der Kogi-Welt werden. Die einzige Chance der Kogi, bei dieser beispiellosen Öffnung für Außenweltkontakte den unbeeinträchtigten Fortbestand ihrer Kultur zu sichern, liege darin, diese Kontakte über ein und nur ein Relais abzuwickeln, das letztlich der Kontrolle der Mamas unterliege.

Ich versicherte, daß ich mein Vorhaben mit dem größten Vergnügen über Gonavindua Tairona abwickeln würde – diese Konstellation sei in der Tat genau das, was ich brauchte. Trotzdem würde ich gern zu den Treffen gehen, die Xavier und Bernardo für mich arrangiert hatten, allerdings in Ramóns Begleitung.

Daraufhin wurde vereinbart, daß als nächstes die von Amparo arrangierte Zusammenkunft mit den Mamas stattfinden solle.

Pueblo Viejo

Wir reisten zu fünft: Amparo, Ramón, Adalberto, Felicity und ich. Auf sorgfältig ausgearbeiteter Route umflog unser Hubschrauber die Kokapflanzungen. Unterwegs machte mich Ramón auf eine Lichtung aufmerksam: Dort wohne er. Auf dem Platz standen zwei strohgedeckte runde Hütten.

Pueblo Viejo, wo wir landeten, entsprach durchaus nicht meinen Erwartungen. Das Dorf liegt knapp tausend Meter über dem Meer, wo der Urwald einer Grassavanne Platz gemacht und die erstickende Hitze des Küstengebiets sich auf erträgliche Temperatur abgekühlt hat. Hier war es ganz anders als in der «Verschollenen Stadt». Die Morgensonne schien freundlich vom klaren Himmel, und die ringsum zu niedrigen Gipfeln und Kammhöhen ansteigenden Berghänge boten einen Anblick von überwältigender Schönheit. Vom Hubschrauber aus nahmen wir hinter dem Dorf die Steilwände eines Flußtals wahr, das von einer kunstvollen Hängebrücke aus Knüppelhölzern überspannt wurde. Diese Brücken heißen *chinchoros*, «Hängematten». In der Tat glich das Exemplar vor unseren Augen einer hölzernen Hängematte.

Das Dorf war zweigeteilt. Der Kogi-Sektor bestand aus einer Gruppe von größtenteils runden und wenigen viereckigen Hütten, etwa dreißig an der Zahl. Viereckige Behausungen sind im allgemeinen die Spezialität der Arhuaco. Der andere Dorfsektor präsentierte sich unverkennbar «zivilisiert»: eine kleine Gruppe von Schlackenstein-Bauernhäusern mit Blechdächern und eine langgestreckte Baracke. Letztere war die Mission der Nonnen. Wir landeten auf einem unbebauten Stück Land neben den Nonnen.

Eine Gruppe von Kogi wartete beim Landeplatz; sobald wir aufgesetzt hatten, tauchten noch mehr auf. Die Kogi halten nichts von Hubschraubern: Sie betrachten sie als ärgerniserregende Dreckschleudern und ordnen sie in die Klasse der Dinge ein, die in der Sierra nichts zu suchen haben. Sie nennen unsere Flugapparate «Motten» und fühlen sich vom Gesetz der Mutter dazu angehalten, dergleichen nicht bei sich zu dulden. Aber in diesem Fall waren sie bereit, eine Ausnahme zu machen.

Die Männer trugen weiße Tuniken und Hosen wie Ramón und waren barfuß. Allesamt hatten sie einen Poporo in der Hand und Stofftaschen, *mochilas*, quer über der Brust hängen. Die Frauen trugen ein einteiliges loses, in der Taille zusammengebundenes Gewand und rote Perlenhalsketten. Jede hatte ein Kleinkind oder einen Säugling auf dem Arm, und die meisten sahen aus, als seien sie schwanger.

Ramón begrüßte die Männer in aller Form. Zwei Kogi begrüßen einander nicht mit einem Händedruck, sondern indem sie einige Kokablätter aus ihrer *mochila* in die des anderen tun; dazu spricht man – meist tonlos – Worte des Inhalts «Möge jedes Blatt zum Segen gereichen». Tonloses Sprechen ist bei den Kogi gang und gäbe, was mein Kamerateam und mich beständig in Verwirrung brachte. Der Jüngere Bruder bekommt dabei nur sehr schwer mit, was um ihn herum vorgeht.

Ich wurde mit einigen der Männer bekannt gemacht, unter ihnen der Cacique Mama und der Jefe Mayor eines Orts namens San Miguel. San Miguel ist ein bedeutendes politisches und religiöses Zentrum, ich hatte also in den beiden fraglos wichtige Leute vor mir. Jeder wurde mit seinem spanischen Namen vorgestellt, auch für die Orte wurden stets die spanischen Bezeichnungen verwendet. Selbstverständlich existieren auch Namen in Kogi, doch die dürfe ich nicht gebrauchen, hieß es. Diese Namen blieben im allgemeinen dem Privatgebrauch vorbehalten, und am Ende wurde ich sogar dazu vergattert, keine Angaben über die Lage der Kogi-Gemeinden zu veröffentlichen, die ich besuchte. Aus diesem Grund enthält dieses Buch keine detaillierte Karte des Kogi-Gebiets.

Felicity und ich wurden als «die BBC» vorgestellt. Was immer das bedeuten mochte, «die BBC», in uns hatte es sichtbare Gestalt angenommen. Man hatte mir gesagt, es sei ein beachtlicher Vorteil, daß wir beide verschiedenen Geschlechts seien: Das Balanceverhältnis der Geschlechter ist ein Fundamentalelement der Kogi-Weltanschauung, und so würde es als gutes Omen betrachtet werden, daß «die BBC» männlich und weiblich zugleich war. Gleichzeitig jedoch machten wir großes Kopfzerbrechen. Felicity war nicht meine Frau, ich nicht ihr Mann. Niemand erkundigte sich gezielt nach dieser sonderbaren Gemeinschaft, aber es war nicht zu verkennen, daß jeder gern mehr darüber gewußt hätte. Andererseits hätten auch wir gern genauer gewußt, mit wem wir es zu tun hatten.

Der Ausdruck Jefe Mayor, «Oberhaupt», bedarf wohl kaum einer Erklärung, aber was war ein Cacique Mama? Cacique bedeutet «Oberhäuptling»: Der vergoldete Mann von Guatavita, El Dorado, war ein neuernannter Kazike. War unser Mann von solcher Statur? Unter den Kleinen war er einer der Kleinsten: Die Kogi sind nur in seltenen Fällen mehr als einsfünfzig bis einszweiundfünfzig groß, aber der Cacique Mama war noch kleiner. Er hatte ein runzliges Gesicht, eine Knollennase und erinnerte mich im großen und ganzen an ET, den «Außerirdischen» aus dem gleichnamigen Hollywoodfilm. Erstaunlicherweise hatte er einen dichten ergrauenden Schnurrbart ohne auch nur eine Spur von Bartbehaarung auf Kinn und Wangen. Auf dem Kopf trug er eine spitze Mütze wie ein Kobold, und seine Augen glitzerten. Seine *mochila* unterschied sich von denen der anderen: Statt mit einfarbigen, weißen oder braunen, Streifen war sie mit leuchtendroten und -gelben Symbolen geschmückt. Sein Name war Mama Valencia.

Die farbenfrohe *mochila* und die Koboldmütze waren die einzigen Abzeichen seiner Würde; an dem Jefe Mayor Juan Jacinta war noch weniger, das ihn hervorhob. Man hat es hier mit Menschen zu tun, die keinen Wert auf Äußerlichkeiten legen: Ramón hatte mir gegenüber eine Wendung gebraucht, die ich schon einmal bei den Amischen gehört hate, jener besonders strengen Gruppe der Mennoniten, in der das Tragen von Metallknöpfen verpönt ist und Chromstahl-Stoßstangen als Sünde gelten: «Wir sind einfache Leute.» Das lange, schmale Gesicht und die subtile, sparsame Gestik des Jefe Mayor hatten etwas Aristokratisches, aber gekleidet war er wie alle anderen in schlichte, reinweiße Sachen. Nur ein seitlich in seine Tunika eingewebtes schmales Band mit schwarzen Streifen – ein simples heraldisches Symbol: eine Art südamerikanischer Tartan – deutete auf seine vornehme Abkunft hin.

Auch Jüngere Brüder gab es am Ort: Zwei Siedler waren mit ihren Mauleseln bei der Feldarbeit, außerdem waren da noch drei Nonnen und ein Sanitäter namens Andrés. Hier war Grenzland, die Berührungsstelle zweier Welten.

Andrés war von der Regierungsbürokratie hierherauf geschickt worden. In Kolumbien haben Medizinstudenten eine Dienstpflicht als Sanitäter abzuleisten; sie erhalten Arbeitsplätze in den abgelegensten Landesteilen zugewiesen, wo sie mit einem Minimum an Hilfsmitteln und ohne jegliche Bezahlung auskommen müssen. Der kolumbianischen Regierung mangelt es durchaus nicht an gutem Willen, lediglich am nötigen Geld und an der Organisationsgabe, ihn in die Tat umzusetzen. Andrés war völlig abgebrannt und hatte kaum noch Medikamente zur Verfügung. Er mußte für ein paar Tage weg von hier und bat, mit dem zurückkehrenden Hubschrauber ausfliegen zu dürfen. Als Gegenleistung bot er uns die Sanitätsstation als Quartier an.

Auch die Nonnen erboten sich, uns unterzubringen, und ließen sogar schon unsere Rucksäcke in die Missionsstation schaffen. Ich gab jedoch der Sanitätsstation den Vorzug, denn ich wollte hier oben keinen Schritt tun, von dem ich auch nur im mindesten befürchten mußte, daß ich mit ihm bei den Kogi in ein Fettnäpfchen trat. Hingegen nahm ich die von den Nonnen angebotene Erfrischung dankbar an. Und daran tat ich gut, denn auf diese Weise lernte ich Lulusaft kennen, der so ziemlich genau das ist, was ich mir unter dem Göttertrank Nektar vorstelle.

Diese wie Grapefruitsaft pikante und dabei wie Orangensaft süße Labe ist der Gipfel der Erfrischung und ein Durststiller in des Wortes wahrster Bedeutung: da mag einer noch so durstig sein, wenn er zum Becher greift, lange bevor er sich vollgetrunken hat, hört er mit Trinken auf und sagt: «Ah, jetzt ist mein Durst gelöscht!» Ich hatte damit gerechnet, in der Sierra ein Stück vom Paradies zu finden, und einen Zipfel davon hatte ich schon erwischt.

Die Nonnen brachten mir frischgepflückte Lulus, äußerlich Mandarinen oder den israelischen Sharons ähnelnde kleine Früchte, im Innern wie Granatäpfel ganz mit einer kompakten Masse von Samenkörnern gefüllt. Anders als bei den Granatäpfeln sind die Samenkörner fleischig: Lulusaft kann man mit den bloßen Händen pressen. Seine Haltbarkeit ist praktisch gleich Null – nach zwei Tagen wird er ungenießbar.

Andrés ging mit mir zur Sanitätsstation hinüber und machte mich mit seinem Gehilfen, einem Kogi namens Arregocé, bekannt. Arregocé würde sich hier drinnen um alles für uns kümmern, wurde mir versichert. Man verfügte über den Luxus eines Wasserhahns und eines WCs, die mittels einer Schlauchleitung aus einem Wasserlauf versorgt wurden, der hinter dem Haus ein Stück weit den Berg hinauf vorüberfloß. So jedenfalls lautete die Theorie; in Wirklichkeit jedoch war dem Wasserhahn kein einziger Tropfen zu entlocken, und Arregocé machte sich auf, um nach dem Knick im Schlauch zu suchen. Unterdessen warnte mich Andrés vor den Schlangen. «Wir haben hier alle Arten von Schlangen außer der Kobra.» Schlangen waren schon immer das Mißliche am Paradies. Meist sind es Frauen bei der Gartenarbeit und Kinder, die gebissen werden.

In der Sanitätsstation hatten Amparo, Felicity und ich reichlich Platz, unsere Hängematten anzubringen. Da ich noch nie im Leben mit so einem Ding zu tun gehabt hatte, schaute ich dem, was da auf mich zukam, mit der gleichen bangen Erwartung entgegen wie allem anderen; Bekannte hatten mich gewarnt, wie sehr der Rücken darunter leide, wenn man, krumm wie eine Banane, der Länge nach darin liege. Der Trick hieße: diagonal liegen. Und siehe da – ich machte Bekanntschaft mit einer Schlafhaltung, wie man sie sich bequemer und entspannender nicht vorstellen kann.

Bei der Ankunft war es mir nicht gerade glänzend gegangen. Seit dem Anfall in Bogotá fühlte ich mich geschwächt und hatte anhaltende Schmerzen in der einen Niere. Ich hielt es nicht für ausgeschlossen, daß da ein Nierenstein zur Attacke ansetzte. Außerdem machten mir die jähen Höhenwechsel zu schaffen. Beim Aussteigen aus dem Hubschrauber hatte ich einen rasenden Puls und konnte kaum Luft kriegen. Aber dank Hängematte, Lulusaft und wohltätigem Klima begann ich mich jetzt zu erholen. In der Folge sollte ich von den Kogi mit dem Gedanken vertraut gemacht werden, daß <u>körperliches Wohlbefinden ein Zustand des Einklangs mit der Welt ist,</u> und es fiel mir nicht schwer, das zu begreifen. Ich hatte den Eindruck, an einem Ort zu sein, der mir bekam. Ich war nicht etwa abgekämpft oder abgeschlafft – meine Antennen waren sämtlich bis zum Anschlag ausgefahren und auf Empfang geschaltet, damit mir auch nicht die kleinste Gefühlsregung in meiner Umwelt entging –, aber eine tiefe Zufriedenheit keimte in mir auf.

Das Zeremonialhaus

Wir gingen ins Dorf, wo Amparo etwas Amtliches zu erledigen hatte. Schauplatz des Geschehens war eine der wenigen viereckigen Hütten, ein geräumiger Bau mit Lehmwänden und Strohdach. Wie die meisten Kogi-Bauten hatte auch dieser keine Fenster, dafür aber zwei einander gegenüberliegende Türen. Der Boden war aus gestampfter Erde, das Dach ruhte auf kräftigen Pfählen, an denen auch die Hängematten befestigt waren.

Von den vorhandenen drei Hängematten waren zwei in Benutzung;

in einer ruhte Mama Valencia, in der zweiten ein Mann namens Manuelito, mit dessen Gesundheit es nicht zum Besten stand. Er hatte eine Grippe, begleitet von rasenden Kopfschmerzen, und lechzte nach Anteilnahme und Aspirin. Ich versuchte mitzubekommen, was vorging, hatte aber die größte Mühe damit. Und ich wußte, daß jede meiner Bewegungen, jede kleinste Geste beobachtet wurde.

Für die Kogi ist die Körpersprache eine richtige Sprache. Sie lesen einen Menschen wie andere ein Buch, denn mit allem, was er tut, schreibt der Körper in die Luft. Wie der Graphologe aus der Handschrift die Biographie eines Menschen herausliest, lesen die Kogi aus kleinsten Körperbewegungen Einstellungen, Erfahrungen und Charaktereigenschaften heraus. Eine gängige Antwort auf die Frage «Wie geht's?» lautet bei ihnen: «Ich sitze gut» – auch dann, wenn der Sprecher im selben Augenblick flott dahinschreitet. Der Betreffende will damit sagen, daß er sich am richtigen Ort und behaglich fühlt, im Einklang und in Balance mit der Welt. So wie der Mensch sich fühlen sollte.

Ich kannte die Kogi gut genug, um ansatzweise kapiert zu haben, wie sie die Körpersprache lesen – beispielsweise die Bedeutung des Übereinanderschlagens der Beine, mit dem der weiße Mann innere Spannung, eine gewisse Distanzierung, unter Umständen auch mangelnde Offenheit verrät. Kurzum, ich wußte genug, um zu wissen, daß ich auf keine Weise gezielt Eindruck schinden konnte. Im Zweifel, wie ich mich lassen, wie ich stehen und sitzen und wohin ich mich plazieren sollte, entschied ich, daß die Kogi mich nehmen mußten, wie ich war. Ich würde mir keinen Zwang antun und es ihnen überlassen, was sie von mir halten wollten.

Nachdem wir uns von Mama Valencia und Manuelito verabschiedet hatten, brachte Ramón mich zu einem großen Rundbau mit Bastwänden. Es war das Männer- oder Zeremonialhaus. Die Kogi nennen es *nuhue*, «Welthaus». Unterbauten derartiger Häuser hatte ich in der «Verschollenen Stadt» gesehen: Hier in Pueblo Viejo hatte man die «Verschollene Stadt» noch intakt und funktionierend vor sich, zwar ohne die großen Zeremonialplattformen, aber dafür in weitaus kommoderer Umgebung. Hier reißt allnächtlich für eine ganze schlaflose Nacht lang das Gespräch nicht ab. Mit der grenzenlosen Ausdauer, die unablässiges Kokakauen und «Poporoessen» verleihen, werden alle anstehenden Fragen bis in die letzten Einzelheiten erörtert.

Im Laufe des Nachmittags hatte sich von den Bergspitzen her langsam dichtes Gewölk auf das Dorf herabgewälzt. Die Wolkendecke hing so tief, daß die Hüttendächer in graue Schleier gehüllt waren. Die Konturen der Berge und die Dorfsilhouette verschwammen ineinander. Insbesondere ein nahe beim Dorf verlaufender Kamm äffte täuschend ähnlich die Umrisse der Hütten nach.

Auf dem Fußboden brannten vier Feuer, eines in jedem Quadranten der Kreisfläche. Um die Feuerstellen herum saßen einige Männer, andere ruhten in Hängematten. Der beiderseits von langen Bänken begrenzte Mittelgang zwischen den beiden Türen war leer. Der oberste Teil des Strohdachs war vor lauter Rauch nicht zu sehen. In der Tat war der Rauch hier drinnen das genaue Gegenstück zu dem Wolkendunst, der draußen das Dach umlagerte.

Ramón erzählte mir, daß die Berge die originären Zeremonialhäuser seien. Jetzt fing ich an zu begreifen, was es mit der Kraft, Berge zu öffnen, auf sich hatte. Wenn man in Ramón den Besitzer dieser Kraft erkannt und ihn ihren Gebrauch gelehrt hatte – die Fähigkeit, eine Verbindung zwischen der Realität und dem Geisterreich zu stiften und so ein Welthaus, einen Schnittpunkt des Diesseits und der jenseitigen Welten, zu schaffen –, dann mußte sein Wort hier am Ort immenses Gewicht haben. Und Ramón würde für mich dolmetschen.

Er erklärte mir, daß hier die höheren Welten vergegenwärtigt waren: Der Kosmos der Kogi erhebt sich in Stufen aus der Tiefe auf die Höhe unserer, der neunten Welt. Unter uns im Geisterreich ist das Zeremonialhaus auf dem Kopf stehend gespiegelt. Unsere Welt ist die oberste der neun Unterwelten und zugleich die unterste der neun Oberwelten. Im *nuhue* sind die Oberwelten durch auf der Innenseite des Daches umlaufende Bänder repräsentiert. Ramón bezeichnete sie als Planeten, zweifellos in dem Bemühen, die Dinge meiner Vorstellungswelt anzupassen, ich glaube jedoch nicht, daß die Kogi sie mit Himmelslichtern identifizieren. Sie werden nicht mit den Augen wahrgenommen.

Der ganze Kosmos von Ober- und Unterwelten, in der Mitte, zwischen Geburt und Tod, der Mensch, ist in diesem gebärmutterartigen Weltausschnitt enthalten.

Es war außerordentlich gemütlich hier drinnen. Hier kamen die Männer zum Schlafen und Reden zusammen, wenn sie sich im Dorf aufhielten, ununterbrochen die Poporos betätigend, während Frauen und Kinder im Dorfhaus der Familie unter sich blieben. Der Geruch des Holzfeuers, die entspannte Atmosphäre – alles hatte einen ungemeinen Reiz.

Aber ich mußte wieder in die Sanitätsstation zurück und abwarten. Die Versammlung sollte am nächsten Tag stattfinden; man würde uns rufen.

Die Dorforganisation

Von der Außenwelt genauso abgeschnitten wie die Kogi lebten die Nonnen in ihrer im 18. Jahrhundert gegründeten Mission. Seinerzeit hieß sie San Antonio de Yucal. Sie arbeitete so erfolglos, daß dem 1787 hier residierenden Missionsleiter nichts mehr einfiel, als die gewaltsame Umsiedlung der Indianer an die Küste anzuraten. Man mochte ihre Zeremonialhäuser niederbrennen, so oft man wollte, sie bauten sie jedesmal wieder auf.* Ein Jahrhundert später fiel das gesamte Dorf einem Brand zum Opfer (ob es sich dabei um einen weiteren Bekehrungsversuch handelte, ist nicht überliefert), woraufhin die Kogi von hier wegzogen und jenseits des Flusses eine neue Siedlung gründeten. Die existiert als schlichtes San Antonio noch heute.

Der alte Ort wurde von kolumbianischen Bauern, *colonos*, okkupiert und erhielt den Namen Pueblo Viejo, «Altes Dorf». Durch das Eindringen der *colonos* wurden die Kogi von der Baumwolle tragenden fruchtbaren Scholle vertrieben, in der jüngeren Vergangenheit sogar in Höhen hinauf, wo keine Bananen gedeihen und eine ausreichende Selbstversorgung nicht mehr möglich ist.

Ramóns Wirken hatte entscheidend dazu beigetragen, den Zuzüglerstrom rückläufig zu machen. Amparo hatte Regierungsmittel losgeeist, mit denen der größte Teil der *colonos* ausgekauft werden konnte, und Ramón hatte wieder Kogi in Pueblo Viejo angesiedelt. Nur eine Handvoll *colonos* war noch übriggeblieben.

Die Nonnen – fünf an der Zahl – sahen durch all das ihre eigene Position in Frage gestellt. Die *colonos* waren «ihre» Christen gewesen, und Amparo brachte Indianern Hilfe, die bekanntlich gar nicht daran denken, ihr Heidentum aufzugeben. Die Nonnen haßten Amparo. Und die Kogi von San Antonio verabscheuten Ramón, weil er seine eigenen Leute auf Land angesiedelt hatte, auf das *sie* einen ererbten Anspruch hatten. Die verbliebenen *colonos* erzählten ihnen, Ramón und Amparo wollten die

---

* Reichel-Dolmatoff 1953, S. 60f

Kogi zu Sklaven der Regierung machen, und sie waren nicht abgeneigt, dem Glauben zu schenken. Das schuf naturgemäß eine Allianz zwischen den Nonnen und den Kogi von San Antonio. Die Nonnen unterhielten eine Schule, die von einer Anzahl Kinder aus San Antonio besucht wurde. Es gab zwar keine Bekehrten unter den Kogi, aber die Nonnen versorgten einen mit Medizin, dann und wann gaben sie ein Fest, und sie kauften Kaffee für Geld, das in Macheten, Beile und eisernes Kochgeschirr umgesetzt werden konnte. So bestand jetzt eine unerquickliche Spaltung zwischen den Nonnen und San Antonio auf der einen und Pueblo Viejo auf der anderen Seite.

Pueblo Viejo ist wie alle Kogi-Dörfer nicht dauernd bewohnt. Die Kogi sind Bauern und leben auf ihren Höfen. In der Regel haben sie mehrere Höfe in unterschiedlichen Höhenlagen, wo sie jeweils die in der betreffenden Höhe gedeihende Feldfrucht anbauen. Auf jedem Hof gibt es zwei Häuser, eines für den Mann und eines für die Frau und die Kinder. Werden sie jedoch gerufen, müssen sie ins Dorfhaus der Familie ziehen und an den anberaumten gemeinsamen Beratschlagungen teilnehmen.

Die Mamas stehen dieser Welt als Priester und Richter vor. Sie sind die Gebildeten, die Meister (und Meisterinnen, denn es gibt auch weibliche Mamas) des Gesetzes der Mutter. Jeder ist ein Spezialist: Zwar ist das Grundwissen für alle gleich, doch hat jeder sich von Kindheit an auf einem besonderen Wissens- und Aufgabengebiet ausgebildet. So etwa mögen sich die Kenntnisse des einen Mamas insbesondere auf eine bestimmte Gruppe von Pflanzen und Tieren erstrecken, während ein anderer vor allem Geschichtskenner ist, einem dritten hinwiederum obliegt speziell die Aufrechterhaltung der Harmonie im Gemeinwesen, und so weiter.

Ihre Vollzugsorgane sind die von ihnen ernannten *comisarios*, die Dorfkommissare, die über die Instandhaltung der Straßen, die Sauberkeit im Dorf, den ordentlichen Zustand der Baulichkeiten und die Aufrechterhaltung der öffentlichen Ordnung zu wachen haben. Ihnen zur Hand gehen die *cabos*, die Konstabler. Das Einfachste für uns ist es vielleicht, uns *comisarios* und *cabos* als Sheriffs und Hilfssheriffs vorzustellen. Sie üben allerdings eine Autorität aus, wie sie in einem normalen Gemeinwesen von Weißen unbekannt ist. In gewissem Sinne gleichen die Kogi einer eigenbrötlerischen Sekte, die sich aus der verderbten Welt in die Verborgenheit geflüchtet und hier ganz dem strengen Regiment ihrer religiösen Oberhäupter unterstellt hat.

Der Lebenszweck des gewöhnlichen Kogi ist nicht die persönliche Erleuchtung oder Erlösung; sein einziges Ziel ist, zu leben, sein Land zu bestellen und sich in allen Fragen des rechten Lebens den Geboten der Mamas zu unterwerfen. Bei ihren Bemühungen, ihre Gesellschaftsordnung mit spanischen Ausdrücken zu beschreiben, wählten die Kogi zur Bezeichnung der Volksmasse das Wort *vasallos*, «Vasallen». Es gibt auch weltliche Autoritäten, etwa den Jefe Mayor, aber sie haben längst nicht mehr die Machtbefugnisse, die sie vor der Konquista in ihrer Eigenschaft als Kriegsherren ausgeübt haben müssen. Jefe Mayor Juan Jacinta ist gleichzeitig ein Mama, und ohne diese Ehrenstellung des Weisen würde er wohl kaum eine so bedeutende Rolle spielen wie jetzt.

Man hat es mit einer durch und durch patriarchalischen Machtstruktur zu tun; eine Frau könnte niemals *comisario* oder *cabo* werden. Zwar gibt es einige wenige weibliche Mamas, doch bleiben diese zwangsläufig vom öffentlichen Leben ausgeschlossen, da das Forum der öffentlichen Wirksamkeit des Mamas das *nuhue*, das «Welthaus», ist, zu dem Frauen keinen Zutritt haben. Die Frauen haben ihr eigenes Versammlungshaus, das freilich nur ein vergrößertes Wohnhaus ist, mit einer einzigen Tür und – als beherrschendem Mittelpunkt im Innern – nur einer Feuerstelle. Hier treffen die Frauen zu Gesprächen und bisweilen auch zu gemeinsamem Kochen zusammen. Das *nuhue* ist ein Ort von weitaus feierlicherem Charakter, politischen und gezielten erzieherischen Aktivitäten vorbehalten. Hier werden von den Mamas die Dorfgeschäfte abgewickelt und Unterrichtsstunden – «Rat» – erteilt, in denen die Vasallen im Gehorsam gegen das Gesetz der Mutter unterwiesen werden und dessen Sinn verstehen lernen. Die Teilnahme am Unterricht ist obligatorisch. Die *cabos* gehen mit Stöcken durch das Dorf und herrschen die Säumigen an. Ist einer auf seinem Hof geblieben und gar nicht erst ins Dorf gekommen, kommt es gar nicht so selten vor, daß die *cabos* ihn bei Nacht und Nebel mit Brachialgewalt herbeischaffen.

Heute allerdings war das Dorf von einer ungewohnten Menschenansammlung bevölkert. Es war kein Ruf an die Vasallen ergangen. Aus verschiedenen Gegenden der Sierra fanden sich Mamas und *comisarios* ein, um über das Filmprojekt zu entscheiden. Amparo hatte keine Ahnung, wer alles kommen und wie die Sache ausgehen würde.

Arregocé

Am nächsten Morgen lud Arregocé Feliticy und mich zu einem Spazier-
gang ein, um uns die Gegend zu zeigen. Wir erstiegen den Berg hinter der
Sanitätsstation. Der Weg war steil, und in der Morgensonne war es heiß.
Arregocé betrachtete mich staunend. «Du kannst nicht richtig gehen!
Braucht ihr denn bei euch zu Hause nicht zu gehen? Fahrt ihr nur Auto
und fliegt mit dem Flugzeug und geht nicht?»

Während des Aufstiegs sahen wir drunten San Antonio, eine Gruppe
von etwas mehr als vierzig Häusern, liegen. Es präsentierte sich dem Blick
in einer Unverfälschtheit, die Pueblo Viejo fehlte: Weder die Spuren von
colonos noch eine Mission waren dort zu sehen.

Auf dem Berg gab es nur wenige Bäume, aber dichtes Gestrüpp und
darin viele Schlangen. Schließlich erreichten wir den Gipfel, der von Arregocés Haus gekrönt war, einem alleinstehenden Bau, in dem sich sein
etwa achtjähriger Sohn aufhielt.

Arregocé sprach Spanisch. Er hatte die Schule der Nonnen besucht
und war stolz darauf: «Mein Vater war ein ungebildeter Mann. Er konnte
noch nicht einmal sprechen.» Ich war entgeistert. Im großen und ganzen
war es einfach zu begreifen, auf welche Weise die Kogi sich ihre Kultur
bewahrt hatten: Sie sind stolz auf sie. Die indianischen Gesellschaftsordnungen brachen größtenteils nicht einfach nur infolge der Konquista
zusammen, sondern weil ihre einzelnen Mitglieder, vor die Wahl gestellt,
die Dinge haben wollten, die der weiße Mann ihnen bot: Konfektions-
kleidung, Metallwaren, Feuerwaffen, Alkohol und Medikamente. Die
Indianer begannen am Wert ihrer eigenen Kultur zu zweifeln und sie
durch die Brille der Christen als primitiv und rückständig zu betrachten.
Das trifft noch heute für die meisten Eingeborenengemeinschaften zu.
Nur wenige Indianer würden nein sagen, wenn man ihnen einen Anzug
von der Stange oder ein Fahrrad oder einen Außenbordmotor für ihr
Kanu anböte. Doch die Kogi sind da anders. Sie wollen lieber die sein, die
sie sind.

Die Primitiven und Rückständigen sind in ihren Augen wir, sich
selbst betrachten sie als Hüter und Bewahrer profunden Wissens. Wenn
sie von uns als den «Jüngeren Brüdern» sprechen, verwenden sie nicht
den Ausdruck *hermanos menores*, sondern die Verkleinerungsform *her-
manitos menores* («ganz kleine Brüderchen»). Unseren technologischen
Fertigkeiten zollen sie Respekt, und die Nützlichkeit mancher Sachen,

die wir hervorbringen, wissen sie durchaus zu schätzen, aber alles, was eine Bedrohung ihrer Art zu leben darstellt (bis hin zu unserer Kleidung und unseren Beförderungsmitteln), lehnen sie standhaft ab. Arregocé war mir ein Rätsel. Wenn er tatsächlich einen Menschen, der nur Kogi sprach, als jemanden betrachtete, «der nicht sprechen konnte», warum war er dann überhaupt noch hier? Und wenn man schon so fragte – warum hatten die Nonnen hier noch nie jemanden bekehrt? Und warum hatte ich noch nie davon gehört, daß ein Kogi der Sierra für immer den Rücken gekehrt hätte?

Vielleicht war es hier einfach zu schön, als daß man hätte wegziehen können. Dem Blick über das Flußtal hinweg, der drunten Pueblo Viejo, San Antonio und ein drittes Kogi-Dorf streifte, bot sich eine hinreißende Aussicht. Ringsum ragten steile Bergwände empor, die Strahlen der Morgensonne beleuchteten hier ein Stück Dschungel, dort den nackten Felsen, um die Bergspitzen waberte Wolkengespinst.

«Es ist sehr schön hier.»

«Ja», erwiderte Arregocé. «Es ist eine Traumwelt.»

Die Versammlung

Am Nachmittag wurden wir gerufen. Wir gingen den Fußweg in das stille Dorf hinunter. Als Versammlungsort war die «Kirche» bestimmt worden, ein strohgedeckter rechteckiger Bau aus der Zeit, als die Ortschaft noch San Antonio de Yucal hieß, der jetzt nur noch als Werkzeugschuppen und für Treffen mit Amparo genutzt wurde. Der Ort war mit dem Jüngeren Bruder assoziiert, eine Art Niemandsland.

Der Raum war voll. Es gab ein paar Bänke, aber die meisten der Anwesenden standen. Teils zu Fuß, teils zu Pferde waren sie im Laufe der Nacht und des Morgens hier eingetroffen. Einige hatte ich beim Durchqueren des Flusses beobachtet: die Kleider leuchtend weiß, die Pferde glänzend schwarz, das Zaumzeug aus rotem Stoff. Andere waren zwei Tage lang barfuß durch das Gebirge marschiert.

Alle Gesichter waren mir zugewandt. Die Ältesten der Tairona-Kultur in ihren weißen Gewändern und mit ihren Poporos in der Hand warteten darauf, daß ich das Wort an sie richtete.

Amparo stellte mich als einen Menschen mit seriösen und ehrbaren Absichten vor, der eine hochachtbare Organisation, die BBC, vertrete.

Vertrauenswürdigkeit war offenbar eine Frage, auf die es ankam. Was wußten die Kogi schon vom Jüngeren Bruder, außer daß er ein Konquistador, ein Beutemacher, ein Mörder, ein Landräuber war? Sie hatten einige wenige anscheinend ungefährlichere Exemplare – die Nonnen, Amparo, Andrés – kennengelernt, aber bei diesen handelte es sich überwiegend um Frauen. Einem weißen Mann Vertrauen zu schenken würde ihnen schwerfallen. Und dann war ihnen nach wie vor alles andere als klar, was man sich unter der «BBC» vorzustellen hatte. Einige hatten sich die Sache offenkundig in dem Sinn zurechtgelegt, daß es sich um so etwas wie einen Sippenverband handeln müsse. Damit war auch erklärt, warum ich eine andere Sprache sprach als Amparo.

Die Ansprache war ein umständliches Geschäft. Erst trug ich einen Satz in Englisch vor, dann gab Amparo das Gesagte auf spanisch wieder, und zum Schluß übersetzte Ramón in Kogi.

Als erstes versuchte ich zu erklären, was ein Film war. Zu meiner Verwunderung erfolgte darauf sofort eine Reaktion. Ein Film, bekam ich zu hören, sei nicht die Wahrheit. Mit etwas, das nicht die Wahrheit war, wollten die Kogi nichts zu tun haben.

Ein so untrügliches wie unabweisliches Gefühl sagte mir, daß sich hier irgendwelche Kenntnisse von Kinofilmen artikulierten. Ich war perplex. Woher hatten die Kogi Kenntnis von Kinofilmen?

Die Antwort fand ich später. Die Mamas üben ihre Autorität vermittels einer systematischen Verhörpraxis aus. (Da ihre spanische Ausdrucksweise stark vom Katholizismus beeinflußt ist, übersetzen sie das mit «Beichte».) Wer sich unwohl fühlt, von Kopfschmerzen oder bösen Träumen geplagt wird oder in irgendeiner Lebenskrise steckt, sucht bei einem Mama um Hilfe nach. Der Mama pflegt so jemanden aufzufordern, mit genauen Einzelheiten und ohne Auslassungen zu berichten, was er im Laufe einer längeren Zeit erlebt hat; die Ausführung dieser Prozedur dauert viele Tage. Auf diesem Wege hofft er den Schlüssel zu dem Problem zu entdecken, den Vorgang, der das Weltverhältnis des Betreffenden aus der Balance gebracht hat.

So werden die Mamas zu Mitwissern von allem, was alle einzelnen Kogi wissen, und sie tauschen dieses Wissen untereinander aus. Sie sammeln so viele Informationen wie nur möglich über die Außenwelt, und Ramón als ihr Sachwalter in dieser Welt hat nicht zuletzt auch die Aufgabe, sie auf dem laufenden zu halten. Wenn irgendein Kogi irgendwann einmal in Santa Marta war – und einige wenige, wie Ramón, sind noch viel weiter, bis nach Bogotá, durch das Land gereist –, kann er dort sehr wohl mit dem Fernsehen Bekanntschaft gemacht und womöglich sogar ein Kino besucht haben. Was ein einzelner Kogi erlebt, kommt allen Mamas zur Kenntnis. Sie selbst hatten noch nie einen Fernsehapparat oder einen Film gesehen, aber sie wußten sehr gut, wovon ich redete.

Nein, *dieser* Film würde die Wahrheit sagen, versicherte ich ihnen. Er würde unser gemeinsames Werk sein – zwangsläufig sein müssen. Ich wisse nichts über sie und ihre Welt, könne von mir aus gar nicht darüber befinden, was zur Sprache kommen, was gezeigt werden solle. Sie würden entscheiden, was zur Sprache kommen müsse, und gemeinsam würden wir entscheiden, wie es ins Bild zu setzen wäre.

Ramón trug seine Übersetzung in einem Rhythmus und mit einem Nachdruck vor, die meinem Eindruck nach sehr gut zu meiner bewußt gewählten Sprechweise paßten und deren Wirkung verstärkten. Ich hoffte nur, daß er meine Worte sinngetreu wiedergab. Zuweilen stolperte er über einen Begriff, und Amparo mußte dann Felicitys spanische Version in einer für ihn verständlichen Form paraphrasieren. Je länger wir redeten, desto merklicher veränderte sich die Stimmung in der Versammlung zum Positiven. Als ich sagte, ich würde auf jeder Etappe des Projekts nur im Einvernehmen mit den Mamas handeln und keine Schritte ohne Vermittlung ihrer Organisation Gonavindua Tairona unternehmen, erhob sich ein allgemeiner Chor von Beifallsrufen, begleitet von lautem Klappern mit den Poporostäben.

Ich legte dar, daß ein Film nach meinem Dafürhalten außer Nutzen auch Risiken mit sich bringen könnte. Er könnte Touristen anlocken. Der Film müsse seinen Zuschauern unbedingt klarmachen, daß sie in der Sierra unerwünscht seien. Dem Jüngeren Bruder müsse zu Bewußtsein gebracht werden, daß die Älteren Brüder als einziges unter allen Eingeborenenvölkern Amerikas sich die Welt ihrer Ahnen unversehrt bewahrt haben und daß dies nur durch rigorose Selbstisolierung möglich war. Ihre Zurückgezogenheit und Abgeschlossenheit müßten auch künftig respektiert werden. Abermaliges Beifallsgeklapper.

Ob ein Film eine gute Idee sei oder nicht, müßten sie entscheiden, und sie würden ihre Entscheidung nach Kriterien treffen, die außerhalb meines Begriffsvermögens lagen. Neuerliches Geklapper. Sie sollten jedoch auch im Bilde darüber sein, was die Sache im einzelnen mit sich bringe. Wir würden unseren technischen Apparat anschleppen müssen. Mit Hubschraubern einfliegen müssen. Für die Scheinwerfer brauchten wir einen Generator, und wir würden auch das Zeremonialhaus mit Scheinwerfern beleuchten müssen. Im Dunkeln könnte man keine Aufnahmen machen. Es würde laut werden, eine Menge Leute müßten bei den Aufnahmearbeiten mit dabeisein, und die müßten streng nach Terminplan arbeiten. Wenn sie ja sagten, müßten sie das alles bereitwillig über sich ergehen lassen. Andernfalls wäre es besser, gleich nein zu sagen.

Zum Schluß zeigte ich eine kleine Hobby-Videokamera und erläuterte das Konzept des Filmens – ein Auge mit Gedächtnis, freilich kein besonders gutes Auge, sondern eines, das starkes Licht benötigt, um scharf zu sehen. Wer sich ein genaueres Bild machen wolle, solle mit nach draußen ins Helle kommen und sich die Sache aus der Nähe besehen.

Etwa zwei Drittel der Anwesenden fanden das Angebot interessant genug, um mit nach draußen zu kommen, wo ich ihnen die Handhabung der Kamera vorführte. Niemand stellte eine Frage: Sie betrachteten sich einfach nur das Playback von sich selbst im Sucher. Manche zeigten sich ausgesprochen erheitert, andere verzogen von Anfang bis Ende der Vorführung keine Miene.

Ich war zu Ende gekommen. Die Mamas würden die Nacht über beratschlagen und am Morgen zum Berggipfel hinaufsteigen, um dort das Orakel zu befragen.

Im Morgengrauen waren die Mamas auf der Höhe gegenüber deutlich zu erkennen. Der Berggipfel war offenkundig eine ideelle Größe. Ein paar Stunden vor Mittag waren sie wieder zurück, und wir wurden abermals zitiert. In der «Kirche» waren Bankreihen aufgestellt, und ich wurde gefragt, ob ich über ein Mittel verfüge, die Sitzung zu protokollieren. Ich packte ein Tonbandgerät aus, erklärte, was es war, und erhielt den Auftrag, es anzustellen.

Einer nach dem andern erhoben sich die Mamas zum Sprechen. Ihr Vortrag war rhythmisch, emphatisch und durchsetzt mit Wiederholungen. Fast hatte ich den Eindruck, eine andere Sprache zu hören als bisher.

Alle, die hier zugegen sind
aus der Gemeinschaft der Mamas,
befragten dort oben auf der Bergeshöhe das Orakel
kraft ihres Wissens.
Sie sammelten ihren Geist und zergliederten die Frage.
Sie sprachen dort oben:
Dem Jüngeren Bruder werden wir nunmehr sagen:

Wir waren die Erstgeborenen.
Wir sind unter allen die Erstgeborenen,
mit größerem Wissen um Geist wie Materie.
Serankua lehrt uns:
Er hat uns geschaffen
und hat die Erde geschaffen
und den Himmel gemacht.
Sein Name ist Serankua.
Er machte uns, damit wir Lebewesen, Pflanzen, die Natur in Obhut
    nehmen.

So war es.
Der Ältere Bruder ward geschaffen, damit er die Erde in Obhut
    nehme,
denn die Erde,
sie ist unsere Mutter. Mutter Erde.
Ohne Erde können wir nicht leben.

Die Vorstellung von der Erde als Mutter allen Lebens ist Gemeingut
aller Indianergesellschaften Nord- und Südamerikas. Doch hier war ich
zutiefst beeindruckt von dem zutage tretenden Verantwortungsbewußtsein. Diese Menschen glaubten aufrichtig, daß sie als Hüter der Welt
geschaffen waren. Darin beruht die Grundlage ihres Lebens und ihrer
Geschichte. Ramóns Übersetzung in ein Spanisch von hypnotischer Sug-
gestivkraft trug die Gewalt und den Rhythmus des Gesagten unvermin-
dert weiter.

Ganz Kolumbien war des Älteren Bruders,
der sich aufs Tanzen verstand, das Tanzen in der Maskerade
von Federn,
von Gold,
in seiner Gewandung, seiner Tracht,
in all seinen goldenen Reichtümern.
Kolumbien war zur Gänze, zur Gänze war Kolumbien heilig,
heiliger Boden,
Mutter Erde.

Nach Hunderten und Hunderten Jahren
kam der Jüngere Bruder aus dem anderen Land gefahren,
sagt der Mama.
Señor Cristóbal Colón kam in dieses Land
und sah sogleich die Reichtümer
und tötete, erschoß viele Eingeborene.
Er führte das Gold weg, das hier gewesen war,
Heiliges Gold, Maskengold,
Gold jeglicher Art.
Sie nahmen so viel.
So viel.
So viel.

Deshalb zogen die Eingeborenen davon, die beim
   Meeresufer lebten.
Allesamt zogen sie davon.
Sie stiegen hoch hinauf.
Deshalb blieben sie hier oben ohne Gold.
Fast entkräftet stiegen sie hinauf,
dorthin, wo es nichts zu essen gab.
Für sie waren die Bäume den Menschen gleich.
Sie fällten keinen.
Sie nahmen kleine Stücke.
Hier säten sie.
Doch dann kam der Jüngere Bruder ins Land.
Sogleich begann er sich zu mehren
und machte sich daran, die Wälder zu fällen,
und die Eingeborenen, Hunger im Leib,
rückten ein Stück weiter zu den Berggipfeln hinauf.
Manche starben vor Hunger, vor Entkräftung.
Sie hatten nichts zu essen,
sie starben.
Doch zu der Zeit war keine Hilfe,
war keiner, der half.

Der Mama sagt: Mir blieb kein Gold,
mir blieb nichts,
doch blieben mir starke, tiefe Gedanken,

die nach wie vor viel galten.
Ein Gedankengebäude.
«Laßt uns an der Sitte festhalten.
An der Tradition festhalten.
Laßt uns daran festhalten.»
Wir bewahren der Mutter Erde unsere Achtung.

Je mehr ich von dem Gesagten verstand, desto klarer wurde mir, daß es den Schlüssel zum Überleben der Kogi in sich barg. Ihre Achtung vor der Erde schließt das Gefühl der Verantwortung für sie mit ein. Die Mamas sind überzeugt, daß ohne sie die Erde der Fürsorge entraten müßte. Ihre Sorge gilt nicht dem persönlichen Überleben, sondern dem Überleben ihres Gedankensystems, ihrer Sitte, ihrer Tradition – ihres Wissens von der Welt und der Pflege, auf die sie Anspruch hat. Sie nennen dies: das Gesetz.

Das Gesetz wurde bislang durch strikte Selbstisolierung intakt gehalten. Doch Selbstisolierung allein genügt jetzt nicht mehr.

Heute ist das Wasser am Versiegen.
Es gibt nicht mehr genügend Wasser,
sagt der Mama.
Wen trifft die Schuld?
Die Schuld trifft den Jüngeren Bruder,
denn er vertrieb mich auf die Höhen,
und jetzt legt er den Wald um,
er fällt ihn.
Wen trifft die Schuld?
Den Jüngeren Bruder trifft die Schuld.

Jetzt muß er seine Augen aufmachen,
das Problem erkennen.
Heute muß er mir helfen, drunten aufzuräumen,
damit es da Tiere, Pflanzen, eine Natur geben wird,
damit es da tiefe Wasser geben wird,
ausreichend Wasser,
Wasser.
Auf daß es da Naturwesen jeglicher Sorte geben wird.

Das also war der Grund, warum sie einen Film machen wollten. Sie hatten etwas mitzuteilen, und auf diesem Wege konnten sie es dem Jüngeren Bruder zu Gehör bringen. Doch war damit keine generelle Öffnung für die Außenwelt verbunden.

Der Mama sagt auch,
die Mamas sagen:
Sie wollen keine Leute anderer Sorte hier haben,
oder daß eine andere Organisation kommt, um mit uns zu arbeiten,
sondern nur die BBC.
Viele waren schon hier.
Sie sagen:
Auch ich komme von der Regierung.
Auch ich bin von Bogotá geschickt.
Auch ich.
Das wollen sie nicht haben.
Nur mit der BBC.
Und die BBC übernimmt die Verpflichtung,
der übrigen Welt mitzuteilen,
daß etwas getan werden sollte.
Sie wollen nicht, daß andere hierherkommen,
um mit ihnen zu reden,
sondern nur deine Person.

4 Planung

Die Mamas hatten ihre Zustimmung zu einem Film, ja mehr noch: sie hatten einen Film in Auftrag gegeben. Wir setzten uns zusammen, und ich bemühte mich tastend, ein Treatment zu erarbeiten, das dem entsprach, was sie zum Ausdruck bringen wollten. Ich war nun augenscheinlich akzeptiert, und so konnten die Besprechungen, mit Ramóns Unterstützung, zum Teil in zwangloserer Form im Zeremonialhaus abgehalten werden. Meine Gesprächspartner bewiesen in allem, was die Arbeit anging, eine ungemein praktische Einstellung, und ich, mitten unter den um die vier Feuerstellen und auf die Hängematten verteilten Kogi auf einem Hocker sitzend, fühlte mich angenehm ruhig und entspannt.

Ich erklärte, daß der Jüngere Bruder über die Dinge nicht nur hören, sondern sie auch sehen wolle. Damit hätten sie gerechnet, entgegneten sie, ihrer Meinung nach müsse ich Aufnahmen von archäologischen Fundstätten, Tänzen, der Unterweisung eines Initianden und dergleichen machen. Über all das hatten sie bereits das Orakel befragt. Ich war beeindruckt von ihrer Ernsthaftigkeit und ihrer frischen Intelligenz. Sie hatten im Nu kapiert, worum es bei meiner Arbeit ging, und auch, was es bedeutete, mit der Kamera zu argumentieren. Sie waren sich auch schon völlig im klaren darüber, welche Verantwortlichkeiten sie für das Zustandekommen des Films zu übernehmen und wie sie diese unter sich aufzuteilen hatten.

Überrascht war ich auch von der Entdeckung, daß eine ihrer Hauptsorgen die Sicherheit des Kamerateams war: Wie zu gewährleisten sei, daß keiner meiner Mitarbeiter zu Schaden komme, gehörte mit zu den Fragen, über die sie sich den Kopf zerbrochen und das Orakel befragt hatten. Ich begann Vertrauen zu fassen zu den Mamas, ihren Urteilen und ihren Orakeln.

Nach Abschluß unserer Gespräche bestanden sie auf einer formge-rechten schriftlichen Vereinbarung über alle Einzelheiten des Filmpro-jekts. Zwar haben sie selber keine Schrift, aber sie meinen, daß wir die Dinge ernster nehmen, wenn sie schwarz auf weiß fixiert sind. Also setzte Amparo auf spanisch ein Protokoll unserer Absprache auf, und im Laufe der Nacht kamen dann alle anwesenden Mamas und *comisarios* aus dem Zeremonialhaus, um die Vereinbarung per Daumenabdruck zu besiegeln. Einer nach dem anderen nannten sie ihren Namen, damit er unter den Abdruck gesetzt werden konnte, und so erfuhr ich, wer diese Menschen waren. Nahezu sämtliche Kogi-Gemeinden waren hier vertreten.

Felicity und ich machten während unseres Aufenthalts viele Fotos, aber es war nicht zu übersehen, daß die Kogi unter dem Fotografiertwer-den litten. Ich nahm an, das sei auf den Glauben zurückzuführen, daß wir ihnen mit ihrem Abbild ein Stück von ihrem Selbst wegnähmen. Ich hatte derartiges von anderen Indianergruppen gehört. Aber nein, meinte Mama Valencia, ganz so sei es nicht.

Alle unsere Handlungen finden nicht nur in der natürlichen, sondern auch in der übernatürlichen Welt statt. Wir leben in einer im Medium des Geistes geformten Welt. Jeder Baum, jeder Stein, jeder Fluß hat eine – für den Jüngeren Bruder unsichtbare – Geistgestalt. Dies ist die Welt von *aluna*, die Welt des Denkens und des Spirituellen. *Aluna* umfaßt den In-tellekt, die Seele und die Fruchtbarkeit: Es ist der Stoff, aus dem das Leben ist, die Substanz des Seins. Halt, Form, Leben und Fortpflan-zungsfähigkeit der stofflichen Wesen beruhen in *aluna*, und *aluna* ist das Wirkungsmedium der Mamas.

Das liegt außerhalb unseres geistigen Horizonts. Wir nehmen nur die Traum- und Schattenwelt des Stofflichen wahr und begreifen daher we-der die wahre Bedeutung unseres Tuns noch übersehen wir dessen Aus-wirkungen.

Fotografieren ist wie alles, was geschieht, ein Vorgang sowohl in der natürlichen Welt wie in *aluna*. Indem ich einen Mama fotografiere, ver-wickle ich ihn in ein gleichermaßen stoffliches wie unstoffliches Gesche-hen. Aber meine Kamera wurde ohne einen Gedanken an ihre Wesens-struktur hergestellt, und ich gebrauche sie, ohne zu verstehen, was ich tue. Im Ergebnis läuft das jedesmal auf einen förmlichen Tiefschlag für seine Seele hinaus, meinte Mama Valencia. Er war sichtlich strapaziert durch das fortgesetzte Klicken des Verschlusses.

Ich zeigte mich besorgt wegen der nachteiligen Folgen, die das für den

Zeitplan der Dreharbeiten haben könnte, meine Sorge wurde jedoch für unbegründet erklärt. Die Mamas würden an sich arbeiten und Kräfte sammeln, um sich dieser Zerreißprobe gewachsen zu zeigen: Zu gegebener Zeit würde man sie gerüstet finden.

Daß es eine Zerreißprobe sein würde, lag auf der Hand: Die Menschen, Scheinwerfer, Kameras, Tonaufzeichnungsgeräte sind schon in der natürlichen Dimension schwer genug zu ertragen – wie dann erst, wenn man das alles gleichzeitig noch als schwerfälliges, blindes Herumtrampeln in der Landschaft von *aluna* erlebt. Mit jedem Schritt würden wir in diesem Garten des Geistes ein Beet zertreten.

Mir war klar, daß wir mit den Dreharbeiten nicht vor Ablauf eines Jahres beginnen würden, denn ich wollte in der gleichen Jahreszeit wie jetzt – der trockensten Periode mit den längsten Arbeitstagen – wiederkommen. Ein Jahr mußte ihnen für die erforderliche innere Vorbereitung reichen, meinte ich.

Daraufhin wurde ich belehrt, daß ich meinerseits eine Menge Vorbereitungen in meinem Kopf zu treffen hätte. Auch ich würde in *aluna* arbeiten müssen. Ungeschult, wie ich sei, würde mir das viel größere Schwierigkeiten machen. Ich würde bei Null anfangen müssen. Für die Kogi würden sechs Monate reichen. Aber ein Jahr sei prima. Soviel Zeit sei das Mindeste, was ich selber brauchen würde. Nach einem Jahr, meinte Mama Valencia, sei ich so weit, daß ich den Film machen könnte.

Ich versprach, in neun Monaten wiederzukommen, um die Dispositionen abzuschließen, und kehrte mit benommenem Kopf nach Santa Marta zurück. Wir nahmen Manuelito mit, der einen Arzt konsultieren wollte. Er schwelgte in Selbstmitleid und schrieb die Krankheit seiner Überarbeitung zu. Auch er war ein Mitarbeiter von Gonavindua Tairona; den Posten hatte man ihm gegeben, weil er einer der lautstärksten Kritiker der Organisation gewesen war. Sein Leben schilderte er als fortwährendes Herumhetzen für die Mamas, als Herumkommandiertwerden ohne Rast und Ruh. «Ich bin ihr Laufbursche. Sie sagen: ‹Manuelito, geh dahin – geh dorthin! Tu dies – tu das! Dalli, dalli!› Und ich muß spuren. Ich hab fürchterliches Kopfweh. Mir ist kotzelend!» Von Ramón war oft Ähnliches zu hören. Die beiden meinten, sie hätten einige Zeit in völliger Weltabgeschiedenheit nötig, um wieder in Balance zu kommen. Was mich betraf, so dachte ich mir, daß ich wohl nie wieder zu meiner früheren Balance zurückfinden würde.

Ein Zwist unter Kogi

Bernardo Valderrama hatte einen großen Teil der Sierra zu Fuß durch-
streift. Seiner Meinung nach war er der Nachfahre eines Konquistadors,
des Don Palomino, nach dem der Fluß benannt ist, in dem jener, von
einer Flutwelle mitgerissen, ertrank. Bernardo hatte es sich zur Lebens-
aufgabe gemacht, auf eigenen Füßen die Züge seines Vorfahren nachzu-
vollziehen, und erkundete dabei Gebiete, die seit Jahrhunderten keines
Weißen Fuß mehr betreten hatte.

Er war in Hochstimmung, weil er vor kurzem eine von Kogi bewohnte Tairona-Stadt entdeckt hatte; seiner Überzeugung nach war er
der erste Mensch von außerhalb der Sierra, der hierhergefunden hatte.
Und dorthin waren wir nun unterwegs: zu einer mit hohen Mauern ter-
rassierten Stadt mit Gebäuden auf steinernen Unterbauten, einem aus
Stein gehauenen Thron und Einwohnern, die medizinische Hilfe benötigten. Sie litten an schwerem Wurmbefall, und ich sollte ihnen eine Liefe-
rung Entwurmungstabletten bringen.

Ramón war nicht entzückt über den Abstecher und mein Beharren
darauf, daß er als Vertreter der Gonavindua Tairona daran teilnahm.
Seine Verwandten mütterlicherseits lagen mit der Gemeinde, die wir besuchen wollten, im Streit.

Die Sache verhielt sich offenbar so: Jene Ansiedlung war in der Tat
von hohem Alter und bis vor etwa sechzig Jahren ununterbrochen bewohnt gewesen, und zwar hauptsächlich von Mitgliedern der erweiterten
Familie von Ramóns Mutter. Doch dann trat im Gefolge eines großen
Fests eine grassierende Nahrungsmittelvergiftung auf, die mehr als dreißig Personen dahinraffte. Daraufhin wurde der Ort von den Bewohnern
aufgegeben.

Vor einigen Jahren beschloß ein anderer Clan, sich in den Ruinen
anzusiedeln. Der Mama erhielt vom Orakel die Auskunft, daß diesem
Plan nichts entgegenstehe und daß es überdies auch zulässig sei, einen Teil
der Terrassenflächen wieder als Ackerland zu erschließen. Die Familie
von Ramóns Mutter erhielt bei der Gegenprobe vom Orakel ganz anders
lautende Auskünfte. Wir spazierten geradewegs zwischen die Fronten
einer Großfamilienfehde.

Zwistigkeiten dieser Art, insbesondere Streitereien um Grundbesitz-
ansprüche, sind keine Ausnahme, sondern ein zentrales Element im
Alltag der Kogi-Gesellschaft. Angesichts der Heftigkeit und Erbitterung,

mit denen sie ausgetragen werden, war es mir ein Rätsel, wie diese Gesellschaft zu überleben vermochte. Ganz bestimmt mußte doch auch der Umstand, daß der eine Mama ein anderes Orakel stellen konnte als der andere, dem Sozialsystem unmittelbar an die Wurzeln greifen. Wenn die Stimmen aus der Geisterwelt lediglich Vehikel der Gruppenbildung sind, was können sie dann eigentlich nützen? Warum ist die Kogi-Welt dann nicht zu irgendeinem Zeitpunkt der Vergangenheit in Stücke gebrochen?

Die anschauliche Antwort darauf hatte ich mit der Versammlung in Pueblo Viejo erhalten, doch dauerte es eine Weile, bis ich das begriff. Dort waren Vertreter zahlreicher, größtenteils untereinander zerstrittener Gemeinden zugegen gewesen. Aber unter den Spannungen und Auseinandersetzungen gab es das elementare Bewußtsein des gemeinsamen Ziels, den Fortbestand der Welt zu sichern, gab es das Bewußtsein der Mamas von ihrer Pflicht, ihre Arbeit für das Wohl der Erde fortzusetzen. Nur wenige Gesellschaften haben überhaupt je die Fähigkeit bewiesen, ohne innere Unruhe zu einer gemeinschaftlich getragenen Entscheidung zu finden und sie in die Tat umzusetzen. Die Mamas jedoch sind in der Lage, wenn eine Grundsatzentscheidung ansteht, sich zu einem gemeinschaftlichen Orakel zusammenzufinden, gemeinschaftlich einen Beschluß zu fassen und gemeinschaftlich für dessen Ausführung zu sorgen.

Orakel

Das Orakel ist die formalisierte Kommunikation mit der Welt von *aluna*. Man kann es sich als Kontaktaufnahme mit den Ahnen vorstellen, deren Leben beim physischen Tod nicht ausgelöscht wurde, sondern lediglich aus dem Körper in die nichtstoffliche Dimension überwechselte; doch ist dies nur ein sehr unvollständiges Bild des Sachverhalts. Desgleichen wird man der Sache nicht vollständig gerecht mit der Erklärung des Orakels als einer Methode, Botschaften der Götter zu empfangen, auch wenn *aluna* die Allmutter ist und die Allmutter sich im Orakel zu Gehör bringt.

Ein Orakel anstellen heißt Zeichen deuten. Da alles Geschehen auch ein Geschehen in *aluna* ist, enthält alles, was hier geschieht, ein Spiegelbild jener Welt. Eine Frage stellen ist ein Akt in *aluna*, ein Akt des reinen Denkens, und wenn die Frage auf die richtige Weise gestellt wird, bringt sie im selben Zuge bereits die Antwort hervor, und zwar in einer auch in der stofflichen Welt greifbaren Form. Ein Orakel besteht zum einen in der geistigen Prozedur des sachgerechten Formulierens einer Frage, zum andern aus der hochgradig formalisierten Prozedur des Entzifferns der Antwort.

Derartige Vorstellungen sind uns nicht unvertraut; in verblaßter Form sind sie bei uns noch in Wahrsageprozeduren wie dem Kartenlegen oder dem Teeorakel lebendig. Für uns hat die Wahrsagerei das Air des Numinosen, und wir begegnen ihr mit desto mehr Respekt und Scheu, je geheimnisvoller und komplizierter die äußeren Zurüstungen sind, mit denen sie einhergeht. In den Tarotkarten mit ihrer reichhaltigen und komplexen Symbolik erblicken wir tiefsinnigere Omina als in den Teeblättern, und noch mehr beeindruckt uns das I Ging mit seinen bändefüllenden Deutungen der Konstellationen einer Handvoll geworfener Orakelstäbchen.

Bei den Kogi kann die Antwort auf eine Frage im Prinzip aus jedem unvorhersehbaren Geschehen herausgelesen werden. Selbst in dem Aufeinandertrommeln der Fingerspitzen liegt ein, sei's auch noch so geringfügiges, ausdeutbares Zufallsmoment. Das am vollständigsten formalisierte Interpretationsschema jedoch wurde für die Deutung von Luftblasen in einer Schale Wasser entwickelt. Eine ausgehöhlte Tairona-Perle wird behutsam in der Schale versenkt, und die Luftblasen, die sich auf der Wasseroberfläche bilden, enthalten die gesuchte Antwort.

Ist die Deutung vielleicht völlig aus der Luft gegriffen, ein bloßer Hokuspokus zur Legitimierung und Mystifizierung der Autorität des Deuters? Dann wäre das Ganze reichlich aberwitzig. Zu diesem Fazit könnte man angesichts der Orakel und Gegenorakel kommen, mit denen Streitereien wie diejenige um Bernardos Stadt gewürzt sind. Aber die Kogi-Welt ist nicht in Grüppchen zersplittert, und Divergenzen über Orakel werden durch neue Orakel beseitigt. Den meisten ihrer Mamas begegnen die Kogi selber mit Gefühlen, die von Ehrfurcht weit entfernt sind; allgemein scheut man keineswegs davor zurück, einem Mama gegebenenfalls Ignoranz oder Weltverhaftung (in ihren Augen die zwei gewichtigsten Kardinalfehler) vorzuwerfen. Wollte ein Mama das Orakel für eindeutig eigennützige Zwecke mißbrauchen, käme er damit nicht durch. Tatsache ist, daß die Orakel für das allgemeine Bewußtsein nichts sonderlich Mysteriöses oder Numinoses, sondern schlicht ein praktisches Handwerkszeug für die Bewältigung von Alltagsfragen sind.

Orakel wären natürlich auch ein Aberwitz, gäbe es keine höhere Wirklichkeit, keine Welt von *aluna*, in der das Wesen aller Dinge beruht

und in der alle Dinge im Medium des einen allumfassenden Lebens miteinander verbunden sind. Unsere gesamte eigene – wissenschaftlich, rational
ausgerichtete – Denktradition scheint uns zur Verwerfung von *aluna* aufzufordern. Aber sagt uns unsere Tradition nicht auch, daß es nur *ein*
höchstes und letztes Testkriterium gibt? Und dieses lautet nicht «Macht
das Sinn?», sondern «Funktioniert das?».

Unser wissenschaftliches Weltbild integrierte mühelos Aspirintablet-
ten und die Elektrizität – nicht weil diese Dinge zu ihrer Zeit auf wissen-
schaftlichem Niveau sinnvoll gewesen wären, sondern weil sie funk-
tionierten. Die Kogi treffen alle Entscheidungen auf der Grundlage von
Orakeln, und ihr Sozialsystem funktionierte unter Belastungen weiter,
denen andere im gleichen Fall bisher fast jedesmal erlegen sind. Bei den
Kogi funktioniert die Sache. Besser läßt es sich aus unserer Sicht nicht
beschreiben. Für uns ergibt sich daraus die Frage, ob denn eigentlich unsere Weltsicht funktioniert – die Weltsicht, in der über die biologischen
und chemischen Mechanismen hinaus nichts existiert. Bislang scheint sie
spekuläre Ergebnisse gezeitigt zu haben. Die Kogi jedoch betrachten diese
Dinge, die sich auf kurze Sicht als Erfolge darstellen, als ebenso viele
Schritte in Richtung Katastrophe. In ihren Augen ähneln wir einem Menschen, der von einer hohen Felskante in die Tiefe gesprungen ist und sich
nun im freien Fall seiner Fähigkeit zu fliegen freut. Sie sind überzeugt, daß
sie weiter blicken als wir und daß ihre antiquierten Ideen sich am Ende als
die richtigen erweisen werden. Ebenso überzeugt sind sie jedoch auch, daß
sie leider durch ein Seil mit uns verbunden sind und demnächst mit ins
Verderben gerissen werden.

Muschelschalensammeln

Einer Anregung Reichel-Dolmatoffs folgend, wollte ich den Leuten in
Bernardos Gemeinde ein Quantum Muschelschalen mitbringen. Die
Kogi benötigen Meermuschelschalen für ihre Poporos: Sie brennen daraus den Kalk, mit dem die Kalebassen gefüllt werden. Aber zum Meer
haben sie jetzt keinen Zugang mehr. Sie hatten mir bereits ihr dringendes
Bedürfnis nach einem solchen Zugang geschildert, der die Versorgung
nicht nur mit Muscheln, sondern auch mit Salz und Fischen gewährleisten würde. Darüber hinaus würde er ihnen die Fortführung ihrer
Aufgabe ermöglichen, die verschiedenen Regionen der Sierra, die ver-

schiedenen Weltreligionen darstellen, in ein harmonisches Verhältnis zu bringen.

In den frühen siebziger Jahren wurde längs dem Nordrand der Sierra eine Küstenstraße gebaut. Sie ermöglichte die Ausbeutung der Bodenschätze in der Guajira-Wüste und erschloß gleichzeitig die untere Region der nördlichen Sierra für die Kolonisierung. Von den hier einströmenden Kleinbauern spricht niemand als *campesinos*, «Landleuten» (d. h. Kleinbauern, Kleinpächtern), vielmehr nennt jeder sie nur *colonos*, «Ansiedler», «Kolonisatoren», sie so als die jüngste Zuzüglerwelle im Kielwasser von Kolumbus identifizierend. Sie entwaldeten das Land bei der Straße und legten Felder an, die nicht lange genutzt werden konnten, weil die Krume schon bald von der Erosion aufgezehrt war. Daraufhin zogen sie, Verheerung aussäend, weiter auf neue Ländereien.

Da sie mit herkömmlichen Feldfrüchten kein Glück hatten, wandten sich viele dem Hanf- und später dem Kokaanbau zu. Sie schufen längs der Küste einen Streifen Ödland, den zu durchqueren für die Kogi zu riskant ist. Es wäre eine freundliche Geste, ihnen Muschelschalen mitzubringen. Ramón und Adalberto waren begeistert von der Idee, einen Ausflug zum Muschelschalensammeln zu machen, und Carlos erbot sich, uns mit seinem Laster zu einem geeigneten Platz zu bringen.

Ich hatte angenommen, daß wir zu irgendeinem Strandstück in der Nähe von Santa Marta fahren würden, aber an den Stränden hier gab es entweder keine Muscheln oder aber das Gelände war von den *narco-traficantes* gesperrt. Durch von Mal zu Mal heruntergekommenere Zambo-Dörfer fuhren wir den ganzen Nordstrand der Sierra entlang bis nach Dibulla am Rand der Guajira.

Unterwegs machten wir in Mingeo Rast – einem Nest von Baracken mit Ladengeschäften links und rechts der Straße –, und dort lasen wir einen Arhuaco-Mama und seinen Schüler auf, die seit vier Tagen zu Fuß unterwegs zum Strand und hocherfreut über die Mitfahrgelegenheit waren. Der Mama pilgerte die Strecke alle zwei Jahre: ein mühsames, gefährliches, aber unumgängliches Unternehmen.

Drüben auf der anderen Seite des Gebirges ist kein Meer. Die Leute von dort müssen zum Muschelschalensammeln hierherkommen. Deshalb haben die Vorfahren eigens Wege bis hierher ans Meer angelegt.

Ramón nutzte die Pause noch dazu, einen Aushang anzubringen: ein Angebot für den Fall, daß jemand das Prachtexemplar von einem Leguan erlegte, das wir die Straße hatten überqueren sehen. Er hoffte, auf der Rückfahrt hier ein ordentliches Stück Leguanbraten aufgabeln zu können. Bei aller Achtung vor der Natur sind die Kogi keine Vegetarier. Wie alle Eingeborenenvölker der beiden Amerika bestritten sie, bevor die Spanier die Nutztierhaltung auf dem Kontinent einführten, ihren Proteinbedarf aus der Jagd und dem Fischfang. Leguan gilt noch heute als Delikatesse.

Dibulla erweckt im Ortsfremden nicht unbedingt wohlige Gefühle. Es genießt den Ruf, daß ein Menschenleben hier nicht viel gilt. Augenfälligstes Charakteristikum des Ortes ist ein Friedhof mit reichverziertem, mächtigem Portal.

Sonderbarerweise hat irgendwer gleich neben den Ort einen luxuriösen Privatclub mit Swimmingpool und komfortablen Barräumen hingebaut. Es stinkt nach Geld hinter dem hohen Maschendrahtzaun und dem aufwendigen Sicherheitssystem. In Dibulla stinkt es nach Armut, Hoffnungslosigkeit und ungeklärten Abwässern.

Lange hielten wir uns hier nicht auf. Niemand störte uns auf dem verdreckten Strand, über den der Wind pfiff, und obschon es hier nicht sonderlich viele Muscheln gab, waren alle *mochilas* bald gefüllt. Mit hinreichend starkem moralischem Druck erreichte ich nach unserer Rückkehr, daß mir ein Teil als Geschenk für die Gemeinde überlassen wurde, zu der uns Bernardo das Entrée verschaffen wollte.

Tags darauf kletterten wir Ramóns offenkundigen Ängsten zum Trotz mit Bernardo in den Hubschrauber und flogen los. Unser Ziel lag jenseits eines steilen Höhenzugs, dessen Grathöhe fast an der Belastbarkeitsgrenze unserer Bell Ranger lag. Als wir mit Hängen und Würgen über den Kamm hinweg waren, sahen wir, daß uns auf der anderen Seite eine dichte Wolkensuppe erwartete. Unmöglich, hier niederzugehen.

Der Pilot machte alle möglichen Anläufe, ein Schlupfloch in das versperrte Tal zu finden. Einer dieser Versuche führte uns in einen Cañon ohne Ausgang, dessen Steilwände vor und neben uns immer enger zusammenrückten und immer höher hinaufwuchsen. Bald gab es keinen Zweifel mehr: Wir staken in der Klemme. Die Steilwände links und rechts waren zum Überfliegen zu hoch und jetzt nur noch dreißig Meter weit auseinander. Unter uns nichts als dichte Wolken. Wir hatten allesamt die Fingernägel in die Handflächen gekrallt, als der Hubschrauber, mit den

Rotorblättern fast die Steilwand streifend, in letzter Minute die Wende vollführte.

Wieder zurück auf dem Flugplatz, war ich noch immer aschfahl im Gesicht, Ramón jedoch grinste. «Serankua hat entschieden. Serankua meint, wir sollen da nicht hin.» Ich bat ihn, irgendwann einmal, wenn er Zeit hätte, den Weg zu Fuß zu machen und den Leuten die Muscheln und die Entwurmungstabletten zu bringen. Er versprach es, und danach habe ich nie wieder etwas von jener Ansiedlung gehört.

Ich stellte fest, daß Ramóns Vertrauen in Serankua ansteckend war, und überließ mich willig einer Art Fatalismus. Die Mamas hatten mir eine große Verantwortung auferlegt – viel zu groß, als daß ich sie hätte ganz allein tragen können. Ich *mußte* daran glauben, daß ihre Orakel einen Sinn hatten und daß, solange ich nur bei meiner Rolle blieb, Serankua schon dafür sorgen würde, daß alles andere seinen richtigen Gang ging. Vertrauen in die Mamas hatte ich bereits. Jetzt kam noch Vertrauen in etwas anderes hinzu.

Per Boot nach Pueblito

Meiner Schicksalsgläubigkeit stand eine harte Bewährungsprobe bevor. Auf meiner Agenda war noch ein Besuch bei den Kogi unter Führung von Xavier Rodriguez abzuhaken. Xavier war ein freundlicher, lebhafter Mann, der so lange bei den Arhuaco gelebt hatte, daß er eigentlich gern selbst einer gewesen wäre. Er betrachtete sich als Mama-Lehrling, hatte eine *mochila* umhängen und einen Poporo in der Hand. Ramón war davon sichtlich angewidert und machte sich für Xavier nach Möglichkeit rar.

Das Dorf, zu dem Xavier mich führen wollte, lag in der leichter zugänglichen südlichen Sierra, wo wir keinen Hubschrauber brauchen würden. Zuerst wollte ich jedoch Pueblito einen Besuch abstatten.

Pueblito, in Küstennähe gelegen, war einer der ersten wiederentdeckten Tairona-Ruinenplätze. Es wurde in den 1920er und 1930er Jahren ausgegraben, der Plan der Anlage in den Grundzügen von Reichel-Dolmatoff rekonstruiert. Nach dessen Befunden war der Ort seit dem frühen siebzehnten Jahrhundert nicht mehr bewohnt gewesen. In puncto Monumentalität hielt er zwar keinen Vergleich mit der «Verschollenen Stadt» aus, aber gesehen haben mußte ich ihn trotzdem. Ramón und Xavier erklärten sich bereit mitzukommen.

Es gab zwei Zugangswege nach Pueblito. Der eine zweigte von der Küstenstraße ab und führte drei Stunden querfeldein in Richtung Meer. Auf dem zweiten folgte man der Küstenstraße bis zum Strand, danach etwa zwei Stunden einem Fußpfad am Ufer entlang bis zum Fuß einer Steintreppe, die direkt zu der Stadt hinaufführt. Ich entschied mich für einen dritten Weg: Wir würden per Boot geradewegs zum Fuß der Treppe fahren.

Verwundert, daß noch niemand sonst auf diese Idee gekommen war, schickte ich Felicity ein Boot mieten.

Als natürlicher Ausgangspunkt für die Fahrt bot sich der kleine Fischereihafen Taganga an, der östliche Nachbarort von Santa Marta. Taganga ist für die einen bezaubernd, für andere abstoßend, je nach Standpunkt des Betrachters. Taxifahrer finden es ausnahmslos bezaubernd und versäumen nie, beim Überqueren der Anhöhe, hinter der es sich verbirgt, auf seine pittoresken Reize aufmerksam zu machen. Nostalgische Kolumbier schwärmen von der exquisiten Küche des Blauen Walfischs, des einzigen Hotels am Platze, gegründet von einer Französin, die auf Hippietour ins Land kam und sich zum Bleiben entschloß. Anscheinend ist ihnen entgangen, daß der Blaue Walfisch längst nicht mehr von jener Französin geführt und einem dort jetzt eine ziemlich dürftige, einfallslose, von A bis Z kolumbianische Speisekarte vorgelegt wird. Aber die Preise sind niedrig, die Bucht ist reizvoll, die nahegelegenen Korallenriffe bieten herrliche Gelegenheit zum Fischen und Tauchen, und Archäologen – Mitglieder eines notorisch mittellosen Berufsstands – steigen gern hier ab. Wer eine lebhafte Einbildungskraft und eine nicht allzu geruchsempfindliche Nase besitzt, kann sich aus der Elendssiedlung am Meer das extravagante Seebad Taganga zusammenphantasieren.

Der Ort hat noch andere Schattenseiten. Die Taxifahrer von Santa Marta übernehmen nach Einbruch der Dunkelheit ungern ein Fuhre hierher, weil die Straße von Banditen unsicher gemacht wird. Der Hafen von Taganga war ehemals ein Hauptverladezentrum für Marijuana, und einige der biederen Fischerleute sind in langwierige Grenzstreitigkeiten mit *narco-traficantes* verwickelt; in einem Nachbarort kamen neulich bei einem derartigen Streit neun Männer ums Leben. Aber das ist eben Kolumbien.

Wir hatten Pedro, den Fischer, einen hochaufgeschossenen, fast schon bedenklich sparsam angezogenen tiefschwarzen Tagananer, am Strand kennengelernt, als er dort für das Krabbelkind eines urlaubenden Archäologen eine private Varietévorstellung gab. Ich war, ich weiß nicht warum, davon ausgegangen, daß Felicity eine der weiter draußen in der Bucht vor Anker liegenden großen Motorjachten mieten würde, sie wiederum nahm an, ich hätte im Prinzip bereits mit Pedro abgeschlossen, so daß sie, auf mein vermeintlich sachkundiges Urteil bauend, mit ihm einen Mietpreis für sein Fischerboot aushandelte. Es war ein sechs Meter langer, offener Kahn mit Außenbordmotor; er hieß *Gairaca*, nach einem etwas weiter entfernten Strandstück, und ich nahm das für ein gutes Zeichen, denn es sprach dafür, daß Pedro seine Küstenschiffahrt nicht zum erstenmal auf größere Distanz ausdehnte. Im Preis mit inbegriffen waren eine Vespermahlzeit und zwei Mann mit Blechbehältern zum Wasser ausschöpfen.

Ein aufgespanntes Segel diente als improvisierter Schutz vor der sengenden Sonne, und sobald wir die Landspitze am Eingang der Bucht umrundet hatten, krachte ein gewaltiger Brecher darauf hernieder. Dann der nächste. Dann der übernächste. Und so weiter...

Ramón, der zum erstenmal auf See war, saß in seinen weißen Kleidern da wie ein Marmorstandbild und ließ die Güsse mit stoischer Ungerührtheit über sich ergehen. Wahrscheinlich denkt er: «Wenn es so ist, dann muß es wohl so sein», mutmaßte ich. Hinterher erfuhr ich, daß er sich innerlich aufs Sterben vorbereitete. Wir anderen schöpften wie wahnsinnig Wasser aus.

Die Fischer brachte das alles nicht aus dem Gleichmut, darum waren sie baff, als ich ihnen eröffnete, ich dächte nicht daran, die Rückfahrt mit ihrem Boot zu machen. Wir brauchten länger bis zu dem angepeilten Strandstück, als ich noch für den allerungünstigsten Fall vorausberechnet hatte, und bei der Ankunft war mir klar, daß wir den Besuch in Pueblito mit Aufstieg und Abstieg über die Treppe nicht in so kurzer Zeit würden hinter uns bringen können, um noch rechtzeitig vor Einbruch der Dunkelheit wieder in Taganga zu sein – von den Strapazen der Bootsfahrt einmal ganz abgesehen. Und bei Nacht die unbeleuchtete Landspitze umfahren und durch die Korallenriffe manövrieren zu wollen, das erschien dann auch den Fischern keine gute Idee.

Bis unsere Sachen getrocknet waren, blieben wir am Strand – der, wie der Zufall so spielt, der schönste Strand war, den ich je gesehen hatte: purer sauberster Sand mit dem klarsten blauen Meer auf der einen und dem bis zum Uferstreifen heranreichenden Urwald auf der anderen Seite.

Mit dem unmittelbar dahinter aufragenden Gebirge bot dieser Fleck un-
zweifelhaft noch denselben jungfräulichen Anblick wie bei seiner Entdeckung durch Alonso de Ojeda im Jahre 1498.

Die ersten Kolonisatoren

Am 12. Juni 1514 läutete das Erscheinen einer spanischen Galeone vor der
Küste den Kolonisationsprozeß ein. Die Indianer eilten schaulustig ans
Ufer, spärlich bekleidet, die nackten Hautpartien mit einem roten Saft
bedeckt, der die Moskitos abwehren sollte. Der Kapitän schickte ein Ab-
ordnung an Land, aber die Indianer liefen den Landungsbooten entgegen
«und bedeuteten uns mit Pfeil und Bogen und mit höflichen Gebärden,
daß sie unsere Landung nicht dulden könnten». Man hatte ein langatmi-
ges Dokument mitgebracht, das der versammelten Menge vorgelesen
wurde. Es hob folgendermaßen an:

> Im Namen Seiner Allerhöchsten und Allermächtigsten und Aller-
> katholischsten Majestät, des stets sieghaften, nie besiegten großen
> Königs Don Fernando (des fünften dieses Namens), des Königs beider
> Sizilien und von Jerusalem sowie der Inseln und des Festlands von
> Westindien [...] Beherrschers der Barbarenvölker, und seiner Aller-
> höchsten und Allermächtigsten Dame Königin Doña Johana, seiner
> über alles geliebten leiblichen Tochter: im Namen dieser unserer Ge-
> bieter, tue ich, Pedrarias Davila, ihr Untertan, Abgesandter und Kapi-
> tän zur See, euch kund und zu wissen, daß Gott der Vater, der einzige
> und dreifaltige, schuf Himmel und Erde und einen Mann und ein Weib,
> von welchen beiden ihr und wir und alle Menschen dieser Erde Sproß
> und Ableger sind, gleichwie alle, die da nach uns kommen werden. Um
> der großen Vielzahl willen, die da erwuchs aus der Geschlechterfolge
> seit die Welt geschaffen, das sind jetzt fünftausend Jahr und mehr,
> konnten die Menschen nicht allzusammen verweilen an einem Ort,
> sondern einige zogen hierhin, andere dorthin, und schieden sich in
> viele Königreiche und Provinzen, denn anders war kein Rat.*

---

* Oviedo 7, S. 121–134. Eine Abschrift dieses von einem Doktor Palacios Rubios
verfaßten und von einem Ausschuß spanischer Theologen und Kirchenmänner abgesegneten Dokuments mußte auf allen Eroberungszügen mitgeführt und vor den Eingeborenen

Es ging weiter mit den wichtigsten Artikeln der kirchlichen Glaubenslehre, einschließlich der Dreifaltigkeitsdoktrin und der Stellung des Papstes, und das führte über eine interessante Assoziationsbrücke wie von selbst zur Theorie der politischen Strukturen in Europa und dem Gottesgnadentum der Könige. Die unabweisliche logische Schlußfolgerung lautete, daß die indianischen Zuhörer sich von nun an als Untertanen der spanischen Krone zu betrachten und nichts dringender als Katechismusunterricht zwecks Vorbereitung auf die Taufe nötig hätten. Als Traktat über Theologie und politische Theorie des Spätmittelalters war der Vortrag eine reife Leistung. Für den Fall, daß die Indianer des Spanischen nicht mächtig wären, wurde das Ganze auf karaibisch – die Sprache der Eingeborenen von Hispaniola – wiederholt. Der weisen Voraussicht zum Trotz, die sich darin offenbarte, begriffen die Eingeborenen Kolumbiens den karaibischen Wortlaut genausowenig wie den spanischen.

Die Indianer, denen ihre Pflichten als frischgebackene spanische Untertanen noch nicht so recht aufgegangen waren, schossen ein paar Pfeile auf die anlandenden Boote ab. Dies wurde ihnen als aufrührerisches Verhalten gegen die neuen Herrscher ausgelegt, woraufhin die Spanier augenblicklich zum Angriff übergingen.

Als der Schreiber der Spanier seine Landsleute mit der Vorhaltung zu bremsen versuchte, die Indianer hätten doch kein Wort von seiner Proklamation verstanden, wurde er von den Soldaten nur ausgelacht. Wen interessierte das schon?

Eine in vieler Hinsicht absonderliche Situation – und die Absonderlichkeit lag nicht zum wenigsten darin, daß auch umgekehrt die Indianer den Spaniern etwas klarzumachen versuchten. Ja, es ist sogar denkbar, daß die Botschaft der Indianer auf der gleichen Linie lag wie die der Spanier. Heute jedenfalls versuchen sie uns etwas durchaus Vergleichbares zu sagen. Unter den Belehrungen, die ich von den Mamas erhielt, war eine, die sich wie eine den Sachverhalt zurechtrückende Reprise der spanischen These von dem notwendigen Zusammenhang zwischen der Erschaffung der Welt und des Menschen einerseits und den politischen Pflichten andererseits anhörte.

---

verlesen werden. Bei der im Text erwähnten Expedition war Oviedo selbst für die Bekanntmachung verantwortlich.

Die Welt wurde am Anfang geschaffen, wir wurden hinterher geschaffen.

Und Serankua betrachtete die Erde, die uns gegeben ist. Und er sprach zu den Menschen: «Ihr seid geschaffen, diese zu hüten und sie in Balance zu halten, geschaffen, für die Welt und das ganze All zu sorgen. Sammelt euren Geist und richtet ihn auf die Sorge für das Ganze.»

Unsere Geschichte, die Geschichte der Mamas, lehrt, daß in diesem Land die Menschen alle miteinander eines Glaubens waren. Wir waren samt und sonders Ältere Brüder. Für das Brennholz, das wir sammeln, erlegen wir den Preis – wir kaufen es, so wie man Reis kauft oder Kleider kauft. Wir vergüten Serankua den Preis des Brennholzes, des Wassers, der Atemluft, der Lebensmittel, jedes noch so kleinen Tieres. Wir sind uns seit eh und je dessen bewußt, daß für alles ein Preis zu erlegen ist.

Dann gelangte ein Jüngerer Bruder zur Kenntnis von mechanischen Dingen. Und weil dieses Land überaus heiliger Boden war, würde der Jüngere Bruder bei seinem weiteren Verweilen der Mutter Erde Schaden zufügen. Er hätte die Mutter Erde nicht geachtet, er würde der Mutter nur immerzu die Augen ausreißen, er würde der Mutter immerzu die Eingeweide ausreißen, ohne Mitgefühl, ohne selber Schmerz zu empfinden.

So mangelte es dem Jüngeren Bruder an Verständnis. Und Serankua sprach: «Wir wollen sie fortschicken von hier auf die andere Seite, und auf daß sie uns achten, und auf daß sie nicht herübergelangen, werde ich eine Scheide setzen, und diese sei das Meer.»

Aber die Mamas sagen, daß der Jüngere Bruder wieder herüberkam auf diese Seite, und er dünkte sich erfahren und gelehrt und weise.

Sie kamen wieder und begannen der Mutter Erde das Blut abzupressen, begannen der Mutter Erde die Augen auszureißen, ohne Achtung.

Serankua sprach unmißverständlich: «Der Ältere Bruder achte den Jüngeren Bruder, und der Jüngere Bruder achte den Älteren Bruder. Kommt nicht hierher, ich habe eine Scheide gesetzt.» Aber der Jüngere Bruder achtete dessen nicht und brach das Gesetz, Serankuas geistiges Urgesetz, und heute sagen die Menschen hier, die Mamas, daß der Jüngere Bruder uns anhören muß, daß er lernen muß, uns zu achten. Also sprechen die Mamas. —

Die Proklamation der Spanier schloß mit bedrohlicheren Tönen. Sollten die Eingeborenen sich nicht bereitwillig unterwerfen,

so versichere ich euch, daß ich willens bin, mit Gottes Hilfe aufs nachdrücklichste gegen euch vorzugehen, dergestalt daß ich euch allerorten und auf alle erdenkliche Weise mit Krieg überziehen will, und will euch unter das Joch in den Dienst der Kirche und Ihrer Hoheiten zwingen, und will euch selbst und eure Frauen und eure Kinder als Gefangene wegführen und allzusamt in die Sklaverei verkaufen und mit euch allzusamt verfahren nach dem Geheiß Ihrer Hoheiten: will euer Hab und Gut wegnehmen, und will euch auf jede erdenkliche Weise Übel und Schaden zufügen, gleichwie unbotmäßigem Gesinde, das seinen Herrn nicht will bei sich einlassen, sondern ihn nicht kennen will und seiner Worte spottet. Und ich erkläre feierlich, daß aller Tod und alles Ungemach, welche daraus entstehen mögen, eure eigene Schuld sein werden, nicht die Ihrer Hoheiten, noch die meine, noch die der hohen Herren in meinem Gefolge.

Die Spanier feuerten einige Schreckschüsse in die Luft, und im Nu waren die Indianer vom Strand verschwunden. Die Invasoren konnten endlich unbehelligt an Land gehen, begaben sich zu einer Hütte in der Nähe des Uferstreifens, wo Davila mit seinem Schwert Zweige von den Bäumen abzuhauen begann, mit diesem symbolischen Akt das Land für den König von Kastilien in Besitz nehmend. Dem folgten neue Proklamationen, die Davila an Ort und Stelle aufzeichnen ließ, woraufhin er «nach Zeugen verlangte». Weit und breit war kein Indianer zu sehen.

Pueblito

Wir machten uns auf den Weg durch den Urwald – Ramón voneweg, Felicity, Xavier und ich hinterher. Der Trampelpfad führte vor eine Felswand, an der zwei behauene Steintafeln lehnten. Hier schien der Weg zu enden. «Das sind die Wächter», sagte Ramón. «Es sind Menschen aus Stein. Wir müssen an ihnen vorbei.» Wir zwängten uns durch den Spalt zwischen den Tafeln und befanden uns auf der Fortsetzung des Pfads. Links und rechts waren riesige zugeschnittene Steinplatten zu Mauern aufgeschichtet. Ein niedriges Felsentor bildete einen neuen Engpaß;

nachdem wir uns hindurchgezwängt hatten, standen wir am Fuß der Treppe.

Sie beeindruckt zutiefst, diese Treppe im dichtesten Urwald, die einen Höhenunterschied von zweihundert Metern überwindet. Es war Mittag, als wir uns an den Aufstieg machten, die Zeit der größten Hitze und der höchsten Luftfeuchtigkeit. Ramón federte wie schwerelos die Stufen hinauf, behende über die unebenen Stellen in den Trittflächen hinwegsetzend, wo Baumwurzeln die Steinplatten aus den Fugen getrieben hatten. «Vorsicht, bitte, ihr könnt euch hier leicht den Fuß brechen. Ich schaffe es hinauf in zwanzig Minuten. Ihr müßt mit einer Stunde rechnen.» Ich wohl eher mit zweien. Ich hatte Ramón auf Mitte Dreißig geschätzt. Er legte immer erst ein Stück im Laufschritt zurück und blieb dann stehen, um auf uns zu warten. Tatsächlich war er sechsundfünfzig. Die Kogi sind anders als wir.

Als wir in Pueblito ankamen, war ich am Boden zerstört. Und jetzt spielte Ramón für uns den Fremdenführer. Breite, befestigte Straßen liefen zwischen niedrigen Mauern, über sorgfältig behauene Bordsteine gelangte man zu den Fundamenten von Zeremonialhäusern. «Hier war das Männerhaus. Und hier das Frauenhaus. Das hier war der Platz der Sonne. Hier stand das Amtshaus der Mamas. Und das hier war der Ort, wo man im Geist Gespräche mit anderen Dörfern führen konnte – das Fernmeldeamt.» Telepathie ist für die Kogi nichts sonderlich Hochstehendes: Man überläßt sie kleineren Lichtern der Priestergilde – «Mamalitos». Offenbar betrachtet man sie als etwas ziemlich Gewöhnliches, und ich für meinen Teil hatte nie das Bedürfnis, der Sache auf den Grund zu gehen. Würde sich herausstellen, daß es nicht funktioniert, wäre ich enttäuscht, und wenn es funktionierte, würde mich das ratlos machen.

Pueblito unterschied sich stark von der «Verschollenen Stadt». Nicht nur daß es in einer tieferen Gebirgsregion lag und die Anlage infolgedessen viel flacher und offener war, sondern es war auch aus sorgfältig behauenen Steinen erbaut, wirkte alles in allem weniger «ländlich», «urbaner». Wiewohl in vieler Hinsicht architektonisch weniger anspruchsvoll, weil in weniger problematischem Gelände gelegen, vermittelte es dennoch den Eindruck von Wohlhabenheit und beachtlicher Steinmetzkunst. Zum Teil waren hier wirklich ausnehmend große Steine – bis zu sechs Meter lange, rechteckig zugeschnittene und sauber polierte Platten – verarbeitet.

Wir traten den Rückweg in Richtung Landstraße an. Beim Gehen unterhielten wir uns. Ramón sprach über die Einsamkeit der Mamas, ihr Gefühl, die letzten Überlebenden zu sein. «Früher schweiften die Mamas in *aluna* umher und trafen sich dort mit anderen, die von anderswoher kamen. Aber mit den Jahren wurden die Menschen, die noch in die Geisterwelt gelangen konnten, um sich mit ihnen zu unterhalten, weniger und weniger. Heute ist niemand mehr da. Es ist alles ausgestorben.»

Was wollte er damit sagen? Mama, so erfuhr ich, bedeutet ursprünglich «Sonne»: Die Mamas sind Erleuchtete. Und früher gab es noch andere Erleuchtete, jedes Land hatte seine eigenen, versicherte mir Ramón. In jüngster Zeit sind auch die letzten von ihnen verschwunden. Sie haben ihre Besuche in der Geisterwelt eingestellt.

Wir sprachen über unsere Familien. Ich sagte, nächstes Mal würde ich meine Frau mitbringen. Ramón meinte traurig, wenn man seine Frau noch hätte, sei man besser dran als mit einem Haufen Geld. Seine Ehe war in die Brüche gegangen, weil er häufiger in Geschäften unterwegs als zu Hause war. Seine Frau hatte die Ehe gelöst.

Sie war eine Kogi. Die Auflösung einer Ehe ist bei den Kogi höchst einfach: Die Frau braucht nichts weiter zu tun, als sich an einen anderen Mann zu binden und zur symbolischen Bekräftigung der neuen Verbindung ein Stück Fleisch von ihm entgegenzunehmen. Ramón hatte wieder geheiratet, vermißte jedoch seine erste Frau.

Wir sprachen über das Gehen. Die Kogi sind gut zu Fuß und ständig unterwegs von Pflanzung zu Pflanzung, von Dorf zu Dorf, kreuz und quer durch das Gebirge. Das gehört mit zu den zentralen Elementen des Lebens in der Sierra, dessen Harmonie nicht zuletzt auf dieser Agilität und Mobilität beruht, der Voraussetzung für den Transport von Bodenprodukten und Saatgut, Steinen und Muscheln. Die Wege wurden zu Hunderten von den Vorfahren angelegt – sie sind heilig, sie müssen instandgehalten, sie müssen begangen werden. Die Ameise, sagt Ramón, ist ein Älterer Bruder, der die Wege begeht.

Wir machten Rast, und nachdem wir uns niedergesetzt hatten, deutete Ramón auf einen winzigen Fleck auf meinem Schuh, der sich bewegte. «Hier ist noch jemand zu Fuß unterwegs. Eine *garapata*.» Was denn das sei, eine *garapata*, erkundigte ich mich nichtsahnend. Ramón und Xavier klärten mich auf.

Es ist eine Zecke. *Garapatas* hängen in Klumpen an Pflanzenblättern: eine geballte Ladung schwarzer Widerwärtigkeit, die bei der Berührung mit einem Warmblüter in Hunderte winziger blutgieriger Insekten zerfällt. Die Parasiten stürzen sich auf jeden potentiellen Wirt – sei er Mensch oder Tier –, der durch das Unterholz kommt, und suchen zielstrebig die Körperstelle auf, die Schutz vor streifenden Zweigen und ein feuchtwarmes Milieu bietet und dazu eine gute Blutversorgung unmittelbar unter der Epidermis aufzuweisen hat. Die Genitalien sind der Himmel der *garapatas*, und dorthin zieht es sie mit Macht.

Sie bohren sich mit dem Kopf tief ins Fleisch und saufen sich prall und feist. Zieht man sie heraus, bleibt der Kopf unter der Haut stecken, und es bildet sich eine Schwäre. Hat die *garapata* sich abgefüllt, bis nichts mehr reingeht, krabbelt sie auf einen freiliegenden Körperteil des Wirts zurück, läßt sich auf ein Blatt abstreifen und legt dort ihre Eier ab, aus denen Nachkommen werden, die auf die nächste Gelegenheit zur Freifahrt inklusive Bewirtung lauern.

Die *garapatas* finden sich mit sicherem Gespür in jeder Kleidung zurecht und entdecken jeden Spalt – etwa hinter dem Gürtel oder zwischen Hosenbein und Socke –, durch den sie zu ihrem Ziel gelangen können.

In physischer Hinsicht stellt die *garapata* keinerlei Gefährdung dar. In psychischer Hinsicht überfordert sie schlichtweg meine Kräfte.

In physischer Hinsicht gab mir der Rückmarsch zur Landstraße den Rest. Ramón war erkennbar besorgt angesichts meines im Laufe des Nachmittags immer roboterhafter werdenden Dahinstolperns: «Die BBC gibt den Geist auf», verkündete er. Er hat den Nagel auf den Kopf getroffen, dachte ich. Bei Einbruch der Dunkelheit erreichten wir die Küstenstraße und warteten hier auf einen *rapido*, einen Bus, nach Santa Marta. Zwei brausten an uns vorbei, ohne auch nur die Geschwindigkeit zu verringern, und wir begriffen allmählich, daß die Fahrer sich nicht trauten, in der Dunkelheit anzuhalten. Der dritte hatte schließlich den Mut zum Risiko, und so gelangten wir an diesem Tag doch noch nach Santa Marta zurück. Ich hastete auf mein Zimmer und rieb mich von oben bis unten mit Franzbranntwein ein – das einzig sichere Mittel gegen *garapatas*. Sich die Leistengegend mit Alkohol einzureiben verursacht ein komisches Brennen. Ich würde mir etwas einfallen lassen müssen, um das Kamerateam auf anderem Wege nach Pueblito zu schaffen.

Zeichen und Omina

In den darauffolgenden Tagen erwies sich Xavier für mich als eine wahre Goldgrube an Informationen über die Kogi. Er erzählte mir, daß die Mamas von Kindheit an in tiefem Dunkel erzogen werden und erst nach Abschluß ihrer zweimal neun Jahre dauernden Ausbildung ans Licht dürfen. Neun ist die zur Vollendung erforderliche Menge: Der Fetus verweilt für die Dauer von neun Mondumläufen im Uterus, neun beträgt die Zahl der Welten. Dann gebe es noch die sogenannten *moros*, sagte er, deren Ausbildung weitere zwei Neunjahresperioden in Anspruch nehme. Niemals würde ich einen von ihnen zu Gesicht bekommen: Sie leben in den Hochregionen der Sierra und sprechen nur mit Mamas. Sie sind die Orakelpriester, die über die höchsten und letzten Leitlinien des Handelns befinden. Und sie sind auch diejenigen, in deren Gesichten sich das herannahende Weltende abzeichnete. Später fand ich heraus, daß der Ausdruck *moro* ganz allgemein den in der Ausbildung für das Priesteramt befindlichen Novizen bezeichnet. Nach allem, was ich weiß, spricht tatsächlich vieles dafür, daß manche dieser Novizen schon über dreißig sind, wenn sie ihre Lehrzeit beenden und ans Tageslicht entlassen werden. Diese fremdartigen Gestalten würden durch jede Begegnung mit einem unreinen Menschen befleckt werden. Die Kogi sind große Anhänger der Askese, auf wichtige Momente ihres Lebens bereiten sie sich mit Fasten, Meditation und sexueller Enthaltsamkeit vor; die Berührung mit jemandem, der noch in die grobstoffliche Welt verstrickt ist, würde ihrer Überzeugung nach das Resultat aller derartigen Exerzitien zunichte machen. Xaviers *moros* nun befanden sich ihr Leben lang ohne Unterbrechung in diesem exaltierten Zustand, und somit war nicht daran zu denken, daß ich sie jemals zu Gesicht bekommen würde, was jedoch, wie Xavier meinte, nicht ausschloß, daß sie mich ihrerseits im Auge behielten.

Als nächstes trat Charlie in mein Leben. Ich wollte in die Innenstadt von Santa Marta und bestellte ein Taxi zum Hotel Irotama, das jedoch so lange auf sich warten ließ, daß ich mich entschloß, die Fahrt per Anhalter zu machen. Der Fahrer eines Kleinlasters, Besitzer eines Modeschmuckgeschäfts in Santa Marta, erbarmte sich meiner. Während der Fahrt unterhielten wir uns über die Sierra: Er hatte sich dort auf einem der unteren Hänge gerade ein Bauerngut gekauft. Ich hörte das nicht gern, denn damit rutschte er für mich in die Kategorie der *colonos*, die die unteren Hänge entwalden und die Kogi immer höher hinauf treiben. In Wirklichkeit jedoch hatte er mit Landbau überhaupt nichts am Hut. Vom Bäumefällen wollte er nichts wissen – «Gott bewahre, dafür sind sie doch viel zu schön!» –, er wollte sich da draußen lediglich eine schöne Zeit machen und sein Leben genießen. Die Indianer interessierten ihn maßlos, und zu guter Letzt bestand er darauf, mir seine «antike Plastik» zu schenken.

Wir fuhren zu seinem Laden, wo er nach seinem Geschäftspartner rief: «Bring uns mal die antike Plastik!» Der Partner tauchte mit dem Ding in der Hand auf, das ich inzwischen Charlie benannt habe, und ungeachtet meines Sträubens drängten sie es mir als Geschenk auf.

Charlie ist ein Topf in Form eines hockenden Gartenzwergs, der einen im Nabel entspringenden schlangenähnlichen Auswuchs in den Händen hält. Die Öffnung ist zum Kopfputz gestaltet. Das Gesicht weist die mongoloiden Züge auf, wie sie für die aus dem südwestlichen Kolumbien stammenden Nariño-Töpferwaren charakteristisch sind. Die Nariño sind ein Andenvolk, dessen Territorium den äußersten nördlichen Teil des Inkareichs bildete, und Charlie hat in der Sierra eigentlich nichts zu suchen. Doch «ganz Kolumbien war des Älteren Bruders», und Charlie wußte das. Mit gekräuselten Lippen deutete er eine Grimasse des Abscheus an.

Ich fühlte mich in höchstem Maße bedrückt durch die Tatsache, daß ich mich nunmehr im Besitz eines antiken Kunstgegenstands befand, aber noch am selben Tag machte ich die Bekanntschaft von Frankie Rey, der einmal Grabräuber in der Sierra und als solcher eine Zelebrität gewesen war. Frankie war es gewesen, der die Archäologen zu der «Verschollenen Stadt» geführt hatte. Ich zeigte ihm Charlie, und er meinte, der sei mit Sicherheit keine antike Kostbarkeit. Charlie war ein Kind unserer Zeit. Aber trotzdem keineswegs Talmi. Er war in der gleichen Manier gefertigt worden, in der solche Töpferwaren seit alters hergestellt werden, und zwar von einem Meister seines Fachs, der die Arbeit mit Opferhandlungen begleitete. Ich könne Charlie ruhigen Gewissens behalten und mit mir außer Landes nehmen. Für mich war Charlies Persönlichkeitsstärke eine Quelle der Beunruhigung, und ich wäre ihn gern wieder losgewesen, aber mein Gefühl sagte mir, daß ich nicht das Recht hatte, ihn einfach wegzuschmeißen oder sonstwie abzuhalftern. Zum fraglichen Zeitpunkt stand für mich bereits fest, daß alles, was geschah, irgendeinem Plan folgte und ich es einfach hinzunehmen hätte.

Frankie Rey war ein drahtiger, fröhlicher Mann mit einer ergrauenden Krauswolle auf dem Kopf. Wie Carlos war er in Minca, am Fuß des

Gebirges, aufgewachsen, allerdings war ihm die Existenz der Sierra-Indianer nicht verborgen geblieben, denn er hatte sich schon früh auf die Suche nach dem vergrabenen Schatz ihrer Ahnen gemacht. Das war ein ebenso abenteuerlicher wie profitversprechender – und nach seinem damaligen Kenntnisstand auch vollkommen harmloser – Zeitvertreib. Schließlich hatte er einen Beruf daraus gemacht und bei seiner «Arbeit» die «Verschollene Stadt» entdeckt. Er und seine Bande von *guaqueros*, von Plünderern geweihter Stätten, waren es auch, die dem Ort den Namen «Hölle» gaben. Der Ruinenplatz bezeichnete schon fast das äußerste Ende des Operationsradius der Grabräuber: Schließlich müssen sie jeden Bissen Proviant auf dem eigenen Rücken befördern (selbst Maultiere sind den schwierigeren Strecken in der Sierra nicht gewachsen), und damit ist die Distanz, bis auf die sie sich von der Zivilisation entfernen können, präzise bemessen. Unaufhörlicher Regen machte es die meiste Zeit des Jahres unmöglich, ein Lagerfeuer anzuzünden, und mit Hindernissen und bedrohlichen Situationen präsentierte sich der Urwald immer wieder von neuem als höchst unwirtlicher Aufenthaltsort. Auf der Ruinenstätte kam es dann zu Zänkereien bis hin zu Mord und Totschlag, und daraufhin kam Frankie zu dem Schluß, daß es an der Zeit sei, hier geordnete Verhältnisse einzuführen.

Vermutlich war Frankie gar nicht auf die Idee gekommen, daß die Archäologen den Grabräubern allen Ernstes das Handwerk legen würden. Nachdem er sie geholt hatte, bat er sie, die Aufstellung von Wachen so lange aufzuschieben, bis er und seine Leute Gelegenheit gehabt hätten, die noch unberührten Geländepartien zu durchwühlen – und staunte nicht schlecht, als ihm das abgeschlagen wurde. Am Ende machten die Archäologen – aus welchen Gründen auch immer – hier nicht den kleinsten Goldfund.

Sie fanden allerdings einen Grabräuber. Er war in Tairona-Manier beerdigt, im Zentrum eines Areals, das einmal der Fußboden eines Hauses gewesen war. Das Grab war noch frisch. Beigaben enthielt es nicht.

Grabraub war offenkundig ein wichtiges Kapitel in der Geschichte der «Verschollenen Stadt»; ich hatte mit den Mamas darüber gesprochen, und auch sie waren der Ansicht, daß dieses Thema in dem Film behandelt werden müsse. In ihren Augen besteht kein Unterschied zwischen der Gier des Grabräubers und der Gier des Archäologen, und ihnen lag daran, einmal zu demonstrieren, was es heißt, eine geweihte Stätte zu plündern. Als ich Frankie von meinem Vorhaben erzählte, war er sofort

Feuer und Flamme und wollte unbedingt mitmachen. Er erbot sich vorzuführen, wie Gräber aufgespürt und wie sie ausgeraubt werden – kurzum, ein regelrechtes Tele-Kolleg über das Thema abzuhalten. Ich gab zu bedenken, daß er sich damit bei den kolumbianischen Behörden wohl kaum ins allervorteilhafteste Licht setzen würde, aber er tat das mit einer wegwerfenden Handbewegung ab.

In Begleitung von Charlie, auf dessen Gesicht der Ausdruck der Verachtung dem namenloser Wut Platz gemacht hatte, kehrte ich ins Hotel zurück. Während ich im Laufe der nächsten Tage weitere Dispositionen für das Filmprojekt traf, besänftigte sich seine Miene wieder. Natürlich war das alles nur Einbildung. Ich konnte nur hoffen, daß weder Xavier noch Felicity die Verwandlung bemerkt und ausgeplaudert hatten.

Die südliche Sierra

Ausgangspunkt für unseren Besuch in Xaviers Gemeinde sollte Valledupar sein, eine Stadt am Fuß des Südhangs, und dorthin würden wir per Taxi gelangen. Als erstes fuhren wir zur Casa Indigena, um Amparo und Ramón abzuholen. Ramón hielt sich dort zusammen mit seiner Frau auf und erklärte uns peremptorisch, sie beide würden die Fahrt per Bus machen. Er wirkte sehr distanziert, und ich befürchtete, mein kläglicher Auftritt in Pueblito könnte ihn mir völlig entfremdet haben. Ich bin kein guter Bergwanderer, und ein guter Wanderer zu sein, ist ein Zeichen inneren Werts.

Auf der Fahrt entlang der dem Binnenland zugewandten Basislinie der Sierra kamen wir durch Aracataca, den Geburtsort von Gabriel García Márquez. Es war eine sonnendurchglühte verschlafene Kleinstadt wie tausend andere. Je mehr wir uns Valledupar näherten, desto mehr nahm in der Landschaft die Braunfärbung zu. Auf den hier leicht zugänglichen Hängen der Sierra herrschte Kahlschlag, angerichtet von der United Fruit Company und den Kleinbauern, die sie zurückgelassen hatte. Die Arhuaco, die auf dieser Seite des Gebirges dominierende Eingeborenengruppe, hatten nicht entfernt solche Möglichkeiten wie die Kogi, sich in die Verborgenheit zurückzuziehen.

Als wir am folgenden Tag zur Casa Indigena aufbrachen, war Ramón immer noch nicht da. Die hiesige Casa Indigena unterschied sich gewaltig von Amparos Anlage in Santa Marta. Das Ganze dünstete eine Aura von

Unsolidität und Unbehaglichkeit aus, und auf eine scharfe Abgrenzung vom Lebensstil der Stadtbewohner schien man hier keinen sonderlich großen Wert zu legen. Ganz unverkennbar war Alkoholkonsum bei den Indianern hier gang und gäbe.

Ich wurde mit einem Arhuacohäuptling bekannt gemacht, von dem ich eine Genehmigung für die Weiterfahrt benötigte. Der Mann war verfettet, und zwischen seinem T-Shirt und den Jeans ragte ein stattlicher Bierbauch hervor. Ich hatte weder jemals einen fettleibigen Kogi gesehen noch einen, der nicht die traditionelle Tracht getragen hätte. Bei den Arhuaco wurde das offenbar ganz anders gehandhabt. Zudem hatte der Mann getrunken.

Alkoholgenuß hat für Indianer verheerende Konsequenzen. In biologischer Hinsicht unterscheiden sich die amerikanischen Ureinwohner in mancherlei Einzelheiten von den Artgenossen europäischer Abstammung. Einer dieser Unterschiede besteht darin, daß wir ein Enzym produzieren, das speziell dem Abbau von Alkoholmolekülen dient. Im innersekretorischen Haushalt der Indianer fehlt dieses Enzym, was bedeutet, daß sie sich mit Alkohol physiologisch ungleich schwerer tun, schneller betrunken werden und länger betrunken bleiben. Im Rahmen traditionsverhafteter Sozialstrukturen genießt dieser anhaltende leichte Entrückungszustand auf Grund seiner Verwandtschaft mit anderen visionären Zuständen die Achtung des Kollektivs; außerhalb dieses schützenden Milieus jedoch läuft ein Indianer, der trinkt, lediglich ein erhöhtes Risiko, ausgebeutet zu werden, in Schulden zu geraten und der sozialen Ächtung zu verfallen.

Der Mann, mit dem ich es zu tun hatte, war der Türhüter am Eingang zum Territorium eines traditionsverhafteten Sozialverbands, hatte jedoch, wie deutlich zu sehen, für sich persönlich die Welt des Jüngeren Bruders zum Aktionsfeld erkoren, und in seinem besäuselten Zustand verlegte er sich abwechselnd auf Imponiergehabe und Unterwürfigkeit. Mir war es höchst unbehaglich, mit ansehen zu müssen, wie er erst Geld aus mir herauszupressen versuchte, um dann klein beizugeben und beflissen die Genehmigung auszustellen. Theoretisch stand jetzt nichts mehr unserem Vorhaben im Wege, mit einem geländegängigen Fahrzeug über Arhuaco-Territorium bis hinauf in das Kogi-Gebiet zu fahren.

Mir war alles andere als wohl bei der Sache. Ramóns Ausbleiben bedeutete, daß ich keinen Dolmetscher hatte, und der Gedanke, mit den Leuten hier ein Stück Dreharbeit machen zu müssen, schmeckte mir

nicht. Zumindest war es unwahrscheinlich, daß der eingeschlagene Weg
zu derselben Art zurückgezogener, traditionsverhafteter Kultur führen
würde, die ich im Norden angetroffen hatte. Ich beschloß, einen Rückzieher zu machen und nach Bogotá zurückzukehren.

Ich hatte keine Ahnung, wo Ramón abgeblieben war, und dessen Mit-
arbeit war bei dem ganzen Projekt absolut unentbehrlich. Ich schrieb ihm
einen langen Brief, den ich Amparo zur Weiterleitung übergab, dann
machte ich mich auf den Rückweg nach Santa Marta, um meine Sieben-
sachen einzusammeln.

Der Bus war Spitzenklasse: gut gepolstert, vollklimatisiert und
schnell. Aber jedwede Illusion, daß Kolumbien doch eigentlich ein ganz
normales Land sei, zerstob im Nu, als wir uns Aracataca näherten. Zwei
Tage zuvor hatte hier ein Guerillatrupp eine Armeepatrouille aus dem
Hinterhalt beschossen und zwei Soldaten getötet. Jetzt wurde der Bus
von einer Gruppe Bewaffneter in Drillichanzügen gestoppt. Armeeange-
hörige oder Guerilleros? Wer konnte das wissen?

Man kommandierte uns allesamt ins Freie, dann wurden – was nichts
Gutes zu verheißen schien – die männlichen Fahrgäste von den Frauen
und Kindern getrennt. Ich sah mich um. Das einzige Bauwerk weit und
breit war eine Raststätte, die von den Bewaffneten beschlagnahmt worden war. Die Straße verlief hier etwas erhöht: Es waren etwa hundert
Meter durch hohes Gras den Hang hinunter bis zum schützenden Urwald. Die Bewaffneten waren zu sechst. Vier trugen Gewehre eines älteren Typs ohne Patronenmagazin. Die beiden anderen allerdings ließen
mir wenig Hoffnung, daß ich mich würde mit heiler Haut in Sicherheit
bringen können.

Wir mußten uns mit hinter dem Kopf verschränkten Händen in einer
Reihe längs dem Bus aufstellen und wurden gefilzt. Ich trug meine gesamte Barschaft, mehrere tausend Dollar, in einem Brustbeutel bei mir,
aber der Bewaffnete, der mich abtastete, interessierte sich vorrangig für
meine Stiefel, und der Beutel entging ihm. Und dann war auf einmal alles
vorbei. Die sechs waren schließlich doch reguläre Armeesoldaten – ner-
vöse junge Leute, die sich auf Schritt und Tritt von Guerilleros belauert
fühlten. Vermutlich lagen sie ganz richtig damit. Wir kletterten in den
Bus zurück.

Beim Wiedersehen mit Charlie in meinem Hotelzimmer hatte ich den
Eindruck, er sei besorgt. Ich war es nicht minder. Ebenso Andrés. Der
junge Medizinstudent aus Pueblo Viejo, den ich längst wieder auf seinem

Posten geglaubt hatte, war mich besuchen gekommen. Er lebte in der abergläubischen Furcht, Mama Valencia habe ihm einen Fluch angehängt. Die Kogi hatten einen überwältigenden Eindruck auf ihn gemacht; in seinen Augen waren sie Hexenmeister, Wesen einer übernatürlichen Sphäre. Er hatte zu Füßen Mama Valencias gesessen und ihm die Worte von den Lippen getrunken – eine ziemlich undankbare Aufgabe, denn Mama Valencia spricht nur ganz wenige Brocken Spanisch und Andrés versteht kein Wort Kogi; nichtsdestotrotz war Andrés gebührend beeindruckt. Er hatte auch zwei Geschenke von dem Mama angenommen, eine *mochila* und einen Gegenstand, den er für einen Talisman hielt. Wie es aussah, hatte sich der Mama Andrés kurz vor dessen Abflug mit meinem Hubschrauber genähert und als kleine Entschädigung für die *mochila* fünfhundert Pesos verlangt. Eine *mochila* ist in der Sierra ihre zwei- bis dreitausend Pesos und anderswo bis zehnmal soviel wert. Aber Andrés, der nicht einen Peso auf der Naht hatte, wimmelte den Mama ab.

Mama Valencia warf ihm aus seinen glitzernden Augen einen flammenden Blick zu, und Andrés bekam es mit der Angst zu tun. Jetzt hatte er ein Telegramm bekommen, er solle schleunigst nach Hause zu seinen Eltern in Bogotá kommen: Da mußte irgend etwas passiert sein. Und sein Talisman war plötzlich unauffindbar – hatte sich einfach in Luft aufgelöst. Es war noch Urlaubszeit, und Andrés hatte bei der Fluggesellschaft nicht vorausgebucht, also mußte er jetzt warten, bis auf irgendeinem Flug zufällig ein Platz frei wurde. Ich war voller Mitgefühl, aber seinen Problemen gegenüber machtlos. In Bogotá hatte ich eine Verabredung mit Martin von Hildebrand. Mit meinem eigenen Talisman – dem Filmvertrag mit den Kogi – in der Tasche machte ich mich auf den Weg zum Flugplatz.

Martin von Hildebrand

Martin leitete das Amt für indianische Angelegenheiten. Er war jener Beauftragte des Amts, der zu dem Zeitpunkt, als die Archäologen mit ihrer Arbeit in der «Verschollenen Stadt» begannen, gerade ein völkerkundliches Feldforschungsprojekt im Amazonasgebiet durchführte und dessen Projekt dann eingestellt wurde, weil man die Mittel für die Finanzierung der Ausgrabungen benötigte. Jetzt, wo er selber das Sagen hatte, fanden die Kogi mit ihrem Anspruch auf die «Verschollene Stadt» und ihrer Ablehnung der Archäologie bei ihm ein offenes Ohr.

Die Kogi betrachten die gesamte Sierra als eine unteilbare Einheit, einen sakralen Mikrokosmos im Herzen des Makrokosmos. Tatsächlich bezeichnen sie das Gebirge als das «Herz der Welt». Ihnen obliegt die Pflicht, im Herzen der Welt die Harmonie aufrechtzuerhalten, indem sie an einer Vielzahl von Stätten Weihegaben darbringen beziehungsweise – wie sie selber sagen – «Zahlungen» vornehmen. Unterbleibt dies, dann geht die Harmonie im Herzen der Welt zu Bruch, und damit stürzt auch die umgebende Welt ins Chaos. Die Archäologen graben Löcher in die geweihten Stätten und entfernen die dort deponierten Gegenstände, und das unterscheidet sich in nichts von dem, was andere Plünderer tun. Egal, ob das heilige Gold am Ende in einem staatlichen Museum in Bogotá oder in der Privatsammlung eines Berliner Krösus landet – die Folgen sind gleichermaßen verheerend.

In einer Botschaft an den Präsidenten in Bogotá hatten die Kogi ihren Standpunkt haarklein auseinandergesetzt und dargelegt, daß sie nicht in der Lage seien, die Harmonie der Welt im ganzen aufrechtzuerhalten, solange unter der Flagge der Archäologie segelndes Plünderertum das Herz der Welt zerfleischen dürfe. Martin hatte sich für ihre Sache einge- setzt, unter anderem mit dem Hinweis, daß die Regierung, um wieder harmonische politische Verhältnisse im Lande zu schaffen, ja auch bereits auf einen Friedensprozeß mit der Guerilla hinarbeite. Im übrigen sei es nicht unbedingt das Klügste, sich auf den Standpunkt zu stellen, daß westliches Verstandesdenken die Weisheit für sich allein gepachtet habe. Die Eingeborenen nach der Devise abzufertigen: «Wie man Harmonie schafft, davon versteht ihr nichts, wir dafür um so mehr», wäre nicht nur eine Überheblichkeit, die die Betroffenen womöglich zu Sympathisanten der Guerilla machen könnte, sondern es würde auch reichlich albern wir- ken angesichts der Tatsache, daß der Erfolg der regierungsamtlichen Be- mühungen um die innere Harmonie des Landes bisher nicht gerade be- rauschend war.

Also wurden die Archäologen zurückgepfiffen und die Übergabe der «Verschollenen Stadt» an die Kogi vorbereitet. Das entsprach genau Mar- tins Grundkonzept für die Behandlung der kolumbianischen Eingebore- nen. Seinem Einfluß ist es zu danken, daß Millionen Morgen Land im Amazonasgebiet unter die Oberhoheit der hier lebenden Indianer gestellt wurden, und er war es auch, der die Regierung ermutigte, die Indianer als Lokalautorität im Regenwald anzuerkennen. Er kennt das Naturverhält- nis der Indianer aus genauer, einfühlsamer Beobachtung, und der damalige Präsident gab viel auf seinen Rat. Im Umgang mit den Eingeborenen legt er Achtung und Zuvorkommenheit an den Tag, dazu eine Informiertheit, die ihnen Respekt abnötigt.

Für mein Filmprojekt brauchte ich von ihm eine Genehmigung; dazu meinte er schlicht, wenn die Kogi durch Gonavindua Tairona ihre Zustimmung gegeben hätten, dann gehe das so in Ordnung. Aufgabe seiner Behörde war es, dafür zu sorgen, daß wir nichts ohne die Billigung der Kogi unternahmen und daß wir sie nicht über den Tisch zogen oder schlecht behandelten. Niemand war sich im unklaren darüber, was für eine prekäre Sache es war, einem Kamerateam die Arbeitserlaubnis für dieses Reservat zu erteilen, aber Martin meinte, je näher das fünfhundertjährige Jubiläum von Kolumbus' Entdeckung heranrücke, desto mehr Kamerateams würden sich um Einlaß zu den letzten Bannerträgern jener von dem Genueser Abenteurer entjungferten Welt bemühen. Mein Filmprojekt wäre nicht die schlechteste Begründung dafür, anderen den Zutritt zu verweigern. Vielleicht könnte er ihnen als Trost meinen Schnittabfall anbieten.

Ich war der Ansicht, damit würden sich wohl nicht viele Filmemacher zufriedengeben, aber Martin meinte ganz richtig, mich bräuchte das ja nicht zu kümmern.

Das einzige, was ihm an meiner Planung nicht behagte, war der Umstand, daß ich neun Monate lang wegbleiben würde. In einem solchen Zeitraum kann sich vieles ändern. Ich brauchte hier einen ständigen Vertreter, am besten einen Ethnologen, der während meiner Abwesenheit die Verhandlungen über das Filmprojekt weiterführte und etwaige Probleme gleich beim ersten Auftauchen bereinigte. Nachdem ich dem zugestimmt hatte, flogen Charlie, Felicity und ich heim nach England.

Charlie hatte eine Abneigung gegen das Reisen, die noch dadurch verstärkt wurde, daß ihm auf dem Flug nach London die Füße abbrachen. Zu Hause in meinen vier Wänden bedachte er meine Familie mit grimmigen Blicken. Mir war inzwischen aufgefallen, daß eine Menge schiefgelaufen war, seit ich mich seiner Gesellschaft erfreute, und ich begann mich zu fragen, warum der Schmuckhändler wohl so erpicht darauf gewesen war, ihn an mich loszuwerden. Ich wollte mich jedoch nicht in eine ähnliche abergläubische Stimmung verrennen wie Andrés, und so verbuchte ich es beidemal als reinen Zufall, als im Laufe der folgenden Wochen erst unser Hund überfahren wurde und ein Bein verlor und dann ich selbst aus einem Fenster fiel und mir einen Knöchel brach. Nachdem zwei Beine ramponiert und die von Charlie mit Alleskleber wieder geflickt waren, war es dann jedenfalls vorbei mit derlei Zwischenfällen. Jetzt sitzt er bloß noch auf seinem Platz in der Küche und glotzt mit gequältem Gesichtsausdruck zum Aquarium hinüber, wo er die Goldfische vor sich hin dämmern und verenden sehen kann.

Graham Townsley

Der ethnologisch ausgebildete Stellvertreter, den ich benötigte, mußte eine Person männlichen Geschlechts sein, um Zutritt zum *nuhue*, dem Männerhaus, zu erhalten, fließend Spanisch sprechen, südamerikanische Verhältnisse aus eigener Erfahrung kennen und schließlich auch etwas von den speziellen Anforderungen des Filmemachens verstehen. Exakt so jemand stand in Reichweite zur Verfügung. Dr. Graham Townsley hatte vor kurzem seine – auf eigener Feldforschung beruhende – Doktorarbeit über Schamanismus bei den Yanomami-Indianern des peruanischen Amazonasgebiets abgeschlossen und arbeitete nun als Berater und Rechercheur an einem Fernsehfilm über seine Studien mit. Graham ist ein Kanadier, dem es Vergnügen zu machen scheint, sein Leben an möglichst abgelegenen, von der Außenwelt abgeschnittenen Orten zu verbringen: Sogar in England lebt er so – nämlich in Cambridge.

Als Graham im Mai in Santa Marta eintraf, erwartete ihn dort eine reichlich verworrene Lage. Manuelito war beim Abspringen von einem noch in Fahrt befindlichen Bus gestürzt und auf der Stelle tot gewesen. Die Sierra war für die Dauer der umfangreichen Trauerfeierlichkeiten für Fremde gesperrt. Für Gonavindua Tairona war der Vorfall ein schwerer Schlag: Ein führender Mitarbeiter war beim Umgang mit dem Jüngeren Bruder in dessen Welt zu Tode gekommen. Aber es gab noch schlimmere Probleme.

Die Nonnen waren nicht müßig gewesen, sondern hatten üble Gerüchte über das Filmprojekt ausgestreut, wahrscheinlich vor allen Dingen deshalb, weil Amparo damit zu tun hatte, aber in gewissem Umfang wohl auch, weil sie kürzlich eine schwere Demütigung hatten hinnehmen müssen. Der Erzbischof hatte eine Osterrundreise durch die Sierra gemacht: Auf Maultierrücken und zu Fuß hatte er sich durch das unwegsame, regengepeitschte Gelände gequält, um bei den Indianern Taufen und Trauungen vorzunehmen. Auf Kogi-Territorium hatte es für ihn nicht das geringste zu tun gegeben. Kein einziger Bekehrter ließ sich sehen. Der Erzbischof taufte nicht, traute nicht, bekam keine Christen zu Gesicht. Vierhundert Jahre saurer Mühe in nur 24 Kilometer Entfernung von dem Ufer, wo Südamerika entdeckt wurde, hatten nicht einen einzigen christlichen Kogi hervorgebracht, dem er hätte seinen Segen erteilen können.

So wenig sich die Vasallen aus dem Christentum machten, so bereitwillig hörten sie auf die gegen mich gerichteten Einflüsterungen der Nonnen. Zwar hatten die Mamas die bedingte Öffnung für den Jüngeren Bruder beschlossen, um ihm eine Botschaft übermitteln zu können, aber eine jahrhundertelange Konditionierung war aus den Seelen der Vasallen nicht einfach wegzuwischen: Der Schutz, der in der Zurückgezogenheit lag, war ihnen ein Bedürfnis. Jetzt wurde ihnen eingeblasen, die BBC käme nur in der Absicht hierher, ihnen ihr Gold wegzunehmen, ihr Land wegzunehmen, ja, die ganze Sierra unter ihre Fuchtel zu bringen. Der Vertrag mit den Mamas sei eine Fälschung, streuten die Nonnen aus. Die BBC würde ihnen ihre Kinder wegnehmen und sie allesamt zu ihren Leibeigenen machen.

Nach langem Warten wurde Graham nach Pueblo Viejo eingeladen. Zu Fuß machte er sich auf den Weg. Der Aufstieg ist eine Tortur, die Route ohne Führer kaum zu finden und alles doppelt so beschwerlich in der zehnmonatigen Regenzeit, dem langen Sierra-«Winter». Er wurde zu einer Reihe feierlicher Ratsversammlungen empfangen, auf denen er sich vorstellte und die Gründe seines Kommens darlegte. Man hörte ihm zu, was er über das Filmprojekt zu sagen hatte, fand offenbar Billigung, schließlich beschied man ihn, er möge nach Santa Marta zurückkehren und sich dort noch eine Weile gedulden. In einer Woche solle er sich in Mingeo einfinden, Vasallen würden ihn dort abholen und wieder herauf ins Gebirge geleiten.

5 Probezeit

Zutiefst beeindruckt von dem Auftreten der Kogi war Graham nach Santa Marta zurückgekehrt. Eine Woche später war er, wie verabredet, in Mingeo und wartete auf seine Führer. Niemand kam.

Da lag offenbar irgendein Mißverständnis vor. Am nächsten Tag versuchte er es noch einmal. Ebenso am übernächsten. Tag für Tag machte er den weiten Fußmarsch nach Mingeo hinaus, aber niemand kam ihn abholen. Als aus den Tagen Wochen wurden, bemächtigten sich seiner Enttäuschung und Niedergeschlagenheit, aber es schien ihm, als würde er mit dem Versuch, sich ein zweites Mal ohne Führer in das Gebirge zu wagen, einen schweren Fehler begehen. Er hatte ein handfestes Problem am Hals: Die Kogi hatten die Verbindung abgebrochen.

Schließlich schickte Ramón, der sich zu der Zeit in Santa Marta aufhielt und das Filmprojekt uneingeschränkt befürwortete, eine Botschaft ins Gebirge, in der er seinen Standpunkt darlegte und die dringende Bitte aussprach, man möge Graham kommen lassen. Marina, die in der Casa Indigena arbeitet, hatte geschäftlich bei den Kogi zu tun; Ramóns Botschaft wurde in Grahams Diktiergerät gesprochen, dazu eine Botschaft von Graham selber. Die Kogi ließen sich das Band von Marina wieder und wieder vorspielen, und als sie zurückkam, bestellte sie, daß Graham die Erlaubnis zu einem zweiten Besuch habe, ja, man lade ihn sogar zu einem Fest in San Miguel, einem der größeren Dörfer, ein. Also stieg Graham wieder in die Sierra hinauf, um bei den Kogi zu leben. In einem Dorf bei Pueblo Viejo bezog er Quartier und wartete.

Die Einwohnerschaft des Ortes fluktuiert; zumeist wohnen hier Familien, die in der Nähe eine Pflanzung unterhalten. Wie üblich besitzen sie Pflanzungen auch in anderen Höhenlagen und verbringen auf jeder eine gewisse Periode des Jahres.

In der Morgendämmerung leert sich das Dorf. Bis am Nachmittag der Regen einsetzt, sind die Dörfer bis auf allenfalls einige wenige Frauen und Kinder ausgestorben. Die Türen sämtlicher Häuser sind verschlossen, und die mächtigen, häufig uralten Vorhängeschlösser unterstreichen den streng privaten Charakter der Einzelhäuser. Das Zeremonialhaus wird niemals verschlossen.

Die Vorhängeschlösser sind keine Abwehrmaßnahme gegen Kriminalität. Alle Häuser enthalten so ziemlich das gleiche Besitztum: Gerätschaften zum Kochen, Nadeln und Faden, Tierhäute und geknüpfte Hängematten, dazu ein paar Beutel Obst und Gemüse. Diebstahl kommt selten vor und wird hart bestraft. Die Vorhängeschlösser haben ausschließlich symbolische Funktion: Sie signalisieren, daß hier die Privatsphäre der Familie beginnt; nicht selten halten sie lediglich eine durch ein Loch in der Tür gezogene und um den Türpfosten geschlungene Schnur zusammen. Während des Aufenthalts im Dorf nehmen die Familienangehörigen die Mahlzeiten in der Regel gemeinsam im eigenen Haus ein. Gewöhnlich waschen sie sich davor die Hände, indem sie sich den Mund aus einer Kürbisflasche mit Wasser füllen und es dann aus dem Mund über die Hände laufen lassen. Nur ein einziges Mal habe ich miterlebt, wie gemeinschaftlich gekocht wurde, und zwar findet das statt, wenn für ein Festmahl eine Kuh geschlachtet wird: dann versammeln sich die Frauen im Frauenhaus, und im Zeremonialhaus wird das fertige Essen den Männern zum Verzehr vorgesetzt.

Die Kernfamilie ist das Fundament der Kogi-Gesellschaft. Sexuelle Freizügigkeit gibt es in dieser Gesellschaft nicht, Geschlechtskrankheiten sind allem Anschein nach unbekannt, und obgleich die Auflösung einer Ehe jederzeit umstandslos zu bewerkstelligen ist, gilt als ideale Partnerbeziehung die lebenslange Bindung. Die Kogi sind prüde: ein Volk von Puritanern. In der Öffentlichkeit halten sie ihren Körper stets verhüllt. Selbst beim Baden im Fluß legen sie kein Stück ihrer Kleidung ab. Das Reinigungsbad eines Mannes ist ein ausgefallenes Schauspiel: In voller Montur stelzt er zielstrebig bis zur Flußmitte, setzt sich mit Aplomb nieder, bleibt eine Weile sitzen, erhebt sich wieder und strebt ans Ufer zurück.

In der Privatsphäre – im Wohnhaus – führt die Frau das Regiment; auf dem öffentlichen Forum – im Zeremonialhaus – hat allein der Mann das Sagen. Das heißt allerdings nicht, daß die Frauen in den öffentlichen Angelegenheiten nichts mitzureden hätten. Es gibt viele Anekdoten über langwierige, mitunter mehrere Nächte hintereinander verschlingende Debatten im Zeremonialhaus, die schließlich zu einem gemeinschaftlichen Beschluß in einer bestimmten Dorfangelegenheit führten. Hinterher gehen die Männer nach Hause, berichten ihren Frauen, wie die Sache ausgegangen ist – und kommen in der darauffolgenden Nacht ein bißchen verlegen wieder zusammen, um in derselben Angelegenheit einen neuen Beschluß zu fassen. Im Grundsatz freilich treffen die Männer die Entscheidungen.

Am Nachmittag belebt sich das Dorf dann wieder. Die Türen werden geöffnet und Feuer angezündet. Von den Hüttendächern erhebt sich Rauch. Männer pendeln, unablässig den Poporo betätigend, zwischen dem Zeremonialhaus und ihrem Privathaus hin und her. Die Frauen bleiben in der Regel im Hausinnern, mit Kochen oder dem niemals endenden Verfertigen von Beuteln beschäftigt.

Elementares Organisationsschema ihrer Lebensform ist für die Kogi die Komplementarität von Mann und Frau. Die Allmutter gab nicht nur bei der Erschaffung der stofflichen Welt allem Seienden ein Elternpaar, sondern nach demselben Prinzip legte sie auch *aluna* an und bevölkerte es. Das Leben ist ein Unding ohne Fortpflanzungsenergie, und alles Lebendige muß Mutter und Vater haben, und das nicht nur in der physischen Dimension, sondern auch in *aluna*, der metaphysischen Sphäre. Für die Kogi ist vieles belebt, was nach unserer Kategorieneinteilung zu den leblosen Dingen zählt; jedes Ding, das in der diesseitigen Welt Sinn und Zweck hat, hat eine metaphysische Gestalt in *aluna* und muß daher von einer Balance sexueller Energien getragen sein: Eltern haben. Diese Weltsicht beherrscht noch ihre alltägliche Ausdrucksweise, denn, wie gesagt, die Komplementarität von Männlich / Weiblich ist die Grundfigur ihrer Kultur. Zwar reden die Männer untereinander in ihren Alltagsplaudereien von den Frauen in gleicher Manier wie in allen anderen Gesellschaftsordnungen – «Müßt ihr euch mit euren Frauen auch so herumärgern wie wir?» –, aber daneben gibt es eine hochentwickelte Ehrerbietung des Mannes gegenüber der Frau.

Die Mutter lehrte uns, daß wir mit den Frauen immer einiggehen sollen, daß wir die Frauen gut behandeln sollen, denn alle Dinge sind uns gegeben von der Frau, der Mutter. [...] Zuerst erteilte die Mutter den Männern Rat. Sie gab ihnen Unterricht. Deshalb sollen wir, wenn eine Frau zu uns spricht, auf ihre Füße niedersehen. Es schickt sich nicht, der Mutter ins Gesicht zu sehen.

So Mama Fiscal, als er uns einmal gemeinsam mit seiner Frau vorführte, wie aus Muschelschalen der Kalk für den Poporo gebrannt wird.
Seine Frau ist ein Mama wie er – Mama Theresa Vacuna. Von Kindheit an
waren sie zusammen ausgebildet worden.

Die Mutter sagte uns, wir sollten niemals die Poporos und die Muscheln und die Koka aufgeben. Die dürfen wir nie vergessen. Und das
haben wir auch nie getan. Und die Mutter gab uns auch das Feuer.
Und wir haben nicht vergessen, wie man Feuer macht, und nicht, den
Segen über es zu sprechen. Wenn Mama Valencia meine Worte hören
könnte, würde er mir zustimmen, ebenso Mama Bernardo. Sie würden sagen: Fiscal hat wahr gesprochen. Die Mutter gab uns alle Pflanzen und die Vögel, und deshalb muß ich über alles das den Segen
sprechen. So, wie die Mutter es uns geheißen hat.

Mama Theresa hörte mit ernster Miene zu und ergriff dann ihrerseits
das Wort. Sie wollte klarmachen, daß die Frauen den Männern die Man-
nesreife geben.

Ja, so ist es. Auch ich kann den Poporo verleihen. Du legst dem Jungen zwei Kokablätter in den Mund und sprichst den Segen über sie.
Und auch den Poporostab mußt du segnen, bevor du ihn ihm in den
Mund steckst. Wie die Mutter dem Mann erstmals den Poporo verlieh, so tue heute auch ich es. Du mußt imstande sein, vier Nächte
hintereinander wach zu bleiben und an nichts anderes zu denken als
an die Eltern der Koka und des Poporostabs und der Muscheln und
des Poporo.

Die Initiation des Knaben

Der Poporo ist das Zeichen der Manneswürde und wird dem Knaben bei
der Erlangung der Geschlechtsreife verliehen. Wenn er für mich wie ein
Penis aussieht, so liegt das daran, daß unsere Kultur den einzelnen speziell auf die Wahrnehmung von Phallussymbolen abrichtet. Uterussym-
bole erblicken wir lediglich in Dingen, die uns decken, verbergen, schützen gleich einer Höhle. Bei den Kogi ist die Palette der weiblichen
Sexualsymbole sehr viel breiter, und der Poporo ist in Wirklichkeit ein

Sinnbild von Uterus und Cervix. Nicht selten wird er als «Frau» bezeichnet. Die Einführung des Stabs in die Öffnung gleicht der Penetration. Das aus Muschelschalen gebrannte Kalkpulver im Inneren ist das Elixier der Fruchtbarkeit, und der Knabe, der zur Geschlechtsreife gelangen will, muß lernen, sich davon zu nähren. Das und die – ausschließlich von Frauen geernteten – Kokablätter verleihen ihm die Fähigkeit, Kinder zu zeugen und den Boden zu bestellen: eine Beziehung sowohl mit einer Frau aus Fleisch und Blut als auch mit der Mutter Erde einzugehen.

Das Erlangen der Reife muß, wie das soziale und sexuelle Rollenverhalten der Kogi im ganzen, von den Mamas sorgfältig überwacht werden. Die Lebenskraft ist der Güter höchstes und elementarstes: *aluna*, die Intelligenz des Seins. Den Mamas darf nichts verschwiegen werden, damit sie alles auf die rechte Weise arrangieren können – einschließlich der Eheverbindung. Sehen wir hier zum Beispiel Mama Bernardo, wie er einem jungen Mann beisteht, dessen Magen rebellierte, als ihm zum erstenmal Koka und der Poporo verabreicht wurde. Nach Auffassung des Mamas muß das Problem in der Geisteshaltung des Jungen liegen. Er muß lernen, sich in die richtige Geistesverfassung zu versetzen, und er muß sich über sein bisheriges Tun und Lassen aussprechen, damit an den Tag kommt, was seinen Einklang mit der Natur zerstört hat. Wenn er ein Mann werden will, muß dieses Problem beseitigt werden. Der Junge ist neunzehn Jahre alt. Der Schauplatz ist ein Hang weitab vom Dorf in der Stille der Morgendämmerung. Der Mama spricht leise.

Also los jetzt, iß deinen Poporo, aber mach es langsam. Steck den Stab langsam hinein, dann zieh ihn heraus und lutsche daran. Und denke dabei an die Mütter. Du mußt dich mit aller Kraft konzentrieren und an nichts anderes denken.

Überlege dir, wo die Mütter sind, denk an die Mütter, die Mütter der Poporos, denkt an die Mutter der Poporostäbe. Konzentriere dich darauf, denk an nichts anderes, denk an die Mütter, und iß langsam und ruhig deinen Poporo. Du mußt in *aluna* um deinen Poporo bitten, bitte die Mütter, daß sie dir in *aluna* deinen Poporo und den Stab dazu geben. Denk an die Mutter der Kalebassen, wie sie dir das schenkt, und sammle deinen Geist auch auf Vater Luawiko und bitte ihn um die Koka und das Kalkpulver. Denke daran mit aller Kraft, und wenn du je wieder den Poporo aufgibst, dann bekommst du meinen Poporostab zu spüren.

Das alles wird in ruhigem, väterlichem Ton gesprochen. Der Junge hat uneingeschränktes Vertrauen zu dem Mama.

Wenn du diesen Poporo jetzt anständig ißt und dann so weitermachst, bist du reif, dir eine Frau zu nehmen – paß doch auf! –, gleich kriegst du meinen Poporostab zu spüren! Von jetzt an darfst du nicht mehr aufhören, den Poporo zu gebrauchen, immerzu mußt du ihn gebrauchen, sonst bekommst du nie eine Frau.

Und damit spreche ich jetzt den Segen über deinen Poporo und über den Stab und die Koka und den Kalk, damit du die Sachen weiterhin gebrauchen kannst. Du solltest darüber nachdenken, was der Poporo bedeutet. Dieser Poporo ist eine Frau – wenn du ihn gebrauchst, kannst du dir eine Frau nehmen, aber du mußt es dir sorgfältig überlegen. Wenn du eine Frau hast, mußt du für sie sorgen, du mußt für sie arbeiten, ihr Kleider machen, du mußt dich um sie kümmern, du darfst sie niemals schlagen oder schlecht behandeln. Jetzt, wo du diesen Poporo bekommst, mußt du über diese Dinge nachdenken.

Wenn du eine Frau haben willst, mußt du auch wohlgesetzt reden, du mußt mit ihren Eltern sprechen und sie um ihre Einwilligung bitten, hinterher kannst du mit dem Mädchen sprechen, es um Wasser bitten, mit wohlgesetzten Worten. Ja, du mußt dich sehr um sie kümmern. Du solltest sie mit zum Baden nehmen, Brennholz für sie sammeln und Essen für sie beschaffen. Für eine Frau mußt du gut sorgen.

Der Poporo hier, den du von mir bekommst, ist ein *sewa*, ein Beschützer; für den Alltagsgebrauch mußt du dir einen anderen beschaffen, diesen hier solltest du an einem sicheren Ort in deinem Haus aufbewahren. Und gebrauche ihn nur, wenn du bei den Mamas zur Beichte gehst oder falls du einmal zu einem Orakel gehst. Und von heute an mußt du Koka kauen, du darfst nie wieder aufhören damit. Die Mutter gab uns die Koka und hat uns geheißen, sie immerzu zu kauen. Nachts vor dem Schlafengehen solltest du mindestens viermal Koka kauen und dir sorgfältig überlegen, was du am nächsten Tag erledigen willst und wie du es anpacken wirst.

Und jetzt, wo du eine Frau bekommen wirst, solltest du ein gesondertes Haus für dich bauen, du kannst nicht weiter mit den anderen Jungen zusammen leben. Du wirst mit deiner Frau gesondert leben, für sie arbeiten, ihr Lebensmittel bringen, damit sie kochen kann, du mußt dich gut um deine Frau kümmern, mußt wirklich für alles sorgen, was sie braucht, du mußt ihr zu essen bringen, ihr Fleisch bringen, ihr Hühner und Schweine kaufen, damit sie gut zu essen hat. Schaffe Haustiere für sie an, und wenn du Brennholz sammeln gehst, komm rasch wieder nach Hause. Streif nicht durch die Gegend und halte Ausschau nach anderen Frauen, nach anderer Leute Frauen. Du hast deine eigene Frau und hast für sie zu sorgen. Du hast deinen Poporo bekommen und mußt dich jetzt verantwortungsbewußt benehmen, du kannst dich nicht mehr mit den Unmündigen herumtreiben, du hast eine Verantwortung. Den Mamas und den *comisarios* und *cabos* gegenüber mußt du dich respektvoll betragen.

Weil ich dir jetzt diese Dinge gegeben habe, mußt du auf meine Pflanzung kommen und für mich arbeiten. Ich wiederum werde für dich arbeiten und dafür sorgen, daß du eine Frau bekommst. Von mir bekommst du hier gute Ratschläge, und die mußt du befolgen, du darfst nie vergessen, was ich dir gesagt habe, sonst bekommst du nie eine Frau und bleibst dein Leben lang allein. Komm also auf meine Pflanzung, damit wir die Sache ordnungsgemäß zu Ende bringen. Du mußt kommen und alles beichten, was du gedacht und getan hast, alles, alles, alles beichten. Dann ist alles in Ordnung, und ich kann dir eine Frau besorgen.

Und wenn dein Schwiegervater Tiere besitzt, wenn er Kühe und Ziegen hat, dann mußt du dich um sie kümmern, wie wenn es deine eigenen wären. Auch um deinen Schwiegervater mußt du dich kümmern. Du mußt dich um seine Tiere kümmern, du mußt ihnen Salz geben, wenn sie welches brauchen, mußt für sie sorgen, wie wenn es deine wären. Dann wird dein Schwiegervater dich ins Herz schließen und sich seinerseits um dich kümmern. Du mußt ein guter Mensch sein, damit dein Schwiegervater dich ins Herz schließt. Du darfst deinen Schwiegervater niemals betrügen oder schlecht an ihm handeln. Du mußt dich untadelig gegen ihn betragen.

Mama Bernardo kommt zum Schluß: «Hast du nun meine Ratschläge verstanden, und wirst du dich an sie halten?»

«Ja, ich habe genau zugehört.»

«Gut, dann sind wir fertig. Steck den Poporo in deinen Beutel.»

Im Anschluß an die Verleihung des Poporos muß der junge Mann vier Tage und Nächte hintereinander unter den Augen der Öffentlichkeit im *nuhue* zubringen, wo ihn die Mamas, *cabos* und *comisarios* über seine Verantwortlichkeiten belehren. Es ist ihm nicht gestattet einzuschlafen.

Die Initiation des Mädchens

Der Übergang des Mädchens vom Kind zur geschlechtsreifen Frau wird mit dem gleichen Ernst behandelt. Beim Knaben liegt die Regie des ganzen Vorgangs in den Händen der Mamas. Sie entscheiden, wann der junge Mann reif dafür ist, und holen sich beim Orakel Auskunft über den richtigen Zeitpunkt des Ritus und technische Einzelheiten, wie zum Beispiel über die Holzart, aus der der Poporostab zu fertigen ist. Beim Mädchen dagegen wird der Übergang natürlich durch die Allmutter bewirkt – die Natur, wie wir sie nennen. Jedes weibliche Wesen ist die Mutter, jedes weibliche Wesen ist die Natur selbst. Das Einsetzen der Regelblutung ist ein Beweis dafür, daß die Natur die Kraft zur Fruchtbarkeit besitzt, und es ist ihr bedachtsamer Umgang mit dieser Kraft, dank dem die Kogi nicht in einer vom Krieg aller Wesen gegen alle beherrschten grünen Wüste, sondern in einem wohlbestellten Garten leben. Ihr Glaube sagt ihnen, daß diese mächtige, diese weltbewegende Lebensenergie auf die rechte Weise kultiviert sein will, weil sie sich andernfalls in chaotischen Formen entlädt – in Krankheiten von Mensch, Tier und Pflanze – und zuletzt die menschliche Gesellschaft aus den Fugen bringt.

Wenn ein Mädchen in das Alter der ersten Blutung kommt, sagt eine der Älteren zu ihm: «Tochter (oder: Enkelin), wenn du deine Regel bekommst, darfst du mich nicht hinters Licht führen. Du mußt es mir sagen.» Wenn die Blutung nicht bekannt wird, gerät die Welt aus der Balance. Daraus entstehen Krankheiten und unter Umständen auch zahlreiche Formen der Gewalttätigkeit, deshalb dürfen wir keinen Moment in Unkenntnis über die Blutung bleiben. Wenn also das Mädchen merkt, daß seine Regel begonnen hat, begibt es sich schnurstracks zu seiner Großmutter oder seiner Mutter und sagt: «Mutter, meine Regel ist gekommen.» Daraufhin wird es schnurstracks in einen Winkel gebracht, wo es für niemanden zu sehen ist, wird gegen

Blicke abgeschirmt und da vier oder sieben Tage lang in Gewahrsam gehalten.

Sieben Tage lang bekommt es kein Fleisch und nichts Frisches zu essen, darf keinen Hund ansehen, keinen Mann ansehen, keine Kerze ausblasen, bleibt in Gewahrsam und tut nichts als *mochilas* anfertigen und Baumwolle zu Webgarn verspinnen. Warum tut man das? Man tut das, weil die Erde einstmals eine Frau war, sie war eine Frau, und als zum erstenmal ihre Regelblutung einsetzte, war sie nicht rot, sondern was da ausfloß, war etwas Blaues, etwas Grünes, etwas Dunkles. So begannen sich solche Sachen wie das Gold zu bilden. Ganz am Schluß kam der Blutfluß.

Demnach sind alle blauen oder grünen Edelsteine das Menstrualblut der Mutter Erde. Gold nun ist Monatsfluß, lauteres Blut der Mutter Erde. Deswegen haben die Eingeborenen es gesammelt, haben ihren Monatsfluß, ihr Menstrualblut gesammelt und wohlverwahrt in einem Krug im Tempel aufgestellt; ferner sind da kostbare Steine aus ihrer Blutung, blaue und grüne, und auch diese werden verwahrt. Wir achten die Mutter Erde.

So also ist es uns bekannt, und so halten wir noch heute unsere jungen Frauen, wenn sie ihre erste Regel haben, in einem Winkel in Gewahrsam, eine solche Frau ist unberührbar. Wenn sie ihre zweite Regel gehabt hat, ist sie eine Frau geworden. Wenn sie reif ist für die Liebe, spricht der Mama den Segen über den Mann und fordert ihn zum Beichten auf. Er fordert die junge Frau auf, ihm zu beichten, ob sie irgendeine Sünde begangen hat, gegen das Gebot des Mamas, gegen das Gebot ihrer Mutter, dann bittet sie um Vergebung, und der Mama leistet eine Zahlung, reinigt die Betreffende, auf daß sie unbefleckt sei, einen reinen Geist, ein lauteres Herz, eine lautere Seele habe, und traut die beiden.

Der Webrahmen

Die Geschlechterrollen sind scharf geschieden, jedem der zwei Geschlechter ist seine eigene Wirkungssphäre zugeteilt. Diese geschlechtsspezifische Rollenverteilung läßt sich auf jedem Lebenssektor beobachten. Nehmen wir die Weberei als Beispiel.

Das Webgerät der Kogi ist ein schlichtes Stangenkreuz, von einem

Rahmen aus vier je etwa einen Meter langen Balken umschlossen. Die Spitzen des Kreuzes bezeichnen die Kardinalpunkte der Welt – nicht unser Norden, Süden, Osten, Westen, sondern die Punkte auf der Horizontlinie, wo die Sonne an den Solstitiumstagen auf- und untergeht. Der Webrahmen spiegelt den Grundriß der Welt.

Jeder Mann webt die Stoffe, die er und seine Familie benötigen. Dieser Tätigkeit geht er im *nuhue* nach, wo er gleichzeitig von den Mamas über die wahre Bedeutung seines Tuns belehrt wird. An seinem primitiven Gerät sitzend, verrichtet er langsam und bedächtig seine Arbeit und schaltet häufig Meditationspausen ein, in denen der Poporo betätigt wird.

Die Worte der Mutter lauten: Wenn du dich zum Weben niedersetzt, sollst du dich sammeln und deine Gedanken nicht bei anderen Dingen umherschweifen lassen. Das sind die Kleider, die wir tragen. Sie reden zu den Söhnen der Mutter, den Vätern der Welt. Sie reden zu Serankua und Luawiko und Sintana, deshalb mußt du sie gut weben und an nichts anderes als daran denken. Der Webrahmen ist wie ein Buch, und sich zum Weben niedersetzen ist wie Lesen, man muß sich sammeln. Darum sagen die Ältesten, daß nur Männer weben können. Knaben ist es nicht gestattet. Den Ahnen fiel die Weberei schwer, als sie ihnen gegeben wurde, aber so wie sie zuerst von der Mutter gegeben wurde, so webe ich noch heute weiter. Dieser Webrahmen verkörpert sämtliche Welten, von ihrer Kraft darf ihnen nie etwas genommen werden.

Linksgedrehtes – mit der abwärts über den Oberschenkel streichenden Hand gesponnenes – Garn ist weiblich: Es ist das Kettgarn, das den Rahmen bis in alle vier Ecken und Enden deckt, die Verbindungsbrücke zwischen den Kardinalpunkten. Es legt die Natur des Stoffes fest, bestimmt sein Wesen. Es ist passiv, produktiv, zeitlos – das Artikulationsmedium für Form und Gestalt. Es ist eine Erscheinungsform der Mutter.

Rechtsgedrehtes – mit der aufwärts über den Oberschenkel streichenden Hand gesponnenes – Garn ist männlich: der Schuß, der von einem Kardinalpunkt zum anderen wandert wie die Sonne über den Himmel: in der Zeitdimension, Vergangenheit hinter, Zukunft vor sich. Die Kettfäden öffnen sich, um den Schützen aufzunehmen, der in die Kette eindringt. Und so entsteht ein Gewebe, das männlich und weiblich zugleich ist, das Ordnung und Zusammenbindung der Welt wiederholt.

Der erste Webrahmen war Besitz der Mutter, ein kleiner weißstrahlender Stern, der das Kreuzstück zwischen allen Welten war. Er war das Weiß an sich. Das war vor dem Erscheinen des Lichts: ein Weiß inmitten von Schwärze. Das Webschwert (*aldo*), das den Schuß zwischen den Einträgen fest anschlägt, damit der Stoff glatt und ebenmäßig wird, ist schwarz, weil es, älter noch als selbst das Licht, aus der uranfänglichen Schwärze stammt. «Zuerst kam sie mit einem kleinen Stern, und emporsteigend dann und immer weiter empor» trug die Mutter ihn aufwärts durch die neun Welten, auf ihrem Weg Möglichkeiten zur Gestalt, der Ordnung zur Denkbarkeit verhelfend, trug sie die Idee, die den Plan des Himmels spiegelt. Der Webrahmen modelliert den Bau des Kosmos; er verkörpert ein fundamentales Ordnungsschema, dessen Ausprägungen sich in den vier Kardinalpunkten der Himmelsgegenden, den Grenzpunkten der Sonnenbahn, beobachten lassen.

In jener prähistorischen Zeit vor der Ausformung des Lebens, da die Kategorien «Männlich» und «Weiblich» noch in ununterscheidbarem Einerlei ruhten, war die Mutter die Weberin und betätigte selbst das Webschwert (die Kogi rissen darüber ihre Witze, in denen das Webschwert als männliches Glied figurierte). Sie hielt den Webrahmen unter Verschluß in ihrem Haus – an einem intimen Ort, der in der Folge als weiblich kategorisiert werden sollte.

Es gab Männer beziehungsweise die Idee vom Mann – denn das Ganze spielt in *aluna* – in der Ideenwelt. *Aluna* ist im Anbeginn nichts als die Mutter und teilt und verzweigt sich dann in Geistwesen mit je eigener Persönlichkeit. Und wenn die Männer auf dieser Etappe des Geschehens selbst *aluna* sind, dann sind ihre Gedanken die Vorstellungen im Intellekt von Geistwesen. Diese *aluna*-Männer sind denkende Gedanken, und zwar Gedanken, die das Prinzip der Webkunst zu fassen suchten.

Die Männer fragten sich: Wie geht das vor sich, wie wird der Stoff gemacht? Die Männer dachten darüber nach, wie die Mutter den Stoff machte, die Männer dachten und dachten. Oh, wie sie dachten, diese Männer! Und dann wollten die Männer sehen, aber die Mutter ließ es nicht zu; sie war, da sie war, geheimnishaft, die Mutter. Die Männer dachten, aber durften nicht sehen, alles war weggeschlossen.

Und dann gingen die Männer hin, als die Mutter nicht am Weben war, als sie weggegangen war. Da machten die Männer ein kleines Loch, um zu sehen, wie sie webte, sie machten ein Loch und deckten es zu. Da sahen sie die Mutter weben, sie machten es auf an der Stelle, wo es zugedeckt war, um die Mutter beim Weben zu beobachten. Da sahen die Männer, wie es ging. «So geht das also», dachten sie. Auf einmal ging es mit dem Weben schlecht. Da dachte die Mutter: «Was stimmt da nicht? Was ist nur los?» Und: «Ob sie hiergewesen sind?» dachte die Mutter.

Die Geistmänner haben die Gedankenmauer durchbohrt, hinter der die Mutter verborgen ist. Jetzt ist die Welt aus der Balance, und mit der Weberei der Mutter klappt es nicht mehr so recht, Fehler schleichen sich ein. Sie weiß, warum. Jetzt muß zu einer neuen und besseren Harmonie gefunden werden, damit es bei der Weberei wieder ordnungsgemäß zugeht.

Heute sind die Männer im Besitz des Webrahmens; er befindet sich an öffentlichem Ort, im *nuhue*, dem Welthaus. Der Mann treibt den Schützen: Er hat die maskuline Rolle inne, ist der Gestalter des öffentlichen Lebens. Nur die Männer dürfen weben. Gute Weberei, sorgfältige Weberei richtet die Welt zum Guten, und gewebt wird stets unter Aufsicht eines Mamas. Aber die Sache hat einen Haken: Die Männer haben sich zuviel angeeignet, sie haben eine Macht, die ihnen nicht freiwillig überlassen wurde, usurpiert. Die Mutter definiert sich als mehr weiblichen Wesens, die Männer sind mehr männlicher Wesensart, doch der Stoff – ist er nicht ihr Neugeborenes? In der Tageshitze pflegen Neugeborene zu schreien: Wird die Mutter ihr Neugeborenes hören?

Die Arbeit am Webrahmen wird unter allen Umständen vor der Mittagsstunde eingestellt, damit die Mutter nicht den Schrei ihres Neugeborenen hört, wenn das schwarze Webschwert den Schuß anschlägt und das Neugeborene holen kommt. (Da Baumwollgarn leicht reißt, wenn es austrocknet, wäre es sowieso nicht ratsam, die Arbeit fortzusetzen, wenn die Sonne ihren Höchststand erreicht hat.) Und dennoch muß den Männern eine Erlaubnis zum Weben erteilt worden sein. Die Weberei war für die Menschen unverzichtbar. Also mischte sich eine andere Erscheinungsform der Mutter ins Spiel, eine Tochter der Allmutter, Mutter Navoba, und erlaubte wenigstens diese zurückhaltende Form des morgendlichen Webens.

Einige Kogi kamen hoch zu Roß zum Treffen. Ihre Pferde waren in bestem Zustand, frei von den landesüblichen Parasiten.

Ein Arhuaco

Unten links: Beim Muschelsammeln

Unten rechts: Kurz vor dem Ziel beim
Aufstieg nach Pueblito – Xavier führt
die Nachzügler an.

Pueblito liegt auf einer Hochebene, viel weitläufiger und weniger zugewuchert als die Verlorene Stadt.

Ramón nennt diese Stelle mit Steinfundamenten den «Platz der Sonne».

Geschliffene Steinplatten als Hauseingang. Im Hintergrund gemauerte Kanäle, die von einem kunstvollen Be- und Entwässerungssystem im alten Pueblito zeugen.

Bei vielen Häusern wachsen gleich neben dem Eingang die Coca-Büsche.

Juan Jacinto mit seinem Poporo beim Meditieren

Oben: Sobald die kleinen Mädchen laufen können, lernen sie das Taschenmachen.

Gegenüber: Die Herstellung von Umhängetaschen gehört zu den wichtigsten handwerklichen Künsten jeder Frau.

Umseitig oben: Blick in die Dachkonstruktion des Zeremonienhauses

Umseitig unten: Hier schlafen die Männer, wenn sie in der Stadt weilen.

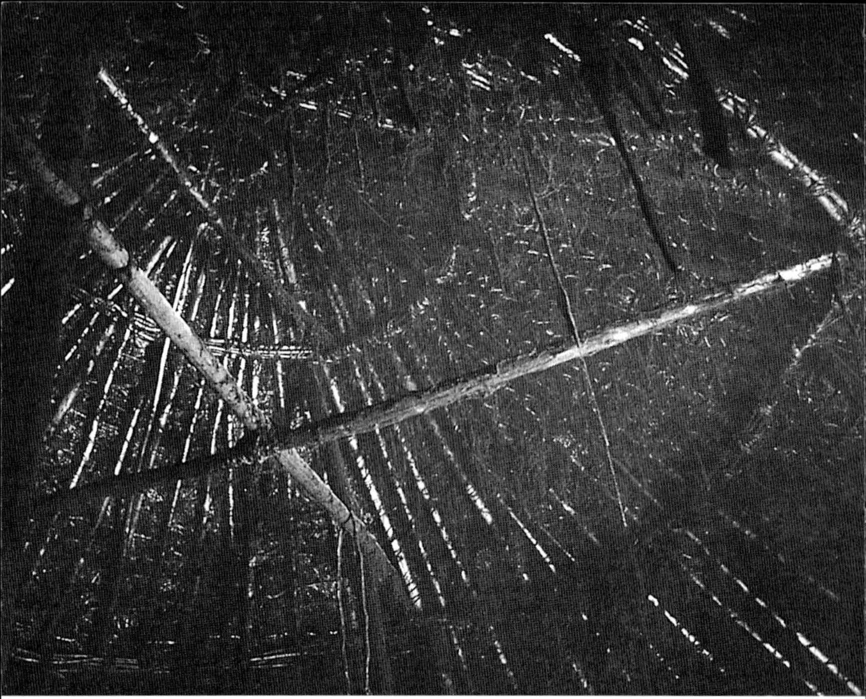

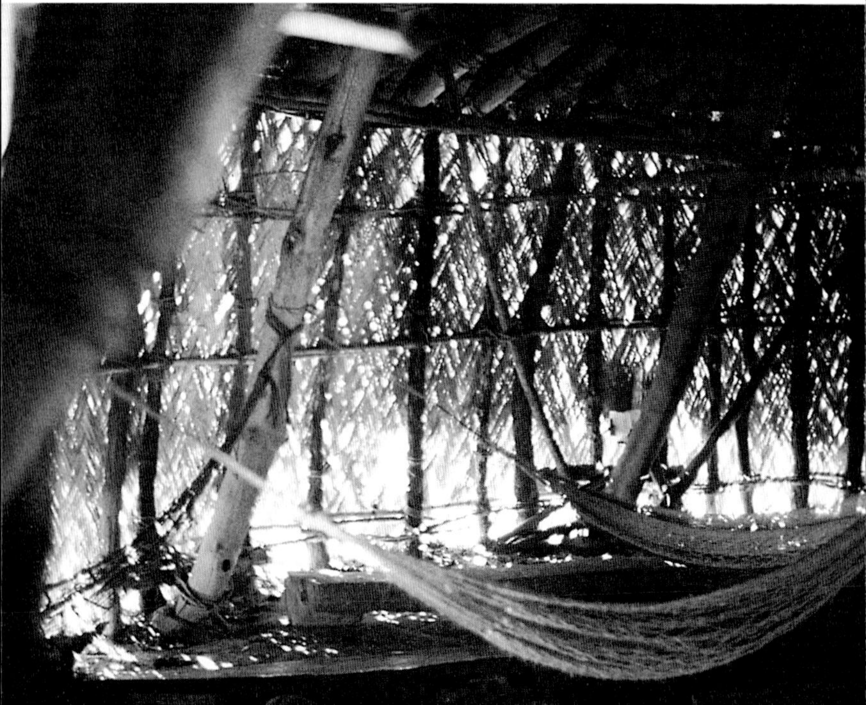

Mutter Navoba sagte uns das, sie sagte uns, wie wir unser Leben fristen könnten. Dann ging Mutter Navoba davon, aber Mutter Navoba ist noch da. Sie wußte, wie man den Beutel webt, wie man Stoff webt, wußte alles über die Weberei. Also war Mutter Navoba am Leben. «Ich will dir das Gerät, das du da in der Hand hast, geben.» Also gab Mutter Navoba mir den Webrahmen, damit ich Stoff und den Beutel weben konnte, das Brauchtum, an dem ich festhalte. Mutter Navoba zeigte auch dem Jüngeren Bruder eine Lebensmöglichkeit, und auch uns, sie zeigte uns eine Art zu leben. Mutter Navoba sagte mir das, sagte mir alles, was es für uns zu tun gibt. Ja. Wir wissen es noch. Wir wissen zu hören. Wir wissen den Orten zu opfern, wo Mutter Navoba ist, wir wissen es noch. Wo ist der Vater des Webrahmens? Wir wissen es noch. Wo ist der Vater des Garns? Wir wissen es noch.

Betrachten wir die Welt der Kogi mit unseren Augen, sehen wir nicht das gleiche, was sie sehen. Mann und Frau sind nicht einfach nur Menschen – sie sind verkörperte Prinzipien. Ehen werden zwar nicht unbedingt im Himmel geschlossen, aber von den Mamas nach dem Fingerzeig des Orakels gestiftet und sind Teil des umfassenden Zusammenspiels männlicher und weiblicher Kräfte, das die Welt in Gang hält und sogar die Syntax ihrer Sprache prägt, die einen klaren Unterschied zwischen männlichen und weiblichen Wortelementen macht. Männer und Frauen haben beide ihren eigenen Grundbesitz; üblicherweise beerben die Töchter die Mutter und die Söhne den Vater. Harmonie und Balance der Welt erwachsen aus der Partnerschaft zwischen männlich und weiblich, dem dynamischen Prozeß des Webens auf dem Webstuhl des Lebens.

Alle Söhne und Töchter stimmen damit überein. Weben heißt die Dinge miteinander in Einklang bringen. Das Stangenkreuz des Webrahmens hält die Welt.

Die Auflösung der Ehe

Das soll nicht heißen, daß Partnerbeziehungen nicht scheitern und zerbrechen könnten. Wenn eine Frau ihren Mann verläßt, so stets, um sich anderweitig zu binden – und für den verlassenen Ehemann seinerseits scheint es kein Problem zu sein, eine neue Braut zu finden. Eine verlassene Frau dagegen sieht sich vor schwerwiegende Probleme gestellt. Die Balance ist zerstört, denn das eine Geschlecht kann nicht die Arbeit des anderen verrichten. Eine alleinstehende Mutter ist eine Anomalie: Sie muß sich wieder in die Abhängigkeit von den Eltern begeben, wieder in die elterliche Familie eingliedern. Mag sein, daß ihr eine eigene Pflanzung geblieben ist – tatsächlich sorgen die Mamas im allgemeinen dafür, daß der Frau in der Scheidungsvereinbarung für ihren Lebensunterhalt und den ihrer Kinder ausreichendes Ackerland zugesprochen wird –, aber ohne die Hilfe ihrer Familie vermag sie dieses Land nicht zu bestellen.

Erst heiratest du, und die Frau mag den Mann vielleicht wirklich. Dann wird sie schwanger, und dann läßt der Mann sie vielleicht sitzen. Die Frauen glauben, der Mann wird sich um sie kümmern, aber manchmal ist es dann vielleicht so, daß der Mann sie sitzenläßt und sich nach einer anderen umsieht. Ja, und da ist dann eine Frau mit Kindern, und der Mann hat sich aus dem Staub gemacht. Also sitzt sie da und zerbricht sich den Kopf und weint sich die Augen aus. Ich saß mit drei Kindern allein da und mußte mir den Kopf zerbrechen: «Was mach ich jetzt?» Die Kleinen verlangen nach Fleisch, also muß ich losgehen und sehen, wo ich es auftreibe. Ich muß losziehen und meine Brüder darum bitten. Du mußt deine Arbeit machen, aber wer kümmert sich unterdessen um die Kinder? Wenn da keine Großmutter ist oder kein Vater, die das tun, dann mußt du sie allein lassen. Aber der Mann, der freut sich seines Lebens mit seiner neuen Frau. Ich brauche auch Kleider, aber wo nehme ich die her? Eine alleinstehende Frau hat kaum Aussicht, zu Kleidern zu kommen. Die muß ihr der Mann in der Familie machen. Ja, und Frauen verstehen auch nichts vom Hausbau.

Wenn du alleinstehend bist, und es kommt keiner, wie soll sich da ein Mann für dich interessieren können, du mußt ja immer im Haus bei deinen Eltern bleiben. Kommt einer, ist es gut, dann kannst du hingehen und wieder heiraten. Eine Frau nämlich, die kann nicht hergehen und sich einen Mann ausgucken. Das müssen schon die Männer machen, die gucken sich die Frau aus. Aber wenn eine Kogi-Frau fünf Kinder hat, die guckt sich bestimmt keiner aus, na und die weiß dann schon, daß sie allein bleiben wird.

Die Wege

Der landwirtschaftliche Betrieb lieferte früher nur pflanzliche Nahrung; für den Eiweißbedarf sorgten hauptsächlich die Jagd und der Fischfang auf See. So war es vor der Konquista auf dem ganzen amerikanischen Kontinent und bei den Kogi noch bis in die jüngste Vergangenheit. Doch die Invasion der *colonos* auf den unteren Hängen des Gebirges schnitt den Indianern den Weg zum Meer ab und führte zugleich verstärkt Nutztiere in die Sierra ein. Heute halten die Kogi Schweine und Rinder, und wenn eine Familie im Prozessionszug von der einen Pflanzung zur anderen übersiedelt, dann sieht das nicht selten so aus, daß zwei, drei Mannspersonen mit einem Ochsen oder Esel am Halfter vorneweg marschieren und hinterdrein die Frauen und Kinder, die dem Tier mit ihren Stecken Beine machen und daneben eine Herde Schweine treiben.

Man geht auf gepflasterten Wegen. Die Kogi wandeln im buchstäblichen wie im übertragenen Wortsinn auf den Pfaden ihrer Ahnen. Auf seinen Streifzügen von Dorf zu Dorf begegneten Graham in einem fort Menschen, die irgendwohin unterwegs waren. Die Männer blieben zumeist stehen, um ein paar Grußworte mit ihm zu wechseln. Wo er hinwolle. Wo er herkomme. Wenn er das gleiche zurückfragte, erhielt er Antworten wie: «Wir gehen auf meine Pflanzung», «Ich will ein Maultier von der Weide holen», «Ich will mir mein Ackerland ansehen», «…meinen Vater besuchen», «…meinen Bruder besuchen.» In seinem Geist formte sich der nachhaltige Eindruck von Tausenden zu jedem Zeitpunkt kreuz und quer durch das Gebirge ziehenden Menschen, das Bild von einem immerzu variierenden, aber auch immerzu beeindruckend dichten Netz belebter Verbindungsrouten zwischen Verwandten und Orten, und dieses ganze geschäftige Hin und Her spielte auf einem uralten, von den Ahnen angelegten System gepflasterter Wege.

Steinmetzarbeiten, Pflaster und Terrassenbauten der Tairona gibt es hier allenthalben, und längs der Wege sind immer wieder gemeißelte Steine zu finden. Spuren der Ahnen sind reichlich im Gelände verstreut – und für die Kogi gehören dazu nicht nur archäologische Fundstätten, sondern auch Berge und große Felsbrocken. Es sind Orte, an denen sich die Pforten der Geisterwelt befinden, gefahrvoll für den Unkundigen. Nur Mamas verstehen es, mit diesen Orten und ihren Kräften umzugehen, und selbst Mamas müssen ihr Letztes geben, um die hier drohenden Gefahren zu bannen und die Balance der Dinge aufrechtzuerhalten.

Frust

Graham bekam ein Dauerquartier am äußersten Rand dieser Welt zugewiesen; man ließ ihn nicht zu sich ein, wies ihn aber auch nicht ab. Beispielsweise schickte man ihn eines Tages, Mama Augustin auf seiner
Pflanzung besuchen. Der war nicht zu Hause. Er sei bei der Arbeit und
man werde ihn suchen müssen, erklärte Grahams jugendlicher Führer,
nachdem er mit der Frau des Mamas geredet hatte. Die beiden machten
sich an den Abstieg in eine Schlucht. In Graham keimte die Besorgnis auf,
es könnte sich da um keine gewöhnliche Arbeit handeln, und schlug vor,
zum Gehöft zurückzukehren und dort zu warten, aber der Junge wollte
davon nichts wissen, und so taperten sie um einen Felsvorsprung herum
weiter. Nachdem sie den nächsten Vorsprung umrundet hatten, sahen sie
den Mama zusammen mit einem jungen Mann unter einem überhängenden Felsen in einem Kreis von Holzstangen sitzen. Der Boden in dem
Kreis war sauber gejätet und gefegt. Ein Bündel lag vor den beiden Sitzenden, aber Graham konnte nicht erkennen, was es war. Da war ganz offenkundig irgendein Ritual im Gange. Mama Augustin kam mit einem
strahlenden Lächeln im Gesicht zu Graham herüber und nahm die mitge-
brachten Geschenke in Empfang. Sein Lächeln wurde noch strahlender,
dann erklärte er: «Sehr schön, ich grüße dich. Ich habe heute viel gearbeitet. Ich verabschiede mich.» Und damit war die Audienz beendet.

Vorfälle wie dieser wurden zur Alltäglichkeit. Die Kogi sind Meister
in der Kunst des qualvollen Hinhaltens, und bei Graham zogen sie alle
Register, wobei sie gleichzeitig seine Reaktionen studierten. Da die Mamas fortfuhren, Erwartungen in ihm zu wecken, um ihm im entscheiden-
den Moment jedesmal die Tür vor der Nase zuzuschlagen, verkehrte Graham schließlich zumeist mit den älteren Vasallen, Männern, in deren
Augen die Mamas von heute, gemessen an den Wunder-Mamas ihrer Jugend, Jammerlappen waren. Die Mamas von früher ließen riesige Fels-
blöcke durch die Luft fliegen und heilten jede Krankheit. «Die jungen
Mamas heute, die interessieren sich lieber für die nächste Mahlzeit und
für den Schoß ihrer Frau, als daß sie Weisheit lernen. Ich weiß mehr als
die.»

In einer Gesellschaft, deren gesamtes Wissen in einer ursprünglichen
Offenbarung gründet – «Die Mutter zeigte uns…», «Die Mutter lehrte
uns…» –, ist fortwährend das Bewußtsein lebendig, daß die Gesamt-
summe des für das Kollektiv verfügbaren Wissens niemals wachsen, son-

dern allenfalls schrumpfen kann. Hinter dieser Angst steht das Ur-Trauma der Konquista, eines Holocausts, in dem so viele Menschenleben und Kulturgüter verlorengingen. Aus den archäologischen Zeugnissen läßt sich erschließen, daß in der Sierra beim Eintreffen der Spanier 300 000 bis 500 000 Menschen lebten. Heute liegt die Zahl der Kogi bei 11 000 und die der Sierra-Indianer insgesamt bei schätzungsweise 20 000.

Bei Gelegenheit brachte Graham das Gespräch auf das Thema Schrift: Wenn man das Wissen aufschriebe, wäre es dann nicht vor der Gefahr des Untergangs geschützt? Der Gedanke wurde von den angesprochenen Kogi jedesmal ernsthaft erwogen und am Ende jedesmal verworfen. Wissen besteht nicht in toten Worten, es ist lebendiges Verstehen, Erfahrung, eine Existenzform. Solche Dinge kann man nicht schriftlich fixieren. Die Kogi legen keinerlei schriftliche Dokumente an, und dies – so sonderbar es klingen mag – aus eigener freier Entscheidung. Caesar überliefert, daß die Druiden die Schrift ablehnten – die Druiden spielten eine ähnliche Rolle wie die Kogi-Mamas, ja, absolvierten sogar eine ähnliche Ausbildung (mit zwanzigjährigem Aufenthalt in einer Höhle). Als mutmaßlichen Grund nannte er ihre Überzeugung, daß in einer Schriftkultur ihr Erinnerungsvermögen zugrunde gehen würde. Das gleiche bekommt man von den Kogi zu hören.

Schließlich war es so weit, daß Graham nach San Miguel hinaufkommen und bei dem alljährlichen Volksfest dabei sein sollte. Endlich ließ man ihn über die Schwelle treten. Einer der erwähnten alten Männer – Pedro – war sein Führer. In Grahams Notizen heißt es:

San Miguel ist das Rom der Kogi-Welt. Alles an ihm, ja noch die Art, wie die Menschen über es sprechen, atmet Tradition, Ehrfurcht, Grandiosität. Sobald es in Sicht gekommen ist, läßt Pedro mich haltmachen und bittet mich, ihm ein paar Münzen zu überlassen. In der einen Hand die Münzen, mit der anderen mich festhaltend, so daß mein Gesicht dem Ort zugewandt bleibt, stimmt er eine lange Beschwörung an. Er reicht mir die Münzen zurück. Später frage ich ihn, was das Ganze sollte. Er antwortet, er habe mich vorgestellt, um zwischen allem und allen Eintracht zu schaffen. Bevor wir im Ort anlangen, kommen wir durch das Caciquial – das separate Dorf des Cacique Mamas –, bestehend aus einem eigenen Zeremonialhaus und einer Ansammlung von rund zehn Hütten darum herum. Es ist ausgestorben. Eine halbe Meile weiter senkt sich der Weg in einen Wasserlauf hinab, und emporblickend sieht man ein riesiges Portal: eine Art Torbau mit einer massiven zweiflügeligen Tür. Ein unerwartet eindrucksvoller Anblick. Beim Aufdrücken der Türflügel und Überschreiten der Schwelle fühlt man unweigerlich, daß man eine machtgeladene, exklusive Domäne betritt. Drinnen führt der Weg durch einen sorgfältig gepflegten Hain von Bäumen und Feigenpalmen weiter bis zur Ortschaft (für die ich allerdings die Bezeichnung Stadt mittlerweile fast schon für besser angebracht halte).

Endlich hatte Graham das Gefühl voranzukommen. Es erwartete ihn freilich keine weihevolle sakrale Feier, sondern eine ausgelassene Lustbarkeit, ein Saturnalienfest. Einmal im Jahr feiert jedes Kogi-Dorf ein paar tolle Tage, während deren alle Hemmungen fallengelassen werden. Alkohol, der normalerweise als eine Gefahr betrachtet und in den höhergelegenen Ortschaften sonst nie konsumiert wird, ist auf einmal für jedermann in unbegrenzter Menge zu haben. Graham hatte just zu dem einen Zeitpunkt im Jahr Zutritt zu San Miguel erhalten, an dem er den Ort im Zustand des erlaubten sozialen Chaos vorfinden mußte.

Das Fest ist in vollem Gange. Bis auf die offiziellen Ordner, die Ausschreitungen verhindern sollen, sind alle Männer sternhagelbesoffen, ebenso zahlreiche Frauen. Es wird Musik gemacht und getanzt. Die Musikanten mit ihren Trommeln und langen Flöten schweifen in Begleitung bacchantischer Haufen tanzender Männer und Frauen durch den Ort. Außerdem findet eine Art Abschlagspiel statt, bei dem Frauen durch das ganze Dorf hinter Männern herhetzen. Der Gesamteindruck ist weniger der einer Ritualfeierlichkeit als eines Hexensabbats.

Die Leute sind vergnügt, das ist zu sehen. Gelegentlich kommt es zu Tätlichkeiten, aber die Ordner sind im Nu zur Stelle, um einzuschreiten. Später erfahre ich, daß nach solchen Festivitäten gewöhnlich lange Beichten vor den Mamas abgelegt werden. Alte Feindseligkeiten klettern hier auf den Siedepunkt und Ehebrüche sind an der Tagesordnung. In der Regel verfahren die Mamas freilich hinterher mit den Inkulpanten nicht allzu streng, denn man versteht solche Feste als lebenswichtige Gelegenheiten, Dampf abzulassen.

Drei Stiere werden geschlachtet. Das Fleisch wird gemeinschaftlich zubereitet und verzehrt.

Pedro ist für mich weiterhin im diplomatischen Einsatz. Die Mamas sind durch die Bank betrunken, und es dauert zwölf Stunden, bis er sie alle zusammengetrommelt hat. Er bringt jedem einzeln das Geschenk, das ich für ihn mitgebracht habe, hält ein kleines Plädoyer für mich und läßt sich das Erscheinen bei der Versammlung zusichern. Sie sind total duhn und sagen zu allem Ja und Amen. Einer versucht, eine Orakelzeremonie auszuführen, aber er verschüttet in einem fort das Wasser oder läßt die Perle zu Boden fallen. Er gibt auf, klammert sich an meinen Arm und lallt: «Alles prima, alles bestens.» Dabei grinst er mich an wie ein Irrer.

Mit Verspätung trifft der Cacique Mama, Mama Valencia, ein; er ist nüchtern. Sofort bildet sich eine kleine Menschentraube um ihn. Die Leute ergreifen seine Hände, tätscheln zärtlich seinen Kopf und überschütten ihn mit Bekundungen überschwenglicher Verehrung; dabei reden sie ununterbrochen mit alkoholschwerer Zunge auf ihn ein. Er bleibt völlig ungerührt und benimmt sich, als erlebe er das alle Tage. Seine Miene ist die eines Heiligen.

Nicht lange danach beginnt Konchakalla [ein Kogi von der Südseite, der schon früher als Unruhestifter aufgetreten ist] ihn rüde anzupflaumen, und er fordert mich daraufhin zum Gehen auf. Ein Haufen junger Männer rottet sich zusammen, und die Stimmung wird jetzt richtig aggressionsgeladen. Im Nu ist der Punkt erreicht, wo keiner mehr Vernunft und guten Worten zugänglich ist. Gerade will mir ernstlich mulmig werden, da taucht, alkoholumnebelt und außer sich vor Wut, Jefe Mayor Jacinto auf und fängt unter völlig unkoordiniertem Kopfschütteln und Herumfuchteln mit den Armen in schrillem Diskant zu kreischen an: «Ich habe hier zu bestimmen! Ich habe ihn eingeladen! Er bleibt da!» Er wirkt total übergeschnappt. Mama Valencia und die jungen Männer ziehen schleunigst Leine. Jacinto packt mich, lächelt mich an und sinkt mit den gemurmelten Worten «Ich habe hier zu bestimmen, ich ganz allein» zu Boden. Die *cabos* werfen Konchakalla zum Dorf hinaus. Fünf Minuten später ist Jacinto bewußtlos.

Näher als bis hierher kam Graham dem innersten Kogi-Herzland nicht. Und eine Einladung hierher gab es für ihn kein zweites Mal. In der zweiten Julihälfte begann er zunehmend unter dem niederdrückenden Gefühl zu leiden, daß er nicht vorankam.

Ich habe den starken Eindruck, daß sich die Dinge zuungunsten des Films entwickeln, und dazu das ziemlich frustrierende Gefühl, daß ich nicht viel tun kann, um den Stimmungsumschwung aufzuhalten. Ich habe mittlerweile so gut wie jedem, mit dem ich in Kontakt gekommen bin, alle Argumente für den Film vorgetragen – und das zu wiederholten Malen. Jedesmal wurde meine Demarche mit einem lauten «Ja» aufgenommen, dem dann binnen weniger Tage eine Woge von Bedenken und/oder ein lautes «Nein» hinterhergeschickt wurden. Jeder kennt mittlerweile die Argumente pro und contra in- und auswendig; das Weitere ist reine Vertrauenssache. Die Nonnen trichtern den Kogi mit dramatischen Vorhaltungen ein, ich sei ein Gangster, Räuber und potentieller Mörder und gehörte hinausgeschmissen. In Pueblo Viejo wächst die feindselige Stimmung; niemand will noch etwas von dem Film wissen. Die Atmosphäre ist auf dem Nullpunkt. Jetzt noch weiter herumzulaufen und zu beteuern, daß ich und die BBC doch nette Leute sind und niemanden unterjochen und ausplündern wollen, wäre vollkommen zwecklos.

Außerdem wuchs bei den Kogi der Ärger über die Art und Weise, wie der Jüngere Bruder in Bogotá auf ihre fundamentale Botschaft reagierte, daß eine ökologische Katastrophe im Anzug sei. Von der Casa Indigena in Santa Marta kam Carlos mit der Nachricht herauf, auch auf Regierungsseite sei man beunruhigt und die staatlichen Ökologen wollten verödete Teile der Sierra mit Guavenbäumen aufforsten. Er erntete Feindseligkeit: Der Jüngere Bruder weiß nichts und ist für Weisheit taub. Die Anpflanzung dieser Bäume, die anscheinend für Flußlandschaften einen wirksamen Schutz gegen die Erosion bieten, würde, so die Kogi, für das lokale Ökosystem verheerende Nebenwirkungen nach sich ziehen.

Wenn die Allmutter in diesem Teil der Sierra Guaven hätte haben wollen, dann hätte sie sie hier wachsen lassen. Weshalb kommt ihr hierher und erzählt uns solches Zeug? Ihr versteht überhaupt nichts davon. Ihr kommt hierher und erzählt uns, wir bräuchten eine Brücke [eine Anspielung auf ein Regierungsprojekt unten im Vorgebirge]. Ihr schickt Maschinen, damit sie Löcher in den Boden graben. Ihr wißt nicht, was ihr tut. Ihr grabt Löcher in das Fleisch unserer Mutter. Ihr zapft ihr das Blut ab.

Das Brückenprojekt läuft seit Jahren und einige korrupte Politiker und Bauunternehmer haben sich dabei schon goldene Nasen verdient.

Gleichzeitig waren die Klagen der Nonnen der Nationalen Organisation kolumbianischer Indianer (ONIC), die als Interessenvertretung aller Eingeborenen Kolumbiens auftrat, zu Ohren gekommen. Zwar gab es in Wahrheit praktisch keinerlei Kontakte zwischen den Kogi und der ONIC, doch deren Vernehmen nach hatten Amparo und die BBC gemeinsam einen Plan ausgeheckt, wie man die Kogi-Kultur gegen klingende Münze verhökern könne, und daraufhin legte man energischen Protest bei der Regierung ein.

Martin kommt zu Besuch

Das Filmprojekt war jetzt zu einem Politikum geworden, und Martin von Hildebrand, der Leiter der Indianerbehörde, sah sich genötigt, an Ort und Stelle nach dem Rechten zu sehen. Die Kogi luden ihn zu einer feierlichen Opferzeremonie ein, und er ergriff die Gelegenheit zu einer Dienstreise in die Sierra.

Es war Martins erster Besuch bei den Kogi. Auf seiten der Kogi wurde er als hochbedeutsame Angelegenheit eingestuft. Man lud Martin in eines der höhergelegenen Dörfer nahe dem für Fremde gesperrten innersten Herzland ein. Wie in allen Kogi-Dörfern steht auch in diesem ein viereckiger Bau, der von Missionaren als Kirche errichtet wurde, jedoch nie benutzt wird und stets verschlossen bleibt.

Die Kirche wurde aufgeschlossen, man schleppte abgewetzte Ledersessel aus dem Inneren hervor und stellte sie in einer Reihe vor dem Bau auf. Martin, Amparo und Graham wurden gebeten, Platz zu nehmen, und mit Orangen bewirtet, dann wurden die Männer des Dorfes zusammengetrommelt. Zuletzt wurden die Jüngeren Brüder zu einer Versammlung auf einer Bergwiese gerufen.

Einige Tage zuvor hatte sich in einem tiefergelegenen Dorf eine Gruppe Mamas versammelt und eine vierstündige Orakelzeremonie abgehalten. Im Anschluß daran, nach Sonnenuntergang, hatte Jefe Mayor Jacinto Graham und Carlos an einen Ort außerhalb des Dorfes zu einer Unterredung bestellt. Er eröffnete den beiden, sie seien mit dem Filmprojekt einverstanden, allerdings dürften oberhalb einer bestimmten Höhe keine Aufnahmen gemacht werden. Das Gesicht verziehend, fragte Carlos, wie lange es wohl dauern würde, bis er seine Meinung wieder änderte; der Jefe Mayor antwortete lächelnd, die Mamas änderten nicht so leicht ihre Meinung.

Tags darauf war Martin eingetroffen. Er hatte den Jefe Mayor nach seiner Meinung über das Filmprojekt gefragt. Ohne mit der Wimper zu zucken, hatte Jacinto im Beisein von Carlos geantwortet: «Die Mamas sind dagegen.»

Bei der Versammlung auf der Bergwiese wurden die Nonnen aufgefordert, ihre Einwände darzulegen. Eine meinte, es sei nicht richtig, Indianer zu filmen, weil auf diese Weise in der Welt der Eindruck verbreitet werde, so wie sie – nämlich Primitive und Heiden – seien die Kolumbier insgesamt.

Sie schlugen einen dermaßen überheblichen Ton an, daß Martin sich bemüßigt fühlte, ihnen seinen Standpunkt klarzumachen. Er sei der Chef der Indianerbehörde. Für die Eingeborenen sei er zuständig, und die Nonnen seien hier nur geduldet. Wenn er wolle, könne er ihre Mission auf der Stelle schließen.

In der Folge meinte er, was den Film betreffe, müsse jetzt eine klare Entscheidung getroffen werden, und bei dieser Entscheidung müsse es künftig auch bleiben. Es sei nicht seine Sache zu entscheiden. Die Mamas müßten entscheiden. Und die Nonnen müßten die Entscheidung respektieren, so wie die Regierung sie respektieren würde.

Die Mamas hörten schweigend zu und bezogen keine Stellung.

Für Graham wurde es Zeit, nach Bogotá zurückzukehren. Einem der freundlichsten Mamas, Mama Bernardo, stattete er einen Abschiedsbesuch ab und erhielt von diesem ein Amulett zum Geschenk, das ihn, so der Geber, auf der Reise vor Unfällen beschützen würde. Beim Abstieg von der steilen Anhöhe, auf der Mama Bernardos Haus stand, glitt Graham im strömenden Regen aus, stürzte und prellte sich das Kreuzbein auf einem Stein. Besinnungslos lag er im Dreck.

Er kam wieder zu sich, rappelte sich auf und verließ die Sierra im Zustand tiefster Niedergeschlagenheit. Auf dem mühsamen, steilen Pfad abwärts kam er an einem Stein vorbei, der ein Heiligtum der Mutter des Jüngeren Bruders ist. Hier war ein Zeichen der Ehrerbietung verlangt, eine symbolische Geste, die darin bestand, ein Blatt einer bestimmten Palmenart auf den Stein zu legen. So würde sein Kommen und Gehen in geregelte Bahnen gelenkt. Es war eine Handlung, die eine Bedeutung in *aluna* hatte. Wenn die Harmonie von *aluna* gestört ist, sagen die Kogi, so zeigt sich dies darin, daß Dinge, Menschen und Tiere krank werden. Ein Samenkorn, das nicht in geziemender Geistesverfassung in den Boden gebracht wird, verfault unter Umständen. Ein Topf, der nicht mit der angemessenen meditativen Einstellung hergestellt wird, bricht unter Umständen. Weberei, die nicht im rechten Geist vorgenommen wird, bringt unter Umständen fehlerhaften Stoff hervor. Ein Mensch, der der Geisterwelt nicht die gebührende Achtung zollt, wird erkranken.

Graham blieb vor dem Stein stehen und starrte ihn an. Er war todmüde und durchnäßt und fror. Die Kogi hatten ihn am Narrenseil herumgeführt, und am Ende war er keinen Schritt weitergekommen. Er dachte an das Palmblatt und beschloß, sich die Mühe zu schenken.

In Bogotá kam er mit triefender Nase und einer Grippe an.

Der Drogenkrieg

Der September nahte und mit ihm der Zeitpunkt, wo ich, wie ausgemacht, wieder nach Kolumbien würde reisen müssen, um mit den Mamas die letzten Einzelheiten des Drehplans abzusprechen. Die Auspizien waren nicht günstig.

Im ganzen Land herrschte ein ziemliches Durcheinander. Es war noch ein Jahr bis zu den Präsidentschaftswahlen, die mich bisher nur unter einem einzigen Gesichtspunkt interessiert hatten: Der Film mußte vor dem Wahltermin abgedreht sein, weil danach möglicherweise meine sämtlichen Kontaktleute in Regierungsämtern weg vom Fenster waren. Für die Kolumbier jedoch war jetzt der Wahlkampf in vollem Gange, und *ein* Kandidat lag mit Abstand an der Spitze des Felds im Rennen: Galan. Seine Popularität gründete in seiner Reputation als Ehrenmann und seinen öffentlichen Kampfansagen an die Drogenbarone.

Eben darum ließen sie ihn erschießen.

In diesem Moment ging mit Kolumbien eine Veränderung vor sich. Am Tag der Beerdigung folgte eine halbe Million Menschen Galans Sarg. Mit einemmal fand man im ganzen Land die Macht und Arroganz der Verbrecherkartelle unerträglich.

Aus mancherlei Gründen waren die kolumbianischen Drogenbarone bisher praktisch unbehelligt geblieben. Die beiden größten Kartelle operieren von Cali beziehungsweise Medellín aus, und das sind die zwei blühendsten Städte des Landes. Ein kleiner Bruchteil der Dollarmilliarden aus dem Kokaingeschäft fließt in Maßnahmen zur Verbesserung der sozialen Situation im Umfeld der Kartellbosse, in die Finanzierung von Sozialwohnungen, Krankenhäusern und öffentlichen Verkehrsmitteln. Für viele der Armen und Ärmsten sind die Drogenbarone anscheinend Gegenstände aufrichtiger Liebe. Es gibt eine natürliche Verbindungsbrücke vom organisierten Verbrechen zur Wohltätigkeit – nicht nur in Kolumbien. Die hohen Tiere der Verbrecherwelt sind gewöhnlich spendable Leute, besonders wenn sie aus den ärmeren Schichten stammen.

Aber in Kolumbien, zumal in Medellín, ging die Sache noch weiter. Die Bosse des Cali-Kartells sind mehr der Typ des modernen Managers, wohl auch kühler und publizitätsscheuer als ihre Konkurrenten in Medellín. Überdies sind sie gebildeter. Zumindest in den Augen des einfachen Volkes verkörpern sie sozusagen den «alten Reichtum» im organisierten Verbrechen. Die Medellín-Bosse wickelten ihre Operationen zwar auch mit Hilfe von Computern und Finanzierungsgesellschaften ab, aber angefangen hatten sie als Kleinkriminelle – bei einigen von ihnen stammte das Startkapital aus Grabräuberei in der Sierra oder aus der dortigen Marihuana-Hochkonjunktur in den siebziger Jahren. Sie wollten Geld, unbegrenzte Mengen Geld, aber sie wollten auch Achtung. Sie wollten Anerkennung und Geltung. Hier regte sich der gleiche Impuls wie seinerzeit bei den Grabräubern, die den Versuch machten, sich als legitimer Berufsverband zu konstituieren.

Die Topleute – wie Escobar, Gacha, Abello und Co. – waren in der Öffentlichkeit bekannte Gestalten. Und so wollten sie es: Die Allgemeinheit sollte wissen, wer sie waren, sollte ihnen Anerkennung und Bewunderung zollen. Diese Zielsetzung zusammen mit ihrem Engagement auf dem Sektor der öffentlichen Arbeiten wies ihnen den Weg in die Politik. Es bestand (und besteht noch heute) ernstlich die Möglichkeit, daß Kolumbien unter ihre Kontrolle geraten könnte. Sie hatten bei jeder Wahl ihre Kandidaten im Rennen und gewannen zunehmenden Einfluß auf kommunaler und Bezirksebene. Escobar saß im Senat.

Jeder, der seine Stimme gegen sie erhob, riskierte, über den Haufen geschossen zu werden – nicht etwa nur weil er eine Gefahr darstellte, sondern auch weil er es an Respekt fehlen ließ. Richterschaft und Polizei waren praktisch durch die Bank eingeschüchtert durch die Alternative Gold oder Blei, mit der sie sich mit jeder Festnahme eines *mafioso* konfrontiert sahen. Stellt man Menschen vor die Wahl zwischen einem beträchtlichen Vermögen und einem Feuerstoß aus einem Automatikgewehr, verlieren die abstrakten Forderungen des Rechts für die meisten schnell ihre Gültigkeit. Man sollte jedoch nie vergessen, daß eine große Zahl kolumbianischer Beamter und Journalisten sich für das Blei entschied. Und es auch heute noch tut.

Die Ermordung Galans war nicht einfach nur ein weiterer Schritt auf dem Weg des Medellín-Kartells zu mehr Macht. Sie war eine Ohrfeige für den kolumbianischen Staat. Das Kartell hatte dem Land handgreiflich seine Verachtung demonstriert; Staat und Regierung entschieden sich daraufhin für das Blei. Sie erklärten den Drogenbaronen den Krieg. Reiner Selbstmord, sagten die Zuschauer. In der rechten Ecke: die Republik Kolumbien. Ein beherzter Herausforderer, aber verarmt und wackelig. Armee und Polizei haben zweifellos mutige und ehrenhafte Männer in ihren Reihen, sind aber aufs Ganze gesehen schlecht organisiert und zutiefst korrupt. Richtern, die unter Morddrohung stehen, stellt der Staat Dienstwagen zur Verfügung, die sich bei näherem Hinsehen als vergammelte Jeeps erweisen. Hohe Regierungsbeamte in gefährdeten Wohnbezirken werden von Sicherheitsbeamten bewacht, die pünktlich um fünf Uhr nachmittags Feierabend machen. In der linken Ecke: der Champion – die Muskeln geölt, gut in Schuß, mit unbegrenzten Mitteln, bis an die Zähne gerüstet mit hochmodernen Waffen und einer von israelischen, britischen und nordamerikanischen Söldnern ausgebildeten Privatarmee.

Jeder Staatsbeamte samt seiner Familie, jeder Journalist, jeder, der ein Amt in einer Regierungsbehörde innehatte, dazu die gesamte Richterschaft, sie alle wußten, daß sie auf der Verliererseite in einen Vernichtungsfeldzug geschickt wurden. Aber die erlittene Schmach konnte man nicht auf sich sitzenlassen. Sie entschieden sich für das Blei. Der Gegner reagierte schnell: Als erstes flog das Redaktionsgebäude der liberalen Tageszeitung *El Espectador* in die Luft.

Und just in diesem Augenblick des heroischen Selbstmords des kolumbianischen Staatswesens sollte ich nach Bogotá fliegen? Allen US-Bürgern in Kolumbien wurde empfohlen, das Land zu verlassen. Ich bin kein US-Bürger. Alle ausländischen Journalisten wurden gewarnt, es würde auf sie geschossen. Ich habe wirklich keinen Grund, mich für einen Journalisten zu halten. Die kolumbianische Botschaft ließ mich wissen, daß ein striktes Startverbot für Hubschrauber ergangen sei, aber von Helicol, der Gesellschaft, die mir den Hubschrauber stellt, erhielt ich die Auskunft, es gebe keinerlei Probleme. In meiner Ratlosigkeit rief ich das britische Foreign Office an; ich war überzeugt, dort würde man mir nahelegen, nicht zu reisen. «Wir raten eigentlich niemandem von der Reise ab. Ich persönlich würde nicht reisen, aber Sie müssen ja wohl aus beruflichen Gründen, nicht?»

Ich fuhr nach Hause und starrte Charlie an. Er starrte zurück. Von da war keine Hilfe zu erwarten. Ich hatte, das war nicht zu leugnen, einen gebrochenen Knöchel. (Ich war aus einem Büro durch ein Fenster ins Freie getreten, um draußen eine Zigarre zu rauchen. Nein, das Büro lag im Parterre. Woher sollte ich wissen, daß vor dem Fenster der Kellereingang lag? Die BBC hätte das mit dem Rauchverbot in den Innenräumen besser gelassen. Das Ganze war eine Tragödie in einem Akt. Ich fiel wie ein Stein, landete hart, hörte die Englein singen und verlor das Bewußtsein. Rauchen gefährdet Ihre Gesundheit.) Aber ich konnte am Stock gehen. Und Sarah, meine Frau, würde ja auch noch dasein, um mich zu stützen. Sie stellte unmißverständlich klar, daß sie, wenn ich bei meinem Vorhaben bliebe, mitkommen würde. Statt diesen wahnwitzigen Einfall umgehend vom Tisch zu wischen, gab ihr die BBC einen Zeitvertrag, damit sie sich um mich kümmern könne. Was blieb uns da noch übrig, als unser Testament zu machen und die Maschine zu besteigen?

Heißes Pflaster Bogotá

In Bogotá war die Atmosphäre gespannt. Die Staatsmacht hatte in einer Reihe von Villen Razzien durchgeführt und Autos, Kleinflugzeuge, Schnellboote und Hubschrauber beschlagnahmt, war aber jedesmal zu spät gekommen, um wirklich einen großen Fisch zu fangen. Die Kartellbosse saßen sämtlich im Untergrund, von wo aus sie die tagtäglich stattfindenden Bombenanschläge und Meuchelmorde organisierten. Ein paar von den schönsten Häusern um das Hotel Charleston herum waren von der Polizei beschlagnahmt, und jeder Laden, jeder Wohnblock wurde von einem argwöhnischen Mann mit einer Pistole im Gürtel bewacht. Besonders nervös unter den Leuten, mit denen ich zu tun hatte, waren die kolumbianischen Journalisten. Sie erhielten keine Morddrohungen mehr zugestellt. Das Tam-tam der Kriegstrommeln hatte aufgehört. Demnächst würde es brenzlig werden.

Ich wollte das kolumbianische Fernsehen für die Mitwirkung an dem Projekt gewinnen; bei meinem letzten Aufenthalt hatte ich mit dem Minister für das Post- und Fernmeldewesen darüber gesprochen, und der hatte sich sehr interessiert gezeigt. In der Zwischenzeit war er allerdings abgelöst worden. Ich machte einen Besuch bei der staatlichen Fernsehgesellschaft Inravision (eine Art öffentlicher Programmversorgungsanstalt neben den kommerziellen Anbietern). Man empfing mich mit erlesener Höflichkeit und stellte mir einen bewaffneten Leibwächter für meinen Streifzug durch Bogotá zur Verfügung, aber es sah nicht so aus, als würde man sich ohne ausdrückliche politische Weisung auf weitergehende Dinge einlassen.

Der neue Postminister war Lemos Simmons, einer der erfahrensten Politiker Kolumbiens. In den zurückliegenden kritischen Wochen hatte er die Ämter des Geschäftsführenden Ministerpräsidenten und des Justizministers versehen, beides Posten, die ihrem Inhaber automatisch das Todesurteil des Kartells einbringen. Inzwischen war ein neuer Justizminister ernannt worden, eine junge Dame von einunddreißig Lenzen, die auf einem langen und immer länger werdenden Besuch in den USA weilte und erklärte, ihr Ehrgeiz ziele darauf, das zweiunddreißigste Lebensjahr zu vollenden. Simmons konnte ein paar Minuten Zeit erübrigen und erklärte sich bereit, mich zu empfangen.

Als Bürger Großbritanniens – wo in der Verwaltungsbürokratie Argwohn und Trägheit das Klima bestimmen und man als Regierungsfunktionär kaum jemals in die Lage kommt, wirklich Mut beweisen zu müssen, sondern sich zumeist mit reinem Posieren begnügen kann – bin ich von den kolumbianischen Verhältnissen stark beeindruckt. Der Posten mit der Maschinenpistole vor dem Amtszimmer war hier Teil des Büroalltags. Simmons hielt eine Schlüsselposition in einer Regierungsmannschaft, die mit einer staatsfeindlichen kriminellen Vereinigung buchstäblich um ihr Leben kämpfen mußte. Dennoch nahm er sich die Zeit, sich mein Anliegen klarlegen zu lassen, und arrangierte gleich für den nächsten Tag eine Konferenz, auf der er Inravision, Focine (dem Dachverband der Filmindustrie) und der staatlichen Produktionsgesellschaft Audiovisuales nahelegen wollte, sich an meinem Unternehmen zu beteiligen.

Bis das Räderwerk dieser drei Organisationen tatsächlich im gewünschten Sinn arbeitete, würde natürlich noch Zeit vergehen und Schweiß vergossen werden müssen. Aber Simmons' zupackende Art war imponierend.

Meine nächste Station war Reichel-Dolmatoff, der inzwischen wieder in Bogotá wohnte. Ich hatte dem Grand Old Man in der ersten Jahreshälfte geschrieben, daß die Kogi den Film mit mir machen wollten, und ihn um Rat und Unterstützung gebeten. Er schrieb zurück, er halte nichts von dem Unternehmen und wolle damit nichts zu tun haben. Abgesehen von medizinischer Hilfe, wollten die Kogi in Wirklichkeit nichts als in Ruhe gelassen werden.

Ich hoffte, daß dies nicht sein letztes Wort war, denn er war der einzige mir erreichbare Ethnologe mit solider Kenntnis dieses Volks, und ich konnte jede Hilfe brauchen, die ich kriegen konnte. Ich wurde argwöhnisch durch den Türspion beäugt, bevor eine stattliche Anzahl Schlösser, Riegel und Ketten ihres Dienstes enthoben wurden und ich eintreten durfte.

Reichel und Alicia äußerten sich anerkennend über meine *ruana*, den einer Decke ähnelnden wollenen Umhang, wie man ihn in den Anden trägt.

«Ich habe sie in Ihrem schönen Villa de Levya gekauft.»

«Es ist nicht *unser* Villa de Levya. Alles andere als das. Man hat uns vertrieben. Ich mußte alles verkaufen und fliehen. Alles zurücklassen, wie es lag und stand. Die Bücher, die Möbel – alles.»

Reichel hatte sich in dem Ort seines Lebens nicht mehr sicher gefühlt. Ich war erschüttert. War es nicht entsetzlich, sich von seiner Bibliothek trennen und alles hinter sich lassen zu müssen?

«Nein, wir sind daran gewöhnt. Es ist nicht das erste Mal, daß so etwas passiert. 1905, die Flucht aus Rußland, das war genauso.»

Ich starrte auf den bolzengerade in seinem Lehnstuhl sitzenden Mann mit dem weißen Haar und dem gepflegten, wohllautend intonierten Englisch. Wie umfangreich mochte seine Bibliothek im Jahre 1905, vor vierundachtzig Jahren, gewesen sein?

«Wie alt sind Sie, Gerardo?»

Nein, so war das nicht gemeint, nicht er selber war damals aus Rußland geflohen, sondern seine Familie. Und hier in Bogotá sah er sich verfolgt, bedroht. Der Krieg der Drogenbarone – so schien es, wenn man ihm zuhörte – war nur ein belangloses Scharmützel, das vom Krieg unter den Ethnologen ablenken sollte. Seine Gegner hatten die Universität vereinnahmt.

«Für einige bin ich ein Indianerfreund; die würden mich am liebsten umbringen, weil sie meinen, ich stehe auf seiten der Indianer. Andere werfen mir paternalistisches Gebaren vor.» Beide Anschuldigungen hörten sich gar nicht so abwegig an. «Sie werfen mir vor, ich *tränke Tee*!» Auch das schien den Tatsachen zu entsprechen. «Ich werde als Agent des

US-Imperialismus bezeichnet.» Damit begaben sich seine Gegner, wie mir schien, auf dünnes Eis. «Und sie behaupten, ich sei ein *Lévi-Straussianer*!» Er hieb mit der Faust auf die Sessellehne. Ich sah, was ihn an diesem letzten Vorwurf kränken mußte. Reichel ist niemandes Adept, er ist selber wer – eine Monumentalgestalt eigenen Ranges. Ansonsten blieb mir die Anschuldigung unverständlich.

«Ein Levi-Straussianer zu sein ist doch aber kein Kapitalverbrechen, oder?»

Der Große Mann sah mich nachsichtig an. «Sie kennen Kolumbien nicht.»

Ich war zerknirscht über meine Unwissenheit. Sein Vorwurf war berechtigt.

«Ich gehe überhaupt nicht mehr in die Universität. Dort sind sie alle gegen mich. Zum fünfundzwanzigjährigen Jubiläum des ethnologischen Fachbereichs haben sie eine Gedenkfeier abgehalten. Den Fachbereich habe ich gegründet. Ich habe ihn ins Leben gerufen. Zu der Feier haben sie mich als Hauptredner eingeladen.» Er zeigte mir das gedruckte Programm mit seinem Vortrag an der Spitze. «Ich bin einfach nicht hingegangen. Sie mußten den ‹Hamlet› ohne den Prinzen geben.»

Rationale Maßstäbe haben in Kolumbien keine Gültigkeit. Draußen trieben Bombenleger ihr Unwesen. Jeder Zehnte, der einem auf der Straße begegnete, war ein privat angeheuerter Leibwächter mit Gewehr. Und in der protokollarischen Rangfolge der kolumbianischen Anthropologie hatte Reichel nicht den Platz des Prinzen, sondern den des Königs inne.

Alle Europäer, die es in Kolumbien zu einer herausragenden Stellung bringen, bekommen in verschärfter Form den aus der Abwehr und Überkompensation von Insuffizienzgefühlen entspringenden Chauvinismus dieses Landes zu spüren. Kolumbien bemüht sich um den Nachweis, daß es im akademischen Bereich bedeutsame Eigenleistungen zu bieten hat, es will hier nicht als Nachbeter europäischer und nordamerikanischer Positionen gelten, und manche Leute glauben, daß diese Zielsetzung eine feindselige Haltung gegen eingewanderte Gelehrte verlangt. Reichel war praktisch der Schöpfer der kolumbianischen Ethnologie und ist es daher gewohnt, in sich selbst einen einsamen Gralshüter des europäischen Rationalismus zu sehen. In Kolumbien, wo es buchstäblich lebensgefährlich sein kann, als Ausländer identifiziert zu werden, kann ein Mensch auf einsamem Posten es leicht mit entsetzlicher Angst zu tun bekommen.

Aber was war nun mit dem Film? Bei unserer letzten Begegnung hatte Reichel mir den Sonderdruck eines Aufsatzes geschenkt, den er im *Journal of American Lore* veröffentlicht hatte. Der schloß mit den bewegenden Worten:

> Mir geht es hier im Grunde um die Frage: Was lehrt uns die Weltauffassung der Kogi über uns selbst? […] Ich bin aufrichtig überzeugt, daß die Kogi […] viel zur besseren Durchdringung und Aufarbeitung mancher Probleme der modernen Welt beitragen können und daß wir uns glücklich schätzen sollten, Zeitgenossen eines Volkes zu sein, von dem wir möglicherweise ein gewisses Maß an «Balance» erlernen können. […] Mein Appell richtet sich an die Kulturwissenschaftler, an die Psychologen und Philosophen, an die Historiker und an die Gemeinschaft internationaler Planungsexperten, die der Magna Mater der Sierra Nevada de Santa Marta leider sehr fernstehen.

Falls es ihm ernst damit war, sollte er mir dann nicht dabei helfen, einen sauber und sachgemäß gemachten Film abzuliefern? Langes Palaver. Ergebnis: Reichel fand jetzt, daß es richtig sei, den Film zu machen, und erklärte sich zu Hilfestellungen bereit. Die würde er mir allerdings aus der Ferne zukommen lassen müssen, denn er hatte sich entschlossen, Kolumbien zu verlassen und seine Arbeit in Japan fortzusetzen. Dort lebte er in Sicherheit, dort wußte man, was man an ihm hatte. In wenigen Tagen reiste er ab.

Ich bat ihn, sich zuvor unbedingt noch mit Graham zu unterhalten. Das ließe sich machen, meinte er. Dann sah er mich mit nachdenklich gerunzelter Stirn an.

«Sagten Sie nicht, er hat in Cambridge studiert?»

«Ja. In Cambridge hat er seinen Doktor gemacht.»

Er erkundigte sich nach dem Namen von Grahams Doktorvater. Tatsächlich hatte er ihn schon erraten, und auf meine Bestätigung hin machte er auf einmal einen Rückzieher.

«Ich kann mich nicht mit Ihrem Ethnologen treffen. Und zwar aus Gründen der Revierabgrenzung nicht.»

Ich war perplex, aber mein Gegenüber blieb stur wie die Wand und wankte und wich nicht. Was störte ihn an Grahams Ausbildung?

«Es ist eine andere Schule. Ihr Ethnologe vertritt eine andere Schulrichtung als ich. Andere Positionen und Methoden.»

«Aber das ist doch ganz natürlich! Schließlich ist er eine andere Generation als Sie. Oder halten *Sie* es vielleicht für erstrebenswert, daß wir alle die gleichen Ansichten vertreten und immer wieder dieselben Fragen stellen und ausnahmslos dasselbe denken? Ganz sicher nicht. Er *muß* andere Positionen einnehmen als Sie.»

Ja, gewiß. Aber was ich noch nicht richtig begriffen hätte: Es gebe da klar abgegrenzte Reviere. Reichel wollte nicht in einen Konflikt mit einem anderen Ethnologen und dessen Lehrer hineinstolpern. Dahinter steckte augenscheinlich ein alter Groll – irgend so ein Fall, in dem er sich wieder einmal verraten fühlte. Schließlich und endlich kamen wir zu einer Einigung. Reichel würde mit mir auf privater Ebene korrespondieren und mich beraten, aber auf keinen Fall dürfe jemand auf den Gedanken gebracht werden, was ich später einmal vorlegen werde, sei unter seiner Federführung oder Anleitung entstanden. Ein billiges Verlangen. Denn so ist es in der Tat nicht. Ich wollte lediglich seine Stellungnahmen zu meiner Arbeit, um von seiner Sachkenntnis profitieren zu können.

Etwas verwirrt machte ich mich auf den Rückweg zum Hotel. Draußen war es stockfinster und goß wie aus Kübeln. Weit und breit kein Taxi. Auf hubbeligem Pflaster humpelte ich heimwärts – die weiteste Strecke, die ich seit dem Knöchelbruch zu Fuß zurückgelegt hatte. Bogotá hatte sich verändert: Die vielen Wachen und Leibwächter hatten die Straßenkriminalität beträchtlich zurückgedämmt. Auf den Straßen war man weniger gefährdet als früher – es sei denn, man stand auf irgend jemandes Abschußliste.

Im Hotel wurde ich von einem Reporter des kolumbianischen Rundfunks interviewt. Ich war entspannt, und die Worte sprudelten mir nur so von den Lippen, bis der Interviewer mich fragte: «Haben Sie denn nicht manchmal ein bißchen Bammel hier? Das Gefühl, sich auf einem heißen Pflaster zu bewegen?» Ich antwortete, daß man hier meiner Meinung nach eigentlich nur dann in Gefahr sei, wenn jemand Grund habe, einen beseitigen zu wollen. Während ich das sagte, hoffte ich, daß niemand meine Worte als Herausforderung auffaßte oder in Versuchung geriet, mir aus Daffke das Gegenteil zu beweisen. Ich hatte auch so schon Probleme genug. Ich gab mir die größte Mühe, nicht wie ein Lévi-Straussianer zu wirken.

Worte der Mamas

Daß Graham mit Sorge daran dachte, was uns in der Sierra erwarten mochte, war kein Wunder. Seiner Ansicht nach sollte man alles ganz langsam angehen: Die Kogi hatten noch nicht genügend Zeit gehabt, sich mit dem Filmprojekt anzufreunden. Mir schien das wenig wahrscheinlich. Die Prüfungen, denen man ihn unterzogen hatte, waren mir erspart geblieben. Und daß es Prüfungen waren, was er erlebt hatte, davon war ich felsenfest überzeugt. Die Mamas hatten bei meinem vorigen Besuch ihre Entscheidung getroffen. Offenbar gab es Widerstand von seiten der Vasallen, aber das war nicht anders zu erwarten gewesen. Jahrhundertelange Gewöhnung an Argwohn und Absonderung läßt sich nicht einfach von heute auf morgen abstellen. Aber letzten Endes war das nicht unser Problem, sondern das der Mamas.

Auf dem Flugplatz von Santa Marta standen massenhaft kleine Maschinen mit platten Reifen herum. Bei allen klebte eine gerichtliche Beschlagnahmeverfügung am Cockpit. Es waren Flugzeuge der Drogenindustrie. Die Regierungsoffensive war in vollem Gange.

Ramón begrüßte mich herzlich, warnte mich aber gleich, daß Schwierigkeiten auf mich zukämen. Das ließ mich kalt. Ich hatte nicht die Absicht, Propaganda für den Film zu machen. Wenn die Mamas zu dem Jüngeren Bruder sprechen wollten, würde ich ihnen gern dabei helfen. Wenn sie nicht wollten, wenn sie glaubten, daß die Risiken die Vorteile überwiegen, hatten sie vielleicht recht.

Begleitet von Ramón, Adalberto und Amparo, flogen Graham, Sarah und ich im Hubschrauber nach Pueblo Viejo. Mit von der Partie waren zwei Damen aus dem Präsidialamt. Langsam wurde es ernst.

Das Dorf war fast menschenleer. Wir gingen zur Sanitätsstation, wo einige von uns schlafen würden. Die Propangasflasche neben dem Herd war leer, die Wasserleitung gebrochen. Kein Medizinstudent war mehr hier und auch kein Arregocé, der als dienstbarer Geist nach dem Rechten sah. Arregocé war inzwischen Manuelitos Nachfolger bei Gonavindua Tairona geworden. Als hier Debatten aufflackerten, hatte man ihn bei einer erwischt, und den Mamas hatte seine Aufführung überhaupt nicht gefallen. Er hatte noch viel zu lernen – und jetzt kein angenehmes Leben mehr. Er wirkte bedrückt und unfroh.

Amparo, die mit dabei war, um unser korrektes Betragen gegenüber den Kogi sicherzustellen, fragte mich, ob wir die Dreharbeiten nicht noch ein Jahr verschieben könnten. Nein, konnten wir nicht. Wenn die Mamas einen Film machen wollten – wunderbar: Wir waren hier, um ihnen dabei zu helfen. Wenn nicht – adieu. Es war *ihr* Film, *ihr* Projekt – ich und die BBC spielten dabei allenfalls zweite Geige.

Ich glaube, ich hatte damals nicht den geringsten Zweifel, wie die Sache ausgehen würde. Dafür hatten mich die Mamas mit ihrem Entsetzen darüber, was unserer Welt bevorsteht, zu tief beeindruckt.

Wir sind die Älteren Brüder.
Wir haben die alten Sitten nicht vergessen.
Wie könnte ich sagen, daß ich nicht zu tanzen wüßte?
Wir verstehen uns noch auf das Tanzen.
Wir haben nichts vergessen.
Wir wissen den Regen herbeizurufen.
Wir wissen überstarkem Regen Einhalt zu gebieten.
Wir rufen den Sommer herbei.
Wir wissen den Segen über die Welt zu sprechen und sie zum
    Erblühen zu bringen.

Aber heute töten sie die Mutter.
Der Jüngere Bruder, er denkt einzig ans Ausplündern.

Die Mutter sorgt auch für ihn, aber er, er denkt nicht.

Er schneidet ihr ins Fleisch.
Er schneidet ihr in die Arme.
Er schneidet ihr die Brüste ab.
Er reißt ihr das Herz aus.
Er tötet das Herz der Welt.

Wenn die letzte Nacht anbricht, wird es mit allem aus sein.
Mit dem Feuer, den Thronen, den Steinen, mit allem.
Die ganze Welt wird es zu leiden haben.

Wenn sie alle Älteren Brüder umbringen, wird es auch mit ihnen aus
    und vorbei sein.
Aus und vorbei sein wird es mit uns allen.

Was würden sie sagen, wenn alle Mamas stürben?
Würden sie sagen: «So, so»? Oder: «Na ja, was ist schon dabei»?
Oder was würden sie sagen?

Wenn das geschähe und wir Mamas alle stürben und niemand bliebe
zurück, unsre Arbeit zu verrichten,
ja, dann würde kein Regen mehr vom Himmel fallen.
Vom Himmel her würde es heißer und immer heißer werden,
und die Bäume würden nicht wachsen,
und auf den Feldern würde nichts wachsen.

Oder irre ich mich, und alles würde wachsen, wie wenn nichts
geschehen wäre?

Die Mamas wissen, daß dieser Prozeß bereits begonnen hat. Ich
wußte immer noch nicht, woher sie ihr Wissen hatten und was genau es
war, das sie so sehr entsetzte, aber daß sie fortwährend auf Wasser zu
sprechen kamen, war kein Zufall. Wieder und wieder warnten sie vor
Hitze und Dürre und dem Untergang des Lebens. Das alles ist kein Spiel:
Es ist die wichtigste Sache von der Welt, für sie wie für uns.

In der Nacht hatte ich eine Gruppe Mamas zu Besuch. Ihre Worte
waren feierlich und kurz.

«Unser Ja heißt ja. Die Mamas sprechen nicht mit zwei Zungen.»

6 Geschichte

Das erste Wort ihrer Sprache, das die Kogi mir beibrachten, war *aluna*. Geist.

> Am Anfang war Schwärze.
> Nur Ozean.
> Am Anfang war nicht Sonne noch Mond, noch waren Menschen da.
> Am Anfang waren nicht Tiere da noch Pflanzen.

> Der Ozean war die Mutter.
> Die Mutter war nicht Mensch, sie war nicht Ding.
> Nichts, gar nichts.
> Sie war, da sie war, geheimnishaft.
> Sie war Eingedenken und Fülle des Möglichen.
> Sie war *aluna*.

«Erzähl mir von der Erschaffung der Welt.»

«Davon brauchst du nichts zu wissen. Der Jüngere Bruder kann das nicht verstehen und braucht es auch nicht zu verstehen. Wir werden dir erzählen, was du wissen mußt.»

Ich fand selbst, daß ich die Geschichte nicht unbedingt komplett kennenlernen müsse. Für die Kapitelüberschriften allein braucht man neun Nächte, und neunmal neun Nächte dauert es danach, das große Schöpfungsepos bis in die letzten Einzelheiten auszubuchstabieren. In unsere Denkweise übertragen, nach unseren sprachlichen Vorstellungen gemodelt, verliert die Geschichte ihre Bedeutung. Und auf jeden Fall brachte ich, wie sie sehr wohl wußten, weder in puncto Begriffs- noch Stehvermögen die Voraussetzungen dafür mit, das alles aufzunehmen.

Unbedingt jedoch mußte ich mir von *aluna* einen Begriff verschaffen, denn sonst würde ich von allem übrigen nichts verstehen.

In *aluna* liegt alles beschlossen, was vergangen ist und was noch werden kann. *Aluna* ist Intelligenz; es ist das konzentrierte Denken und Erinnern, das eine Brücke zwischen dem menschlichen «Geist» und dem Kosmos bildet, aber zugleich ist es auch das verborgene Universum der Kräfte, die für den Fruchtbarkeitsaspekt der Welt verantwortlich sind. *Aluna* ermöglicht Wachstum, Geburt und Sexualität; es ist die spirituelle Energie, die alles Werden und Geschehen treibt. Ohne sie wäre die Welt steril. Sie wäre überhaupt nicht ins Dasein getreten.

Aluna war und ist die Mutter. Das Leben der Kogi wendet sich in all seinen Formen und Gestalten immer wieder zu diesem Fundamentalprinzip der Wirklichkeit zurück, zu der Lebenskraft, die intelligentes Denken ist; die persönliche Identität besitzt und persönliche Identität gebiert; die der Welt Gestalt verleiht und sie zum Blühen bringt. Durch Sammlung der Gedanken und Meditation treten die Kogi in die Welt von *aluna* ein und handeln dort.

Am Anfang war nur *aluna*, der Ozean von Fruchtwasser, das kosmische Prinzip: die Mutter. Die Mutter sammelte ihre Gedanken, das Nichts, das die Ursee des Denkens, des Geistes und der Fruchtbarkeit war, besann sich und ersann die Idee der Welt. Es begann mit einem Uterus, einem Welthaus, das ein Kosmos war. Dies war das große Weltenei.

In *aluna* konzipierte sie sodann neun Ebenen, neun Welten in diesem Uterus. Das waren ihre Töchter. Jede Welt war nach Wesen, Farbe und Bodenbeschaffenheit von eigener Art: Ihre Kinder hatten jedes seine eigene Persönlichkeit. Das Mysterium der Schöpfung und der Fruchtbarkeit hat man sich vorzustellen als einen Selbstbeteiligungsprozeß von *aluna* durch konzentrierte Denkanstrengung, bei dem selbständige spirituelle Entitäten entstanden. Sie konzipierte auch Söhne, unter ihnen Serankua.

Die Morgendämmerung des Seins brach mit der Definition dieser mächtigen Wesen an, deren Existenz zugleich die Mutter in ihrer Seinsnatur definiert.

Hier ist der Ursprung des Konzepts der Weiblichkeit: Indem sie Söhne in sich verkörpert, die Männlichkeit konzipiert und aus sich zur Selbständigkeit entläßt, ist die Mutter zugleich als weiblich definiert. *Aluna* erhebt beständig die Forderung nach Balance, Harmonie, dem Geben und Nehmen zwischen eigenständigen, doch miteinander einverstandenen Komponenten. Dazu gehören Entzweiung und Vereinigung der Geschlechter.

Die Mutter und ihre Söhne wandten sich sodann dem Problem der Fruchtbarkeit zu. «Wie schaffen wir ein lebendes Wesen?» In acht der neun Welten war der Boden unfruchtbar; acht der neun Töchter waren untauglich zur Empfängnis. Dort konnte das Leben nicht entstehen. Da war es nicht richtig durchdacht worden. Einzig in der neunten Welt, der Welt der schwarzen Erde, hatte die Mutter eine Tochter konzipiert, die Frucht zu bringen fähig war.

Hier befruchtete ihr Sohn Serankua die Welt. Die Einzelheiten sind belanglos, wurde mir gesagt. Interesse verdient einzig der Punkt, daß die Mutter ihre bisher schwerste Denkanstrengung zu leisten hatte, um den ersten Menschen zu schaffen. Wie funktioniert ein Auge? Wie muß es konstruiert sein? Wie hat ein Fuß auszusehen? Wesen mit mangelhaft gemachten Augen und Füßen wurden konzipiert, endlich aber gelang es richtig – und daraufhin begann eine Geschichte, ein ausferndes Epos von Aufstieg und Niedergang von Völkern unterschiedlicher Rasse und Hautfarbe, bis schließlich das Wesen der Menschheit etabliert, stabilisiert war. Und dann die Pointe.

Noch immer waren keine Menschen da.
Da waren nicht Pflanzen noch Tiere, noch Sonne, noch Mond.
Einzig die Mutter.
Einzig *aluna*.

Die Mutter hat die Welt in *aluna* konzipiert, hatte Möglichkeiten Form gegeben. Nun konnte sie verleiblicht werden.

Nun schuf die Mutter die stoffliche Welt, die Welt, in der wir leben. An dieser Stelle ist das zweite Kogi-Wort zu erwähnen, das ich lernte: «Gonavindua».

Go heißt «etwas, dessen Geburt im Gange ist» oder «Geburtsakt». *Na* bedeutet «Heraufziehendes, Bevorstehendes» (es ist das Wort für das Frühlicht vor Sonnenaufgang) und *vi* heißt «etwas, das sich im Bauch bewegt», so wie wenn sich bei einer Schwangeren im vierten Monat etwas im Bauch bewegt. *Du* heißt «alles, was Leben hat»; *duas* bedeutet Sperma.

Das Wort bezeichnet die Erweckung der Welt zum Leben.

Es bedeutet außerdem «das Gebirge, wo die Welt begann, der Gesetzesbringer».

Das Gebirge, wo die Welt begann, ist natürlich die Sierra, und die Sierra ist das Herz der Welt. Hier steckte die Mutter ihre Spindel ein und versetzte sie in Umdrehung, im selben Zug die Welt um ihre Achse drehend, und spann den Faden aus, der Raum und Zeit zugleich ist und sich zu dem Kegel der Sierra aufwickelt, um sich von da aus in immer weiter ausgreifender Wicklung zum Weltganzen auszudehnen.

Alle Dinge sind untergründig miteinander verbunden über Residuen von ihrer gemeinsamen Erschaffung zur Zeit der Morgendämmerung des Seins – Gonavindua – her. Das All ist ein Uterus, ein *nuhue*, ein Welthaus, das Welten unterschiedlicher Ebenen in sich birgt. Die Berge sind Welthäuser, die Sierra faßt das All in sich. Die Verbindungen müssen unentwegt erneuert werden. Den Bestand der Wirklichkeit zu sichern, ist ein schwieriger Balanceakt; im Kräftestrom von *aluna* Dauerhaftes zu begründen und zu wahren, erfordert tiefes Nachdenken, durchdringendes Begriffsvermögen. Das müsse ich noch lernen, wurde mir gesagt.

Die ersten Menschen

Die Sierra, von der ich hörte und die ich während meines Aufenthalts bei den Mamas sah, präsentierte sich als ein Garten Eden – ein Herz der Welt, das die Welt im ganzen in sich schloß. Und hier war es, so wurde mir gesagt, wo der Mutter Sproß, ihr Sohn Serankua, Menschen schuf. Sie wurden geschaffen, damit sie die Welt in ihre Obhut nähmen, alle Dinge in ihr hegten und pflegten. Tiere und Pflanzen wurden nicht in ihre Gewalt, sondern in ihre Hut gegeben.

Die Kogi nennen sich selber *Kaggaba*, «Menschen». Das Wort ist meiner Meinung nach eine Zusammensetzung aus *kaggi* und *aba*. *Kaggi* bedeutet «Erde». Ähnlich ist bei uns der Name «Adam», das hebräische Wort für «Menschheit», von *adamah*, «Erde», abgeleitet. Die Kogi wollen allerdings nicht bloß sagen, daß der Mensch aus Lehm geschaffen wurde, sondern vielmehr, daß die Menschheit am Wesen der Erde teilhat und selber ein Teil davon ist. Die zweite Konstituente von *Kaggaba, aba*, bedeutet «Mutter».

Alles, was überhaupt sein kann, alles, was je sein wird, war der Mutter schon bekannt. Hätte sie seiner nicht gedacht, hätte es nicht in *aluna* Form und Gestalt erhalten, wäre es unausdenkbar. Und das Unausdenkbare kann nicht geschaffen werden. Hubschrauber, Fernsehkameras, unser ganzes technologisches Arsenal: das alles ist nicht etwa ganz allein auf unserem Mist gewachsen, wurde mir gesagt. Diese Dinge waren schon da zu einer Zeit vor Anbeginn der Zeiten.

Viel später erschuf Serankua noch ein Menschenwesen anderer Art, einen jüngeren Bruder des ursprünglichen Volks. Der war ein Geschöpf von flatterhafter Geistesart und achtete nicht der Mutter und ihrer Lehren; nach den Worten der Kogi «wechselte er die Farbe von Rot zu Grün und anderen Farben». Seine Nachkommen – das sind wir – heißen *Kasaoggi*. Dieser Jüngere Bruder war in der Sierra auf Dauer nicht zu gebrauchen und wurde deshalb von hier verbannt. Er wurde mit einer anderen Art von Sachkenntnis ausgestattet, einem Techniker- und Macher-Wissen, und erhielt Länder jenseits des Ozeans als Aufenthaltsort angewiesen. Die Älteren Brüder, die alle Dinge, spirituelle wie materielle, in Pflege genommen hatten, würden für das Herz der Welt sorgen und ihn auf seine eigenen Künste gestellt sein lassen.

So die Geschichte, wie man sie mir erzählte – und wie sie viele und vielerlei Assoziationen in mir weckte.

Es dürfte kaum ein altes Volk gegeben haben, das sich nicht selbst als das ursprünglich geschaffene, als die wahren Menschen betrachtete, und alle Ursprungsmythen verlegen den Mittelpunkt des Universums in das Territorium des eigenen Volkes. Die kategoriale Unterscheidung zwischen «Älteren» und «Jüngeren» ist bei den Andenvölkern durchaus keine Seltenheit: Felicity hatte sie zuvor schon im Verhältnis zwischen Hochland- und Tieflandgemeinschaften registriert, und demgemäß war es für die Kogi nur natürlich, die eingesessenen Völker in ihrem Gebirge als die «Älteren» und uns, die wir von unten kamen, als die «Jüngeren» einzustufen.

Doch die Sierra ist eine eigenartige, ja einzigartige Welt, einzigartig bereits durch ihre Gestalt: eine natürliche Pyramide, die sich wie eine Felseninsel aus dem Meer erhebt und bis in den Himmel reicht. Ihr breites Spektrum von Vegetationszonen und Biotopen, ihre unvorstellbar vielfältige Fauna und Flora machen sie in der Tat zum verkleinerten Abbild des Globus. Dank der Lage auf der Grenze zwischen nördlicher und südlicher Hemisphäre ist hier das ganze Jahr lang jeder Tag ein Zwölfstundentag und das Klima bleibt sich, ohne jahreszeitlichen Wechsel, unverändert gleich – für einen Bewohner der Nordhalbkugel wie mich fast unnatürliche Gegebenheiten. Der Ausdruck «Herz der Welt» ist keineswegs nur eine hochgegriffene Metapher.

Die Schöpfungsgeschichte erinnert an ihr biblisches Gegenstück. Die Welt der Kogi darf man getrost mit dem Garten Eden gleichsetzen. Ich hatte mich schon oft gefragt, für welche Art natürlicher Umgebung der Mensch anfänglich disponiert war. Offenbar nicht für die britischen Inseln: Dort taucht der Mensch erst spät auf und bereits mit dem Wissen, wie er sich gegen die Elemente schützen kann. Die Sierra scheint schon eher in Frage zu kommen. Oberhalb des Regenwalds, jenseits von «El Infierno», leben die Kogi auf offener Savanne; das Klima hier ist weder zu heiß noch zu kalt, es gibt Früchte in Hülle und Fülle, Getreide und Gemüse reifen schnell, und die schnellfließenden Wasserläufe führen beständig frisches, kühles Wasser. Die Sierra als Ganzes ist ein vollkommen selbstgenügsames System, und wäre sie als Urheimat der Menschheit geplant und geschaffen worden, so hätte der Planer kaum bessere Arbeit leisten können.

In dieser Perspektive erscheinen die Jüngeren Brüder als die Kinder Adams und Evas, die Menschen, die aus dem Garten vertrieben wurden. Ist das alles nur die Adaptation einer Geschichte, die man von Missionaren gehört hatte, eine Adaptation, in der sich die Überlegung der Indianer artikuliert, da jene Geschichte die Geschichte des weißen Mannes sei, müßten sie selbst einer prä-adamitischen Schöpfungsstufe angehören? Mag sein – aber in diesem Fall sind die Motivabwandlungen ausgesprochen interessant.

Im biblischen Schöpfungsbericht werden Adam und Eva für eine Sünde zur Rechenschaft gezogen, die sie begingen, noch ehe sie überhaupt wissen konnten, was Sünde ist. Erst nach dem Genuß der verbotenen Frucht werden ihnen die Augen aufgetan für Gut und Böse, aber da ist es dann auch schon zu spät. In der Kogi-Geschichte wird der Jüngere Bruder verbannt, weil er nicht auf die Lehren der Mutter hören will und infolge seiner moralischen Imbezillität nichts als Unheil stiftet. Er wird Maschinen bauen. Deshalb stellt er eine Gefahr dar. Seine Verbannung ist keine Strafe, sondern dient dem Schutz der Welt. Das Meer ist da als Sperre, die das Herz der Welt absichert.

Möglich, daß es sich um die tiefsinnige Abwandlung einer biblischen Geschichte handelt. Doch was ist mit *aluna*, wozu dieses Insistieren, daß die Welt aus Ideen, Wesenheiten geschaffen und alles Dasein deren Spiegelung ist? Die Religion der Kogi – und es *ist* eine Religion, eine solche zudem, die es an Tiefe und Einsicht mit jeder der «großen» Religionen aufnehmen kann – muß nach ihren eigenen Kategorien beurteilt werden. Motive, die mit der christlichen Mythologie verwandt zu sein scheinen, sollte man nicht als Entlehnungen und Verdrehungen, sondern als voneinander unabhängige Konkretisierungen einer gemeinsamen Geisteshaltung begreifen. Die Theologie der Kogi hat ohne Zweifel eine selbständige historische Entwicklung durchlaufen, auch wenn für uns nicht feststellbar ist, wie diese ausgesehen haben mag.

Zu vielen religiösen Konzepten der Kogi gibt es Entsprechungen in den großen Weltreligionen. So weist beispielsweise *aluna* eine verblüffende Ähnlichkeit mit dem *Tao* (*Dau*) der Chinesen auf, jenem unwandelbaren Sein, das Himmel und Erde erhält:

> ein etwas gibt es, aus dem chaos geworden
> früher als himmel und erde entstanden
> ein einsam-stilles, endlos-weites
> in sich allein, unwandelbar
> kreisend, nie sich erschöpfend
> des alls urmutter könnte man es nennen
> ich kenne seinen namen nicht
> ich nenne es Dau.*

Gleich *aluna* enthält das *Tao* die Zeugungsenergie des Männlichen und Weiblichen in sich, in diesem Fall *Yin* und *Yang* genannt. In der Religion der Kogi ist dieses Konzept eines lebendigen metapyhsischen Seins mit einer besonders tiefsinnigen und schönen Variante des allen Hochreligionen gemeinsamen Schöpfungsmythos verbunden.

Wo stammen diese Menschen her? Worin besteht ihr «Wissen»?

---

* Laudse, Daudedsching (Lao-tse, Tao-te-king). München: Deutscher Taschenbuch Verlag 1980 (dtv 6113), S. 74

Tairona-Sozialordnung

Die sogenannte Tairona-Kultur bezeichnet nicht eine einzelne, sondern umfaßt viele auf eng begrenztem Raum lebende Ethnien. Eine dürftige Kenntnis von ihnen vermitteln uns die naturgemäß sehr schematischen Berichte der spanischen Eroberer. Einer der kenntnisreichsten spanischen Chronisten ist Juan de Castellanos, ein Abenteurer im Gefolge des Jiménez de Quesada auf dessen wechselvoller Suche nach El Dorado, die mit der Gründung Bogotás endete. Um die Mitte des sechzehnten Jahrhunderts durchstreifte er auf dieser Jagd nach Reichtum und Abenteuern auch das Tairona-Gebiet. Sein Hauptwerk, ein rund einhundertfünfzigtausend Zeilen umfassendes Versepos mit dem Titel *Elegías de varones illustres de las Indias*, «Elegien über berühmte Männer Westindiens», blieb (bis auf den ersten von insgesamt vier Teilen, der 1589 erschien) dreihundert Jahre lang ungedruckt.

Castellanos erwähnt unter anderem die Mittel der Indianer, Gesundheit und Fruchtbarkeit zu sichern. Nach seiner Beobachtung bestehen sie in Fasten und «los alunos», welch letzteres Wort er unerklärt läßt und uns möglicherweise nur des Reimes wegen überliefert.

> Sie fasten lange, fasten viel,
> Für ihre Kinder oder für die Saat,
> Und die *alunos* bringen sie erst dann ins Spiel,
> Wenn Unabweisliches ruft nach der Tat.*

Abgesehen von diesen Versen sowie einigen Erwähnungen von Naomas (die heute «Mamas» heißen würden) und ihnen unterstellten Kaziken, haben die spanischen Chroniken uns über Aufbau und Traditionshintergrund der Eingeborenengesellschaft wenig mitzuteilen. «Ihre Feste und Tänze, bei welchen sie sich absonderlich vornehm, reinlich und pedantisch gebärden, halten sie in Hofräumen ab, die mit riesigen geglätteten Steinplatten gepflastert sind»**, und wenn sie fasteten, «redet der

---

* «...tienen prolijísimos ayunos
  Por su hijos o por su sementera;
  Y entoces solamente los alunos
  A cosas necesarias salne fuera.» (8, 258)
** Simón 5, 191

Teufel mit ihnen und erzählt ihnen tausend Lügen [...] mit solchem Wind und Sturmgebraus, daß davon schier die Hütte hätte umstürzen mögen»*. Der Teufel war für die Spanier eine sehr reale Größe.

Lebhaft beeindruckt waren die Chronisten vom hohen Rang der Tairona-Landwirtschaft. «Auf dem Lande findet man viel schönes Getreide, dazu Yukka und fruchttragende Bäume wie Guave, *guayabana* und andere sowie eine große Menge Ananas.»** «Überaus schön anzusehen waren die vielen Pflanzungen von Knollenfrüchten und Getreide, Bataten, Yukka, Nances, *ahuayamas, perrers*, Baumwolle und Obstbäumen: Apfelbäume, *guamos, guaimaros, mamones*, Guavenbäume, Kirschbäume, *curos, pinones* und viele andere.»***

Auch die Bewässerungsanlagen weckten Staunen: «Sie fanden wohlbestellte Obstgärten, und die Felder wurden mittels bewundernwert angelegter Gräben bewässert, nicht anders als die Lombarden und Toskaner die ihren bestellten und bewässerten.»**** Und natürlich zeigten sich die Chronisten auch beeindruckt von Umfang und Vielfalt der Goldschmiedekunst der Tairona. Doch wenn wir erfahren wollen, wie diese Gesellschaft funktionierte, müssen wir uns einer anderen Quelle zuwenden.

Die Mamas überliefern ein Bild von der Vergangenheit ihres Volkes, das meines Wissens vollkommen übereinstimmt sowohl mit den archäologischen Zeugnissen als auch mit unseren Informationen über andere Bergvölker der Andenregion. Da sie ihr Wissen ausschließlich oral überliefern und bei dessen Anwendung der scharfen Kontrolle seitens aller anderen unterliegen, können sich in das Geschichtsbild der Mamas kaum Fehler einschleichen.

Die Sierra enthält in unterschiedlichen Höhenlagen eine Reihe unterschiedlicher Lebensräume. Auf der Nordseite grenzt das Gebirgsmassiv mit der Basis ans Meer. Hier gab es Küstenstädte, wo man Salzgewinnung und Fischfang betrieb. Eine solche Stadt – auf die Meersalzgewinnung spezialisiert – wurde in Chenge entdeckt. Ein weiterer Akzent des Wirtschaftsgeschehens in diesen Städten lag auf der Nutzung des Trockenwalds, der mit seinen hohen Palmen, Cashew-, Mandel- und Kalebassenbäumen und Kakteen bis an den weißen Sandstrand heranreichte.

---

   * Simón 5, 217
   ** Oviedo 8, 255
   *** Simón 5, 191
   **** Oviedo 8, 245

In etwas höher gelegenen Städten wie Pueblito spezialisierte man sich auf die wirtschaftliche Ausbeutung des trockenheißen Urwalds. Pueblito liegt am unteren Rand dieser Waldzone, wo bis zu dreißig Meter hohe Ceibas, Sambozedern und Taguapalmen wachsen, in deren Schatten unter herabhängenden Lianenranken Johannisbrotbäume, Avocados, Gummi- und Lorbeerbäume gedeihen. Außerdem gewann man in dieser Waldzone Fleisch aus der Jagd auf Affen, Leguane, Alligatoren, Papageien und größere Nagetiere.

Ein Stück höher hinauf ist das Klima kühler und feuchter. Hier gibt es im Urwald reichlich eßbare Früchte und größere jagdbare Tiere, außerdem konnten hier Anbauflächen für Baumwolle und Mais gerodet werden. Noch einmal ein Stück weit höher, wo heute die Grenze zwischen Kogi-Gebiet und Außenwelt verläuft, liegt die Savannenfläche, wo Bananen und Zuckerrohr, Knollenfrüchte und Mais üppig gedeihen.

In jeder Stadt war überdies ein bestimmtes Handwerk zur Spezialität ausgebildet: in Pueblito die Steinmetzarbeit, in Bondigua die Metallbearbeitung und so weiter. Jede Siedlung bildete eine Ethnie für sich (Pueblito zum Beispiel hieß Tayko, d. i. Heimat des Volks der Tayko) mit eigener Tracht und vermutlich auch eigener Sprache beziehungsweise eigenem Dialekt. Der Name der «Verschollenen Stadt» war Teijuna, Heimat des Volks der Teijuna, woraus die Spanier «Tairona» machten. Das Wort bezeichnet ein männliches Symbol, nämlich den – tief in die Blüte eindringenden – Kolibrischnabel; daneben bedeutet es – stammverwandt mit einem Wort, das «Hoden» bedeutet – «Entstehungsort», «Keimbeet» und ist der Name des Stammvaters des Teijuna-Volkes.

Jede Stadt war ein den örtlichen Gegebenheiten angepaßtes individuelles Gebilde. Aber keine hätte allein auf sich gestellt existieren können. Sie waren alle aufeinander angewiesen, angewiesen darauf, über das dichte Netz von Wegen und Treppen, das die Sierra überzieht, ihre Erzeugnisse auszutauschen.

Steinmetzarbeit spielte die Schlüsselrolle in dem Ganzen: Sie ermöglichte die landwirtschaftliche Nutzung der Hänge durch Terrassierung und das Anlegen gut dränierter, bei jedem Wetter passierbarer Wege. Voraussetzung dafür war eine lenkende und leitende Instanz, deren Autorität sich über die ganze Sierra erstreckte. Das war in diesem Fall kein Inka, kein Großkönig. Es waren die Naomas, die Mamas.

In jedem Dorf gab es Mamas, die die Alltagsarbeiten dirigierten und ihren Segen dazu gaben. Doch die eigentlichen Aufenthaltsorte der Mamas waren die Hochregionen. Möglicherweise waren die Dorfbewohner schon so mobil wie heute, zogen zwischen ihren Pflanzungen hin und her und wohnten nur im Bedarfsfall – wenn kultische Anlässe oder kommunale Arbeiten es erforderten – im Dorf. Mobil waren auf jeden Fall die Mamas, deren Ritualzentren und Meditationsplätze hoch über den Siedlungsplätzen angelegt waren. Die Hochregionen der Sierra waren schon immer eine verbotene Welt.

Die Mamas führten die Aufsicht über die für das Gemeinwesen notwendigen öffentlichen Arbeiten großen Stils. Darüber hinaus überwachten sie den Ackerbau und den Güteraustausch. Sie entschieden, welche Feldfrucht wo anzubauen und welche Terrasse dafür zu verwenden war und welche Tauschgüter gebraucht wurden. Die Spanier bezeichneten diese Tauschwirtschaft als Handel und sprachen von Tairona-Kaufleuten: Andere Begriffe standen ihnen zur Beschreibung des Sachverhalts nicht zur Verfügung. In Wahrheit hatten sie es mit einer hochgradig gelenkten Gesellschaft zu tun, der Kategorien wie Handel oder Privateigentum völlig fremd waren, weil es unvorstellbar war, daß ein einzelner mit dem Boden – oder mit was auch immer – verfahren könnte, wie er wollte.

Am Anfang lehrte uns die Mutter, zusammenzuleben wie Brüder. Und wir lebten zusammen wie Brüder. Wir, der Ältere Bruder, wohnten bis ganz zum Meer hinunter, wir wohnten in Mingeo, wir wohnten überall hier herum, und wir zerstörten nichts und beschädigten nichts. Wir lebten in Frieden, und wir verkauften und kauften nichts. Die Mutter lehrte uns, in Frieden zu leben und unsere Felder zu bestellen. Aber die anderen fingen an, alles zu verkaufen. Wenn wir ein Feld bestellen und bepflanzen und es hinterher verkaufen, dann ist das, als ob wir der Mutter eine Brust oder einen Arm oder ein Bein abschnitten. Wir lebten friedlich, aber als Kolumbus kam, wurde es anders. Sie konnten lesen und schreiben. Von ihnen bekamen wir zum erstenmal gesagt: «Dieses Stück Land da gehört mir, und jenes Stück Land dort gehört mir, und das dort drüben gehört mir.» Wir wußten nichts von Ar und Hektar und Morgen. Wir bearbeiteten unser Feld, und dann zogen wir weiter zu einem anderen. Aber als Kolumbus kam, fing er an mit «Das hier gehört mir, das da gehört mir, es gehört mir, mir». Aber die Mutter sagte so etwas nie. Und deshalb hatten auch wir so etwas noch nie gesagt. Aber dann lernten wir, es zu sagen, wir lernten, so zu reden und zu sagen: «Das

Stück dort gehört mir, dieser Acker gehört mir, ich will ihn verkaufen, oder ich will ihn kaufen.» Die Mutter hat uns nur gesagt, daß wir in Frieden zusammenleben sollen. Kolumbus lehrte etwas anderes. Daher haben wir gelernt, auch so zu denken: Dieses Stück gehört mir, das dort drüben gehört mir. Aber uns Kogi, uns hat die Mutter niemals so etwas gelehrt. Sie hat uns nie etwas vom Kaufen oder Verkaufen oder von Quittungen erzählt.

Das Tauschsystem beruhte weder auf Äquivalenten- noch Geschenktausch: Es war ein System der Balancierung, einer für die Stabilisierung der Welt notwendigen Umverteilung. Die Mamas lernten die Sierra als ein organisches Ganzes begreifen, das durch den Austausch von Nahrungsmitteln und anderen Gütern in Gang gehalten wurde. Was in unseren Augen wie Handel aussieht, war im Kontext dieser Gesellschaft eine moralische Notwendigkeit. Es war äußerer Ausdruck des inneren Wesens der Realität und eine Reaktion auf die Forderungen dieser Realität.

Der Werdegang des Mamas

Die Welt war Ausprägung einer kosmischen Intelligenz, die Ordnung und Sinn in die Realität hineintrug: Die Realität war intelligibel. Die Mutter war sowohl die dingliche Welt als auch die Intelligenz, die sie formte. Der Bestand des Lebens wurde gesichert durch Wahrung der Harmonie zwischen den verschiedenen Teilen der Dingwelt. Die Mamas lernten auch, daß man eine Handlung niemals isoliert beurteilen darf. Sie kann nur auf Grund ihres Verhältnisses zum Ganzen, nur unter Berücksichtigung ihrer Auswirkung auf die Gesamtbalance richtig eingeschätzt werden. Zum Teil ließ sich das mit Hilfe von Gedächtnisstützen, Zauberformeln und handwerklichen Kniffen bewerkstelligen – aber eben doch nur zum Teil. Ein tiefgreifendes Verständnis der Auswirkungen jedweden Eingriffs in die komplexe Struktur des Ganzen war letzten Endes unabdingbar, unabdingbar war letzten Endes das profunde Denken.

In undifferenzierter Betrachtung erscheinen die Vorstellungen der Kogi von Ursache und Wirkung kindisch und abergläubisch. So sieht es der Jüngere Bruder – etwa wenn ihm gesagt wird, eine Störung in der Balance der Dinge habe Krankheit zur Folge; und erst recht, wenn eine spezifische Prognose getroffen wird: «Wenn über das Wasser kein Segen gesprochen wird, wirst du Warzen bekommen.» Aber hier handelt es sich um die grobe Vereinfachung eines ernst zu nehmenden Gedankens. Wird eine Tätigkeit gedankenlos verrichtet – ohne Bewußtsein ihrer vollen Bedeutung und möglicher Konsequenzen –, ist die Wahrscheinlichkeit groß, daß sie unvorhergesehene Folgen haben wird. Und das beeinträchtigt den Gesundheitszustand der Welt.

Was das heißt, wissen wir nach unseren Erfahrungen mit Kernkraft, Überdüngung und Treibgasen sehr genau. Der Gedanke ist also wirklich gar nicht so abwegig. Und wohl auch richtig.

Es übersteigt die menschliche Verstandeskraft, den Gesamtzusammenhang von allem mit allem, ja, auch nur alle Beziehungen, in denen ein einzelnes Ding mit dem Gesamt der Dinge steht, zu erfassen. Aber da die Welt *ein* lebendiges harmonisches Ganzes, *eine* Mutter ist, können Fragen in dieser Richtung gestellt und beantwortet werden. Der Schlüssel zu allem ist das Orakel.

Die Vorstellung von einem auf der Wahrsagekunst basierenden Gemeinwesen steht in krassem Widerspruch zu unserer Wertordnung. Dort wird Unterwerfung unter das Unerkennbare verlangt, während wir kritische Intelligenz mit hoher Wertstellung auszeichnen und das Recht auf eigene freie Entscheidung beanspruchen. Wir sind Mitglieder einer Profankultur, Rationalisten, Individualisten; die Welt der Kogi ist tiefinnerlich religiös, mystisch, autoritär. Es ist jedoch nicht nötig, daß man sich diese Werte zu eigen macht oder sie bewundert, um die Tatsache anerkennen zu können, daß sich in der Sierra mindestens eineinhalbtausend Jahre lang ein hochgradig organisierter Sozialkörper auf der Basis von Handlungsentscheidungen, die vom Orakel diktiert waren, im Dasein bewährt hat. Den Befähigungsnachweis für Erfolge dieser Größenordnung hätte unsere Zivilisation erst noch zu erbringen.

Die Wahrsagerei ist nicht einfach ein bequemes Verfahren, Probleme auf die Allmutter abzuwälzen. Es bedarf anhaltender geistiger Anstrengung, die volle Tragweite der anstehenden Frage zu ermessen, sie sachgemäß zu formulieren und die Antwort richtig zu deuten. Der Geist des Wahrsagers ist selber *aluna*, und daher ist es ihm möglich, vermittels rechter Konzentration die Grenzen der stofflichen Welt zu überschreiten und in der Welt von *aluna*, das alle Dinge miteinander verbindet, aktiv zu werden. Die Voraussetzungen für das Erreichen dieses Zwecks, dieses transzendentalen Geisteszustandes, werden in allererster Linie durch Erziehung und Ausbildung des Mamas geschaffen. Das war schon zu der

Zeit der spanischen Chronisten so, und wie es scheint, lag der Ausbildung damals schon der gleiche Lehrplan wie heute zugrunde.

> Eh nun der Priester in sein Amt konnt eingesetzt werden, war ihm geboten [...] zehn oder sechzehn oder zwanzig Jahre zu fasten, dergestalt daß er während der Zeit nichts aß denn einen Kloß Maisbrei den Tag; und mußt im tiefen Wald oder in Höhlen verborgen leben und keine Menschenseele schauen denn die, so ihnen das Mahl brachten; und wenn von ungefähr ihr Blick auf ein Weib gefallen war, so achteten sie es für eitel nichts, was sie bis dahin gefastet hatten, und fingen's alsbald von vorne an.*

Der zukünftige Mama, der *moro*, wird – im Idealfall von Geburt an – als Wesen anderer Art denn der Rest der Menschheit aufgezogen. Sein Geist muß auf die Geisterwelt, *aluna*, eingestimmt werden, und der Kontakt mit der stofflichen Welt bleibt auf jenes Minimum beschränkt, das absolut unerläßlich ist, um die Aufrechterhaltung der Lebensfunktionen zu sichern und das Verkümmern der sinnlichen Wahrnehmungsfähigkeit zu verhindern. Mama Bernardo schilderte mir, was das bedeutet.

> Damit die Lehre gut überliefert wird, muß man einen Neugeborenen nehmen und ihn in einem Zeremonialhaus unterbringen. Damit ein richtig guter Mama aus ihm wird, muß man den Kleinen gleich bei der Geburt nehmen und in sicheren Gewahrsam bringen. In einem Steintrog wird er gebadet. Man schwenkt das Wasser im Trog hin und her, damit es geläutert wird, und dann badet man den Säugling darin. Und dann muß man das Kind an einem Ort einschließen, wo kein Feuer und kein Licht ist. Es muß an einem Ort untergebracht sein, wo kein Licht ist, wo es nichts sieht, und wo es nicht gesehen wird. Es ist in einem kleinen Zeremonialhaus untergebracht, das innen mit Trennwänden unterteilt worden ist, so daß da ein kleiner Raum für den Säugling ist. Er kommt mit niemand zusammen als mit seiner Mutter, die in einem Haus in der Nähe lebt und ihn versorgt. Ein *cabo* kümmert sich die ganze Zeit um den Säugling. Er trägt ihn nur nachts vors Haus. Wenn der Säugling schreit, ruft der *cabo* die Mutter herbei, damit sie ihn stillt. In der Nacht kommt die Mutter vor das Haus und

* Simón 5,218

wäscht das Kind und trocknet es ab und gibt ihm die Brust, und dann trägt der *cabo* es wieder hinein.

Die Mutter darf keine Nahrung mit Blut darin zu sich nehmen, kein Hühnerfleisch, kein Schweinefleisch, kein Rindfleisch, nichts mit Blut. Essen darf sie nur weiße Bohnen, weiße Kartoffeln und Schnecken (*moi hoi hoi*, eine bestimmte Art weißer Raupen), in denen Fett ist, das ihr Milch schafft. Und sie darf nicht in der Gegend umherwandern und nicht im Fluß baden. Sie muß die ganze Zeit zu Hause bleiben.

Um das Kind zu betten, nimmt man nur *watta*, eine bestimmte Sorte weicher weißer Palmfaser. Es schläft auf einer *watta*-Unterlage, die unten hart und oben weich ist. Auch seine Kleider sind aus *watta*. Der harte Teil von dem *watta* ist also wie eine Bank, und da liegt es dann darauf. Der Beutel, in dem es getragen wird, ist auch aus *watta*, aus weicher *watta*-Faser. Aber sogar der *cabo* bleibt nicht in dem Raum mit dem Kind, er hält sich davor auf, und er darf nicht schlafen, er darf niemals schlafen. Er bleibt immer wach und paßt auf den *moro* auf.

Und dann fängt der Kleine an zu wachsen, und mit fünf Monaten fängt er an zu krabbeln. Da muß dann der *cabo* dauernd auf der Hut sein, daß er nicht aus dem Haus hinaus ins Freie kriecht. Die Mutter hält sich noch immer in der Nähe auf und sorgt für das Kind und ernährt sich nur von *moi hoi hoi*. Sie stillt den Kleinen und läßt ihn dann allein, damit er drinnen Ruhe hat. So wächst das Kind und wird älter, ein Jahr, zwei Jahre, und der *cabo* und die Mutter kümmern sich um es und passen auf, daß ihm nichts zustößt. Der *cabo* denkt in einem fort an das Kind und behält es im Auge, ob es auch nicht krank wird. Genauso die Mutter: Immer ist sie auf seine Sicherheit bedacht.

Und der *cabo* ist zugegen und ißt immerzu seinen Poporo, damit er nicht einschläft, immerzu paßt er auf, sitzt da und wacht. Aber die Mutter darf schlafen. Sie füttern den *moro* mit Sachen aus Kartoffel- und Bakatamehl. Dann und wann tun sie ein kleines bißchen von einer kleinen Kokosnuß mit hinein. Die Mutter darf nur warmes Wasser trinken, sie darf kein kaltes Wasser trinken. Sonst könnte es sein, daß sie das Kind zum Frieren bringt – es ist kein Feuer da, das hab ich schon gesagt, deshalb darf sie kein kaltes Wasser trinken. Sie darf kein gezuckertes Wasser trinken, aber eine bestimmte Sorte gesüßtes Wasser darf sie trinken, Wasser mit einer Pflanze darin, die auf dem Páramo in der Hochregion der Sierra wächst. Das ist gut für sie, es füllt ihre Brüste, so daß sie weiter stillen kann. Sie holen den Kleinen ins Freie, und sie stillt ihn, erst aus der rechten, dann aus der linken Brust, und wenn er gestillt ist, wird er wieder nach drinnen gebracht.

Wenn der Kleine vier Jahre alt ist, wird er entwöhnt; über die Mutter wird der Segen gesprochen, und sobald sie den Segen hat, darf sie wieder hingehen und im Fluß baden. Wenn das Kind entwöhnt ist, darf die Mutter wieder aus dem Haus gehen. Aber das Kind darf immer noch nicht ins Freie, es muß die ganze Zeit drinnen eingeschlossen bleiben.

Eines Abends kommt die Mutter und badet den Kleinen die Nacht über in warmem Wasser: viermal, alle zwei Stunden die ganze Nacht über. Und hinterher kann man dazu übergehen, das Kind in kaltem Wasser zu baden, sein Badewasser braucht nicht mehr gewärmt zu werden. Und dann übergibt sie das Kind ganz den *cabos*. Sie baden es in Steintrögen, sie bewegen das Wasser hin und her, sie bewegen es hin und her, sie schwenken es herum, und sie baden das Kind in dem kalten Wasser. Und von da an wächst das Kind ganz in der Obhut der *cabos* auf.

Es wird größer, und dann fängt es an zu singen. Von ganz allein fängt es an zu singen. Wenn es älter geworden ist, gehen sie dazu über, es nachts in Freie zu bringen, dabei hat es immer eine Schutzmatte aus Stroh über dem Kopf.

Diese Schutzmatte aus Strohgeflecht ist ein Quadrat mit einer Seitenlänge fast von der Größe des Kindes. Über dessen Kopf gehängt, sorgt sie dafür, daß der *moro* weder Mond noch Sterne zu erblicken vermag. Einzig die Welt, die vor sein inneres Auge tritt, steht seinem Sinn offen. Und dann beginnt dieses Kind, das in der Geisterwelt aufgezogen wurde, die innere Musik des Kosmos zu vernehmen und im Einklang mit dem Gehörten zu agieren. Es beginnt zu tanzen.

Zum Unterricht bringen sie ihn ins Freie, damit er dort Opfer darbringen kann, und er redet in *aluna* mit den Vätern und mit den Herren der Welt. Mitunter kommt seine Mutter noch an die Tür des Hauses, und dann tanzt der Kleine, er tanzt, tanzt, tanzt im Spiel. Er tanzt und tanzt, und seine Mutter singt ihm vor, und dann wird er wieder eingeschlossen.

So weiß also ein *moro* nichts von den Dingen. Er hat nie ein Huhn gesehen, und er hat nie ein Schwein gesehen, er hat nie Vögel oder Bäume gesehen, er weiß nichts von der Welt außerhalb des Hauses. Und die Mamas beten beständig zu Serankua und bitten ihn um Speise in *aluna*, um Fleisch und all die anderen Speisen, aber in *aluna*. Und diese geben sie dem *moro*. Sie sprechen den Segen über ihn, und sie geben ihm Speise in *aluna*. Und um ihn stark zu machen, reiben sie ihn, sie massieren ihn, sie massieren ihn, massieren ihn, massieren ihn mit einer Art Tuch, das ebenfalls aus *watta* ist. Auch die Mutter reibt ihn damit, damit er groß und stark wird. Sie reibt ihn, sie reibt ihn, sie reibt ihn. Sie bringen ihn nur zu diesem Zweck ins Freie, und hinterher muß er wieder hineingehen. Und so wird er massiert und massiert und massiert und massiert.

Er bekommt auch eine bestimmte Art Kartoffeln vom Páramo zu essen. Diese Kartoffel wurde dort von Serankua angepflanzt. So hat er weiße Kartoffeln zu essen, er hat Kartoffeln vom Páramo zu essen, und er hat weißes Getreide zu essen. Das alles wird in einem ganz kleinen weißen Topf gekocht, der nur für den *moro* da ist. Es wird zubereitet und dann ins Zeremonialhaus getragen und dem *cabo* übergeben. Der *cabo* trägt es hinein und gibt dem *moro* sein Essen. Wenn sie für ihn kochen, müssen sie alles abzählen, was sie zubereiten. Sie tun vier weiße Bohnen in den Topf, dann geben sie vier weiße Kartoffeln dazu, und obenauf legen sie eine einzelne weiße Raupe. Das alles zusammen bereiten sie zu und geben es ihm dann zu essen. Manchmal geben sie ihm eine Raupe, die sie auf der Scherbe von einem zerbrochenen Topf über dem Feuer geschmort haben. Die Raupe hat ihr eigenes Fett, und so gart sie in ihrem eigenen Fett, bis sie ganz braun und rundum knusprig ist. Dann geben sie sie dem *moro* zu essen. Aber zu trinken bekommt er nur geläutertes Wasser aus den Steintrögen, Wasser, über das der Segen gesprochen ist. Jedesmal, wenn er ißt, bekommt er Wasser zu trinken. Aber nur Wasser, das gesegnet ist.

Der Kleine bittet um Wasser, er bittet darum. Und dann schaut er vielleicht in das Wasser und sieht die Blasen und findet Gefallen an ihnen. Er fährt fort, um Wasser zu bitten, weil er Gefallen daran hat, er lernt von selbst, die Mamas lehren ihn an und für sich nichts, er lernt durch seine eigene Aufmerksamkeit, durch Aufmerksamkeit im Geist. Das Wissen wächst ihm in *aluna* zu, die Mamas an sich unterrichten ihn nicht direkt.

Moros werden durch das Orakel bestimmt. Haben sie das Jugendalter erreicht, wird entschieden, ob die Ausbildung fortgesetzt werden soll. Mitunter hat der *moro* nicht die für eine Weiterentwicklung erforderlichen Eigenschaften, in anderen Fällen ist das Kind einfach nicht den mit der Ausbildung verbundenen Entbehrungen gewachsen. Einige jedoch, so etwa Mama Bernardo, sind als Heranwachsende im Stand überweltlicher Einfalt, die späterhin dazu führt, daß sie zu echten Mamas reifen. Mama Bernardo wurde nicht schon als Säugling zum *moro*-Dasein bestimmt; seine Quarantäne trat er erst im Kleinkindalter an – was sie für ihn noch schwerer zu erdulden machte. Sie dauerte neun Jahre.

Wenn du ein Mama werden willst, mußt du dich sammeln, du kannst nicht herumstreifen und an Mädchen denken. Du kannst nicht jetzt an dies und dann an jenes denken. Du mußt dich sammeln und auf das, was dir die Mamas sagen, wirklich achtgeben. Und wenn du erst einmal ein *moro* bist, kannst du nicht bloß alles das tun, was dir gefällt; da wird alles kontrolliert. Wenn die Mamas dich zum Opfern ins Freie führen, mußt du fasten, du bekommst nichts zu essen, und wenn du hinterher wieder im Haus bist, geben sie dir auch nichts zu essen. Kann sein, daß sie dir um Mitternacht etwas zu essen geben. Dann stehst du da mit hungrigem Magen, du möchtest schlafen und verstehst nicht, was die Mamas zu dir sagen – du möchtest etwas zu essen, du möchtest zu Hause bei deinen Eltern sein, du möchtest einen Schluck Wasser, aber das alles ist verboten. Die Lehrzeit bis zum Mama ist wirklich hart. Aber schließlich gewöhnst du dich daran. Du gewöhnst dich an den Hunger und auch daran, daß du nur um Mitternacht zu essen bekommst. Wenn du älter wirst, gewöhnst du dich daran.

Wenn du dann erwachsen bist, wenn du ein Mann geworden bist, geben sie dir deinen Poporo, sie geben dir die Perlen, und sie geben dir die Orakelschale. Wenn du diese Dinge bekommen hast, die Perlen und so weiter, dann wirst du von den Ältesten unterrichtet und lernst bei ihnen. Du beziehst dein Wissen von den Mamas. Du bist in der Lage, selbständig zu arbeiten, Orakel auszuführen und anderen zu helfen. Das alles kannst du. Ich bin bei den Ältesten in die Schule gegangen.

Die Ältesten pflegten mich ins Gebet zu nehmen, sie sagten mir, daß ich nicht stehlen darf, daß ich niemandes Frau wegnehmen darf und wie ich es machen muß, daß ich mich richtig benehme. Sie sagten mir auch, daß eines Tages der Jüngere Bruder kommen würde, um zu fragen, wie es um die Welt bestellt ist und wie es angefangen hat. Und ich dachte: Nein, das ist unmöglich, wieso sollte der Jüngere Bruder hier heraufkommen und solche Sachen fragen? Aber jetzt, wo du da bist, fällt mir wieder ein, was die alten Mamas mir gesagt haben. Also werden wir hier nicht sagen, daß wir uns nicht aufs Tanzen verstehen – wo wir uns sehr wohl aufs Tanzen verstehen. Unsere Mütter lehren uns von Kindesbeinen an tanzen. Wir verstehen uns aufs Tanzen, wir können den Trommeltanz, den Flötentanz und den Stabtanz tanzen. Auch auf den Muscheltanz verstehen wir uns. Also werden wir nicht sagen, daß wir uns nicht aufs Tanzen verstehen – wir verstehen uns sehr wohl aufs Tanzen. Wir haben nichts vergessen.

Den Mama, der es zur tiefsten Einsicht gebracht hat, erkennt man daran, daß er sich der schlichtesten Ausdrucksweise bedient. Manche wahrhaft großen Mamas gelangen – für alle Mitglieder des Gemeinwesens ersichtlich – in eine Art Verklärungszustand. Bei manchen zeigt er sich flüchtig, wenn sie berauscht oder nach tagelangem, ununterbrochenem Fasten und Wachen zu ekstatischer Hellsicht verzückt sind, aber bei einigen besonderen Individuen wird er zum Normalzustand. Diese Menschen haben sozusagen die Grenzen des menschlichen Verstandes transzendiert. Sie werden wie die Kinder, die Welt ist für sie jeden Tag wieder frisch und neu. Sie begreifen ihre eigene Unwissenheit. In den Augen der Kogi sind dies die weisesten Menschen.

«Leben alle Dinge in *aluna*?» fragte ich Ramón.

«Wenn der Mama hinsieht, sieht er die Geisterwelt. Er sieht den Felsen, aber er sieht auch den Geistfelsen. Er sieht den Fluß, aber er sieht auch den Geistfluß. Und beides ist nicht an demselben Ort.» Ramón sah mich an. Er wußte nicht, wie er es mir noch begreiflicher machen sollte.

«Und kann der Jüngere Bruder in *aluna* wirken?»

«Oh, das tut er schon. Er denkt, er macht Dinge, er hat Ideen. Aber er versteht nicht, deshalb macht er die Dinge falsch. Wenn man den Geist nicht sehen kann, sieht man den Dingen vielleicht nicht an, daß sie falsch sind – aber sie sind falsch. Er wirkt in *aluna*, nur eben schlecht.»

Form und Wesen des Naturganzen, Entstehen, Wachsen und Vergehen der Dinge hängen von einem komplexen Ordnungsschema in *aluna* ab, und die Aufgabe der Menschheit besteht darin, die Stimmigkeit dieses

Ordnungsschemas aufrechtzuerhalten. Einesteils scheinen die Mamas sich auf Sittlichkeitsgesetze repräsentierende Gottheiten (die Mutter, Serankua) zu berufen, auf übernatürliche Wesen, die das Leben Verhaltensnormen unterstellten; zum anderen – wenn sie Ausdrücke gebrauchen wie: «Ich verstehe den Regen herbeizurufen» – scheinen sie mit magischen Praktiken zu arbeiten. In Wirklichkeit unterwerfen sich die Mamas nicht gefügig dem Götterwillen, noch machen sie sich ihrerseits die Götter mit magischen Praktiken gefügig; vielmehr wirken sie in *aluna* und treten dort mit dem spirituellen Äther, der alles Leben in sich trägt, in Interaktion. Die Mamas verstehen sich weder als Zauberer, die der Natur gebieten, noch als Priester, die als Bittsteller oder Mittelsmänner im Verkehr mit Gott oder den Göttern fungieren. Sie sind einfach nur durch ihren Werdegang aus der vollständigen Verstrickung in die stoffliche Welt herausgelöst und sehen sich daher selbst im Besitz der Fähigkeit, mit einem klareren Verstand in *aluna* zu wirken.

Mir scheint, daß die Auffassung der Kogi von *aluna* auch dazu verhelfen kann, den Sinn der religiösen Überzeugungen anderer altamerikanischer Völker besser zu begreifen. Von den Tlingit in Alaska bis zu den Calusa in Florida war in ganz Nordamerika der Glaube verbreitet, daß Mensch, Tier und Pflanze an einem gemeinsamen Leben in der Geistdimension teilhaben. Von der gleichen Vorstellung waren sowohl die Hochkulturen wie die Wald-Indianer Südamerikas durchdrungen. Diese Anschauung ging häufig Hand in Hand mit einer Weltsicht, in der die Erde als verletzliches, verwundbares lebendes Wesen erscheint. Die verschiedenen Gesellschaftsverbände versuchten jeder auf seine Weise in der Geisterwelt zu wirken, einige mit Hilfe halluzinogener Drogen, andere mit dem Wahrsagen aus Schlachtopfern und wieder andere durch Identifizierung mit anderen Geschöpfen. In allen Fällen wurde offenbar dem Tanz eine besondere Bedeutung beigemessen. Charakteristisch für die Kogi ist die Entschiedenheit, mit der sie den Zugang von der physischen zur metaphysischen Welt in Geist und Bewußtsein verlegen. Um in *aluna* zu wirken, nimmt der Mama keine Drogen, verkleidet er sich nicht als Vogel, opfert er kein Tier und psalmodiert er keine Ritualgesänge: Er konzentriert sich.

Für die Christenheit des sechzehnten Jahrhunderts war es natürlich überhaupt kein Problem, diese Weltsicht in die richtige Schublade einzuordnen. Schon in Europa waren die Christen in der Auseinandersetzung mit dem Heidentum so verfahren, daß sie dessen Werte einfach auf den

Kopf stellten: Die heidnischen Götter waren Teufel. Wenn die Spanier die Tairona betrachteten, sahen sie nur eine Gemeinschaft von Teufelsanbetern im rohesten Naturzustand. Und wenn die Tairona die Spanier betrachteten, sahen sie nur wüste Barbaren mit exotischen Waffen von außerordentlicher Wirkungskraft.

Konquistadoren

Die spanische Krone hatte bereits die Versklavung der Antillen-Indianer mit der Begründung legalisiert, sie seien Barbaren, Wesen mit nur unvollkommen ausgeprägtem Menschentum: zwar «nicht so wild wie die Türken», aber unfähig, aus eigenem Antrieb wie «wahre Menschen» zu leben. Und so sah das Belastungsmaterial aus, auf das sich das Verdikt stützte:

> Sie gingen nackt und schämten sich dessen nicht; sie glichen in ihrer Tollheit und Unvernunft dummen Eseln [...] sie waren wankelmütig und unbelehrbar; sie waren undankbar und liebten alles Neue; Betrunkene erfreuten sich bei ihnen besonderer Wertschätzung, und sie hatten Wein aus allerlei Früchten, Wurzeln und Getreide; sie berauschten sich an Rauch [...] sie waren gleich wilden Tieren [...] hinterhältig, grausam und rachsüchtig [...] Faulpelze, Diebe, Lügner und von schwacher Urteilskraft [...] Hexenmeister, Kurpfuscher und Geisterseher.

Soweit enthielten die Anschuldigungen nichts sonderlich Beeindruckendes. Tatsächlich hätte man auf dieser Legitimationsgrundlage das ganze zeitgenössische Europa in die Sklaverei führen können. Aber zwingenderes Beweismaterial folgte:

> Sie waren feige wie die Hasen und verdreckt wie Schweine, sie aßen Flöhe, Spinnen und rohe Raupen [...] sie hatten keine Kunst noch menschliche Sitte [...] sie hatten keine Bärte, und wenn dem einen oder anderen das Barthaar zu sprießen begann, so rupfte er es aus.*

---

* Herrera 5, 32

Nachdem die Spanier bei der ersten Landung im Jahre 1514 den Strand eingenommen hatten, brachen sie zu einem Raubzug ins Landesinnere auf. Sie fanden nur verlassene Dörfer. Die Indianer waren Hals über Kopf geflüchtet, und die spanischen Söldner fanden Hängematten und Kleidungsstücke, «und zwischen den Kleidern versteckt fand man sogar zu Bildwerken geformte Stücke Goldes». Später wurden die Söldner angegriffen:

> Auf der breiten und schönen Straße, die seitlich von zahlreichen Bäumen gesäumt war, die allda zum Schmuck gepflanzt waren, kamen unter großem Geschrei und mit vielen Stößen aus ihren gewaltigen Tritonshörnern mehr als tausend indianische Bogenschützen einhergezogen [...] und sie kamen daher in wohlgeordnetem Zug, zu Schwadronen formiert, mit ihrem Kopfputz auf und am ganzen Körper mit Ocker bemalt, wie es ihre Art ist.*

Davila befahl eine gestufte Offensive: Gewehrfeuer, dann Sturmangriff unter Einsatz von Bluthunden. Das Ergebnis war ein Tohuwabohu. Die Gewehrschüsse gingen daneben, die Hunde fielen übereinander her, und in dem allgemeinen Wirrwarr machten sich die Indianer aus dem Staub. Die Söldner setzten ihnen nach, fanden jedoch nichts als weitere menschenleere Dörfer. Aber immerhin ergatterten sie Gold im Wert von 7000 Pesos, bevor sie sich auf den Rückweg zu den Schiffen machten.

Elf Jahre danach, 1525, begann Don Rodrigo de Bastidas, nachdem er auf den Antillen fünfzig Familien aufgestöbert hatte, die bereit waren, sich mit ihm auf dieses Abenteuer einzulassen, mit der Erbauung der Stadt Santa Marta.

In der Sierra gibt es viele verschollene Städte. In den Chroniken sind mehr als einhundertfünfzig Dörfer und Städte erwähnt. An manche von ihnen – Beispiele sind Irotama und Gairaca – lebt die Erinnerung in heutigen Ortsnamen weiter. Andere, so die von Bastidas entdeckte Stadt «Taybo», sind von der Landkarte verschwunden und im historischen Gedächtnis des weißen Mannes ausgelöscht.

---

* Oviedo 7, 121–134

An diesem Ort Taybo, so schien es, gab es viel Gold, und der Gouverneur befahl den Christen unter Androhung schwerer Strafen, es den Indianern nicht wegzunehmen, denn er sagte, er wolle das Land von Anfang an befrieden. Sie müßten begreifen, daß dies in ihrem eigenen Interesse liege. Aber die Söldner hatten ihren eigenen Kopf und begannen zu murren ob dieses Gebots [...].*

Wenn Mama Valencia über Pueblito sprach, nannte er die Menschen, die dort gelebt hatten, «Takyo». Von den spanischen Chroniken hat er nie etwas gehört oder gelesen. Sich an Gewesenes zu erinnern, ist seine Aufgabe.

Mama Valencia saß auf einer Treppe in Pueblito und erinnerte sich. Erinnerte sich an die ersten Siedler und die Gefühle, die sie bei den Indianern auslösten.

Vor langer Zeit pflegten der Jüngere Bruder und der Ältere Bruder in *aluna* miteinander zu verkehren. Sie fühlten sich wohl dabei, sie lebten im Frieden miteinander, und es gab kein Problem. Sie befanden sich angenehm dabei, und zwischen dem Älteren Bruder und dem Jüngeren Bruder gab es keine Probleme, überhaupt keine Probleme. Und dann kam es zum Streit. Christoph Kolumbus fing an, den Älteren Bruder umzubringen. Die Eingeborenen lebten hier, sie lebten hier überall, und sie lebten in Bogotá, in Cúcuta, an anderen Orten, anderen Orten, anderen Orten. Der Ältere Bruder lebte überall, aber dann kam der Jüngere Bruder und bekriegte uns, und wir flohen, von Furcht ergriffen – flüchteten uns hinauf in die Berge. Wir wurden von Furcht ergriffen und flüchteten. So liefen wir also davon, und indem wir davonliefen, ließen wir alles zurück, was uns gehörte. Hier waren Eingeborene, sie lebten nach ihrer Art, mit Kopfbedeckungen, Gürteln und Kleidern nach ihrer eigenen Art. Aber sie liefen davon und ließen alles zurück. Hier hetzten sie Hunde auf uns. Die Hunde gaben Laut, und wir flohen, und einige fielen hin, und einige wurden getötet, und die Söldner hetzten uns von hinten, die Konquistadoren, die Söldner der Konquista waren uns auf den Fersen. A-a-i-i. Unsere kostbarsten Sachen ließen wir allesamt zurück, und sie nahmen sie weg und versteckten sie. Und als dann der Ältere Bruder schließlich

* Oviedo 6, 106

aufhörte zu laufen und nach seinen Goldsachen sah und nach den anderen Sachen, nach dem Beutel, da waren sie nicht mehr da, sie waren zu Boden gefallen, fortgeworfen worden, es war alles weg, alles weg.

Überflüssig zu sagen, daß diese Ansiedlung einzig den Zweck verfolgte, den Indianern ihre Reichtümer abzujagen, allerdings wollten Bastidas und seine Nachfolger dieses Ziel nicht mit Freibeuterei, sondern vermittels einer mit Waffengewalt aufgezwungenen Tributpflicht erreichen.

Kein leichtes Unterfangen: Bastidas wurde schon bald von seinen eigenen Leuten umgebracht, als er versuchte, ihnen ihr Raubgut abzunehmen. Doch nach und nach etablierten sich rund um Santa Marta stabile Verhältnisse in Gestalt eines auf *economiendas* (Latifundien) basierenden Wirtschaftssystems. Die Indianer – so der zugrunde liegende Plan – sollten die Latifundien bewirtschaften und so die Spanier mit allem Lebensnotwendigen versorgen.

Den Indianern schmeckte das nicht, und es kam zu einem planlosen Krieg. Die ersten Strafexpeditionen der Spanier wurden zurückgeschlagen, doch zwischen 1530 und 1536 ging eine Anzahl Tairona-Dörfer in Flammen auf, und das Wirtschaftssystem der Indianer geriet an den Rand des Zusammenbruchs. Vor dem Kollaps bewahrt wurde es durch die Anstrengungen der Mamas, die sich um die Aufrechterhaltung stabiler Lebensverhältnisse in der Sierra bemühten und ein Abgleiten in die Anarchie zu verhindern suchten. Den Spaniern wurde mit der Zeit bewußt, daß das Leben in den Küstensiedlungen nur deswegen noch weiterging, weil die Mamas es so wollten. Im Jahre 1558 beispielsweise geschah es, daß

die eingeborenen Bewohner der Dörfer Dursino, La Ciénaga und Gaira, die von der Leuteschinderei besagten Hauptmanns Manjarrés betroffen und arg bedrückt waren und nichts besaßen, womit sie die ihnen auferlegten unmäßigen Bußen und Abgaben hätten bezahlen können, davongingen und in die Sierra zogen, wo ihnen die dort ansässigen Indianer beisprangen und ihnen Gold gaben, damit sie die ihnen auferlegten Bußen und Abgaben bezahlten und hernach wieder heimgingen in ihre Orte und Wohnungen, um dort zu leben, denn so sie allda nicht blieben, würden sie die Indianer in der Sierra nicht mehr versorgen können, die allesamt angewiesen waren auf das Salz und die Fische, so von besagten Indianern der Dörfer Gaira, La Ciénaga und Dursino zusammengebracht wurden.*

Im Laufe des sechzehnten Jahrhunderts wurde die Welt der Sierra allmählich unterwandert. Einzelne Expeditionen aus den größer werdenden spanischen Ansiedlungen stießen auf sporadischen, aber entschlossenen Widerstand; in der Folge kam es dann jeweils zu einem kurzen Frieden, der von neuen Zwistigkeiten abgelöst wurde. Die Kooperationsbereitschaft der Indianer endete stets in dem Augenblick, wo die Spanier zur Missionierung ansetzten. Als beispielsweise ein spanischer Kommandant Truppen nach Posicuega verlegte, halfen die Tairona beim Bau der Unterkünfte und lieferten Proviant, als sie jedoch mit dem Ansinnen konfrontiert wurden, sie möchten zum Christentum übertreten und sich in die Untertänigkeit gegenüber der spanischen Krone begeben, erklärten sie auf der Stelle, sie hätten nicht vor, sich versklaven zu lassen und würden sich ihrer Haut wehren. Die Spanier mußten sich mit Waffengewalt den Rückzug erkämpfen und nahmen dabei einen Indianer gefangen, den sie in Sichtweite von Posicuega pfählten, um ein Exempel zu statuieren. Die Indianer griffen an und schlugen die Spanier in die Flucht. Bei der Aktion fiel ihnen der Neffe des Gouverneurs in die Hände, den sie umgehend pfählten – auf demselben Pfahl, den zuvor die Spanier für diesen Zweck benutzt hatten.

Aber wie nicht anders zu erwarten, waren die Giftpfeile der Indianer gegen gepanzerte Krieger nur von bedingter Wirksamkeit. Langsam, aber stetig schrumpfte die Welt der Älteren Brüder zusammen.

Gleichwohl funktionierte die Sierra-Nevada-Kultur noch fünfundsiebzig Jahre lang intakt weiter. Die Spanier trieben die Kolonisation rund um den Fuß des Gebirges weiter voran, doch während die Gesellschaftssysteme der Inka und Azteken zerschlagen wurden, konnte das engmaschige Geflecht sozialer Integration in dieser Bergwelt überdauern. Zerstört wurde es nicht im Zuge von Plünderungen, sondern in einem förmlichen Kreuzzug.

* Juan de Espleta, Anklage gegen Hauptmann Luís de Manjarrés. Manuskript aus dem Jahre 1558. Staatliches Historisches Archiv Bogotá, Caciques e Indios, Bd. 31, Bl. 568 verso

Den Spaniern war das Geschlechterverhältnis, wie es bei den Indianern praktiziert wurde, ein Dorn im Auge. Es war so grundlegend anders als bei ihnen, daß es ihnen zum Ärgernis wurde. War doch hier keine Rede von männlicher Dominanz über die Frauen.

Das Gemetzel

Die Eroberer aus Spanien waren enorm prüde. Ihre sozialen Bezugsgruppen waren reine Männerbünde – Schiffsmannschaften, Armee, Kirche –, und ihr Heimatland hatte sich einem bedingungslosen Kreuzzug für moralische Reinheit verschrieben. Im Jahre 1570 bestand die erwachsene Bevölkerung Kastiliens zu einem Viertel aus Mitgliedern religiöser Orden, deren sexuelles Verhalten von der Inquisition überwacht wurde. Die Gegenreformation propagierte die Verachtung des Fleisches: Der menschliche Körper war allzeit verhüllt zu halten. Die Frauen der höheren Stände mußten lernen, sich mit winzigen Schritten fortzubewegen, so daß sie zu gleiten schienen: Nichts durfte dem Auge des Betrachters verraten, daß sie Beine hatten.

Da die Spanier so viel Zeit ihres Lebens in gleichgeschlechtlichen Bezugsgruppen verbrachten, waren die Versuchungen des Fleisches in aller Regel homosexueller Natur. Infolgedessen galt Homosexualität als das abscheulichste aller Laster. Es erschien ihnen als unmittelbar einleuchtende Tatsache, daß Männer ohne strenge Kontrolle und eiserne Selbstzucht von Natur aus der körperlichen Lust miteinander frönen würden. Für ungemein wichtig hielten sie es daher, männliche Tugenden herauszukehren, wozu auch das Tragen eines Bartes oder Schnurrbartes gehörte. Ihre Frauen mußten sich betragen, als wären sie von seiten dieser Ausbünde an Männlichkeit permanenter Gefahr ausgesetzt und wurden dazu angehalten, mit unterwürfiger Bescheidenheit aufzutreten. In Madrid konnte es durchaus vorkommen, daß ein Ehemann seine Frau erstach, weil sie die Dreistigkeit besessen hatte, in der Öffentlichkeit ein Stückchen ihres Fußes sehen zu lassen.

In der Neuen Welt, wo man es mit einer Natur von offenkundiger Ungezähmtheit und Wildheit zu tun hatte, erwartete man alle möglichen physischen Monstrositäten anzutreffen. In den phantastischen Vorstellungen des europäischen Geistes spukten unter anderem Bilder von Menschen ohne Kopf, den «Blemmyae», bei denen Augen und Mund am

Das Meer war die Mutter, Ursprung des Erinnerns und des Werdens.

Tropischer Regenwald etwa 300 Meter über dem Meeresspiegel

Auf Meereshöhe ist der Urwald feucht und schwül.

Hochland-Savanne – rund 2000 Meter über NN.

Urwald in den Wolken bei 1500 Meter Höhe

Eine Zuckerrohrpflanzung 1000 Meter über dem Meer

Der Paramo – 3000 Meter über dem Meeresspiegel

Nur 40 Kilometer vom glutheißen Strand entfernt ragen schneebedeckte Gipfel.

Leder ist – wie Fleisch – ein Luxusartikel.

Eine Frau beim Spinnen

Beim Seilen

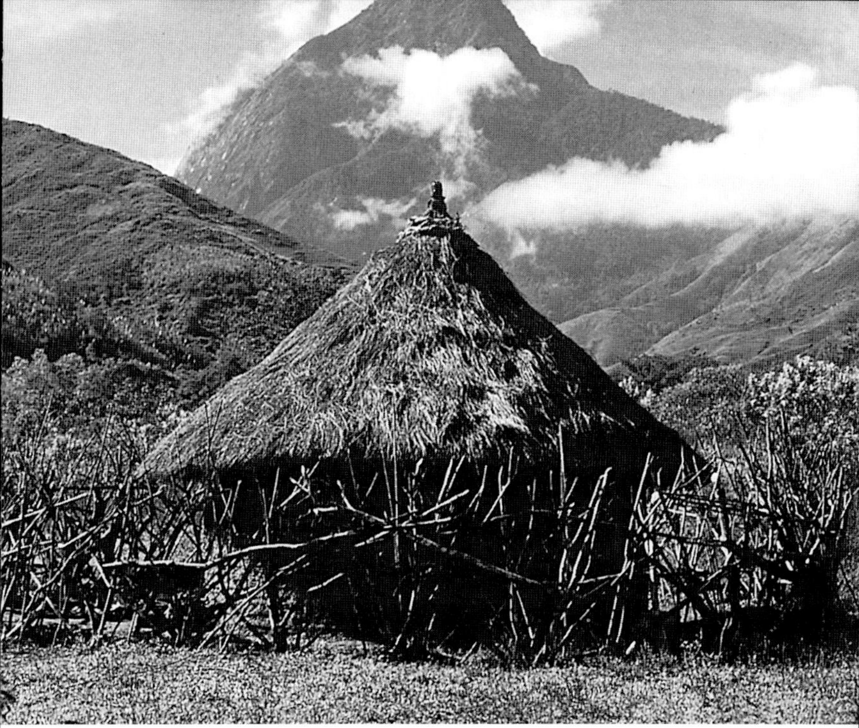

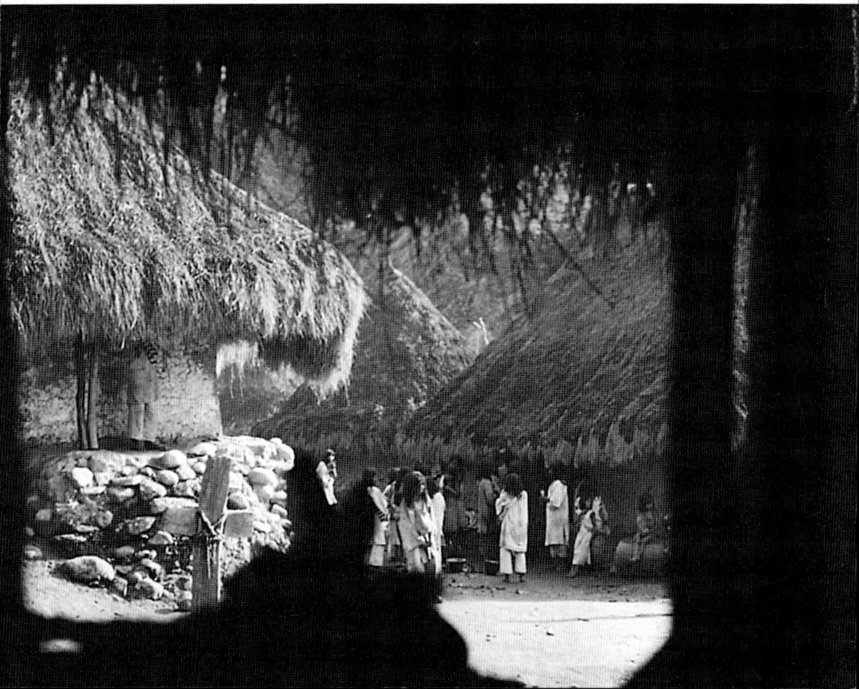

Ohne ihr Kleinvieh könnten die Kogi nicht leben. Das haben sie von den spanischen Eroberern übernommen, denen sie auch die Einführung des Truthahns aus anderen Teilen Amerikas verdanken.

Rumpf saßen, und von «Unipedes», Menschen mit nur einem Fuß, der freilich so gigantisch war, daß er als Sonnenschirm über den Kopf gehalten werden konnte. Nachdem man von solchen Wesen an Ort und Stelle nicht viel zu sehen bekommen hatte, blieb immer noch die Aussicht auf die Begegnung mit moralischen Monstrositäten. «Anthropophagen», Menschenfresser, so hieß es in den ersten Berichten von den Antillen, hausten dort überall, aber als es partout nicht gelingen wollte, auch nur einen einzigen Augenzeugen eines kannibalistischen Gelages aufzutreiben, schwand auch diese Angst allmählich dahin. Der einzige Greuel, der danach noch übrigblieb – und sich in augenfälligster Form beobachten ließ –, war sexuelle Zuchtlosigkeit.

Den Indianern war die panische Angst der Spanier vor der Fleischlichkeit augenscheinlich fremd: für die Spanier ein zuverlässiges Indiz dafür, daß die Ureinwohner der Neuen Welt der Homosexualität frönten. Man brauchte sie sich ja nur anzusehen. Da war zunächst einmal das Fehlen der Körperbehaarung. Männer ohne Bartwuchs waren offenkundig effeminiert. Dann war da noch der Umstand, daß sie sich oft unterwürfig gegen Frauen bezeigten. Die Kogi tun es noch heute.

> Zuerst erteilte die Mutter den Männern Rat. Sie gab ihnen Unterricht. Deshalb sollen wir, wenn eine Frau zu uns spricht, auf ihre Füße niedersehen. Es schickt sich nicht, der Mutter ins Gesicht zu sehen.

Überdies ging den Spaniern so ziemlich jeder Sinn für die bei den Indianern üblichen Formen der sozialen Kontrolle ab. In Kastilien galten für den Umgang mit der Sexualität ganz andere Regeln. Bei den Kogi zum Beispiel ist die sexuelle Aufklärung ein wesentlicher Teil der Initiation, und die komplexe Kontrolle beziehungsweise der richtige Gebrauch der Ejakulation, des Samens und des Menstrualblutes ist in ihren Augen ein unabdingbar wichtiges Teilstück der Kontrolle des Lebens – nicht nur des menschlichen, sondern allen Lebens. Da *aluna* Fortpflanzungsenergie ist, muß die sexuelle Ausscheidung in das Wechselspiel zwischen stofflicher und geistiger Welt integriert werden.

Für die Spanier war das alles nur schlichte Zuchtlosigkeit. In seinem dickleibigen Bericht über die Neue Welt prangert Oviedo die «Widernatürlichkeit der Sodomie» (gemeint ist damit der Analverkehr, a tergo, more ferarum, «nach Art der Tiere») an, die dort bei beiden Geschlechtern gang und gäbe sei.* Zur Strafe für dieses Vergehen ließ Balboa vierzig Indianer den Hunden vorwerfen.** Nach des Fray Pedro Simón felsenfester Überzeugung waren die Tairona «diesem Laster in solchem Grade zugetan, daß sie, um sich desto mehr zu dessen Ausübung anzustacheln, ihre Tempel mit Tausenden von Scheußlichkeiten und fratzenhaften Gestalten anfüllten»***. Homosexualität war für spanische Konquistadoren in Amerika eine obsessionelle Angstvision, die sie in panisches Entsetzen stürzte. Die Quellen dieses Entsetzens lagen im eigenen Inneren: Man fürchtete sich vor der Natur in einem selbst. Und deshalb machten sich die solchermaßen Geängstigten daran, die Sodomie bei den Indianern auszumerzen.

Die Kogi sehen in der Homosexualität noch heute keine Widernatürlichkeit, sondern lediglich eine geringfügige Abweichung von der Norm. Mit Ramón unterhielt ich mich darüber einmal im Zusammenhang eines Tischgesprächs über die Frage, was die Balance von männlich und weiblich zu bedeuten hat. Ist beispielsweise eine lesbische Hausgemeinschaft möglich?

Ja, das ist sie. Ramón kannte einen Fall, in dem zwei Frauen beschlossen hatten, wie Mann und Frau zusammen zu leben. Sie besprachen die Sache mit einem Mama, der ihnen beipflichtete: Wenn sie so geschaffen seien, dann müßten sie auch so leben. Es ist sogar ein Fall von den Ahnen überliefert, in dem zwei Frauen so zusammen lebten. In der Geschichte heißt es, daß die sexuelle Beziehung zwischen den zwei Frauen allen sexuellen Beziehungen anderer Art, die sie jemals gehabt hatten, weit überlegen war. Auch homosexuelle Beziehungen zwischen Männern kämen gelegentlich vor, fügte er hinzu, aber das seien dann doch eher exzentrische Fälle, und er selbst habe keinerlei Erfahrungen auf diesem Gebiet.

Natürlich sind Kogi-Gesellschaft und Tairona-Gesellschaft nicht ein und dasselbe. Bei den Kogi unterliegt das Sexualverhalten scharfer Kontrolle, und Zuchtlosigkeit gilt als schweres Verbrechen. Bei den Tairona mag es weniger sittenstreng zugegangen sein, aber die Behauptungen

---

* Oviedo 6, 140
** Eine ausführlichere Darstellung der europäischen Ansichten über unnatürliche Verhaltensweisen bei den amerikanischen Ureinwohnern gibt Peter Mason, Deconstructing America (London 1990)
*** Simón 4, 356

mancher Spanier, sie seien Zeugen homosexueller Orgien geworden, sind wohl doch eher Ausgeburten einer überreizten Phantasie. Allerdings scheinen sie im Jahre 1599 auf Juan Guiral Belón, den sechsundzwanzigjährigen neuen Gouverneur von Santa Marta, tiefen Eindruck gemacht zu haben. Daß die primitive Gesellschaft sich in einem Zustand moralischer Verwirrung befand, war zu erwarten: sexuelle Ausschreitungen pflegen nur ein aufs äußerste zugespitzter Ausdruck einer solchen Verwirrung zu sein. Zu erwarten war, daß ein spanischer Gouverneur sich bemühen würde, in seinem Herrschaftsgebiet seinen moralischen Prinzipien zur Durchsetzung zu verhelfen. Aber in Guiral Belón scheinen die unterdrückten Dämonen des Fleisches mit außergewöhnlicher Heftigkeit am Werk gewesen zu sein. Noch im Jahr seines Amtsantritts berief er eine Versammlung eingeborener Würdenträger nach Jeriboca am Fuß des Nordhangs der Sierra ein, um den Indianern zu eröffnen, daß er sich vorgenommen habe, ihrer «verruchten Sündhaftigkeit» ein Ende zu setzen.

Es ist fraglich, ob seine Zuhörer den Sinn seiner Worte in allen Einzelheiten verstanden. Das Ergebnis unterm Strich verstanden sie jedoch sehr gut. Die – ungeachtet aller Mißlichkeiten und Reibereien – halbwegs funktionierende Koexistenz zwischen Spaniern und Eingeborenen war aufgekündigt. Der Jüngere Bruder wollte jetzt den Älteren Bruder vernichten, indem er ihn dem Gesetz der Mutter entfremdete und ihm sein eigenes Gesetz aufzwang. In den Indianerdörfern erbauten Missionare bereits Kapellen, stellten Kreuze auf und lehrten, das *nuhue*, das Welthaus, sei das Haus des Teufels. Nun kam ans Licht, daß die Gesetze der Missionare – die Gesetze von Ignoranten, die weder das Wachstum der Feldfrucht steuern noch Regen machen konnten – mit Gewalt durchgesetzt werden sollten. Das Herz der Welt war bedroht und wollte verteidigt werden.

Von Jeriboca aus verbreitete sich die Kunde. Und nun zeigte sich die ganze Stärke des Proto-Staatswesens der «Tairona». Die Spanier stellten fest, daß eine Vielzahl von Gemeinwesen in Reih und Glied gegen sie antraten: Masinga, Masinguilla, Zaca, Mamazaca, Rotama, Mendiguaca, Tairama, Buritaca, Tairona, Maroma, Guachaca, Chonea, Nahuanje, Cinto, Gairaca, Mamatoco, Ciénaga, Dursino, Durama, Origua, Dibocaca, Daona, Masaca, Chengue, Sacasa, Daodama, Guarinea, Cominca, Choquenca, Masanga, Mauracataca. Alles in allem waren es noch mehr. Sie stellten eine nach Tausenden zählende Streitmacht auf die Beine, deren Aktionen eine ausgefeilte strategische Planung und Koordination zugrunde lag.

In der gesamten Sierra wurden zusätzliche Pflanzungen angelegt, um für die Dauer des Kampfes die Verpflegung sicherzustellen. In Orakelzeremonien und Kriegstänzen wurde die Mutter um Rat gefragt, und die Mamas wirkten in *aluna* darauf hin, daß diese Extra-Saat, die an sich die Balance der Welt beeinträchtigte, aufging.

Der sorgfältig ausgearbeitete Angriffsplan sah vor, gleichzeitig Santa Marta zu überfallen und alle Verbindungswege zu blockieren, um etwaige spanische Gegenstöße zu behindern. Doch als der Überfall erfolgte, befand sich die Stadt in Verteidigungsbereitschaft: Man war gewarnt worden. Der Missionar Tomás de Morales hatte auf dem Dorfplatz von Masinga ein Kreuz aufgestellt gehabt; als er in den Ort zurückkam, war es verschwunden. Die Indianer hatten ihm erklärt, daß sie es zerstört hatten. Außerdem hatte er bemerkt, daß im «Haus des Teufels» massenweise Bogen und Pfeile lagerten. Einem anderen Missionar war in Jeriboca sogar unumwunden von dem Angriffsplan erzählt worden. Beide hatten ihre Informationen weitergegeben.

Zum festgesetzten Termin, dem 29. Juli, brach in der Sierra der Aufstand los. Auf den Straßen und Landsitzen um Santa Marta kamen an die vierzig Spanier ums Leben, in den Indianerdörfern wurden Kapellen niedergebrannt, und in der Nacht wurde Santa Marta mit einem Hagel von Brandpfeilen überschüttet. Doch in der Stadt war man vorbereitet. Da die Spanier vor der Küste (wenigstens solange sich dort keine englischen Korsaren herumtrieben) die Seeherrschaft ausübten, hatte man per Schiff Hilfeaufrufe aussenden können, und zum fraglichen Zeitpunkt war in Kolumbien eine beachtliche Streitmacht stationiert. Unverzüglich wurden Entsatztruppen losgeschickt.

Es dauerte sieben Wochen, bis alle Verstärkungsmannschaften in Santa Marta versammelt waren, und die Indianer hatten keinerlei Mittel, es zu unterbinden. Sie versuchten, das spanische Heer am Ausrücken zu hindern, unter anderem indem sie auf den Straßen vergiftete Stacheln ausstreuten und mit vergifteten Pfählen bestückte Fallgruben installierten, aber zweihundert mit Rüstungen und Feuerwaffen ausgestattete Soldaten waren den zweitausend Kriegern, die sich ihnen in den Weg stellten, mehr als ebenbürtig.

Unaufhaltsam rückten die Spanier vor. Auf ihrem langsamen Vormarsch entlang der Küste plünderten und brandschatzten sie ein Dorf

nach dem anderen, bis sie in einer Ortschaft unmittelbar vor Bonda anlangten. Nach elf Tagen blutiger Kämpfe war Bonda zerstört und der
totale militärische Sieg der Spanier gesichert. Die meisten Anführer der
Indianer waren bis dahin gefangengenommen worden. Sie trugen Gold-
schmuck an Ohren, Nase und Lippen. Ohren, Nase und Lippen wurden
ihnen abgeschnitten. Der flüchtige Generalkommandeur des Aufstands,
Häuptling Cuchacique von Jeriboca, wurde bis tief in die Sierra hinein
verfolgt und gefangengenommen.

Drei Monate lang zog nun die spanische Soldateska plündernd und
brandschatzend von Dorf zu Dorf, zerstörte Ernten und Häuser und
nahm alle indianischen Würdenträger und deren Angehörige gefangen.
Dann hielt Gouverneur Juan Guiral Belón Strafgericht. Die Anführer der
Aufständischen wurden selbstverständlich hingerichtet, Cuchacique in
der Weise, daß er von zwei Pferden geschleift und anschließend gevier-
teilt wurde; die Stücke seines Körpers und sein Kopf wurden öffentlich
zur Schau gestellt. Danach konnte man dann zum Kernpunkt kommen.

Und wofern jemals wieder offenbar wird, ein Indianer habe die ver-
ruchte und widernatürliche Sünde der Sodomie begangen, oder er
hange dieser an, so sei ihm das Urteil gesprochen, dergestalt daß er
an dem Ort, welchselben ich bezeichnen werde, soll in gewohnter
Weise garrottiert werden, und soll hernach bei lebendigem Leibe verbrannt und vollständig eingeäschert werden, auf daß kein Anden-
ken an ihn bleibe, und soll den Indianern ins Gemüt geprägt werden, daß diese Strafe jeden treffe, der sich dieses Vergehens schuldig
macht.

Und über alle und jeden von ihnen sei der Stab gebrochen, und
sollen ihre Häuser, worinnen sie lebten, da sie das Verbrechen begingen, niedergerissen und verbrannt werden, und soll bei Strafe des
Todes niemand, wessen Ranges und Standes er auch sei, dorthin wie-
derzukehren sich erkühnen, um allda neu zu bauen und Wohnung zu schaffen, es sei denn, er habe hierzu Erlaubnis von der
Obrigkeit.

Alle indianischen Siedlungen mußten in die Täler verlegt werden. Es
war unter Todesstrafe verboten, sich auf den Höhen niederzulassen. Die
gesamte Kriegsbeute wurde den Soldaten als rechtmäßiges Eigentum

zugesprochen, zudem mußten die Unterworfenen die Kosten des Feld-
zugs (1500 Pesos) tragen.*

> Als Kolumbus kam,
> nahmen sie uns weg, was uns gehörte.
> Sie nahmen uns unser Gold.
> Sie nahmen uns unser ganzes heiliges Gold.
> Sie hetzten Hunde auf uns, und wir mußten fliehen,
> voll Furcht liefen wir davon,
> und davonlaufend ließen wir alles zurück.
> Wir hatten heilige Goldsachen, als sie die Hunde auf uns hetzten.
> Sie kamen uns abhanden
> Sie nahmen unsere Seele.
> Sie nahmen alles.

Ein guter Bluthund pflegte mit einem militärischen Rang samt Besol-
dungsanspruch ausgezeichnet zu werden. Es war eine freundliche Geste,
die nichts kostete: Die spanischen Soldaten bekamen selten genug Löh-
nung ausbezahlt. Für die Kogi wurden die Hunde-Soldaten zur nachhal-
tigsten, bestgehaßten Erinnerung.

> Als Kolumbus kam, hetzte er uns mit Hunden, daß wir davonliefen,
> wir mußten all unsere heiligen Sachen im Stich lassen, und die nahm
> er sich dann; sie hetzten uns mit Hunden und nahmen sich alles.
> Alles.
> Alles.
> Und um die Sachen stehlen zu können, mußten sie Hunde auf uns
> hetzen. Wegen der Hunde haben wir die Sachen verloren. Um sie in
> die Hände zu bekommen, mußten sie Hunde auf uns hetzen. Als die
> Hunde über uns herfielen, rannten wir davon, wir hatten Angst und
> ließen unsere Sachen im Stich.
> Davor verstand jeder zu tanzen, sie alle, sie alle, sie alle. Jeder India-
> ner verstand zu tanzen.

---

* Vgl. Bischof, S. 255 f

Die Kogi überleben

Die zersprengten Überreste dieser Gesellschaft – Angehörige der untersten Ränge der Sozialordnung, von niemandem beachtete Überlebende – flohen durch den Urwald hinauf ins Gebirge. Sie stiegen hinauf zu den Mamas, den Hütern der Flamme. Die Erinnerung der Kogi weiß von Tausenden und aber Tausenden Flüchtlingen, einer gewaltigen Masse von Menschen aus zahlreichen Stämmen der Sierra, die verzweifelt nach Nahrung und Hilfe suchten. Es war wenig genug, was man ihnen geben konnte.

Tausende verhungerten. Andere wurden von den aus Europa eingeschleppten Krankheiten dahingerafft, denen insgesamt achtzig bis neunzig Prozent der amerikanischen Ureinwohner zum Opfer fielen. Doch es gab Überlebende. Wieder und wieder hörte ich unter dem unablässigen Geklapper der Poporos im von schwarzen Rauchschwaden durchwaberten *nuhue* die Geschichte aus dem Mund von Greisen, deren einer die Rolle des Erzählers, der andere die des Chors übernommen hatte.

Als Kolumbus kam, nahmen sie uns alle unsere heiligen Sachen, und so machen sie es bis auf den heutigen Tag, und die Leute des Kolumbus kamen bis ganz hier herauf, um auch hier ihre Räubereien anzustellen. Daher flohen wir, als diese Leute kamen, wir rannten davon, wir hatten Angst, und deshalb leben wir heute hier oben. Ist es nicht so? Ist es vielleicht nicht wahr, daß sie alles gestohlen haben?

Und der Chor respondiert: «Doch, so ist es.»

Als Kolumbus kam, flohen wir bis hier herauf, und sie hetzten immer hinter uns her. Sie waren uns auf den Fersen, deshalb mußten wir bis ganz hier herauf kommen. Nur vier Indianergruppen blieben übrig, und sie kamen hier herauf.

Der Mama sagt: Ich blieb ohne Gold zurück,
ich blieb zurück ohne alles,
doch mit starken, tiefen Gedanken,
nach wie vor geachtet.
Mit einem Gedankengebäude.
«Laßt uns an diesen Sitten festhalten.

Die Tradition bewahren.
Wir wollen sie bewahren.»
Wir achten die Mutter Erde.

Hier flickten die Mamas schließlich wieder einen überlebensfähigen Sozialkörper zusammen. Ihr eigenes Wirken, dessen Zweck es war, den Bestand der Welt zu sichern, mußte weitergehen. Aufgeben, kapitulieren war in diesem Fall schlechterdings unmöglich. Es hätte wortwörtlich das Ende von allem bedeutet. Und obschon die Spanier drunten im Tiefland alles dem Erdboden gleichgemacht hatten, kam es nie zur Kolonisation des Gebirges. Das blieb für die Konquistadoren undurchdringlich.

Damals waren nurmehr vier unterscheidbare ethnische Gruppen übriggeblieben (eine von ihnen ist inzwischen untergegangen). Es sollte nie wieder ein starkes und vielfältig gegliedertes Häuptlingstum geben wie früher, mit Anführern, Häuptlingen und Oberhäuptlingen, «Kaziken», die jeweils über eine Ortschaft herrschten. Auch die hochgradig arbeitsteilige Sozialstruktur, in der die einzelnen Sparten des Landbaus und des Handwerks in den Händen von Spezialisten lagen, konnte nicht wiederhergestellt werden. Was jetzt entstand, war notgedrungen eine Gesellschaft von Selbstversorgern, in der jede Familie mit dem Notwendigsten auskommen mußte.

Die Mamas stückelten ein neues Sozialsystem zusammen, das auf Einfachheit und materieller Gleichheit beruhte. Jede Familie hatte Pflanzungen in verschiedenen Lagen; es gab kein Zurück mehr zu der Produktionsdistribution großen Stils, die in der Vergangenheit Basis des Lebens und Wirtschaftens in der Sierra gewesen war. Doch in *aluna* würde diese Umverteilung nach wie vor weitergehen. Die Mamas würden weiterhin Opfer darbringen, symbolische Güter aus einer Region der Sierra in die andere verbringen und so die Welt im Geiste regulieren und ausbalancieren. Die materielle Komponente der bisherigen Sierra-Kultur war vernichtet worden. Aber in der metaphysischen Dimension ging das Leben im alten Sinne weiter, und die Aufgabe der Vasallen bestand fortan darin, jenes metaphysische Leben zu erhalten, indem sie die Mamas erhielten.

Es ist nicht eindeutig zu rekonstruieren, wann die Kogi das Privateigentum an Grund und Boden bei sich einführten; nach eigenem Bekunden übernahmen sie diesen Rechtsbrauch unter dem Druck der Verhältnisse vom Jüngeren Bruder. Die unvermeidliche Folge war ein soziales Gefälle zwischen wohlhabenden und ärmeren Kogi – und manche Kogi brachten es mit einem nach Hunderten zählenden Viehbestand zu recht großer, und zwar nicht nur nach ihren eigenen Maßstäben großer, Wohlhabenheit. Andere dagegen sind recht arm: so zum Beispiel Pedro, der illegitime Sohn einer geschiedenen Frau, der in Armut aufwuchs und nichts erbte. Doch ob reich oder arm – alle Kogi bewohnen die gleichen, gleichermaßen karg eingerichteten Hütten. Und alle Kogi unterwerfen sich in allen Einzelheiten ihrer Lebensweise der Autorität der Mamas, um so mitzuwirken an der Harmonisierung des Verhältnisses Mensch/Natur. Denn ohne diese, so ihre feste Überzeugung, würden Arm und Reich gemeinsam zugrunde gehen.

Für die Kogi stand seit eh und je fest, wie das Weltende aussehen würde. Die letzte Posaune, das Signal für den definitiven Untergang, wird schallen, sobald der Jüngere Bruder wieder vom Herz der Welt Besitz ergreift, wo er geboren wurde. Der Augenblick, in dem Kolumbus sein letztes Ziel erreicht, ist der Augenblick des Todes des Mamas und des Untergangs der Welt im Chaos. Der Schnee auf den Berggipfeln wird schmelzen, und die Gewässer werden austrocknen. Die Natur wird aus der Balance geraten.

Im neunzehnten Jahrhundert begannen sich Missionare und Bauern im nördlichen Teil der Sierra festzusetzen; bis 1875 war San Antonio zum Sitz einer Schule und eines Bevollmächtigten der kolumbianischen Regierung geworden. Man nahm allgemein an, die Kogi stünden kurz vor dem Aussterben, doch wurden keine Fälle aktenkundig, in denen Behördenvertreter oder Bauern in die höherliegenden, heiligeren Regionen der nördlichen Sierra eingedrungen wären.

Erst seit neuestem ist das Herz der Welt ernstlich bedroht – nicht von Eindringlingen, sondern durch die Auswirkungen der Ereignisse, die weiter unten stattfinden. Unsere Gesellschaft bringt die Indianer in zunehmend größere Bedrängnis, nicht zuletzt auch, indem sie ihnen den Zugang zum Meer abgeschnitten hat. Gleichzeitig sorgen wir für eine weltweite Erwärmung des Klimas. Und zwar, sagen die Indianer, indem wir die Wälder abholzen und die Mineralien aus dem Schoß der Erde herausgraben.

Darum müssen sie uns warnen. Darum mußten sie sich auf das Forum des Fernsehens begeben.

Ich werde akzeptiert

Nach jener klaren Aussage «Unser Ja heißt ja. Die Mamas sprechen nicht mit zwei Zungen» wurde ich ins *nuhue* bestellt. Es war dunkel und schüttete. Der Weg nach Pueblo Viejo war ein einziger Sturzbach, und mit meinem gebrochenen Knöchel konnte ich mich in den Fluten nicht aufrecht halten. Halb getragen von Graham brachte ich den Weg nach unten hinter mich. Das Gebäude war voll. Mama Valencia erhob sich zum Sprechen.

Als du zum erstenmal hier warst, war ich für diesen Film. Ich hielt ihn für eine gute Idee. Aber inzwischen hatte ich Besuch von zwei Männern von der ONIC. Sie sagen, ihr seid schlechte Leute und nur gekommen, um uns zu bestehlen. Wenn das wahr ist, dürfen wir den Film nicht machen. Wenn das wahr ist, müßt ihr wieder gehen. Darum rede jetzt. Ist es wahr?

Auf meinen Spazierstock gestützt, saß ich auf meinem Schemel. Was gab es darauf zu erwidern?

Als ich vor neun Monaten hierherkam, sagtet ihr mir, ihr wollt zu dem Jüngeren Bruder sprechen. Ihr sagtet, ihr wollt ihn ermahnen, daß er seinen Lebensstil ändert. Sonst wird das Herz der Welt sterben, und alles wird zugrunde gehen. Ich sagte, ich würde euch helfen. Ich versprach wiederzukommen, und ich bin wiedergekommen, genau wie ich es gesagt habe. Während ich weg war, habe ich alles Nötige für das Vorhaben arrangiert. Ich habe alles arrangiert, damit die Welt eure Worte hören kann. Hättet ihr damals nein gesagt, wäre ich weggeblieben. Wenn ihr jetzt nein sagt, werde ich wieder weggehen. Die Entscheidung liegt bei den Mamas.

Wie demonstriert man Vertrauenswürdigkeit? Die Mamas hatten mich in Augenschein genommen, sie hatten Sarah und Graham beobachtet, sie hatten zugehört und eine Entscheidung gefällt, und die ganze Gemeinschaft hatte zugestimmt. Sie würden einen Film mit uns machen. Abseits gestanden hatte dabei lediglich das Dorf San Antonio, das sich von den Nonnen auf ihre Seite hatte ziehen lassen und bei der fraglichen Versammlung nicht vertreten war. San Antonio war immerzu über Kreuz dem Rest der Welt und schon lange vor Beginn des Haders mit Ramón als Hochburg des Querulantentums verrufen.

Bei ihrem ersten Besuch in der Sierra hatte Amparo die Mamas aufgesucht und ihnen erläutert, daß die Regierung in Bogotá ihnen helfen wolle und daß sie als Regierungsbeauftragte zu diesem Zweck hier sei. Was könne die Regierung für die Kogi tun?

Die Mamas hatten zugehört und sich dabei überlegt, was für einen Trick Kolumbus wohl jetzt mit ihnen abzuziehen versuche. Also machte jemand einen verschrobenen Spaß, um herauszubekommen, ob alles, was Amparo ihnen zu bieten hatte, nur ein neuer Weg ins Verderben war.

Wir haben gehört, daß ihr Atombomben habt. Wir haben seit vielen Jahren Probleme mit San Antonio. Bitte gebt uns eine Atombombe, damit wir San Antonio in die Luft jagen können. Dann wäre uns geholfen.

Über San Antonio sollte ich mir nicht allzuviel Kopfzerbrechen machen, wurde mir gesagt.

Am Tag darauf war die Stimmung sehr fröhlich und entspannt, und ich machte mich an die Verteilung der Geschenke. Ich hatte Muschelschalen und aus Santa Marta Fische mitgebracht. Mit den Muschelschalen war das so eine Sache gewesen: Nach langer ergebnisloser Suche in England hatte ich in Devon einen Händler ausfindig gemacht, der Muschelschalen pazifischen Ursprungs importierte. Einen mächttigen Sack voll von seiner Ware hatte ich um den halben Globus mit mir geschleppt.

Der Sack hatte sich auf dem El-Dorado-Flughafen in Bogotá als ein schwer zu übersehender Stein des Anstoßes erwiesen. Der Einfall, Muschelschalen in ein Land bringen zu wollen, um sie Indianern zu schenken, war offenbar dermaßen absurd, daß man sich das nur als Tarnung für irgendeine anrüchige Sache erklären konnte. Aber für was? War ich vielleicht der erste, der Drogen nach Kolumbien *hinein*zuschmuggeln versuchte?

Ernster zu nehmen schien mir die Frage, ob die Kogi die Muschelschalen annehmen würden. Mit Geschenken machen sie nicht viel Umstände. Soweit sie in der Sierra am richtigen Platz zu sein scheinen, werden sie würdevoll, aber ohne Dankesbezeigung entgegengenommen. «Diese Dinge gehören hierher, und es war nicht mehr als korrekt, sie mitzubringen», scheinen sie mit ihrer Haltung zum Ausdruck bringen zu wollen. Solche, die hier fehl am Platze sind, werden brüsk zurückgewiesen – jedenfalls wurde mir das berichtet. Wie würden sie sich angesichts meiner Pazifikmuscheln verhalten?

Ich bot sie gleichsam probeweise an mit der Erklärung, ich wisse nicht, ob sie sich für den Gebrauch im Poporo eigneten. Die Mamas wühlten in dem Sack und nahmen Musterexemplare heraus, die herumgereicht wurden. Jede Muschelart hatte ihren eigenen Namen, aber nein, für den Poporo waren sie nicht zu gebrauchen. Es waren heilige Muscheln, wie sie bei den Ahnen in Gebrauch gewesen waren. Manche dieser ahnentypischen Muschelschalen, die Hunderte Jahre alt sein mußten, werden noch heute als Opfergaben und bei Ritualhandlungen verwendet. Später sah ich haargenau die gleichen Muschelschalen im Museum von Santa Marta wieder. Sie waren als Beigaben in Tairona-Gräbern gefunden worden.

Anscheinend hatte man in der Sierra vor 1600 Muscheln aus dem Pazifik bezogen. Ich hatte einen großen Schatz mitgebracht. Die Mamas waren entzückt, hingegen hielt sich die Begeisterung auf seiten der Vasallen, die auf einen ordentlichen Schwung Muschelschalen für ihre Poporos gehofft hatten, in Grenzen. Von ihnen erhielt ich eine Musterkollektion der Schalen ausgehändigt, die ich bei meinem nächsten Besuch mitbringen sollte.

Auf Reichels Rat hin hatte ich noch ein anderes Geschenk mitgebracht, ein Paket Flechtnadeln für die Verfertigung von Tragtaschen. Jede Kogi-Frau ist ständig mit dem Verfertigen einer *mochila* beschäftigt. Die Technik des Achterstichs bringen sie ihren Töchtern bei, sobald diese auf ihren Beinen stehen können.

Die Tragtasche ist ein Achterstich-Spiralwulst, der vom Zentrum des Taschenbodens ausgeht, von da auswärts und aufwärts wächst und sich etappenweise mit einfarbigen Streifen anreichert. Sie verkörpert das All, die alles umfassende Höhlung, und ihre ringförmigen Streifen symbolisieren die gestuften Welten. Alle Traglasten – Holz, Feldfrüchte, Koka – werden in solchen Taschen befördert. Ist die Last schwer, wird die Tasche auf den Rücken genommen und der Tragriemen vor die Stirn gelegt. So werden auch Säuglinge getragen, und die Tasche ist dann genauso ein Uterussymbol wie das *nuhue*. Jeder Säugling verkörpert den ersten Menschen, den ursprünglichen Älteren Bruder. Die Frau, die ihn auf dem Rücken trägt, ist ein Gleichnis der Urmutter. Sie formte die Weltentasche, und sie setzte Leben in sie ein.

Kogi-Frauen sind ausgesprochen scheu, und keine von ihnen hatte bislang mehr als ein paar knappe Worte mit mir gewechselt. In Anbetracht dieser strengen Trennung der Geschlechter wußte ich nicht so recht, wie meine Nadeln ankommen würden. Ich mußte sie den Männern aushändigen – unvorstellbar, daß ich Frauen ein Geschenk gemacht hätte –, und ich war mir nicht sicher, ob die Männer Interesse für so etwas hatten.

Sie hatten – und was für eins! Jefe Mayor nahm die Verteilung in die Hand und sorgte dafür, daß jeder Vasall seinen gehörigen Anteil abbekam, und sobald die Männer den in den Fingern hatten, stürzten sie davon. Ich war ein sehr viel kühleres Verhalten im Umgang mit Geschenken gewohnt und hatte keine Erklärung für diese Aufgeregtheit. Ich sah drüben vor Arregocés Haus sämtliche Männer in ein heftiges Palaver verwickelt; nach ungefähr einer halben Stunde waren sie dann mit strahlenden Gesichtern wieder da. Anscheinend hatte ich genau das Richtige getroffen.

In der Sanitätsstation herrschte jetzt eine Atmosphäre von Entspannung und Zufriedenheit, jedermann rekelte sich auf einem bequemen Platz. Mama Bernardo, der Amparos Hängematte okkupiert hatte, war mit einemmal hingerissen von Adalbertos herrlichem Stoffhelm und stülpte ihn sich auf den Kopf. «Wie steht er mir?» Mama Augustin brach in schallendes Lachen aus. «Du siehst blendend aus! Einfach betörend!» Mama Bernardo grinste geschmeichelt und ließ dabei eine Reihe von tabakgeschwärzten und kokabegrünten Zahnstummeln sehen. «Die Frauen werden in Scharen hinter dir her sein», prognostizierte Mama Augustin. «Sie werden dich so weit bringen, daß du als Mama erledigt bist.»

Als das Gelächter sich gelegt hatte, lehnte sich ein Greis, der im Fensterrahmen Platz genommen hatte, zurück und begann mit breitem Lächeln zu sprechen.

Jetzt, wo wir ja gesagt haben, werdet ihr uns mit Stricken fesseln und von hier wegführen und zu Wurst verarbeiten. Und die einzigen, die hier noch übrigbleiben werden, sind dann die Leute von San Antonio.

7 Beginn der Dreharbeiten

Graham flog mit uns nach London zurück, reiste dann aber vor mir wieder nach Kolumbien ab, um die Logistik der Dreharbeiten auf die Reihe zu bringen. Ich sagte ihm, wenn er sich das nächste Mal bei den Kogi sehen lasse, solle er ihnen den Katalog des Museo del Oro mitbringen. Falls irgendein Ausstellungsstück die Mamas besonders interessiere, könnten wir ein Replikat davon machen und es uns von ihnen kommentieren lassen.

In der Sierra wurde Graham mit offenen Armen empfangen und so freundlich und zuvorkommend behandelt, wie er es zuvor nie erlebt hatte. Wenn er von seiner kleinen Hütte zu Streifzügen aufbrach, um sich mit den Leuten zu unterhalten, erwarteten ihn allerseits Offenheit und Gesprächsbereitschaft; blieb er zu Hause, riß der Strom von – männlichen wie weiblichen – Besuchern nicht ab, die auf eine Tasse Kaffee und ein Schwätzchen zu ihm hereingeschneit kamen.

Häufig konnte er beobachten, wie jemandem ein Amulett ausgehändigt wurde, ähnlich demjenigen, das er von Mama Bernardo bekommen hatte, ehe er auf dem Abhang ausrutschte und sich das Kreuzbein prellte. Die Kogi nehmen diese Talismane sehr ernst: Sie sind ihnen das sichtbare Zeichen für die Anstrengungen der Mamas, ihnen Schutz zu erwirken. Aber jeder, dem Graham von seinem eigenen Erlebnis berichtete, fand das Ganze zum Schreien komisch. Offensichtlich hatte Mama Bernardo sich übernommen mit dem Versuch, einem dermaßen unreinen Exemplar der Spezies Mensch Schutz zu erwirken. Graham sah die Sache anders und instruierte Mama Bernardo, er solle ihm auf gar keinen Fall jemals wieder einen Talisman überlassen. Der Mama brülle vor Lachen.

Oben im Gebirge war offensichtlich alles in bester Ordnung, aber darum herum verschlechterte sich die Lage in Kolumbien rapide, je näher der Termin für den Beginn der Dreharbeiten rückte. Ich telefonierte gerade mit unserem Luftfrachtspediteur in Bogotá, als die Meldung eintraf, daß in einer Maschine auf einem Inlandflug ein Sprengsatz detoniert war. Die Bomben wurden immer größer, die Anschläge immer verwegener. Das Hauptquartier der Sicherheitspolizei DAS wurde am hellichten Tag mit einer kolossalen Autobombe in die Luft gejagt. Bei dem Attentat gab es Dutzende Toter und Hunderte Verletzter, darunter zahlreiche Ausländer, die vor der Paßstelle angestanden hatten, um ihr Visum verlängern zu lassen.

Ramón bekam Wind davon, daß die Guerrilleros ein Wörtchen mit ihm reden wollten: Er umstellte sein Haus mit Wachposten und ging auf Tauchstation. In Cartagena wurde ein Hotel Ziel eines Bombenanschlags, bei dem zwei amerikanische Journalisten ums Leben kamen. So war es für mich dann kaum noch eine Überraschung, als mein Toningenieur, der schon bei vielen abenteuerlichen Filmprojekten mit von der Partie gewesen war, eine Woche vor dem Abflugtermin bei der BBC anrief, um mitzuteilen, diesmal bleibe er lieber zu Hause.

In Wirklichkeit durften wir uns vor dem Drogenkrieg bis zu einem gewissen Grad sicher fühlen – zumindest Graham durfte das. Er saß in einem Lokal in Rodadero beim Essen, als er sich plötzlich von ein Schar teuer angezogener, juwelengeschmückter Männer mit glitzernden Rolex-Uhren und Ray-Ban-Sonnenbrillen umrundet sah, die ein großes Hallo veranstalteten, ja zum Teil sogar in Tränen ausbrachen. Sein Anblick ergriff sie zutiefst. Es waren Verwandte von «El Mono» Abello, dem örtlichen Drogenbaron, der nach seiner Verhaftung an die USA ausgeliefert worden war. Allem Anschein nach war Graham sein Doppelgänger.

Wir studierten hinterher Fotos von «El Mono», um herauszufinden, wo die Ähnlichkeiten lagen – aber ziemlich vergebens. Nun ist ja so etwas auch nicht bloß eine Frage des Aussehens. Grahams Art zu lächeln, den Kopf zu bewegen, beim Essen das Besteck zu handhaben – das alles machte er genau wie «El Mono».

Solange niemand auf den Einfall kam, ihn zu verhaften, durfte Graham sich sicher fühlen. Wir anderen brauchten nichts weiter zu tun, als ihm nicht von der Seite zu weichen.

Goldarbeit

Beim Drehen machten wir den Anfang mit Gold. Gold war offenbar so wichtig wie telegen und das Museo del Oro in Bogotá infolgedessen der gegebene Platz, um mit den Aufnahmen zu beginnen. Aber die volle Bedeutung des Goldes enthüllte sich mir erst im weiteren Verlauf der Dreharbeiten.

Mama Valencia traf die Auswahl. Er entschied sich für eines der beeindruckendsten Artefakte, das im Museum als «Anhänger» katalogisiert ist. Die etwa zehn Zentimeter hohe Freiplastik stellt eine auf kurzen, dicken Beinen mit eingeknickten Knien in halber Kauerstellung stehende Figur dar. Die Hände ruhen an den breiten Hüften, die kräftigen Ellbogen sind seitwärts vom Körper abgewinkelt. Diese Haltung zusammen mit dem fauchend aufgerissenen Maul des Raubkatzenkopfs verleiht der Figur ein angriffslustiges Aussehen. Man kennt eine Reihe ähnlicher Artefakte mit anderen Köpfen. Sie werden häufig als «Krieger» apostrophiert.

Die Figur ist, von Armbändern an den Ellbogen abgesehen, von den Schultern abwärts nackt. Quer vor dem Bauch hält sie einen Stab, aus dessen beiden Enden jeweils zwei kleine Voluten hervortreten. Die Haltung ist die eines Gewichthebers.

Über die Schultern ist ein Halsband drapiert. Beherrschendes Element ist jedoch der überproportionale Kopf, umlagert vom Gewirbel und Gebrodel spiralförmiger Protuberanzen. Von jeder Seite des Kopfes ragt ein ausladendes zweizipfliges lappenartiges Gebilde weg, ein Vogelpaar mit riesigen Schnäbeln hockt auf dem Stirnband, dahinter steigen wie Feuerräder eines Brillantfeuerwerks acht Spiralscheiben empor, jede mit einer Kugel in der Mitte.

Die Datierung lautet, reichlich unbestimmt, auf «Prähistorisch», was in diesem Fall nicht mehr als präkolumbisch heißt. Wie alle Tairona-«Gold»-artefakte ist auch dieses bei weitem nicht aus reinem Gold, sondern aus *tumbaga*, einer Kupfer-Gold-Legierung.

Geschaffen wurde es von Meisterhand. Der Künstler fertigte das Kernmodell vermutlich aus einem Gemisch von Ton und Holzkohlepulver: Spuren dieser Mischung wurden in vielen Goldartefakten gefunden. Das fertige Modell wurde zum Austrocknen einige Tage lang an die Sonne gestellt, damit es beim Gußvorgang nicht durch Dampfbildung zu Bruch ging.

Die nächste Arbeitsphase bestand in der Herstellung einer Bienenwachsfolie: Schmelzen des Wachses, Durchseihen, bis die letzte Unreinigkeit entfernt war, und Auswalzen zur Folie von der Stärke eines Papierblatts. Nachdem diese dem Kernmodell aufgedrückt war, wurden in dem Wachs die plastischen Feinheiten ausgeführt. Die heikleren Teile der Komposition, so etwa die Spiralscheiben des Kopfputzes, wurden von Anfang an in Wachs modelliert und mittels winziger Wachstropfen auf das Hauptkorpus «genietet». Das Ganze wurde alsdann mit einer feinpulverisierte Holzkohle enthaltenden Tusche bestrichen, damit die Gußform schärfere Kontur erhielt.

Nach einer abermaligen Austrocknungsphase umgab der Künstler das Modell mit einem Auftrag aus nassem Ton und Holzkohle, dann wurde das Ganze gebrannt. Die Holzkohlebestandteile des Auftrags waren ziemlich grobkörnig, so daß sich beim Brennen Löcher in dem Mantel bildeten, durch die entstehende Gase, ohne Schaden anzurichten, entweichen konnten. Im Boden der so entstehenden Hohlform war ein Loch für das im Inneren abschmelzende Wachs, ein zweites Loch befand sich oben. Auf dem Kern müssen feine vertikale Leisten aus Wachs angebracht gewesen sein, die in der Hohlform Kanäle hinterließen, durch die das übrige Wachs abfließen konnte. Kern und Mantel waren durch eingesteckte Nadeln verbunden, die verhinderten, daß der Mantel sich beim Auslaufen des Wachses auch nur um Millimeterbruchteile verschob.

Der Künstler hatte jetzt eine gebrannte Gußform, in deren hohlem Inneren das mit Nadeln fixierte Kernmodell aus der Ton-Holzkohle-Mischung steckte. Noch während das Ganze heiß war, wurde durch die obere Öffnung die geschmolzene Kupfer-Gold-Legierung eingefüllt – was genau beim richtigen Erhitzungsgrad und ohne die geringste Unstetigkeit, in einem einzigen, gleichmäßigen Zuge, zu erfolgen hatte, damit beim Einfließen auch nicht die kleinste Luftblase in die Legierung geriet. Nach dem Abkühlen des Metalls wurde die Hohlform zerschlagen. Hatte der Künstler die gesamte Prozedur nicht vollkommen fehlerlos ausgeführt, mußte er wieder bei Null anfangen. Denn Gußform und Modell waren jetzt verloren.

Zum Vorschein kam eine kupferfarbene Hohlplastik. Der Kern wurde ausgekratzt, so daß nur noch die dünne rote Metallhaut übrigblieb. Zum Schluß kam der Clou. Aus Kräutertinktur, wie es in den Chroniken heißt, wurde eine starke Säure bereitet. Die Figur wurde eingetaucht und das Ganze nochmals erhitzt. Das Kupfer an der Oberfläche oxidierte, und das Kupferoxid löste sich in der Säure auf: Das Gold blieb unbeschadet zurück. Das Kunstwerk schimmerte und glänzte. Nur die Rückkehr in den Schmelztiegel würde jetzt dem Material noch etwas anhaben oder die Gestalt verändern können. Niemals würde die Oberfläche ihren Glanz verlieren. Die Figur war zum Leben erwacht.

Die Herkunft dieser speziellen Plastik war ebenso unbekannt wie ihr Bildgegenstand und ihre Zweckbestimmung. Sie war Teil der großen Sammlung, die der Grabräuber Cano zusammengerafft und dem Museum übereignet hatte – nicht ohne zuvor von allen Sachen Abdrücke zu nehmen. Sein Sohn erklärte sich jetzt einverstanden, den Herstellungsprozeß zu wiederholen.

Und erst dabei wurde mir ganz bewußt, welche Grade subtilen handwerklichen Könnens in die Herstellung des Originals eingeflossen waren und wie sparsam seinerzeit mit dem Metall umgegangen wurde. Heute ist niemand mehr in der Lage, die Wachsfolie so dünn zu machen, wie sie ursprünglich war, deshalb fallen Replikate schwerer als die Originale aus. Die Temperatursteuerung ist eine so verzwickte Angelegenheit, daß selbst ein moderner elektrischer Brennofen nicht unbedingt immer ein brauchbares Resultat erzeugt.

Ich fragte Cano junior nach seiner Einstellung zur Grabräuberei. Er antwortete, diese Schätze würden den Kolumbiern die Vergangenheit vor Augen führen und ein historisches Bewußtsein in ihnen wecken – und nicht zuletzt handle es sich bei den Sachen um herrenloses Gut. Die Kulturen, die sie hervorgebracht hatten – die Quimbaya, Muisca und wie sie alle hießen –, seien vor Jahrhunderten untergegangen. Aber die Tairona sind nicht untergegangen, warf ich ein, die Kogi erheben noch heute Besitzansprüche auf die archäologischen Fundstätten. Er wurde verlegen und meinte, das Plündern von Tairona-Gräbern könne auch er nicht gutheißen. «Wenn die Mamas das Replikat haben wollen, das wir machen, sollten Sie es ihnen überlassen. Als Geschenk. Ich bin mir nicht sicher, ob sie es haben wollen.»

Ricardo

Wir schickten die paar Rollen Film, die wir belichtet hatten, nach London ins Labor, um sicherzugehen, daß unsere Ausrüstung technisch in Ordnung war. Dann brachen wir auf in Richtung Sierra.

In Santa Marta war im Grundsatz alles okay, auch wenn es mit der Praxis ein bißchen haperte. Die Auseinandersetzungen um das Filmprojekt hatten sich gelegt, abere Ramón hatte sich schon eine geraume Weile nicht mehr sehen lassen und würde bei der ersten Phase der Dreharbeiten nicht mit dabei sein.

Graham hatte das Dolmetscherproblem in der Weise gelöst, daß er Mama Bernardos Sohn Juancho für die Zusammenarbeit mit uns gewonnen hatte. Juancho war als Kind von Missionaren für die Dauer von einigen Jahren aus der Sierra hinausgebracht worden. Offenbar war Mama Bernardo der Ansicht gewesen, daß es seinem Sohn nicht schaden könne, etwas von der Außenwelt mitzubekommen; daß er wiederkommen würde, schien für den Vater nie in Frage gestanden zu haben. Seine Einschätzung hatte sich als richtig erwiesen: Heute lebte Juancho bei seinem Vater.

Außerdem hatte Graham einen Guajira-Indianer namens Ricardo Nuñez als Wachmann für uns angeheuert. Ricardo ist unendlich lang und dünn, nur vor seiner Leibesmitte wölbt sich rundlich ein Schmerbäuchlein. Er hat die dunkle Hautfarbe des Zambos – der Mischung indianischer und afrikanischer Gene –, der man an der Küste überall begegnet. Die lange, an einem speziellen Gürtel wie ein Schwert in einer reichverzierten Scheide getragene Machete gibt zu erkennen, daß Ricardo der Welt der Konquista näher steht als der meinen. Sein Auftreten ist von gravitätischer Würde, seine Rede voll abstruser Sprichwörter. Seine stark dialektgefärbte psalmodierende Sprechweise machte es meist unmöglich zu verstehen, wovon er redete.

Die Menschen der Guajira kennen kein anderes Gesetz als das der Blutrache und des persönlichen Treueverhältnisses. Der Staat bedeutet ihnen nichts, denn er hat ihnen nichts zu bieten. Ricardo entstammte einer der landestypischen vielköpfigen Familien, und wie er selber sagte, waren er und seine Geschwister «als Wilde» aufgewachsen. Sein Vater war Landarbeiter; bei einem Unfall mit einer Mähmaschine verlor er beide Beine. Ricardo und seine Brüder sagten den Ärzten im Krankenhaus, wenn er zu sich käme und sähe, daß er keine Beine mehr hatte, würde er sich umbringen, und sie behielten recht. Die Familie erhielt von nirgendwoher auch nur die kleinste Unterstützung, und als Ricardos Mutter erkrankte, hielten die Söhne sie über Wasser, bis sie selbst nichts mehr hatten. «Als wir kein Geld für Medikamente mehr hatten, starb sie.»

Heute hat er eigenes Land, eine kleine Farm in der Sierra: das Geschenk eines Mannes, den er von einer jähen Übelkeit hingestreckt am Straßenrand gefunden und ins Krankenhaus gebracht hatte. Aber mittellos, wie er ist, kann er sein Gut nicht bewirtschaften.

Ricardo ist ein angesehener Mann, der nicht selten von einer Mutter darum ersucht wird, im Interesse ihres Sohnes bei der Polizei zu intervenieren. In einem solchen Fall aus jüngerer Zeit wurde ein Junge von der Polizei wegen Straßenräuberei verfolgt, und die Mutter kam weinend zu Ricardo gelaufen und flehte ihn an, er möge ihrem Sohn behilflich sein, sich zu stellen. Die Schwierigkeit bestand darin, daß der Junge ohne den Beistand eines Mittelsmanns Gefahr lief, beim Versuch, sich zu stellen, ohne lange Umstände erschossen zu werden. Dank Ricardo erhielt der Junge die Möglichkeit, sich gefahrlos der Polizei zu stellen, und wurde hinterher gegen Kaution wieder auf freien Fuß gesetzt – und dies nicht zuletzt auf Grund von Ricardos Versicherung, er werde «sauber bleiben».

Keine vierzehn Tage später war die Mutter wieder bei Ricardo und bestürmte ihn, ihrem Sohn noch einmal zu helfen, sich zu stellen. «Sie sagen, daß er ein Straßenräuber ist und daß sie ihn erschießen werden. Oh, diese Polizisten – sie lügen wie gedruckt! Bitte, bitte, helfen Sie ihm!» Ricardo war der Ansicht, er habe sich in der Angelegenheit schon genug kompromittiert, und erklärte der Mutter, klar sei ihr Sohn ein Straßenräuber, kilometerweit im Umkreis wisse jeder, daß er mit vorgehaltener Waffe Autobusse stoppte und die Fahrgäste ausraubte – die Polizei habe völlig recht.

Ricardo schätzt persönliche Ehrenhaftigkeit und familiäre Werte. In einer Guajira-Familie teilt jeder alles mit allen, und wann immer Ricardo Geld hatte, gab er es für Geschenke aus. Besonders stolz ist er auf seinen Militärdienst als Fahrer eines Generals und auf seine Neffen.

Das sind tolle Burschen. Wenn ich mal einen trinken gehe und denen sage: «Um zehn Uhr muß ich zu Hause sein», dann haben die bis um zehn ausgekundschaftet, wo ich bin, und sind zur Stelle. Und da kann ich machen, was ich will, die packen mich am Schlafittchen und schleppen mich nach Hause. Tolle Burschen sind das.

Heute hat er seinen Wohnsitz in Santa Marta, aber aufgewachsen war er in Dibulla und hatte dort die Invasion der *colonos* in die tiefergelegenen Regionen der nördlichen Sierra mitbekommen. Begonnen hatte es in den sechziger Jahren damit, daß Holzfällerbrigaden den Regenwald abholzten, später waren dann die Marijuanaanbauer nachgerückt.

Damals gab es viel Gewalttätigkeit, viele Morde, viele Raubüberfälle. Da wurden die Leute verschleppt und umgebracht, damit man ihnen leichter ihr Geld oder ihre Einkäufe abnehmen konnte. Jeder, der seine Habseligkeiten nicht freiwillig herausgab, wurde umgebracht. Und das wurde ziemlich brutal erledigt, dabei floß eine Menge Blut. Das ging so lange, bis die Dorfoberen in der Gegend den Entschluß faßten, dem Verbrecherwesen ein Ende zu machen. Sie jagten sie alle zum Teufel.

Diese Volksjustiz-Bewegung im «Vigilante»- und «Regulatoren»-Stil brachte nicht bessere Verhältnisse, sondern schuf mit der Vertreibung der bäuerlichen kleinen Fische von ihrem Grund und Boden lediglich Spielraum für die großen Haie. Heute sind ausgedehnte Areale in Küstennähe für Normalbürger *off limits*, weil sie von den Privatarmeen millionenschwerer Großgrundbesitzer abgeriegelt werden.

Ricardo garantierte uns Sicherheit: Wenn wir technisches Gerät per Maultier über die unteren Hänge der Sierra zu transportieren hatten, würde kein Bandit sich die Finger daran zu verbrennen wagen, solange er mit dabei war. Das gleiche galt erfreulicherweise auch für unsere Personen. Fahrzeuge, die über die Stadtgrenze von Santa Marta hinausfuhren, wurden derzeit regelmäßig von bewaffneten Banden überfallen. Weihnachten rückte näher, und da mußten Geschenke für die Angehörigen herbeigeschafft werden.

Ricardo war nicht nur ein nützlicher Schutzengel, sondern auch bekannt und beliebt bei den Kogi von Pueblo Viejo. Da er fast doppelt so groß ist wie sie, nimmt er sich unter ihnen wie ein freundlicher Riese aus. Er hat eine ebenso leidenschaftliche Neigung zu den Kogi gefaßt wie Amparo und tut alles in seinen Kräften Stehende, um ihnen zu helfen. Als Besitzer einer Farm in der Sierra fällt er wohl unter die Kategorie *«colono»*, nehme ich an, aber er denkt nicht wie ein *colono*. Während die Regierung sich an Wiederaufforstungsprogrammen versucht, von denen die Kogi nichts halten, hat er mit Mitteln aus diesem Projekt eine Pflanzschule angelegt, in der er die von den Mamas gewünschten Schößlinge zieht.

Ricardo hatte Graham in der Sierra von Anfang an auf Schritt und

Tritt begleitet, und nicht zuletzt dank seinem und Carlos' Beistand war Graham in jenen schwierigen Monaten, wo er auf der Stelle zu treten schien, überhaupt über die Runden gekommen. Jetzt wollte Ricardo dafür sorgen, daß die Mamas bei den Dreharbeiten rückhaltlos mitmachten. «Das werd ich denen schon beibringen.»

Ricardo brauchte nichts beizubringen. Bei der Ankunft in Pueblo Viejo fanden wir das ganze Dorf in Kooperationsbereitschaft vor. Wir hatten nur noch ein Problem: Die Filmrollen, die wir in Bogotá abgeschickt hatten, waren noch nicht in London eingetroffen, und daher wußten wir nicht mit hundertprozentiger Sicherheit, ob unsere Kamera ordnungsgemäß funktionierte. Aber dagegen war nun mal nichts zu machen.

Blut

Als erstes mußte für ein Festmahl eine Kuh geschlachtet werden. Wir filmten die Schlachtung, eine scheinbar unnötig grausame und in die Länge gezogene Prozedur. Statt nach dem Messerstich in den Hals auf der Stelle zu verenden, zuckte das arme Vieh noch ungefähr fünf Minuten lang in Todesqualen. Mir wurde schier übel dabei, und ich war wie vor den Kopf geschlagen angesichts der vermeintlichen Stümperei des Schlächters. Als wir später an das Verdolmetschen der den Vorgang begleitenden Gespräche gingen, kamen die Hintergründe ans Licht. Die Kogi waren entschlossen, sich um jeden Preis die Aufmerksamkeit des Jüngeren Bruders zu sichern, und gestalteten deshalb das Ganze bewußt zum Spektakel. Man hätte meinen können, sie hätten sich im Zuge ihrer psychologischen Einstimmung auf die Dreharbeiten auch mit dem Studium von Fernseh-Einschaltquoten befaßt. Mit größter Überraschung registrierte ich, daß sie untereinander Bemerkungen austauschten wie: «Das wird sich in dem Film gut machen.»

Die Sache hat noch eine weiterreichende Bedeutung für jeden, der versucht ist, die Einstellung der Kogi zur Natur sentimental zu verklären. Obzwar einerseits die Mamas durchaus in der Lage zu sein scheinen, sich in die Urmutter und den Schmerz, den das Zertrümmern eines Felsens oder ein in die Erde gegrabenes Loch ihr verursachen, einzufühlen, ließen andererseits die Leiden der abgemurksten Kuh die Vasallen ziemlich kalt.

Besonders erpicht waren sie darauf, daß wir das aus der Stichwunde im Hals des Tieres auslaufende Blut aufs Zelluloid bannten.

Bring mit eine andere Schüssel für das Blut. Die hier ist viel zu klein… Wir brauchen noch einen Rührlöffel. Was ist denn nun? Machen die jetzt ihre Aufnahmen oder nicht?

Wir hatten es ersichtlich mit Leuten zu tun, die sich genau überlegt hatten, wie sie vorgehen wollten.

Das erste Problem, das sich uns stellte, war der – unvermeidliche – Präzedenzstreit zwischen zwei benachbarten Dörfern, in denen wir zu drehen vorhatten. Jedes Dorf ist Glied eines politischen Verbands, der sich durch Sippenzugehörigkeit definiert. Die fraglichen zwei Dörfer liegen faktisch nur zweihundert Meter weit auseinander; hätte man die gleichen Ortsverhältnisse bei einer archäologischen Ausgrabungsstätte angetroffen, wäre man wohl gar nicht erst auf die Idee gekommen, man habe es mit zwei separaten Gemeinwesen zu tun. Aber exakt so ist es im gegenwärtigen Fall, und jedes der beiden Dörfer ist in andere Loyalitäten eingebunden als das andere. Jedes betrachtet sich selbst als den Hort der tiefsten Weisheit, der Quintessenz alles Wissens des Älteren Bruders und die Nachbargemeinde, was das betrifft, als mit Abstand minderrangig. Zu guter Letzt einigte man sich darauf, daß die Hauptansprache an den Jüngeren Bruder zwischen den *nuhues* der beiden Dörfer aufgeteilt werden müsse. In beiden Gemeinden war man felsenfest überzeugt davon, daß die Tiefgründigkeit des eigenen Beitrags und die Seichtigkeit dessen, was die Nachbarn zu sagen hatten, uns nicht verborgen bleiben würden.

Nach Einbruch der Nacht wurde es Zeit, mit dem Aufnehmen der Verlautbarungen im *nuhue* zu beginnen. Bis dahin hatte sich erwiesen, daß die Kogi effizient wie gelernte Profis arbeiteten; nun stand unser eigenes Profitum auf dem Prüfstand. Als erstes galt es das Problem zu lösen: Wohin mit der Lichtmaschine? Es war nicht möglich, sie so weit weg vom Drehort zu plazieren, daß der Lärm, den sie machte, nicht mehr bis zu den Mikrofonen drang, also bauten wir ein schallschluckendes Gehäuse um sie herum. Leider überhitzte sie da drinnen in Null Komma nichts und gab den Geist auf.

Zweiter Versuch – diesmal mit Gasleuchten, gespeist aus draußen vor dem Eingang aufgestellten großen Stahlflaschen. Die Mamas saßen geduldig im *nuhue* und sahen zu, wie wir unsere Vorrichtungen aufbauten und zuletzt das Gas aufdrehten. Ihr stoischer Gleichmut verließ sie auch dann nicht, als das Ende des Verbindungsschlauchs zwischen den Stahlflaschen

und den Leuchten sich vom Anschlußstutzen löste und eine zwei Meter
lange Stichflamme direkt gegen die Holz-Stroh-Konstruktion blies.

Weder davor noch danach waren wir je so nah daran, den Weltunter-
gang herbeizuführen. Ein halber oder drei Viertel Meter weniger Abstand, und von den Mamas der Kogi wäre nichts als ein paar Häuflein
Asche übriggeblieben.

Schließlich hatten wir eine ungefährliche Beleuchtung hingekriegt,
und es konnte losgehen. Die Mamas begannen mit der Darlegung ihrer
Botschaft.

Vater Serankua schuf die Welt, auf daß sie in Frieden gelassen werde.
Wann wird die Welt untergehen? Wenn wir uns gut betragen, wenn
wir gute Gedanken haben und es weiterhin an Opfern nicht fehlen
lassen, wird die Welt nicht untergehen. Der Ältere Bruder hat seine
Sitten nicht vergessen, aber wenn die Welt untergeht, werden wir
allesamt sterben. Der Ältere Bruder und der Jüngere Bruder werden
allesamt sterben. Alle Lebewesen hier, alles zusammen, sie könnten
alle sterben.

Sie erläuterten, daß die Welt ein Lebewesen ist, ein lebendiges Geschöpf. Und sie, wie alle Wesen, nicht ohne Blut und Wasser leben kann.

Aus Blut beziehen wir unsere Kraft. Nicht anders die Erde. Wir fügen
der Erde keinen Schaden zu. Wir fügen der Mutter keinen Schaden
zu, aber der Jüngere Bruder tut es. Er holt ihr gesamtes Gold und ihr
Wasser aus ihr heraus. Von der Konquista bis auf den heutigen Tag
tun sie das ununterbrochen.

Damit hatte ich nicht gerechnet. Was hatte man sich unter dem Blut
der Erde vorzustellen? Und was sollte diese Verbindung zwischen Blut
und Gold? War in den Bildern vom Kuhschlachten eine Moral versteckt?

Los jetzt, schneid ihr die Kehle durch, damit sie schneller ausblutet!

Die Erde hat Blut, und sie hat Wasser. Wenn wir verbluten, sterben
wir. Solange sie Dinge aus der Erde graben, solange sie Steine aus ihr
herausholen, bluten sie die Welt aus, und dadurch kann sie sterben.
Wenn man das Gold aus der Erde herausholt, wie sie es tun, kann sie
sterben.

Töpfern

In den folgenden Tagen begann sich die eigentliche Bedeutung des Goldes deutlicher abzuzeichnen. Gold spielt im Wirken der Mamas für den Erhalt der Fruchtbarkeit der Sierra die Schlüsselrolle. Ihrer Überzeugung nach bildete es sich, als die Erde zur Fruchtbarkeit erwachte – daher die Apostrophierung des Goldes als Menstrualblut des Planeten. Und wie sich die Fruchtbarkeit der Frau in ihrem monatlichen Blutfluß bekundet, so ist das Gold Indiz für die Fruchtbarkeit der Erde.

Die Herstellung eines Goldartefakts war nicht einfach nur eine handwerklich-technische Verrichtung und das Artefakt selbst nicht einfach nur ein Schmuck- oder Dekorationsstück. Gold bearbeiten hieß mit dem eigentlichen Rohstoff der Fruchtbarkeit arbeiten, war der denkbar direkteste Umgang mit den Grundprinzipien des Lebens.

Für formbildnerische Arbeiten benutzen die Kogi heute nicht mehr Gold als Werkstoff. Sie verarbeiten ein anderes Sekret der Erde, den Ton, und aus der Art, wie sie ihre Tontöpfe verfertigen, können wir Rückschlüsse darauf ziehen, in welchem Geist sie ehedem Gold modellierten.

Ein Tontopf verkörpert natürlich die Erde selbst. In einer Welt, in der sich alle Dinge im Inneren anderer Dinge befinden – und so sieht die Kosmologie der Kogi aus –, ist ein irdenes Gefäß nur eine weitere Erscheinungsform des Urschoßes. Er ist das männliche Gegenstück zur *mochila*, der von der Frau verfertigten alles fassenden Tasche. Die Hausdächer sind mit kleinen Krügen gekrönt: Das Haus befindet sich im Inneren des Gefäßes – in der mütterlichen Umarmung. Essen wird in irdenen Töpfen gegart, die für seine Zuträglichkeit sorgen.

Für Frauen bedarf es keiner umständlichen psychologischen Vorbereitung auf die Herstellung einer *mochila*, denn jede Frau ist in gewissem Sinn die Allmutter. Töpfe jedoch werden von Männern gemacht. Männer müssen das Töpfern mit dem gleichen Maß an Sorgfalt und Ernst betreiben, wie es bei der Initiationsprozedur von ihnen gefordert wird. Ein nachlässig – ohne Wissen und Vorbereitung – hergestellter Topf ist wertlos, weil bar jeglicher Kraft. Ein Topf wird nicht als Menschenwerk, sondern als eine Gabe an den Töpfer betrachtet.

Die Mutter gab uns Töpfe. Wer diese auf die richtige Weise empfangen will, muß sein wie einer, der da herrschen wird, muß Kraft haben, die Schwachen zu beschützen und den Kranken zu helfen.

Will ein junger Mann einen Topf machen, geht er, sobald er diesen Wunsch verspürt, zum Mama und sagt: «Ich möchte den Behälter machen.» Anderntags besteigt der Mama einen Berg, läßt sich oben mit seiner Orakelschale nieder und befragt das Orakel, ob es zustimmt oder ablehnt. Das Orakel sagt vielleicht nein. Dann ist ihm der Topf nicht gewährt, weil er zum fraglichen Zeitpunkt nicht die Kraft hat. Er hat nicht die Kraft, ihn zu empfangen. Wenn das Gesetz, das Orakel ja sagt, händigt ihm der Mama einen weißen Stein aus dem Meer aus. Den überreicht er ihm als Sicherheit, als Unterpfand: Die Bürgschaft, von der Urfrau gegeben, gibt er an den Mann weiter. Und der Mama sagt: «Von heute an darfst du keine Frau ansehen», und er läßt ihn seinen Aufenthalt im Männerhaus nehmen. Dort verweilt er.

Der weiße Stein ist ein *sewa*: die Gewähr dafür, daß die Vorkehrungen für die Arbeit in *aluna* getroffen sind. Es ist das Unterpfand der zwischen Mensch und Natur hergestellten Balance, auf Grund deren das Werk in Angriff genommen werden kann. Solche Pfänder werden für alle von Mamas abgesegneten Arbeiten – vom Bäumefällen bis zum Hausbau – ausgegeben. Da der Töpfer Ton aus der Erde graben muß, ist es unerläßlich, die dadurch gestörte Balance, das Gleichgewicht der Kräfte wiederherzustellen.

In Kolumbien war alles Land heilig: Man konnte nicht nach Öl bohren, keine Landstraße bauen, keinen Berg abtragen, das alles durfte man nicht. Serankua sagte: Paßt in Kolumbien gut auf auf die Sierra Nevada. Darum halten wir es bis heute so; und darum zahlt der Mama in *aluna* Tribut, damit kein Übel ausbricht, wenn er einen Topf machen läßt.

Der Ton in der Erde war Frau. Darum muß der Mama eine Zahlung leisten, wenn er einen Topf machen läßt.* Der Mama muß mit Serankua sprechen, damit nicht Leid noch Krankheit, nicht Gewalt noch sonstige Bedrängnis über Mann und Frau kommt, wenn er nach den Töpfen beziehungsweise wenn er nach dem Ton gräbt: Darum leistet der Mama eine Zahlung.

Der Töpfer braucht vier Tage, um den Ton auszugraben. Er holt

---

* Das scheint darauf hinzudeuten, daß die Ausgleichszahlung für den Ton als «Brautpreis» empfunden wird.

ihn heraus und schafft ihn zum Fluß, dort häuft er ihn auf und mahlt ihn staubfein, und der Mama sagt zu ihm: «Du mußt dich vollkommen dem Gebot unterwerfen: kein Salz essen, keine Frau ansehen, keinen Fuß in das Haus einer Frau setzen; das alles ist verboten.»

Dem muß sich der junge Mann fügen, bis er mit allen Gefäßen fertig ist. Er macht ungefähr dreißig Gefäße. Das dauert fast einen Monat, und währenddessen berührt er keine Frau, bekommt keine Frau zu sehen, geht nur in der Nacht zum Baden – um acht Uhr nachts schickt man ihn baden.

Das Töpfern verlangt die beständige Gegenwart eines Mamas, der in *aluna* wirkt, während der Handwerker den Ton bearbeitet. Der Töpfer sitzt vor einem flachen Stein, der seit Jahrhunderten für diesen Zweck gebraucht wird, und leitet seine Tätigkeit mit einem Opfer ein: Ein Blatt, einen kleinen Stein und ein Stück Baumwollstoff fest umschlossen in der Hand haltend, meditiert er über diese Dinge und legt sie anschließend unter die Arbeitsplatte. Danach kann das Werk beginnen.

Was entsteht, ist ein äußerst einfacher Gegenstand, ein Topf in «Wulsttechnik», beginnend mit einer Spirale, die mit fortschreitender Arbeit auswärts und aufwärts wächst. In derselben Manier wie die *mochila* aus Baumwolle oder Palmfaser wird aus Ton der Topf geformt.

Und sobald der Topf geformt ist, mußt du ihn ordnungsgemäß zu brennen verstehen, und du mußt den Segen über ihn sprechen, wie es sich gehört. Wenn du ihn nicht segnest, wie es sich gehört, wird sich der Rauch deiner Feuerstelle im ganzen Raum ausbreiten, und das Essen wird schlecht garen, deshalb muß der Topf von jemandem gemacht werden, der ihn zu segnen versteht, wie es sich gehört, der den Segen gut zu sprechen versteht, damit der Rauch in gerader Linie aufsteigt.

Und wenn der Topf gebrannt ist und du verwendest ihn zum Kochen, dann mußt du ihn wieder segnen, denn sonst wird derjenige, der aus ihm ißt, vielleicht krank. Darum muß er von jemandem gemacht werden, der gut, gut, gut segnen kann.

Die Alten haben mich gelehrt, wie man das macht, die großen Mamas haben mich alle Dinge gelehrt. In diesen Töpfen wird alles mögliche Essen gekocht: Kartoffeln, Blumenkohl, Fleisch, alles. Darum muß über die Töpfe gut der Segen gesprochen werden, damit das alles gut geschützt ist.

Nach einem Monat sagt der Mama zu dem Töpfer: «Rufe deine

Frau», und er sagt zu Serankua: «Dieser junge Mann war gehorsam und hat die Töpfe empfangen, darum beschütze ihn vor Bedrängnis und Krankheiten und Übeln und Schmerzen.» Dann holt der Mama Erlaubnis von Serankua ein und betet für den Mann und die Frau oder segnet die beiden, dann heißt er den Mann gehen und mit seiner Frau schlafen. Jetzt sind die Töpfe empfangen.

So haben die Mamas Töpfer gelehrt, wie man hier im Dorf irdene Töpfe macht. Der Topf, den sie hier machen, wird nicht nach Huamaca gebracht, er bleibt hier im Dorf. Der Topf, der in Huamaca ist, gehört nur nach Huamaca. Der Topf, der hier ist, bleibt auch hier, nur hier im Dorf, nur hier im Dorf. So wurde es damals verfügt.

Ist ein Topf so gemacht, wie es sich gehört, ist er selber eine Balance von Kräften, ein Harmoniepunkt in der Welt. Mit solchen Brennpunkten der Harmonie verbunden sind Kräftekonzentrationen, die als «Mütter» apostrophiert werden. Ein gewöhnlicher Topf heißt *canyayimacucu* und schafft mit seinem Dasein einen Punkt, wo materielle Welt und spirituelle Welt einander gleichgewichtig durchdringen, den Ort von Mutter Canyayimacucu.

Wenn also Durchfall auftritt, muß man das Kind schützen, indem man die Mutter Canyayimacucu bittet; man muß sich auf die Mutter Canyayimacucu konzentrieren, um das Kind zu heilen und sein Erbrechen zum Stillstand zu bringen und der Krankheit ein Ende zu machen. Man konzentriert sich auf den Ort, wo Mutter Canyayimacucu wohnt.

Und wenn man die Töpfe empfangen hat, kann man die Erde segnen. Man kann die Orte segnen, wo Menschen begraben sind.

Und du kannst die Erde segnen, wo Feldfrüchte gepflanzt sind. Ich kenne mich aus. Hast du keinen Topf empfangen, dann geht das nicht. Die Mamas haben die Töpfe.

Und die Goldfiguren kommen in Töpfe. Auch die Goldschlangen kommen in Töpfe. Und jetzt schlagen sie sie alle entzwei. Warum?

Darum, wenn du einen Topf empfängst, empfängst du Kraft, du bist wie einer, der da herrscht.

Früher machten die Mamas ihre irdenen Töpfe mit Bildern, mit Bildern von Vögeln, Schweinen, Hirschen, Schlangen und allem möglichen. Und sie machten auch irdene Behälter zum Begraben von Toten. Wenn ein Anführer – ein Mama – starb, machten sie einen großen irdenen Behälter und begruben ihn darin. Warum das? Weil wir wissen, daß der Boden unsere Mutter Erde ist.

Aber sobald aus einem anderen Land der Jüngere Bruder gekommen war, sagte er: Wer solche Töpfe mit Zeichnungen darauf macht, ist ein Hexenmeister und muß vernichtet werden. Und der Jüngere Bruder, der von anderswo gekommen war, schickte eine Patrouille aus, mit Hunden, die Eingeborenen zu vernichten. Einige begannen zu kämpfen, sie kämpften, aber sie konnten nicht gewinnen, da sie nur Pfeile hatten. Immer gewann der Jüngere Bruder.

Die verzierten Töpfe werden nicht mehr hergestellt, nicht weil die Kogi nicht mehr in der Lage dazu wären, sondern weil die Segenssprüche und Gebete, die Weissagungen und Orakel, die zu ihrer Herstellung gehören, verlorengegangen sind. Bei der Massenflucht aus den von den Spaniern zerstörten Ortschaften kamen die Fachleute ums Leben. Zwar wäre es überhaupt kein Problem, sich der handwerklichen Seite des Herstellungsprozesses wieder zu versichern, doch was hätte man von einem solchen um die spirituelle Dimension verkürzten technischen Können? Ein Werkeln im rein Stofflichen ohne sachgemäßes Wirken in *aluna* würde nur ein disharmonisches Ergebnis produzieren, würde die Harmonie und Balance des Lebens stören und so unweigerlich Krankheit und Gewalttätigkeit bewirken.

Die gleiche Kombination von Ehrerbietigkeit, Kontrolle, Gebet, Meditation und Wirken in *aluna* war auch bei der Verfertigung der Tairona-Goldartefakte mit im Spiel. Auch hierbei arbeitete man mit der eigentlichen Lebenssubstanz, das hatte auf jeder Ebene, der spirituellen sowohl wie der technischen, in korrekter Weise zu erfolgen. Und auch hier wieder betrachtete man die Artefakte nicht als Menschenwerk, sondern als Geschenke aus Götterhand. Der wahre Schöpfer, sei's eines schlichten Topfs, sei's einer Goldfigurine, ist die wirklichkeitsformende Kraft. Die Wirklichkeit ist die Mutter, die formende Kraft ist Serankua.

Die Kraft, die einem irdenen Topf innewohnt, läßt etwas ahnen von der Kraft eines Goldartefakts. Wenn ein schlichter Topf auf Grund seiner vollkommenen Harmonie Heilkraft besitzen kann, dann muß einer von Serankua dem Goldschmied geschenkten prachtvollen Goldstatuette, die – begleitet von Fasten, Enthaltsamkeit und Meditation – unter der Aufsicht eines Naomas, eines Tairona-Mamas, entstand, noch weit größere Kraft eignen.

Diese Artefakte haben eine spezifischen Bezug: Ihre Kraft ist auf einen ganz bestimmten Weltaspekt gerichtet – zum Beispiel auf die Gesundheit der Banane, der Yukka oder des Papageis. Sie führen ein Eigenleben und residieren in Tontöpfen im Erdinneren.

Gold – der Stein der Weisen

Bevor wir weiter nach der Bedeutung der Goldartefakte für die Kogi fragen, lohnt es sich, darüber nachzudenken, was Gold in unserer eigenen Welt bedeutet. In praktisch allen menschlichen Kulturen galt und gilt Gold als Material ganz besonderer Art. Zweifellos hat das mit seiner Korrosionsbeständigkeit und Schönheit zu tun, aber diese beiden Faktoren bieten im Grunde keine Erklärung für das Gefühl der Ehrfurcht, mit dem wir eine Goldarbeit betrachten. Wir erblicken weniger ein Metall, als vielmehr das Inbild höchster Vollkommenheit: Als «Goldenes Zeitalter» bezeichnen wir eine Epoche paradiesischer Unschuld und Herrlichkeit, als «Goldkind» einen jungen Menschen, dem unsere Liebe übermenschliche Qualitäten zutraut. Es gibt viele Substanzen, die Gramm für Gramm wertvoller sind als Gold, jedoch bei weitem nicht dessen Nimbus besitzen, einen Nimbus, der aus Gold sozusagen die Reinform der Werthaftigkeit macht.

Vielleicht kommt im Museo del Oro in Bogotá am augenfälligsten zur Erscheinung, was Gold bedeutet. Unsere eigene kultische Verehrung des Goldes verschafft sich hier in der Weise Geltung, daß sie die Grabbeigaben der amerikanischen Ureinwohner in unserer eigenen, der «aufgeklärten» Variante des Sakralbaues verwahrt – einem Tempel, der die Form eines Banktresorraums hat. Wir verfügen über keinen stärkeren architektonischen Ausdruck, um zu sagen: «Dies ist das Allerwertvollste für uns.» Eine Kathedrale ist demgegenüber nur eine Spielerei. In einem einbruchsicheren Tresor bekundet sich höchster Ernst. Wie mir bei den Kogi verboten war, die intimsten Geheimnisse der Gemeinschaft zu filmen, so war es mir im Museum untersagt, die Türen des Ausstellungsraums zu filmen. Da jeder Besucher sich diese Türen nach Lust und Laune besehen kann, liegt auf der Hand, daß hier ein als Sicherheitsbedenken verkapptes religiöses Gefühl Regie führte. Wenn es um Gold geht, fallen wir noch hinter die abergläubische Geisteshaltung zurück in die atavistische Überzeugung, es mit einem Etwas von alles übersteigendem Wert zu tun zu haben.

Unsere Einstellung zum Gold ist eine Aporie. Wir haben zwar dieses Gefühl von Ehrfurcht und unvorstellbarem Wert, aber keinen Platz in unserem Kategoriesystem, wo wir es einordnen könnten. Zur Zeit der Konquista hatten sich weite Teile der europäischen Gelehrtenwelt der Alchimie verschrieben, dem Bestreben, «gemeine» Metalle in Gold umzuwandeln. Rationale Gründe gab es dafür nicht: Als Jagd nach Reichtum war die Alchimie ein Unternehmen, wie man es sich unwirtschaftlicher wohl kaum vorstellen kann. Aber die Beute, nach der die Goldmacher jagten, war eben nicht gewöhnlicher Reichtum, sondern das «philosophische Gold», der «Stein der Weisen», der von aller Sterblichkeit und Vergänglichkeit befreit war und befreite. «Das Gold, so mit Hilfe diese Kunst erzeugt wird, übertrifft alles natürliche Gold in jeder Hinsicht, wie an Heilkraft so auch an anderen Eigenschaften.» * Irgendwie scheint diese an das Gold sich knüpfende Erwartung übernatürlicher Eigenschaften, mag sie auch noch so oft getrogen haben, bis heute lebendig geblieben zu sein.

Die Mütter

Die Tairona und ihre Angreifer teilten diese Auffassung vom Gold. Für die Tairona des sechzehnten Jahrhunderts wie für die Kogi von heute sind die Goldartefakte «philosophisches Gold», weil erzeugt durch eine Kunst, die gleichermaßen in der Welt von *aluna* wie in der stofflichen Welt wirkt und so die Lebendigkeit des Metalls einem Ding einverleibt, das die Eigenschaft besitzt, der Welt die Fähigkeit zur Überwindung ihrer eigenen Hinfälligkeit verleihen zu können. Diese Objekte garantieren die Kontinuität des Lebens selbst.

Wenn wir einen Orangenbaum oder einen Baum welcher Sorte auch immer pflanzen und ihn dann entwurzeln, stirbt er. Mit dem Gold der Erde ist es genauso. Wenn man es ausgräbt, kann sie sterben. Wir alle haben schon viel davon gehört, daß die Welt im Sterben liegt.

---

* The Mirror of Alchimy (Verfasserschaft ungewiß, dem Roger Bacon zugeschrieben), London 1597, S. 19

Warum stirbt sie? Weil man so viele Gräber ausgeraubt hat. Die Welt ist wie ein Mensch. Wer Gräber ausraubt, wer ihr Gold stiehlt, gibt ihr den Tod. Wir nehmen nicht das Gold der Erde aus ihr fort. Wir wissen, daß es da ist, aber wir nehmen es nicht fort. Aus unseren Befragungen des Orakels wissen wir, daß es der Ratschluß der Mutter ist, daß niemand das Gold fortnimmt. Wir wissen, wo es sich befindet, aber wir halten es mit diesen Orten so, daß wir dort nur Opfergaben ablegen.

Ein Goldartefakt ist ein Konzentrationspunkt der spirituellen Kraft, für die es geformt wurde, die Kraft, die einen bestimmten Teilbereich des Lebens nährt und erhält. Es ist der Ruheplatz der Mutter dieses Bereichs – der Mutter der Yukka, der Mutter der Banane oder der Mutter des Jüngeren Bruders. Es ist unabdingbar für das Leben der Allmutter.

Wie ist es möglich, daß wir leben? Ohne Blut könnten wir nicht leben, und ohne Knochen könnten wir nicht gehen. Was diesen Punkt betrifft, sind sich alle Mamas einig, was wir sagen werden und in welcher Form. Wenn ich mir die Füße abhacke, kann ich nicht mehr gehen. Wenn sie die Erde aufgraben und ihr Gold fortnehmen, so ist es das gleiche. Drunten am Meer war ein See, und dort waren viele Mütter. Sie haben den See trockengelegt und in den Grund gebohrt, um Erdöl herauszuholen. Eines Tages wird sogar der Fluß in Flammen stehen. Gold besitzt Denkvermögen, und es kann sprechen. Es ist ein lebendes Wesen. Sie müssen aufhören, es zu stehlen.

Wenn sie alles Gold fortnehmen, wird die Welt untergehen. Die Mütter der Bananenbäume, aller Bäume und aller Vögel, sie sind schon alle gestohlen. Sie schneiden das Fleisch vom Leib der Mutter. Sie haben alles genommen. Sie haben der Mutter die Geister aller Dinge gestohlen. Sie stehlen buchstäblich den Geist und das Denken der Mutter.

Indem die Mütter aus dem Boden gegraben und aus ihren Töpfen hervorgeholt werden, werden die Kräfte, die sie repräsentieren, zerstreut, und die Welt schlittert immer weiter in Richtung Chaos. Die Harmonie, die sie in sich bergen, zerbricht, und das zeigt sich nicht zuletzt daran, daß die Fauna und Flora der Sierra sich nicht mehr fortpflanzt wie gewohnt, sondern zu schwinden begonnen hat. Die Kogi haben keinen Anlaß, die

Richtigkeit ihrer Weltsicht zu bezweifeln, vollzieht sich dieser Schwundprozeß doch direkt vor ihren Augen.

Drunten am Meer waren die Mütter der Yukka und des Zuckerrohrs, der Bananen, der Bäume, aller Bäume und aller Vögel. Der Jüngere Bruder begann sie auszugraben. Der Jüngere Bruder erlernte den Grabraub, und sie begannen die Mütter auszugraben. Das Gold da drunten – es war wie Saatgut in einem Acker. Serankua hat es dort ausgesät, aber der Jüngere Bruder begann es zu stehlen.

Serankua brachte die Vögel hierher, die Papageien und die Sittiche. Genau hier flogen sie gewöhnlich vorbei, wenn sie ihre Mütter in den heiligen Seen auf dem Páramo aufsuchten, aber damit ist es jetzt vorbei. Jetzt, wo so viel zerstört worden ist, lassen sie sich hier oben nicht mehr sehen.

Ja, die Sierra ist anders geworden, mit dem Gras ist es anders geworden, das Pampasgras, aus dem wir unsere Hüttendächer machen, nimmt ab. Auf den Bergen wird es anders, da wächst Buschwerk und da wachsen Kriechpflanzen, die uns unbekannt sind, die wir noch nie gesehen haben. Sie haben die Mütter des Grases kaputtgemacht, und sie hören nicht auf mit ihrem Kaputtmachen, Kaputtmachen, Kaputtmachen. Darum wächst das jetzt nicht mehr, und andere Grassorten sind am Verschwinden.

Bei einer bestimmten Gelegenheit begleitete ich Mama Valencia zu dem Ruinenplatz Pueblito. Er hatte Weihegaben für die goldenen Mütter bei sich, symbolische Unterpfänder, die in *aluna* mit Speise und Trank eingelöst wurden, und sein Besuch hier war ein Teil des endlosen Reigens von Opfergängen, den die Mamas zwischen allen Ecken und Enden der Sierra aufführen, um die Harmonie der Welt zu stiften. Zwischen den picknickenden Weihnachtsurlaubern in ihrem farbenfrohen Aufzug nahm er sich aus wie ein betagter Jude bei der Besichtigung der Gedenkstätte in Auschwitz. Seine grenzenlose Traurigkeit war eine Reaktion nicht nur auf die Tragik des Ortes, sondern auch auf das, was sie bedeutete. Er versuchte es mir so einfach wie möglich zu erklären, mit dem klaren Bewußtsein, daß er zu dem Vertreter einer Kultur sprach, die keine Vorstellung davon hat, welche Zerstörungen sie in der Textur des Lebens anrichtet.

Unsere Goldsachen und Steinperlen sollten alle in Töpfen wohnen, aber jetzt sind sie hierhin und dorthin zerstreut. Stell dir vor, man wirft dich aus deiner Wohnung und du mußt unter freiem Himmel übernachten – das wäre genauso. Serankua sagte, daß alle Dinge ihr Haus haben sollen. Für unsere Augen sind es Töpfe, aber Serankua hat sie als Häuser geschaffen; die Allmutter hat alles und jedes in seinem Topf erschaffen. Auch den Jüngeren Bruder schuf sie in seinem Topf, aber der Jüngere Bruder denkt nicht mehr daran, er macht nur noch kaputt. Die Mutter schuf alles, sie schuf die Mütter von allem und jedem, und jetzt sind sie geraubt und zerstört. Die Mütter der Bäume, der Vögel, der Tiere, der Menschen, alles ist zerstört. Die Mutter der Vögel war ein kleiner Vogel, der in einem Krug aufbewahrt wurde, die Mutter des Jaguars war ein kleiner Jaguar. Sie wohnten alle in ihren Töpfen, und alle sind sie geraubt worden.

Nun komme ich hierher mit meinen Weihegaben für die Mütter, aber was kann ich tun? Ich lege sie neben den leeren Erdlöchern ab, wo sie einmal gewohnt haben. Vielleicht empfangen sie die Opfer noch, vielleicht auch nicht. Aber was sollte ich sonst tun? Was sonst kann man tun? Und ich wüßte gern, was der Jüngere Bruder von dem Ganzen hält. Hält er es für richtig, was er da gemacht hat?

Als ich Mama Valencia die Goldstatuette überreichte, die Cano gemacht hatte, saß er mit dem Figürchen in der Hand lange stumm da. Wo die Formen um den Kopf der Figur in Spitzen endeten, hingen winzige Goldblättchen. Den Blick auf die Statuette geheftet, schüttelte er sie leicht, so daß die Blättchen in der Sonne flirrten. Er wußte genau, was er da in der Hand hielt.

Das ist etwas Verlorengegangenes. Das ist eines von den geheimgehaltenen Dingen, die sie uns geraubt haben. Es sieht genauso aus wie ein geheimgehaltenes Ding, das wir einmal besessen haben. Es sieht so aus, aber es ist nicht dasselbe Ding.

Der Ältere Bruder besaß diese Dinge, aber der Jüngere Bruder kam und ließ die Hunde auf uns los, und während wir in Angst und Schrecken davonliefen, entfielen sie uns, und die Hunde bemächtigten sich ihrer. Es sieht wie eines von den Dingen aus, die sie uns weggenommen haben, aber es ist nicht dasselbe Ding.

Der Ältere Bruder besaß sieben Stück davon, aber sie haben sie alle geraubt. Sie hetzten Hunde auf uns, und wir gerieten in Panik und liefen besinnungslos davon, und da sie uns auf den Fersen blieben, ließen wir unsere Taschen zurück. Wo haben sie dieses Stück her?

Aber das macht mich jetzt traurig. Es tut mir weh, weil es mich daran erinnert, was wir verloren haben. Da drunten haben sie so viel geraubt. Nur darum haben sie heute in Bogotá so viele Goldsachen im Museum. Serankua hat diese Goldfigur gemacht. Es ist Namsiko. Sie gehört Sintana.

Die Figur, so erklärte er, stellt einen der Weltschöpfer-Söhne der Mutter dar und die Spiralscheiben acht der neun Welten in *aluna*. Beim Anblick der Welt-Spiralen mit der kugelförmigen Verdickung in der Mitte fühlt man sich sofort an einen *mochila*- oder Topfboden im ersten Stadium des Herstellungsprozesses erinnert. Die Figur selbst beziehungsweise Einzelheiten der Gewandung bezeichnen die neunte Welt. Die Vögel auf dem Kopfputz sind Kondore.

Namsiko ist ein Häuptling. Die Vögel, die Schlangen, die Jaguare sind alle so etwas wie Vasallen Namsikos. Er war der Häuptling aller Tiere und aller Vögel. Er war ihr Häuptling. Erst kam die Erde, dann kam Namsiko, und dann führte er das Kommando über alles. Als zum erstenmal Goldsachen gemacht wurden, war Namsiko mit dabei und machte die Töpfe, die Unterkünfte für die Goldsachen.

Aber der Kunstgegenstand selbst war leblos und kalt wie eine Fotografie. Er war nicht auf die richtige Weise hergestellt worden, war lediglich eine im Technischen getreue Nachbildung. Er war nicht in *aluna* gestaltet und übereignet worden. Er war nicht aus «philosophischem Gold».

Wir hatten Dinge und Sachen von besonderer Art, aber als wir damals in panischer Angst flohen, nahmen sie unsere Sachen an sich und begannen sie für die Grabräuberei zu benutzen. Und nach und nach kamen sie sogar bis hier herauf und raubten Gräber aus. Auf den Wegen waren Wachen aus Gold postiert, aber sie gruben sie aus und nahmen sie mit sich. In früheren Zeiten, als wir hier lebten, konnten nur erwachsene Männer ans Meer hinuntergehen. Man wußte, daß die Goldsachen für Frauen und Kinder gefährlich sind, aber heute geht jeder hinunter. Die Vorfahren dachten: Na ja, jetzt, wo sie das

Gold geraubt haben, besteht für niemanden mehr Gefahr. Aber seitdem sind wir alle krank geworden. Heute sagen manche Mamas: «Na ja, sie haben zwar das Gold geraubt, aber es lohnt sich trotzdem noch, Opfer darzubringen», aber andere sagen: «Wozu sich noch die Mühe machen?» Manche sagen, es lohnt sich noch. Aber es lohnt sich nicht.

Wir leiden. Wir leiden an vielen Krankheiten und unter Unbilden. Der Jüngere Bruder könnte uns helfen. Ich bin sein Älterer Bruder. Ich kümmere mich um die Sonne, ich kümmere mich um die Berge und die Vögel.

Ich habe mein Bestes gegeben,
aber nicht mehr lange vielleicht, und ich bin tot.
Ich leide an einem Husten.
Der Jüngere Bruder könnte mir helfen. Er könnte mich retten.

Wenn alle Kogi sterben, meinst du, Jüngerer Bruder,
daß du selber dann noch weiterlebst?
Viele Geschichten hat man gehört, die erzählen,
daß die Sonne verlöschen
und die Welt untergehen wird.
Doch wenn wir alle das Rechte tun und das Rechte denken, wird sie
    nicht untergehen.
Darum kümmern wir uns nach wie vor um
die Sonne und den Mond und den Boden.

Wir opfern immerdar der Sonne
und den Bergen
und den Sternen.
Zu diesem Zweck leben wir hier.
Wenn ich das weiter so mache, wird auch
dem Jüngeren Bruder nichts zustoßen.

Grabräuberei

Gegen Ende der Dreharbeit bot man uns die Möglichkeit, Grabräuber vor Ort zu filmen. Ein paar von Frankie Reys Bekannten buddelten drunten am Meer, direkt am Wasser, ein paar Gräber aus. Tatsächlich lag der

Ort des Geschehens im «Tairona-Nationalpark», einem Gelände, das auf dem Papier als unter Staatsaufsicht stehendes Naturschutzgebiet ausgewiesen war: Bei der Einfahrt mußten wir ein Ticket lösen. Wahrscheinlich taten die Grabräuber das gleiche.

Direkt neben dem Sandstrand glich das Gelände einer Mondlandschaft. Dutzende Grabkammern waren in rüdem Hauruckverfahren freigelegt worden, so daß der Boden jetzt mit offenen Gruben übersät war wie die Mondoberfläche mit Kratern. Die Grabräuber waren ein aufgeräumtes Völkchen. Ihr Anführer, ein athletisch gebauter Zambo, behauptete, er sei einer von den Leuten, die «El Mono» Abello in den Pioniertagen des Drogengeschäfts etabliert hätten.

Ihr Treiben war illegal und aus der Sicht der Archäologen wie der Kogi reinster Vandalismus. Die *guaqueros* selbst hingegen betrachteten sich als ehrbare Bürger, denen das Gesetz unsinnigerweise Knüppel zwischen die Beine warf. Im Drogengeschäft mischen sie im allgemeinen höchstens am Rande mit; was sie an Grund und Boden besitzen, ermöglicht in den seltensten Fällen ein sorgenfreies Auskommen, und in der Regel steht ihnen keine Erwerbstätigkeit offen, die genug für Wohnen und Essen abwerfen würde. Wenn im Boden Gold steckt, mit dem man Kolumbiens historisches Erbe an den Tag hebt, dann – so sehen sie die Sache – erweisen sie nicht nur sich selbst, sondern der ganzen Nation einen Dienst, indem sie es ausgraben.

Was der gewöhnliche Kolumbier an Erfahrungen mit dem Gesetz sammelt, ist im allgemeinen nicht sonderlich erhebend. Auf der persönlichen Ebene tritt es ihm in Gestalt von Polizeibeamten gegenüber, die häufig ihre Stellung dazu nutzen, ihn nach Kräften zur Ader zu lassen – die Menschen sind wehrlos gegen Geldbußen und Beschlagnahmungen, die nichts anderes als ein verkapptes Raubrittertum sind. Auf etwas abstrakterer Ebene stellt sich das Gesetz als Werkzeug korrupter Parteiungen dar. Die *violencia* der fünfziger Jahre wurde beendet durch einen Pakt zwischen Liberalen und Konservativen, der anderen Parteien gezielt den Zugang zur Macht verbaute. Das Ergebnis war die Monopolisierung der politischen Macht in den Händen lokaler und nationaler Oligarchien und die Festschreibung eines tief verwurzelten Systems von Filz und Korruption. Die wenigsten Kolumbier identifizieren Ehrbarkeit mit Gesetzestreue: Sie orientieren ihr Verhalten lieber an einem persönlichen Ehrenkodex als an Rechtssatzungen.

Die *guaqueros* fühlen sich denselben Regeln der Gastfreundschaft und des persönlichen Entgegenkommens verpflichtet, die Ricardo zu einer so nützlichen Sicherheitsgarantie für uns machten. Wir waren ihre Gäste, und als solchen stand es uns frei, zu filmen, was immer wir wollten. Als ein paar Tage später einige Mitglieder des Kamerateams beschlossen, den erfolgreichen Abschluß der Arbeit mit einer feuchtfröhlichen Nacht in Santa Marta zu feiern, stellten die Grabräuber ihnen eine Eskorte. Ja, sie fuhren uns sogar zum Flughafen hinaus, um sicherzustellen, daß wir heil von hier wegkamen.

Sie betrachten sich durchaus nicht als Feinde der Eingeborenen. Rein zufällig hatte ich einen von ihnen schon bei früherer Gelegenheit kennengelernt, auf der Straße in Santa Marta, wo er Passanten ansprach, um sein Raubgut zum Kauf anzubieten. Ich lud ihn ein, mit einer Auswahl aus seinem Sortiment in die Casa Indigena zu kommen, damit ein paar Kogi Gelegenheit bekämen, sich sein Angebot zu besehen. Er erschien in Begleitung zweier Genossen, von denen einer der Anführer der Bande war. In der Menschengruppe, vor der sie ihre Waren auslegten, befanden sich auch Ramón und Mama Valencia.

Mir war überaus unbehaglich zumute, so als hätte ich KZ-Wächter aufgefordert, die Goldzähne, die sie ihren Opfern herausgebrochen hatten, den Hinterbliebenen zu zeigen. Ich war mir im ungewissen, wie diese Gegenüberstellung ausgehen würde, ich wollte einfach nur einmal die unmittelbare Begegnung zweier Moralauffassungen miterleben, die in bezug auf beiderseits als hohe Werte eingeschätzte Gegenstände einander verständnislos gegenüberstehen.

Ich erkundigte mich bei den Kogi, die über das, was sie da sahen, zutiefst erschüttert waren, welcher Gegenstand für sie den höchsten Wert besäße. Es war derjenige, der mir auf der Straße angeboten worden war, ein Stück Flechtschnur mit angenähten *sewa*-Steinen, wie sie von den Mamas als Unterpfand dafür, daß in *aluna* die Erlaubnis zum Beginn einer bestimmten Arbeit eingeholt worden ist, vergeben werden. *Sewas* sind rund, von der Form und Größe eines Jackenknopfs, aus semitransparenten Halbedelsteinen geschnitten. Die Kogi bezeichnen sie als «Samenkörner» und sagen, daß ohne Samenkörner alles pflanzliche Leben aussterben muß. Ich kaufte die Schnur und machte sie ihnen zum Geschenk.

Für die *guaqueros* bestand demnach kein Zweifel in bezug auf meine Position: Ich war eng verbandelt mit den Kogi, die Besitzansprüche auf diese Gräber erhoben. Anders als die Kogi jedoch sehen sie selbst sich durchaus nicht als vandalische Plünderer und Schänder geweihter Stätten.

Sie sind stolz auf ihren Beitrag zur Exhumierung kolumbianischen Kulturerbes, und der nicht zu leugnende Umstand, daß sie aus Profitstreben handeln, hindert sie nicht daran, größte Achtung für ihre Funde zu empfinden. Ich habe Archäologen kennengelernt, die sowohl den sicheren Blick für die Gegebenheiten des Terrains und deren Indizienwert als auch das Verständnis für die Bedeutung ihrer Funde von Grabräubern erlernt haben wollten, und fraglos gingen diese Leute beim Freilegen der Gräber mit beachtlicher Sachkenntnis zu Werk. So zum Beispiel wiesen sie mich in dem Grab, das sie gerade öffneten, auf die Spur von zerstoßenen gebrannten Muschelschalen hin, die von den Beigaben zum Leichnam führte.

Andererseits fehlt ihnen jeglicher Sinn für die mystische Dimension an ihren Funden. Jenes erwähnte Grab enthielt ein riesiges Tongefäß. Es war aus Prä-Tairona-Zeit, ich habe jedoch nicht den geringsten Zweifel daran, daß seine Funktion genau darin bestand, den von den Kogi beschriebenen Punkt der Balance, Harmonie und Gesundheit zu schaffen. Für die Grabräuber hatte es natürlich keinen anderen als finanziellen Wert. Bei dem Versuch, dieses Prunkstück hochzuheben, zerfiel es zu einer Staubwolke: Nichts blieb von ihm heil als ein Reifen aus Ton, der einmal der Rand der Gefäßöffnung gewesen war und den jetzt zwei Bandenmitglieder mitten in dem stauberfüllten Erdloch unter ohrenbetäubendem Lachen über ihre Köpfe emporhoben. Als Sinnbild des Jüngeren Bruders in seiner Rolle als gedankenloser Zerstörer der Harmonie, die die Welt zusammenhält, war dies ein grandios eindrucksvolles Tableau.

Für die Grabräuber war es ein einträglicher Tag. In unvorstellbaren Mengen kamen Goldartefakte aus dem Boden, die dort lagerten «wie Saatgut in einem Acker». Ein Junge, der still für sich in einem von den übrigen abgelegenen Grab arbeitete, buddelte innerhalb einer halben Stunde Gold im Wert von rund 14000 Dollar aus der Erde – eine Summe, die er mit ehrbarer Arbeit selbst in Jahren nicht hätte verdienen können.

Der Zufall hatte es so gefügt, daß wir mit unserer Kamera genau im richtigen Moment zur Stelle waren. Einen Fund dieser Größenordnung macht ein Grabräuber vielleicht einmal im Jahr. Manche von ihnen sind – Cano läßt grüßen – dazu übergegangen, Replikate anzufertigen, und einer aus dem Grabräuberteam, das wir filmten, war inzwischen bestens als Fälscher bekannt. Ja, einmal hatte er sogar ein Grab mit seinen Erzeugnissen gespickt und dann ein Archäologenteam dorthin gelotst.

Wenn man ihm glauben kann, hat keiner von dem Schwindel auch nur das geringste bemerkt, «bis sie dann auf den Elefanten stießen».

Ich hielt es für sehr wahrscheinlich, daß wir hier von Leuten aufs Kreuz gelegt werden sollten, die sich zu versierten Fälschern entwickelt hatten – versiert genug, um zu wissen, daß man in altamerikanische Gräber tunlichst keine Elefanten hineinpraktizieren sollte. Ja, ich war sogar ziemlich sicher, daß der ganze Fund aus Fälscherware bestand, die man hier vorher ausgelegt hatte, um sie uns desto leichter andrehen zu können, und in dieser Überzeugung fühlte ich mich noch bestärkt, als mir jemand zuraunte: «Kaufen Sie dem Jungen seine Sachen ab. Da machen Sie ein Geschäft dabei. Der ist bloß ein Bauer, der freut sich über alles, was er kriegen kann.»

Als ich später erfuhr, daß der Fund des Jungen von «El Mono» Abellos Frau aufgekauft worden war, änderte ich meine Meinung. Man pflegt den Ehefrauen der Drogenbarone keine Fälscherware anzudrehen.

Gold im Museum

In früheren Zeiten wurde alles erbeutete Gold eingeschmolzen. Damit ist es heute vorbei. Die Sachen wandern in Museen oder Privatsammlungen. Dort stehen und liegen sie stumm herum, um sich von Menschen begaffen zu lassen, die zwar die Macht des Goldes von ihnen ausgehen spüren, aber nichts von ihrer Funktion und Bedeutung begreifen. Graham beobachtete im Museo del Oro einmal einen alten Arhuaco-Mama, der von Vitrine zu Vitrine ging und den goldenen Müttern vorsang. Zusammen mit Mama Valencia besuchte ich das kleine Museum in Santa Marta. Wir begannen die Besichtigung der Goldartefakte mit den Schmucksachen, den Brustplatten und Armbändern.

Das sind *haga*. Man trug sie beim Tanzen, man trug sie um den Hals und die Handgelenke, wenn man tanzte, um den Regen zu beschwören und die Bäume und Flüsse zu segnen. Wenn man mit den Ahnen sprechen will, legt man diese *haga* an.

Er ging weiter zu den Kleinplastiken, unter denen sich auch eine von Namsiko befand, ähnlich dem von Cano angefertigten Replikat. Sie war nur eine von vielen – goldene Mütter, die aus ihren unterirdischen Töpfen herausgerissen worden waren.

Das da ist die Mutter aller Jüngeren Brüder, sieh dir das an, sie haben sie alle erbeutet – oooh!
Wenn ich ihre Sprache sprechen könnte, würde ich die Jüngeren Brüder fragen, wie sie für sie sorgen. Wie ernähren sie sie, wie versorgen sie sie mit Brennholz? Sie sind traurig da drinnen, so eingesperrt, wie sie sind. Darum sind so viele Krankheiten gekommen. Wie sorgen sie hier für sie? Wenn ich ihre Sprache sprechen könnte, würde ich sie das fragen. Die Mutter hat sie da hingetan, wo sie hingehören, aber sie haben sie fortgenommen und hier eingesperrt wie Sträflinge, ohne Nahrung, damit sie begafft werden können.

Wenn Mama Valencia von Nahrung und Brennholz sprach, meinte er natürlich die Opfer, die in *aluna* gebracht werden müssen, um die Wirkungsmacht der Mütter zu erhalten. Ihre Kräfte nehmen ab, und die Welt schlittert ins Chaos.
Die Älteren Brüder erwarten von uns nicht, daß wir Kogi werden und jene Opfer darbringen. Wir können nicht in *aluna* wirken, ja nicht einmal begreifen, was das ist. Aber sie sind zutiefst überzeugt, daß die Grabräuberei die Fundamente der Welt untergräbt und daß alles, was wir sonst unternehmen mögen, nichts nützen wird, solange dieser Unfug nicht abgestellt wird. Die zerstörte Harmonie wird uns alle Wissenschaft der Welt nicht zurückbringen. Und heute ruhen nur noch ganz wenige Mütter unberührt in ihren Töpfen. Die letzten Fäden, an denen die Welt noch überm Abgrund hängt, werden zerschnitten. Die letzten Blutstropfen werden ihr geraubt.

Wir wissen nicht, in welchem Monat die Welt untergehen wird, und wir wissen nicht, an welchem Tag die Welt untergehen wird – noch wissen wir es nicht. Warum geht die Erde zugrunde? Weil sie so viel ausgebeutet haben, Erdpech, Erdöl, Kohle, und die Mineralien abgebaut haben, die Mütter herausgerissen haben, darum wird sie zugrunde gehen.
Wegen dieser Ausplünderung wird sogar die Sonne verlöschen. Wenn die Erde untergeht, ist es mit allem zu Ende, mit den Feuern, den Bänken, den Steinen, mit allem. Mit allem ist es dann aus und vorbei.

8 Das Herzland

Jene erste Etappe der Dreharbeiten, die mit der Beinahe-Einäscherung des *nuhue* und seiner sämtlichen Insassen begann, dauerte von kurz vor der Wintersonnen- bis zur Jahreswende. Weiter droben in den Bergen führten Mamas tanzend das neuntägige Ritual aus, das die Pendelbewegung der Sonne nach Süden zum Umschlag bringt und das beendet wird, sobald die Reiseroute des Tagesgestirns am Himmel nordwärts zu driften begonnen hat.

Man erlaubte uns nicht, bei diesem Ritual zugegen zu sein; es gehörte für die Kogi nicht mit zu den Dingen, die sie uns unbedingt nahebringen zu müssen glauben. Auf den Straßen und den umliegenden Bergrücken waren *cabos* postiert, um unerwünschte Eindringlinge fernzuhalten. Dafür stellten sich Mamas aus zahlreichen Dörfern ein, um ein paar Tage lang die Dreharbeiten mitzuverfolgen und ihr Scherflein zu dem Film beizusteuern. Und die ganze Zeit über arbeiteten wir unter den wachsamen Augen einer Gruppe von Mamas, der unter anderen Mama Valencia, der Cacique Mama und Jefe Mayor Juan Jacinto angehörten.

Nach Feierabend zelebrierten wir unsere eigenen Rituale. Das Kamerateam hatte sich aus der Heimat einige Requisiten weihnachtlichen Brauchtums mitgebracht, so etwa einen winzigen aufblasbaren Schneemann von geradezu ergreifender Schönheit und einen kleinen Alkoholvorrat. Letzterer wurde in gewissen Abständen aufgefrischt von Ricardo, der sich dann jedesmal zu vorgerückter Stunde seitwärts in die Urwaldbüsche schlug, um nach einiger Zeit mit einer Flasche *chirinche* zurückzukehren, einem schwarzgebrannten Zuckerrohrschnaps, dessen Herstellung gesetzlich verboten ist. Nach Ansicht der *colonos* steckt hinter dem Verbot nichts als die Intriganz der großen Rumfabrikanten, die die Konkurrenz jenes köstlichen Getränks so sehr fürchten müssen, daß sie die Regierung mit Bestechung dazu gebracht haben, der *chirinche* den Zugang zum Markt zu versperren. Ähnlichen Phantastereien bin ich auch bei den Schwarzbrennern in Irland begegnet. In beiden Fällen mag an der Überzeugung, daß die Großerzeuger gegen die Kleinen konspirieren, durchaus etwas Wahres dran sein, aber ich versichere dem geneigten Leser auf meine Ehre, daß die kleinen Leute im kolumbianischen Urwald sich einer Täuschung hingeben, wenn sie meinen, daß die Alkoholkonsumenten in aller Welt geschlossen zur *chirinche* überlaufen würden, wenn man sie nur ließe.

Das Beste, was man über die *chirinche* sagen kann, ist, daß ihr Geschmack immer besser wird, je weiter man zum Grund der Flasche vordringt. Das letzte Drittel rutscht einem sogar ganz glatt durch die Kehle.

In meinem eigenen Ritualkalender stand Chanukka auf der Tagesordnung, und ein weitblickender Bürokollege von mir hatte Felicity vorsorglich einen ausreichenden Vorrat von Chanukka-Kerzen für mich mitgegeben. Mithin konnte ich allabendlich bei Sonnenuntergang meine Kerzen entzünden, jeden Abend eine mehr, bis die ganze Sammlung schließlich die Zahl neun erreicht hatte. Und jeden Abend fanden sich mehr Kogi ein, um mich bei dieser kleinen Zeremonie zu beobachten; ich habe allerdings keine Ahnung, was sie sich dabei dachten.

Die Wißbegier der Kogi in bezug auf die Außenwelt hält sich zwar in engen Grenzen, trotzdem wurde ich häufig nach meinem Herkunftsland und bisweilen auch nach den Lebensumständen dort gefragt. Am unterhaltsamsten waren derartige Gespräche, wenn sie die Lage Großbritanniens auf dem Globus zum Gegenstand hatten. Die Vorstellung, daß nach Norden hin das Klima abkühlt, stieß auf keine nennenswerten Verständnisschwierigkeiten: Für die Kogi lag Großbritannien etwa auf der Höhe des *Páramo*; man konnte es mit der Hochregion der Sierra vergleichen. Meiner Meinung nach tendierten sie dazu, es ein bißchen zu hoch hinauf anzusiedeln, für sie stand jedoch fest, daß die Pflanzen und Bäume, die ich ihnen beschrieb, Hochlandflora waren. Was man sich unter dem Wechsel der Jahreszeiten vorzustellen hatte, schien sie ebenfalls zu interessieren. Nur ein einziges Mal wurde mir eine Frage technischer Natur gestellt; sie betraf unsere Kleidung: Aus welcher Art Rohfaser spannen wir unser Garn, und was für Farbstoffe benutzten wir?

Es war Mama Fiscal, der das wissen wollte. Zusammen mit seiner Frau war er von einem der hochheiligsten Bezirke herabgestiegen, um uns das rituelle Brennen von Muschelschalen für den Poporo vorzuführen.

Diesmal waren es die richtigen Meeresmuscheln, von denen ich – neben einem kleinen Quantum der wertvollen Opfermuscheln für die Mamas – einen Sackvoll mitgebracht hatte. Ich war ein bißchen besorgt, weil ich die Muschelschalen nur vorgewaschen zu kaufen bekommen hatte, wurde dann aber belehrt, daß Poporo-Muscheln unbedingt gewaschen werden müssen, damit alles, was an ihnen haftet, vom Fluß zurück ins Meer gespült wird. Wieder einmal hatte ich mit meinem Geschenk ins Schwarze getroffen.

Muschelschalen

Mama Fiscal lehrte einen Schwarm Kinder, die Feuerstelle für das Muschelbrennen herzurichten: Zwischen zwei Pfosten, den *cabos* des Feuers, wird kreuzweise eine festgelegte Anzahl Holzstäbe ausgelegt. Die Feuerstelle ist somit ein Bild des Webrahmens und des Bodens des Zeremonialhauses; in der Kreuzform wiederholt sich der Grundriß des Universums. Während Mama Fiscal die sieben Schichten Hölzer nachzählte und zwei Schichten von je neun Muschelschalen zwischen sie praktizierte, stieß er Juancho – den heimgekehrten Missionarszögling, der den Dolmetscher für uns machte – mit dem Ellbogen sacht in die Rippen.

Man muß Gutes denken. Wer Muscheln brennt, muß in *aluna* an Mutter Methusa denken. Man geht nicht einfach her und brennt sie gedankenlos. Wer so verfahren wollte, würde einen Kalk erzeugen, der sich wie Mehltau aufs Gemüt legt. Deswegen waschen wir die Muscheln sorgfältig. Ja, und was jetzt kommt, das muß ich dem Jüngeren Bruder auseinandersetzen. Erst zählte die Mutter neun Muscheln ab, die bedeuteten ihre Söhne, dann zählte sie nochmals neun Muscheln ab, die bedeuteten ihre Töchter. Juancho, du wirst dem Jüngeren Bruder zusehends ähnlich. Meinst du, daß wir all diese Sitten lassen sollten?

Ein ziemlich verlegener Juancho meinte, nein, das fände er keine so gute Idee.

Gleich nach dem Brennen wurden die Muschelschalen in eine Kalebasse gebröselt und mit Wasser übergossen. Beim Anblick der Dampfwolke, die aus der Kalebasse aufstieg, fiel mir wieder eine Stunde aus dem

Chemieunterricht in der Schule ein. Muschelschalen bestehen überwiegend aus Kalziumkarbonat (kohlensaurem Kalk, $CaCO_2$). Das Brennen treibt Kohlendioxid aus, zurück bleibt Kalziumoxid (eben «gebrannter Kalk», CaO). Übergießt man gebrannten Kalk mit Wasser, entsteht «gelöschter Kalk» (Kalziumhydroxid, $Ca[OH]_2$); gleichzeitig wird sehr viel Wärme frei, die das überschüssige Wasser zum Verdampfen bringt. Mein Chemielehrer, so erinnerte ich mich, führte uns das Ganze zum Erweis der Tatsache vor, daß beim Kalklöschen Wasserstoff freigesetzt wird. Eine Erklärung, wozu gelöschter Kalk gut ist, blieb er uns schuldig. Daß man ihn zusammen mit Kokablättern essen kann, wäre ihm wahrscheinlich nicht im Traum eingefallen. Aber warum ließ er uns das alles überhaupt lernen? Das Leben ist voller Rätsel.

Mama Fiscal amüsierte sich glänzend. Unmittelbar nach Abschluß der Filmaufnahmen wurde er von jäher Begeisterung ergriffen und begann – möglicherweise unter der zusätzlichen Einwirkung einer leichten Überdosis von *chirinche* – zu tanzen. Just im selben Moment von einem ähnlichen Anfall von Lebenslust überrascht, spielte unser Kameramann Bill Broomfield in der Nähe mit Kindern, von denen er soeben eines über seinen Kopf emporschwang. Mama Fiscal hopste zu ihm hin und rief: «Ich auch! Jetzt bin ich dran!»

Von allen Erinnerungen, die ich aus der Sierra mitgenommen habe, eine der hinreißendsten ist die Szene, wie Bill Broomfield, ein Hüne mit brandrotem, dichtem Bart, den jauchzenden kleinen Mama Fiscal in die Luft wirft.

Die Nonnen

Die einzige Unerfreulichkeit – freilich nur eine kleine – war die Flut von Gerüchten, die sich von San Antonio aus ins Umland ergoß. Dem direkten Gestänker der Nonnen war damit ein Ende gemacht worden, daß die Bistumsverwaltung für einige Tage einen jungen Geistlichen in die Mission abordnete, der für manierliches Betragen der Bewohnerinnen sorgte. Er sprang recht unnachsichtig mit den Nonnen um und machte keinen Hehl aus seiner Meinung, daß sie sogar nach den Maßstäben des sechzehnten Jahrhunderts für rückständig zu gelten hatten. «Wen interessiert schon ihre Meinung?» sagte er. «Das einzige, worauf es ankommt, ist, was die Kogi wollen.»

Dieser fabelhafte Mann gestand Graham eines Tages im Vertrauen, daß die Nonnen in ihrer Schule theoretisch tausend Schüler unterrichten konnten, faktisch aber nur dreiundzwanzig hatten, «und noch nicht einmal die hätten sie, wenn nicht wenigstens eine von den Nonnen Grips im Kopf hätte». Jedesmal, wenn ein Kind krank wurde, erklärte die Nonne mit Grips den Eltern, es müsse bis zur vollständigen Heilung in der Mission untergebracht werden – ja und so ein Heilungsprozeß, der dauerte halt sehr, sehr lange.

Zwar waren die Nonnen jetzt zum Schweigen gebracht, aber die Wogen der Angst, die sie um San Antonio herum aufgerührt hatten, hatten sich noch nicht vollständig gelegt; noch immer wurde das Schauermärchen kolportiert, wir hätten es auf den Diebstahl von Gold und kleinen Kindern abgesehen und darauf, die Kogi zu Vasallen der BBC zu machen. In unserer unmittelbaren Umgebung schien das jedoch niemanden zu bekümmern.

Ein Kommentar zum Zeremonialhaus

Ich hatte den Mamas gesagt, wenn sie wollten, daß der Jüngere Bruder sie ernst nähme, müßten sie sich ihm gegenüber legitimieren – ihm erklären, woher sie das Wissen beziehen, auf das sie Anspruch erheben. Sie sahen das vollkommen ein und machten sich umgehend an die Aufgabe, soweit wie möglich zu erklären, was hinter ihrem Wissen steckt.

Wissensübermittlung, fast überflüssig zu sagen, spielt bei den Kogi eine fundamentale Rolle. Für Männer findet sie in zweierlei Form statt, einmal in der Ausbildung der *moros*, der angehenden Mamas, zum anderen beim Aufenthalt im *nuhue*, dem Zeremonialhaus.

Das *nuhue* ist ein Mehrzweckbau, teils Gerichtshof, teils Ratsgemach, teils Unterrichtsraum, teils Schlafsaal. Ein großer Teil der Zeit, die die Vasallen hier verbringen, ist dem Anhören von Vorträgen der Mamas gewidmet. Diese Vortragstätigkeit heißt «Rat erteilen» und nimmt nicht selten höchst ungestüme Form an. Ohne zu begreifen, worum es im einzelnen ging, erlebte Graham wiederholt mit, wie Mamas, *cabos* und *comisarios* im überfüllten *nuhue* wie von Sinnen auf die Vasallen lospolterten und losdonnerten. Die Hälfte der Zuhörer pflegte dabei aufmerksam zuzuhören, die andere Hälfte stand das Donnerwetter schlafend durch. Wenn schließlich einer der Mamas zum Luftschnappen nach draußen ging, nutzte Graham die Gelegenheit, ihn zu fragen: «Was um alles in der Welt ist da heute los?» – «Oh, nichts Besonderes. Wir müssen bloß den Vasallen wieder mal das Gesetz in Erinnerung rufen. Am besten brüllt man sie an dabei, dann sperren sie vielleicht die Ohren auf. Aber sie sind allesamt faul und vergeßlich.»

Jetzt erteilten die Mamas dem Jüngeren Bruder Rat. In dieses Geschäft waren sie bestens eingeübt, und es ist interessant, einmal die Form eines solchen Vortrags zu analysieren. Nehmen wir zum Beispiel Mama Bernardos Kommentar zur Anlage des *nuhue* selbst.

Sein Vortrag gliederte sich in vier Abschnitte – das sei, wie er anmerkte, das beste Einteilungsprinzip für Analysen überhaupt. In Abschnitt eins beschäftigte er sich mit dem *nuhue* in seiner Eigenschaft als lebendes Wesen. Einleitend sprach er über Wasser als Strukturkomponente des *nuhue*. Wasser kam in dem Bauwerk in zweierlei Existenzform vor, zum einen als Bestandteil des verwendeten Holzes und zum anderen auf der Sinnbildebene, auf der der Bau einen Berg darstellt: In allen Bergen ist Wasser. Was das hieß, lag so für ihn augenfällig auf der Hand, daß er sich nicht die Mühe machte, es zu erklären, denn in seinem Sprachgebrauch meinte «Wasser» immer auch die Wasser der Ursee, aus der die Schöpfung hervorging. Am Anfang war alles Wasser, und das Wasser war die Mutter. Es war *aluna*. Wo Wasser ist, ist die Essenz des Lebens, ist Erinnerung und Seinspotential. Auch die Erde ist die Mutter. Das leitete zu der Erklärung über, daß Wasser die Verbindung zur Lebenskraft darstellt und daß das Trockene das Tote ist.

Wie kommt es, daß wir heute «die Erde» sagen? Warum sagen wir «Wasser»? Wir können das nur, weil sie von Anbeginn an da waren. Darum sagen wir heute noch «Wasser». Am Anbeginn wurden wir im Wasser gebildet. Die Mutter bildete uns dort. Und in allen Bäumen – in diesem Baum und dem anderen Baum und noch einem anderen Baum und noch einem anderen Baum – in allen war Wasser. Wenn die Bäume ausgetrocknet sind, kann man sie zerschneiden und als Brennholz verwenden. Alle Arten Bäume kann man verfeuern.

Wir alle brauchen Wasser. Ohne es können wir nicht leben. Wir waschen unsere Muschelschalen in Wasser. Wir kochen unsere Speisen mit Wasser. Und noch vieles andere. In allen Bergen, die wir sehen, ist Wasser.

Die ersten Zeremonialhäuser waren sehr klein. Sie wurden in *aluna* gemacht. Aber die, die wir heute haben, sind groß. Die Mutter sagte uns, wir sollen alle Berge in unsere Obhut nehmen. Es sind Zeremonialhäuser. Wir wissen, daß alle Berge, die wir sehen, lebendig sind.

Mithin wird von uns als erstes verlangt, zu begreifen, daß Wasser nicht bloß eine Flüssigkeit ist: Es ist die uranfängliche Geist-See, aus der wir kommen, und alles, was Wasser enthält, hat Teil am Leben von *aluna*. Wie in den Bäumen und den Bergen ist auch im Zeremonialhaus Wasser und spirituelles Leben.

Die Erschaffung der Welt war ein Ordnen und Gestalten von *aluna*. Die resultierende Gestalt ist die Elementarform des Kreuzes – ein Auseinanderrücken aus dem Chaos herausgesonderter gegensätzlicher und komplementärer Kräfte. Deren Eingrenzung und Abgrenzung schuf die Grundlage für den Weltenbau. Davon – von der Einteilung der Welt in Gegensatzpaare und Vierergruppen – ist im zweiten Abschnitt von Mama Bernardos Vortrag die Rede.

Wollten wir über einen einzelnen Berg sprechen, würden wir dazu vier Abende brauchen. Die Mutter sagte uns, daß in allem, was sie schuf, vier wichtige Ideen eingeschlossen sind. Darum wurden im ersten Zeremonialhaus vier Feuerstellen angelegt. In dem Haus sind zwei Pfosten, die es in eine linke und eine rechte Hälfte teilen. (Die Pfosten haben an der Basis eine Steinbettung, die sogenannte «Bank».) Man muß also von viererlei Dingen sprechen. So wollte es die Mutter. Wenn der Mama über einen heiligen Berg spricht, spricht er stets über viererlei Dinge. Jeder Berg hat seine Donnermänner, die in ihm leben. In jedem Berg gibt es auch Donnerfrauen. Und vom Fuß bis zur Spitze machten sie den Berg und wohnten in ihm.

Als «Bank» bezeichnen die Kogi einen Platz, wo es sich gut sitzt und der Sitzende sich in Harmonie mit der Welt befindet. Die Pfosten, die deutlich die Grenze zwischen links und rechts markieren, ruhen, gut ausbalanciert, fest in sich.

Die Donnermänner und Donnerfrauen sind die «Väter» und «Mütter» des Donners – Kräfte in *aluna* –, und wie alles, das am Wasser teilhat, besitzen auch sie Leben.

Nachdem Mama Bernardo den *élan vital* des Zeremonialhauses, seine Ähnlichkeit mit dem *élan vital* der Berge und sein antithetisches Organisationsschema klargelegt hat, läßt er den *Homo sapiens* auf der Bildfläche erscheinen. Auch die Menschheit ist Teil dieser Welt, erklärt er, auch die Menschheit wird in den Wassern von *aluna* gebildet und hat ihren Platz in der Natur.

Wir wurden am Anbeginn in Wasser gebildet, und daher haben wir heute noch Tränen und Speichel. Als die Mutter den ersten Menschen formte, fing sie mit den Augen an, und sie waren rund, wie alles, was sie am Anbeginn machte. Der Jüngere Bruder meint, wir haben es vergessen, aber das haben wir nicht. Wir wissen es noch. Wir wissen noch, was für ein schweres Stück Arbeit es für die Mutter war, den ersten Menschen zu formen. Und heute fragt der Jüngere Bruder, wie das damals war mit der Erschaffung des ersten Menschen, und wir müssen es ihm sagen.

Die Mutter bildete uns tief, tief unten, und über Erde nach Erde kamen wir herauf. Eine Erde, noch eine Erde und noch eine Erde, insgesamt neun, bis wir hier anlangten. Aber wir befinden uns trotzdem erst in der Mitte. Über uns sind noch neun Welten für die Geister. Die Mütter und die Väter stiegen weiter und weiter empor. Sie stiegen bis über den Himmel hinaus, und wenn ein Mensch gestorben ist, steigt sein Geist auch in den Himmel hinauf. So waren es also sieben Erden vom Grund bis zu Kurian hinauf, und hier ruhte die Mutter aus, dann stieg sie weiter empor und kam hierher, auf unsere Erde. Von da stieg sie noch weiter hinauf, und auch wir werden ihr in den Himmel hinauf folgen, wenn wir sterben.

Es ist gut, daß wir dem Jüngeren Bruder erzählen, wie es war am Anbeginn, damit er sich ein Bild davon machen kann. Der Jüngere Bruder denkt vielleicht, wir können ihm nicht sagen, wie es damals war, wie das zuging am Anfang, als wir alle gemacht wurden.

Diesen Wanderweg durch die neun unteren Welten ebenso wie die Existenz neun höherer Welten muß man kennen, um den Sinn des nächsten Abschnitts zu verstehen, in dem es um den Bauplan des Hauses geht. Was es mit der siebten Welt, «Kurian», auf sich hat, ist mir verborgen geblieben. Mama Valencia ließ mir gegenüber mehr als einmal die Bemerkung fallen, ich sei ein Mensch der siebten Welt, er selbst hingegen einer der neunten. Das war jedesmal in einem Ton voller Freundlichkeit und Respekt gesagt, sollte jedoch zum Ausdruck bringen, daß er der Vollkommenere, Weisere, Durchgeformtere von uns zweien war. Möglich, daß hier eine Gedankenverbindung zu dem vorlag, was die Kogi von der Frühgeburt wußten: daß sie nach siebenmonatiger Schwangerschaft ein Kind hervorbringt, dessen Knochen erst noch hart werden müssen.

Auf der folgenden Etappe der Unterweisung geht es darum, daß der Bauplan des *nuhue* kein Produkt von Willkür ist, sondern von der Mutter selbst verfügt. Das Haus ist die Heimstatt des Gesetzes der Mutter.

Die Mutter selbst lehrte uns, wie wir leben sollten, und den Jüngeren Bruder lehrte sie das gleiche. Hier, sieh dir das *cantoto* [Streben, die ein Gesims über der Innenseite der Tür stützen] an! Das sind die *cabos* und Vasallen, die die Mamas und die *comisarios* bewachen.

Wir nehmen vier Stangen und setzen sie oben unters Dach, damit die zwei Dachhörner Halt haben, und der kleine Kletterpflanzenring dort oben ist die Bank für die Hörner. Die Mutter hat uns Gras gegeben, damit wir solche Dächer machen können, aber davon reden wir dann draußen.

Um das Dachstroh richtig aufzulegen, müssen wir die Lagen mal so, mal so legen, einmal müssen sie nach oben zeigen, dann nach unten, dann wieder nach oben und so weiter. So legen wir neun Lagen Stroh auf. Zur Dachspitze hinauf ist es also wie auf dem Weg durch die neun Welten, auf dem wir auf unsere Erde heraufgekommen sind.

Vollkommene Harmonie beruht auf der Balance sämtlicher in der Welt wirksamen Kräfte, und das schließt auch das Gleichgewicht der Geschlechter ein. Das *nuhue* ist ein Männerhaus, für Frauen gibt es eigene Häuser, aber auch innerhalb jedes einzelnen Hauses muß in *aluna* ein Gleichgewicht der Geschlechter herrschen.

Du hast gesehen, daß vier Feuerstellen da sind, zwei auf der linken, zwei auf der rechten Seite. Rundherum um die Feuerstellen sind Steine, und diese Steine sind Frauen. In jedem Frauenhaus gibt es drei Steine, das sind Männer. Und wenn die Feuer angezündet sind und brennen, sollen auf jeder Seite zwei Scheite liegen. Und auf diese Scheite wird Reisig gelegt. Das dient dazu, die Mamas, die *cabos* und die Vasallen und die *comisarios* zu wärmen. Im *nuhue* befinden sich die Steine in der Nähe des Feuers. Im Frauenhaus befinden sich das Feuer und die Steine tief im Hausinneren.

Um dem Feuer den Segen zu geben, müssen wir uns auf die Mütter des Feuers und die Mütter der Scheite konzentrieren. Wir bitten die Mutter um ihre Erlaubnis, damit sie uns Feuer für unsere Zeremonialhäuser gibt. Und Serankua hat uns geheißen, in jedes Zeremonialhaus eine *dumuna* [eine Pflanze] zu tun und sie hier zu verbrennen. Das tun wir, um die bösen Geister zu vertreiben. Um die Zeremonialhäuser und die Frauenhäuser zu säubern, verbrennen wir in allen *dumuna*. Es gibt gute *dumuna* und böse *dumuna*. Es gibt linke *dumuna* und rechte *dumuna*. Wir tun große *dumuna* in die linke Hälfte des *nuhue* und die kleinere in die rechte Hälfte.

Zum Schluß resümierte der Mama seinen Kommentar und zeigte, wie das *nuhue* als Zentralorgan für die Kontinuität der Kogi-Tradition und des Kogi-Wissens, als Herz im Innersten des Herzens der Welt fungiert.

Es sind also vier Feuerstellen im Zeremonialhaus. Dies sind die Kardinalpunkte, die die Welt erhalten, sie tragen, und sie tragen auch das Zeremonialhaus. Wenn wir einem Knaben die Beichte abnehmen und ihm Rat erteilen, weisen wir ihm mitten in dem Haus seinen Platz an. Mamas sagen seit eh und je: Um jemandem Rat zu erteilen, wie es sich gehört, mußt du ihn herbeischaffen und ihn in die Mitte des Zeremonialhauses plazieren. Die Mutter hat uns als erste Rat erteilt. Sie unterwies uns. Und wir wissen heute, wie wir weiterzumachen und unseren Kindern Rat zu erteilen haben.

Eine Gerichtsverhandlung

Das Rat-Erteilen kann, wie erwähnt, in der Praxis recht drastische Form annehmen. Sooft wir in einem Zeremonialhaus filmten, ging es dort mit einigermaßen gebremster Leidenschaftlichkeit zu, doch eines Abends gelang es uns, mit dem Mikrofon eine Zusammenkunft zu belauschen, bei der auf ziemlich energische Weise Rat erteilt wurde. (Juancho, der unseren Mitschnitt übersetzte, hielt die Mamas über unser Tun auf dem laufenden, so daß wir keine Indiskretion begingen.) Ein junger Mann wurde vor versammelter Gemeinde wegen versuchter Verführung einer verheirateten Frau zur Rechenschaft gezogen. Man ließ ihn in der Mitte des Raums Platz nehmen, während die Frau mit entblößtem Oberkörper (eine tiefe Demütigung) unter Bewachung draußen vor der Tür warten mußte. Es war um Mitternacht und empfindlich kalt im Freien.

Zu Beginn der Sitzung führte ein *cabo* die Inkulpanten vor und forderte den jungen Mann auf, die Frau zu seiner Ehefrau zu machen.

«Warum steigt ihr jungen Burschen immer Frauen nach, die euch nicht gehören? Ihr solltet mehr Respekt vor anderer Leute Frauen haben. Wenn du sie unbedingt haben willst, nimm sie dir. Eine ganze Nacht lang hast du damit geprahlt, daß du sie dir nehmen wirst, also was ist jetzt damit? Nimm sie dir.»

«Nein, ich nehm sie nicht.»

«Nun mach schon – nimm sie, nimm sie.»

Ein Unter-*comisario* schaltete sich ein: «Also was ist – nimmst du sie jetzt oder nicht?»

«Nein, ich nehm sie nicht.»

«Was? Du nimmst sie doch? Oder?»

«Nein, ich nehm sie nicht.»

Die Aufforderung war durchaus ernst gemeint: Der junge Mann hätte die Affäre ohne weiteres in der Weise regeln können, daß er die Frau heiratete und dem verlassenen Ehemann eine Abfindung bezahlte. Da er sich dazu jedoch nicht bereitfand, wurde er jetzt gedemütigt. Der *comisario* zog vom Leder. «Wie oft habe ich euch allen schon Vorträge darüber gehalten, daß ihr euch Frauen gegenüber anständig benehmen sollt? Oft und oft, und trotzdem treibt ihr's immer weiter. Die Mamas erzählen uns ebenfalls in einem fort, daß wir uns keine Frauen nehmen sollen, die uns nicht gehören. Aber wir – wir hören da gar nicht hin, oder? Dieser Ärger hört niemals auf. Ganz egal, wie oft den jungen Burschen die Leviten gelesen werden, sie machen unverdrossen weiter. Man muß sie alle naselang zur Ordnung rufen und wieder und wieder ermahnen. Dann laufen sie davon und verstecken sich im Gebüsch und tun, was ihnen Spaß macht – aber das ist alles verkehrt und sollte nicht sein.»

Die Kogi betrachten jede Form von ungebührlichem Betragen – und Unzucht ist für sie ein ausgesprochen ungebührliches Betragen – als ein Heraustreten aus der Harmoniebeziehung zur Welt. Dem muß ihrer Logik nach eine Störung im Persönlichkeitssystem zugrunde liegen, und um die zu beheben, muß der Mama dem Übeltäter helfen, seine Handlungsweise zu ihren Ursprüngen zurückzuverfolgen und die Schlüsselursache der Störung zu entdecken. Diesen Vorgang nennen die Kogi, wenn sie Spanisch sprechen, *confesión*, «Beichte». Eine Verfehlung ist lediglich

Symptom eines tieferliegenden Problems. Der Übeltäter hat sich in *aluna*, im Zusammenhang zwischen Denken und Handeln, verfehlt, sonst würde er nicht so handeln, wie er es tut. Mama Santos' Rat lautete deshalb: «Du solltest zu den Mamas beichten gehen. Beichte gewissenhaft, damit es ein Ende hat mit diesem Unfug.»

Bei diesem Stand der Entwicklung begannen sich einige Gemeindemitglieder, die das Geschehen bisher nur mit halber Aufmerksamkeit verfolgt hatten, in ihren Hängematten zu regen.

«Ah, er nimmt sie also doch, ja?»

«Nein, er hat gesagt, er nimmt sie nicht.»

«Diesen jungen Burschen ist das jetzt schon dutzendemal vorgekaut worden, aber sie hören ja nie zu.»

«Und die Frau da draußen, die sollte auch mal beichten gehen.»

«Jawohl, die auch.»

«Also los jetzt, du nimmst diese Frau, wir haben keine Lust mehr, darüber noch länger zu reden, das dauert jetzt schon die halbe Nacht, wir sind müde und haben Hunger, und außerdem geht uns allmählich die Koka aus.»

«Warum geht eigentlich niemand Nachschub holen? Das könnte doch einer tun.»

Es wurde unleugbar Zeit, sich wieder auf die eigentliche Sache zu besinnen. Der *comisario* begann sich um ein halbwegs geordnetes Procedere zu bemühen.

«Sie gehen allesamt zur Beichte, aber wenn wir hier das Orakel befragen, erfahren wir, daß sie nicht alles gebeichtet haben; und darum machen sie immer weiter und weiter mit ihrem Unfug. Wenn sie beichten... aber sie beichten ja nicht alles, und wir erfahren das hier, wenn wir das Orakel befragen... wenn sie alles beichten, erfahren wir das auch. Ich weiß, daß der hier nicht alles gebeichtet hat, und darum sollte ihm jetzt auferlegt werden, daß er nochmals zur Beichte geht. Fragen wir den Ober-*comisario*, was er dazu meint. Jemand soll ihn mal aufwecken, wir wollen seine Meinung hören. Und hallo, ihr da draußen, kommt mal alle wieder rein, damit's hier weitergehen kann. Sind wir alle wieder vollzählig? Wenn nicht, dann geh mal jemand im Dorf nachsehen, wer nicht da ist, und schaff sie herbei. Hier hat keiner zu fehlen. Jetzt bringen wir den da mal nach draußen und stellen die zwei einander gegenüber. Es wird sich schon herausstellen, ob sie die Wahrheit sagen.»

Zu diesem Zeitpunkt war es dann auch gelungen, Ober-*comisario*

Clemente, seines Zeichens Holzschnitzer und Flötenspieler, aufzuwecken. Da er den Anfang der Verhandlung verschlafen hatte, entschied Clemente sich, das Spiel nochmals auf Feld Null zu beginnen.

«Was ist, hast du dir die Frau jetzt genommen?»

«Nein.»

«Na, dann tu es endlich, aber bitte schnell – ich bin todmüde und möchte schlafen.»

Mama Santos streute Salz in die Wunden, die dem Stolz des jungen Mannes geschlagen worden waren. «Wenn du sie dir nehmen willst, zier dich nicht lange. Sag ihrem Mann, du besorgst ihm eine Neue, und dann nimm sie dir.»

Bisher hatte der Junge noch alles verkraftet, aber jetzt warf er das Handtuch. «Ich hab mich schlecht benommen, ich geb's zu. Ich weiß selber nicht, warum. Wir machen das immer so, aber eigentlich dürfen wir es nicht, wir sollten uns nicht so benehmen.»

Jetzt, wo er angeschlagen war, setzten ihm die *cabos* und *comisarios* nur um so heftiger zu. «Sag ihrem Mann, daß du sie heiratest. Sag es ihm, los, sag es ihm.»

«Heirate sie. Sag es ihrem Mann und nimm sie gleich mit dir mit. Ihm besorgst du eine andere Frau, und die hier nimmst du mit dir mit.»

«Ihr könnt ihrem Mann sagen, daß ich sie nicht heiraten werde. Er soll sie mit sich mitnehmen. Ich werde es jedenfalls nicht tun.»

«Du als Mann bist ganz allein schuld an der Sache. Die Männer sind diejenigen, die immerfort den Frauen nachsteigen und ihnen schöne Augen machen. Die Frauen machen niemandem schöne Augen. Gestern abend bist du von zu Hause weggegangen, und alle *cabos* haben dich gesucht. Du hattest dich versteckt, und jetzt erzählst du uns mal schön, wo du dich versteckt hattest.»

Diese vielversprechende Angriffsstrategie wurde durch eine Meldung von der Tür her durchkreuzt, wo die Frau dem *cabo* etwas zugeraunt hatte. «Sie sagt, sie hat geschlafen, und als sie aufwachte, hat die Tür offengestanden, und er war im Haus. Sie sagt, er ist gleich wieder nach draußen gerannt, und es ist nichts passiert. Sie sagt, sie hat angenommen, es ist ein *cabo*. Aber dann war's doch keiner.»

Wieso nahm sie an, daß es ein *cabo* wäre? Wollte sie damit sagen, daß es einen *cabo* gab, der die Angewohnheit hatte, mitten in der Nacht verheirateten Frauen seine Aufwartung zu machen? Wollte sie ihren Liebhaber entlasten? Clemente war überzeugt, daß sie log.

Aufrichtigkeit gehört offenbar zu den Existenzgrundlagen der Kogi-Kultur, und dementsprechend hart sind die Sanktionen, unter die das Lügen in einer derartigen Situation gestellt ist. Zu den Strafen, die dem überführten Lügner drohen, gehört, daß er auf scharfkantigen Topfscherben knien und dabei in jeder Hand einen schweren Stein in Schulterhöhe balancieren muß, während ihm *cabos, comisarios* und Mamas die Leviten lesen. Sinkt ein Stein unter die vorgeschriebene Höhe, wird der Delinquent so lange mit dem Poporostab geprügelt, bis der Stein sich wieder in der früheren Position befindet. Graham erlebte einmal mit, wie diese Strafe an einem Mann exekutiert wurde, der einen Ochsen gestohlen und die Tat lügnerisch abgestritten hatte. Die Poporostäbe wurden ziemlich brutal eingesetzt und dem Delinquenten sogar in die Ohren gestoßen. Als die Nacht vorüber war, befand er sich in übler Verfassung. Mit Striemen an Kopf und Ohren, geschwollenen und geschundenen Knien war er total bewegungsunfähig und delirierte vor Schmerzen und Erschöpfung. Diese Strafe hat den schlichten Namen «Auf die Knie gezwungen werden». Clemente kam zu dem Schluß, sie sei hier womöglich vonnöten.

«Fragt den *cabo*, ob es stimmt. Wenn es stimmt, dann ist alles in Ordnung. Wenn sie lügt, wird man sie gleich hier auf die Knie zwingen müssen. Wenn es stimmt, dann soll er das sagen; ich mag es nicht, wenn jemand lügt. Wenn es stimmt und er die Frau haben will, dann kann er sie haben. Das geht dann in Ordnung. Wenn es ein weibstoller *cabo* war, dann werden wir den gleich hier auf die Knie zwingen. Was also nun? Wie war es wirklich? Wenn du die Frau haben willst, dann nimm sie dir jetzt. Ihr wird allmählich kalt da draußen. Also nimm sie dir, nimm sie. Nimmst du sie jetzt oder nicht?»

«Nein, ich nehm sie nicht. Und außerdem ist nichts passiert.»

«Uns hängt das alles zum Hals heraus, wir wollen schlafen und können nicht, und das bloß deinetwegen. Nun mach mal endlich Schluß und sag uns, was du tun willst. Aber ein bißchen plötzlich, wenn ich bitten darf.»

Lange Pause. Der junge Mann wog die offenstehenden Möglichkeiten gegeneinander ab. Der Versuch seiner Freundin, ihm aus der Klemme zu helfen, war dummerweise auf eine falsche Anschuldigung gegen einen *cabo* hinausgelaufen. Das konnte überaus unangenehme Folgen haben. Vielleicht war es doch das Beste, auf Clementes Milde zu bauen und ihm alles zu gestehen.

«Hör zu, ich geb sie ihrem Mann zurück, er soll sie behalten, und ich geb ihm zwei Perlen obendrein für den ganzen Ärger. Ja, ich hab sie gehabt, aber jetzt soll er sie wiedernehmen. Ich will sie nicht behalten.»

Clemente erhob sich aus seiner Hängematte und sprach die uralte Urteilsformel:

«Die Beine sind zum Gehen da, der Kopf zum Denken, die Ohren zum Hören – und jetzt AUF DIE KNIE MIT DIR!»

Die Strafe wirkt barbarisch. Sobald sie ausgeführt ist, ist der Fall abgeschlossen. Es gibt keine bleibende Schande. Die Kogi-Männer sind stolz auf ihre körperliche Robustheit, und «auf die Knie gezwungen zu werden» hinterläßt anscheinend weder körperlich noch sozial ein dauerhaftes Stigma. Die Nonnen von Pueblo Viejo äußerten Graham gegenüber einmal, sie sähen es lieber, die Kogi würden eine weniger barbarische Form der Bestrafung anwenden, zum Beispiel den Delinquenten kahlscheren. Eine solche dauerhafte Stigmatisierung wäre in den Augen der Kogi die wahre Unzivilisiertheit – da scheint ihnen eine ruppige Bestrafung, mit der das Ganze dann zu einem schnellen Ende kommt, allemal besser.

Die Außenwelt

Es war eine eigenartige Erfahrung, vollkommen abgeschnitten von der Außenwelt in diesem insularen Gebirgsstaat zu leben. Man kannte hier nur ein Gesetz: das Gesetz der Mutter, dessen Auslegung und Bekräftigung im *nuhue* stattfand. Obschon die Kogi heute bestimmte Güter aus der Außenwelt in ihr Territorium einführen, sind ihre Lebens- und Denkschemata im ganzen noch die gleichen wie vor Jahrhunderten. Eines der ausgefallensten Schauspiele, die man bei ihnen beobachten kann, ist das morgendliche Zusammentrommeln des Arbeitstrupps, der für die Sauberhaltung der Wege und öffentlichen Plätze zu sorgen hat. Sämtliche Männer der Gemeinde pflegen sich den größten Teil der Nacht palavernd im Zeremonialhaus aufzuhalten und erst kurz vor Tagesanbruch zu ihren Frauen heimzukehren. Im ersten Morgengrauen ziehen dann rufend und scheltend die *cabos* von Haus zu Haus und trommeln den Arbeitstrupp zusammen, wobei sie den einen oder anderen auch schon mal mit Brachialgewalt ins Freie zerren.

Die Mamas nehmen dem Trupp gegenüber Aufstellung, bearbeiten ihre Poporos und arbeiten gleichzeitig in *aluna*, indem sie ihre Gedanken auf die für derlei öffentliche Arbeiten zuständigen Väter und Mütter konzentrieren – ein Tun, das sie mit «Segnen» oder «Segen erwirken» übersetzen. Unterdessen sorgen die *cabos* und *comisarios* dafür, daß bei der Arbeit jeder mit Hand anlegt. Sehr wahrscheinlich wurde die Tracht der Kogi im achtzehnten Jahrhundert um die Pantalons bereichert, und mit Sicherheit waren ihre Werkzeuge vor der Konquista nicht aus Metall wie heute, sondern aus Stein oder Knochen, doch von diesen Dingen abgesehen hat sich bei ihnen nichts geändert.

Wir hörten damals täglich im Radio den Auslandssender der BBC mit Nachrichten über den Umsturz in Rumänien und den Fall der Berliner Mauer. Unsere Welt durchlief einen Wandlungsprozeß: Das Damoklesschwert des Atomkriegs, das wir zeit unseres Lebens über ihr hatten hängen sehen, wurde, wenn die Anzeichen nicht trogen, abmontiert und verschrottet.

Den Kogi ist die Existenz der nuklearen Bedrohung nicht ganz unbekannt; überhaupt zeigen sie sich dank ihrem «Beicht»-System mitunter erstaunlich gut informiert. Einem mir bekannten Archäologen passierte es einmal bei der Arbeit in der Sierra, daß unverhofft ein Kogi aus dem Urwald auftauchte und ihn auf spanisch ansprach. «Ich weiß, daß ihr einen neuen Bombentyp erfunden habt. Diese Bombe tötet Menschen und läßt die Häuser unversehrt. Warum macht ihr das? Wen werdet ihr damit umbringen?» Der Archäologe hatte keinen Schimmer, wovon der Kogi redete. Als er einige Wochen später heimkehrte, las er in der Zeitung die ersten Meldungen von der Entwicklung der «Neutronenbombe». Durch Anekdoten wie diese sieht sich mancher in seiner Meinung bestätigt, daß die Kogi über geheimnisvolle telepathische Fähigkeiten verfügen; meiner Ansicht nach beruht das ganze Geheimnis aber darin, daß derlei Nachrichten in Indianergemeinden mit höchstem Interesse aufgenommen und extrem schnell an die Nachbarn übermittelt werden.

Martin von Hildebrand berichtete mir einmal von einem Schamanen im Amazonasgebiet, der in den Besitz eines Transistorradios gelangt war und sich jetzt die Nachrichtensendungen anhörte. Der arme Mann war durch das Gehörte zutiefst verstört; er setzte andere Schamanen ins Bild, die sich alsbald gemeinsam mit ihm an die Arbeit machten. Das Problem, so erläuterten sie Martin, ergab sich aus der Existenz zweier überaus mächtiger Männer namens USA und UdSSR. Die beiden wetteiferten um die Gunst einer Hure namens Israel. Die Hure hockte mit gespreizten

Schenkeln kreißend da und gebar einen Strom von Bomben, die allesamt entsetzlich heiß waren und die Kraft hatten, die Welt zu zerstören. Die Schamanen arbeiteten deshalb daran, die Bomben zum Auskühlen ins Innere eines Geist-Bergs einzuschließen. Zum Glück hatten sie Erfolg damit, und die Welt war gerettet.

Die Kogi sind nicht ganz so überzeugt, daß sie unsere Welt begreifen, ja, sie sind sich sogar ziemlich sicher, daß sie sie nicht begreifen. Was wir ihnen gelegentlich von den neuesten Nachrichten aus dem Radio nahebrachten, wurde mit Kopfschütteln quittiert und im selben Zug als Belanglosigkeit abgetan. Was machte es schon, daß wir uns der einen Möglichkeit, die Welt zu zerstören, begaben, solange wir auf bestem Wege waren, sie auf andere Weise zu zerstören?

Die Mutter hat hier ein solides Balkenwerk errichtet, aber sie bringen es zum Einsturz, indem sie alles mögliche davon wegnehmen. So stürzt die Erde in sich zusammen. Wenn wir uns mit der Machete ein Bein abhauen, dürfen wir uns nicht wundern, wenn wir verbluten. Mit der Erde ist es genauso. Wenn sie die Erde immer weiter ausrauben, wird sie untergehen. Wenn die Welt untergeht, ist es um uns alle geschehen. Der Ältere Bruder, der Jüngere Bruder, alles, was auf dieser Erde lebt, wird umkommen.

Mehr Wichtigkeit maß man den Nachrichten aus Panama bei. Der Beitrag der USA zum Drogenkrieg bestand in einer großangelegten militärischen Invasion des nördlichen Nachbarn Kolumbiens. Was die Invasion als solche angeht, so haben die Kogi da ihre eigenen, dezidierten Ansichten; wieder und wieder fragte man uns, ob die USA vielleicht vorhätten, auch in Kolumbien einzumarschieren. Wir hofften, daß dies nicht der Fall wäre. In Kolumbien zu arbeiten war schon schwierig genug, auch ohne daß um einen herum ein offener Krieg tobte.

Zum Abschuß nicht freigegeben

Kurz vor Silvester holte uns der Hubschrauber auf einen Kurzurlaub ab. Der erste Pendelflug nach Mingeo hätte beinahe mit einer Katastrophe geendet. Dort war das Militärpersonal ausgewechselt worden, und der neue Kommandeur wußte nicht, wer wir waren.

Als unser Pilot sah, daß Gewehrläufe auf ihn gerichtet waren, traf er die – meiner Ansicht nach reichlich törichte – Entscheidung, im Kreis zu fliegen, um so den Soldaten Gelegenheit zu geben, ihn zu identifizieren. Für Helicol war es nicht ganz einfach gewesen, uns diesen Hubschrauber zur Verfügung zu stellen, denn der überraschende Verlust einer Maschine hatte die Dispositionen durcheinandergebracht. Nur schade, fand ich, daß man unseren Piloten über die genauen Einzelheiten jenes Verlusts im unklaren gelassen hatte.

Der Zwischenfall hatte sich im November am Südhang der Sierra ereignet. Ein Hubschrauber, der im Auftrag einer Ölgesellschaft flog, war am Boden von Guerrilleros umstellt und gekapert worden. Der Pilot gab widerstandslos seine Dienstpistole heraus und bat um Gnade. Die Guerrilleros befahlen ihm, einen nahegelegenen Polizeiposten anzufliegen, und er gehorchte. Während er über dem Gebäude kreiste, warfen sie eine Bombe ab. Nachdem sie ihn auf einem Acker hatten landen lassen, steckten sie die Maschine in Brand. Bevor die Guerrilleros sich verabschiedeten, gaben sie dem Piloten – der dachte, nun werde er liquidiert – seine Waffe zurück und sagten, er könne nach Hause gehen.

Später erzählte man uns, daß ein Unteroffizier unter Berufung auf einen Dauerbefehl, der da lautete, jede Maschine auf nicht genehmigtem Flug abzuschießen, darum gebeten hatte, das Feuer auf uns eröffnen zu dürfen. Selbstverständlich war unser Flug genehmigt, aber niemand hatte daran gedacht, das lokale Militär davon zu unterrichten. Der befehlshabende Offizier überlegte sich die Sache und entschied sich fürs Abwarten. Aus militärischer Sicht war das womöglich ein Dienstvergehen, ich für meinen Teil habe jedoch darauf verzichtet, mich höheren Orts darüber zu beschweren.

Meine Familie trifft ein

In Taganga wartete meine Familie auf mich, und gemeinsam hatten wir hier ein paar Tage Gelegenheit, entspannt in der Sonne zu liegen und zwischen den Korallenriffen zu schwimmen. Die Meinen hatten die Erholung dringend nötig. Der Flug von London hierher hatte sich als eine Reise mit Hindernissen entpuppt. Wegen Nebels in Bogotá wurde der Flug in Caracas unterbrochen.

Der Aufenthalt zog sich immer weiter in die Länge, und schließlich begann den Passagieren zu dämmern, daß nichts dafür sprach, daß sie je wieder von hier weg und nach Bogotá gelangen würden. Alle Flüge waren restlos ausgebucht. Die Reservekapazitäten der Fluggesellschaft waren erschöpft. Das Personal hatte es aufgegeben, auf eine demnächst eintreffende Sondermaschine zu vertrösten.

Die Männer fingen an: Sie drohten den Angestellten der Fluggesellschaft mit Tätlichkeiten. Dann wurden die Frauen aktiv, schrien und tobten, daß die Wände wackelten. Der Ausbruch nackter Gewalt schien kaum noch abzuwenden. Das Personal der Fluglinie suchte Deckung auf, einige betont zurückhaltende Fluggäste verdrückten sich mit der Bemerkung, sie könnten sich die zu erwartende Publizität nicht leisten. Der «1989er Krawall auf dem Flughafen von Caracas» hatte begonnen.

Es gab nur eine Möglichkeit, den Flughafen vor dem Demoliertwerden zu bewahren: Die Fluggesellschaft mußte umgehend eine einsatzbereite Maschine auftreiben. Noch am selben Nachmittag fanden sich alle Beteiligten in Bogotá wieder, und meine Frau und meine Töchter waren jetzt in bester Verfassung, mit der Avianca in den Clinch zu gehen.

Mit der üblichen maßlosen Verspätung begann die Avianca die Passagiere in eine Maschine nach Santa Marta zu verladen. Aber leider, so wurde über Lautsprecher mitgeteilt, war es nun doch schon viel zu tief in der Nacht, um noch nach Santa Marta zu fliegen; man würde die Passagiere statt dessen nach Bucaramanga bringen. Bucaramanga ist ein sehr hübsches Andenstädtchen. Allerdings würde wohl kaum jemand außer der Avianca auf die Idee kommen, es Karibikurlaubern als Aufenthaltsort empfehlen zu wollen, denn zum Strand hat man von dort etwa 650 Kilometer zu gehen.

Die Avianca hat Routine darin, aufgebrachte Kolumbier zu besänftigen – das ist ihr tägliches Brot –, aber bei Engländerinnen, die gerade durch die Feuertaufe des Flughafenkrawalls von Caracas gegangen waren, versagten ihre Abwieglungskünste. Die Maschine flog in jener Nacht bis ganz nach Santa Marta. Aus dieser Geschichte läßt sich eine Nutzanwendung ziehen, aber darauf möchte ich hier nicht herumreiten.

Als meine Familie schließlich in Santa Marta aus dem Flugzeug stieg, fühlten sich die drei bestens trainiert, es mühelos auch mit so kleinen Fischen wie Wegelagerern und Guerrilleros aufzunehmen. Kein Problem. In der Tat unternahmen sie, solange ich noch mit Drehen beschäftigt war, zum Zeitvertreib unter Frankie Reys Führung auf eigene Faust eine Expedition in den Urwald. Ihr Weg führte ein Flußtal hinauf in ein unterhalb der «Verschollenen Stadt» gelegenes, von Indianern nur dünn und von *colonos* allenfalls sporadisch besiedeltes Gebiet der Sierra. Wie sich zeigen sollte, war dieses Gebiet Frankies «Sparkonto», auf dem – den Archäologen unbekannt – eine weitere «verschollene» Stadt ruht. Grabräuber kennen zumeist jeder so einen Fundort – ein Gräberfeld oder eine Tairona-Siedlung –, wo sie ein bißchen buddeln, wenn Ebbe im Beutel herrscht und sie andernorts vergeblich im Boden gewühlt haben. Frankie hat zwar den Spaten des *guaqueros* an den Nagel gehängt, aber aus seiner Sicht kann es nicht schaden, irgendwo noch einen Notgroschen im Versteck ruhen zu wissen.

Bei der nächsten Runde der Dreharbeiten würden Sarah und meine Töchter Kate und Ros mit von der Partie sein. Seit meinem ersten Besuch bei den Kogi, so war mir unmißverständlich bedeutet worden, hatte in meiner Denkweise und in meiner Sicht auf meine unmittelbare Umwelt ein deutlicher Wandel eingesetzt, und es würde das Zusammenleben für uns alle entschieden einfacher machen, wenn auch der Rest der Familie an dieser Erfahrung partizipieren könnte. Außerdem vermutete ich, daß es den Kogi den Umgang mit mir erleichtern würde, mich im Kreise meiner gesamten Familie zu sehen. Auf jeden Fall hatte ich bei meinem letzten Aufenthalt den Eindruck gewonnen, daß Sarahs Dabeisein eine große Hilfe war. Für die Kogi war es von vornherein nicht einfach, sich ein Bild von mir und meinem Lebenshintergrund zu machen, und solange sie mich nicht als gesetzten Menschen, Ehemann und Familienvater kennengelernt hatten, war leider zu befürchten, daß sie noch nicht vollständig immun gegen die Versuchung waren, den Schauermärchen aus San Antonio Glauben zu schenken und mich für einen weltreisenden Schurken zu halten. Die Kogi waren nicht davon abzubringen, sich das gruppenbildende Beziehungsgefüge innerhalb des Kamerateams als Stammes- oder Familienbeziehung vorzustellen, und unsere Beteuerungen, daß kein Mitglied unseres Teams mit einem der anderen verwandt sei, nahmen sie einigermaßen unwillig zur Kenntnis.

Daß ich richtig vermutet hatte, bestätigte mir der Bericht, den meine dreizehnjährige Tochter Ros mir von ihrer Begrüßung durch Mama Valencia gab, dem sie auf einem der gepflasterten Bergpfade unversehens über den Weg gelaufen war. Er starrte sie mit unbewegter Miene an, musterte sie langsam und gründlich vom Kopf bis zu den Zehen, strahlte dann übers ganze Gesicht, packte ihre Hand und schwang diese stürmisch auf und nieder, wobei er lauthals «Hanchika! Hanchika! Hanchika!» krähte. Rosalind hatte keine Ahnung, wer dieser kregle Gnom sein mochte, erriet jedoch zutreffend, daß ihr ein überschwenglich herzliches Willkommen entboten wurde. Es war das erste Mal, daß einem von uns von seiten eines Kogi ein wahrhaft begeisterter Empfang bereitet wurde, und blieb der einzige Fall dieser Art, von dem ich überhaupt je gehört habe.

Aluako

Zu meiner großen Erleichterung fand ich in Santa Marta Ramón auf mich wartend vor. Auf seiner Seite schien alles wieder in Ordnung. Ein bißchen beunruhigt fühlte er sich zwar noch durch die Morddrohungen seines Bruders, aber die Guerrilleros hatten sich nicht bei ihm gemeldet, und er freute sich auf die Fortsetzung der Dreharbeiten.

Wir hatten noch immer keine Rückmeldung betreffend die Filmrollen, die wir von Bogotá aus nach London geschickt hatten. Unfähig, von sich aus um Hilfe zu rufen, waren sie in Paris hängengeblieben. Felicity würde ein paar Tage über den Wiederaufnahmetermin für die Dreharbeiten hinaus in Santa Marta bleiben müssen, um per Telefon stellvertretend für sie Krach zu schlagen.

Am Neujahrstag tauchte abends zu vorgerückter Stunde Ricardo im Blauen Walfisch in Taganga auf und ließ mich wissen, daß er sich um drei Uhr morgens aufmachen würde, um die Maultierkarawane mit unserer Ausrüstung in die Sierra zurückzudirigieren. Sein Auftritt entwickelte sich zu einer gefühlsbetonten Szene, in deren Verlauf er Sarah und die beiden Mädchen seiner zeitlich unbeschränkten ritterlichen Ergebenheit versicherte und den anderen Hotelgästen kundtat, daß jeder, dem nicht daran läge, mit einer Machete aufgeschlitzt zu werden, gut daran täte, sich diesen Frauen nicht ohne seine, Ricardos, Einwilligung zu nähern. Hinter dieser lächerlichen Rodomontade verbarg sich beträchtliche Nervosität. Ricardo war aufrichtig besorgt um die Sicherheit seiner Schützlinge und mimte in aller Öffentlichkeit den Bramarbas einzig und allein, damit sich sein Auftritt herumsprach und es daraufhin nicht zu unerwünschten Zwischenfällen kam.

Es war ein langer und beschwerlicher Treck für ihn, denn diesmal zogen wir weit über Pueblo Viejo hinaus das Flußtal hinauf zu einer etwa zweihundert Häuser zählenden Ortschaft im Herzland der Kogi. Hier oben gab es keine *colonos* und keine Sanitätsstation, hier gab es nur Kogi. Wir waren in Aluako. Man nimmt an, daß aus diesem Namen – über die Zwischenform Arhuac – der Name der Sierra-Ethnie der «Arhuaco» abgeleitet ist.

Als Unterkunft erhielten wir vier Gebäude angewiesen. Zwei davon – groß und viereckig – waren einst von Missionaren errichtet worden, das eine als Kirche, das andere als Wohnhaus; beide wurden jetzt ständig verschlossen gehalten. Die anderen beiden Unterkünfte waren die üblichen Rundhütten.

Ramón führte uns auf Besichtigungstour durch den von Menschen wimmelnden Ort. Er liegt zwischen zwei Flußarmen, und die gepflasterte Hauptstraße, die seine Mittelachse bildet, stammt, wie auch ein Teil der Gebäudefundamente, aus uralter Zeit. Die Kogi leiten ihre Abstammungslinien zum Teil bis weit in die Vergangenheit zurück, und mindestens eine der heute in Aluako ansässigen Großfamilien will hier bereits in der Antike ihren Sitz gehabt haben, allerdings schon lange vor der Ankunft der Spanier an die Küste hinunter gezogen sein. Hierher zurück kamen sie dann als Flüchtlinge, möglicherweise im Zuge der großen Vertreibungsaktion des Jahres 1599; wer allerdings den Ort zum Zeitpunkt ihrer Rückkehr bewohnte, darüber vermögen sie heute keine Auskunft mehr zu geben.

Die physikalischen Gegebenheiten der Lokalität bilden zugleich eine spirituelle Topographie. Der Ort liegt zwischen zwei Flußarmen. Der antike Pflasterweg, der mitten durch die Siedlung von dem einen Flußarm zum anderen führt, ist zugleich ein Weg in *aluna*, ein Zugangsweg zur Geisterwelt für diejenigen, die in *aluna* zu wirken wissen. Am Ortsrand sind stellenweise große Steinblöcke zu symbolischen Konstellationen arrangiert; eines dieser Arrangements ist ein Fruchtbarkeitszentrum: Ein offener Ring symbolisiert den Uterus und ein einzelner sphärischer Block einen Hoden. Auch zwischen den Häusern sind gruppenweise kleine Steinpfeiler aufgestellt, die mit ihrem spirituellen Potential für Schutz und Wohlfahrt der Dorfbewohner sorgen. An all diesen Plätzen müssen die Mamas ihr Werk verrichten und ihre Opfergaben Blatt, Garn und Stein darbringen, Gaben, die in der spirituellen Sphäre Essen, Trinken und Brennholz bedeuten und so das Mittel sind, mit dem der Mensch die Natur erhält.

Der Ort ist so groß, daß man hier zwei *nuhue* benötigt, eines für die Vasallen und eines für die Mamas. Die Lage auf einem flachen Talgrund

Auch die Zuckerrohrpresse gehört zum spanischen Erbe.

Solche Brücken sind die kompliziertesten Bauwerke, die die Kogi errichten.

Replik einer Tairona-Goldfigur:
Darstellung des Namisko. Die ku-
gelbesetzten Scheiben über dem
Kopf sind die anderen Welten.
Die Vögel sind Kondore.

Das flüssige Metall fließt in die
Gießform, verdrängt das zarte
Wachsmodell der Replik.

Ein Haus «lebt» in einem Gefäß – wie alles Lebendige.
Häuser mit zwei Spitzen/Zitzen sind «weiblich».

Ein «männliches» Haus: nur eine Dachstange durchbohrt das lebenbergende Gefäß.

Juancho vor der Flechtwand eines Zeremonienhauses

Ramón Gil

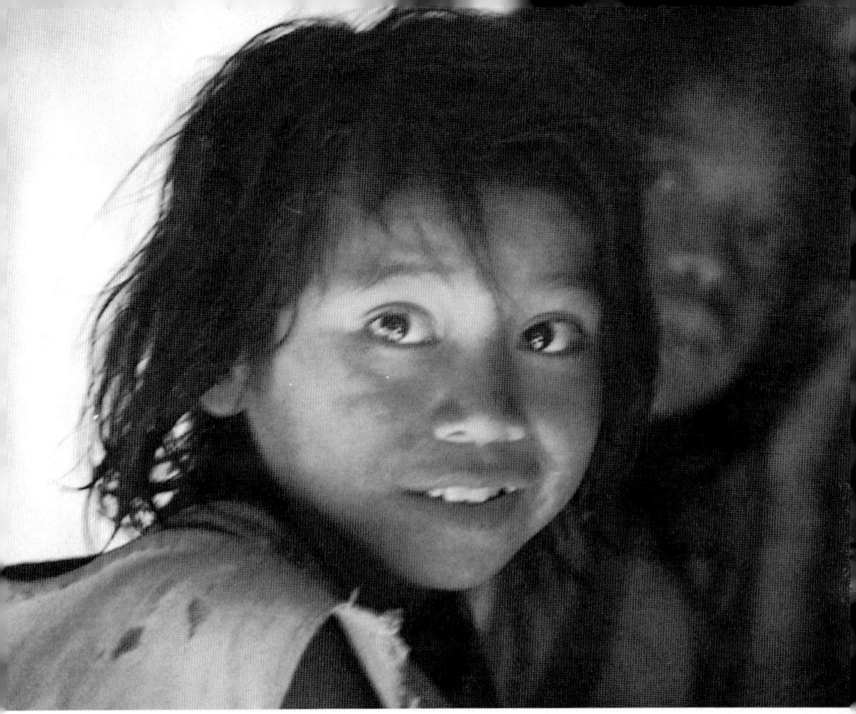

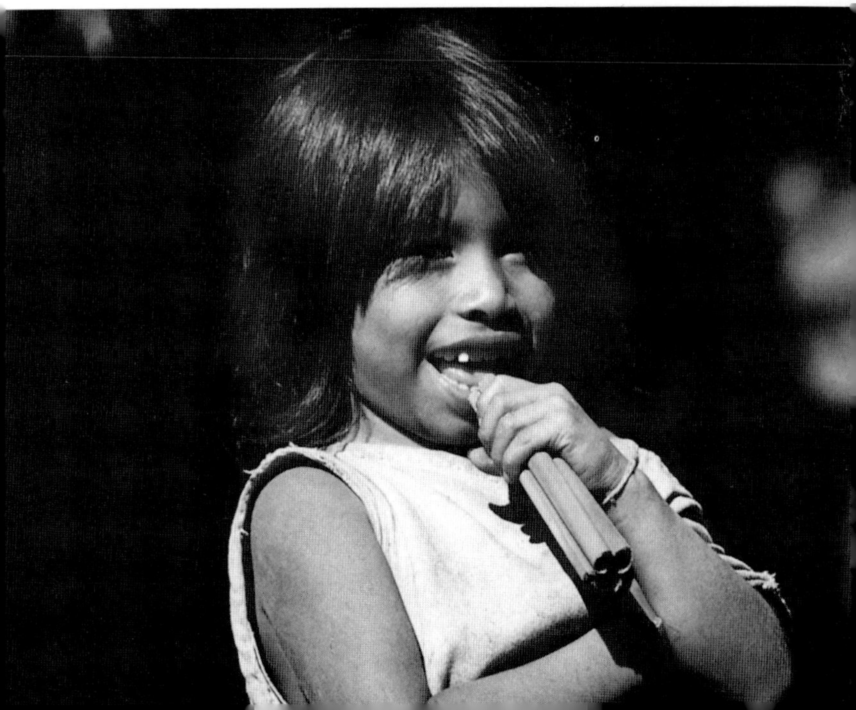

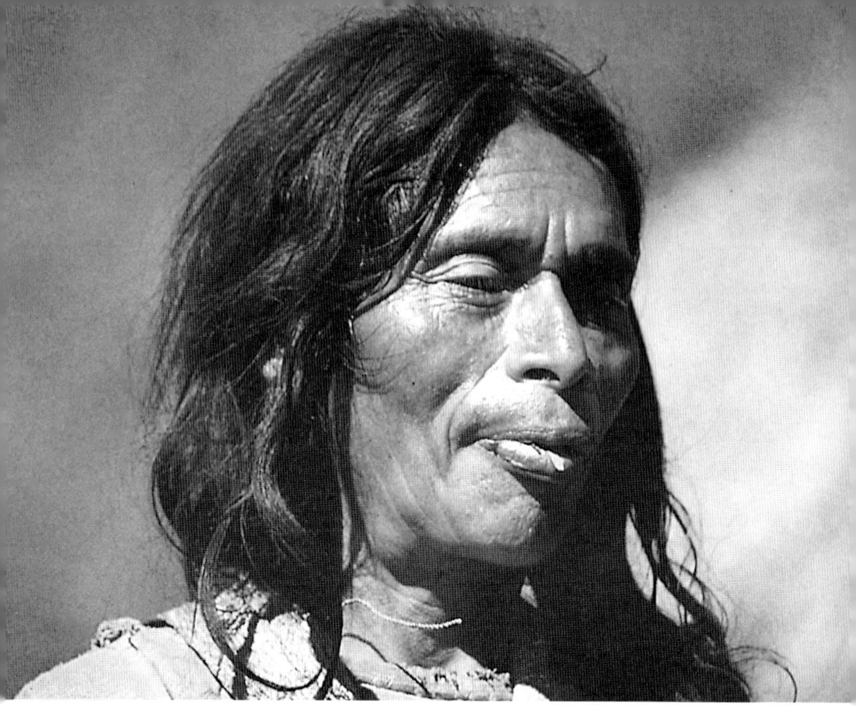

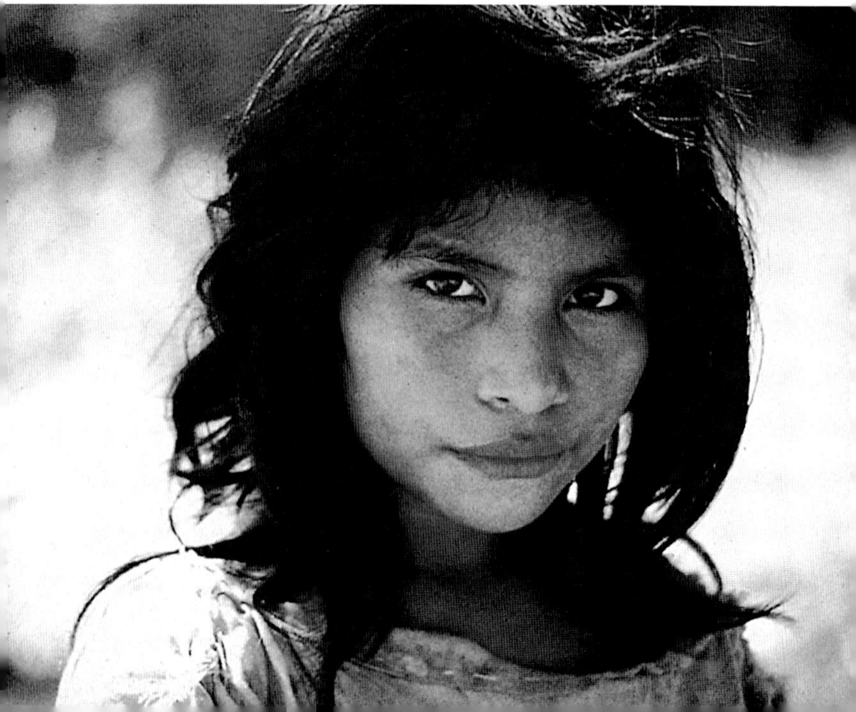

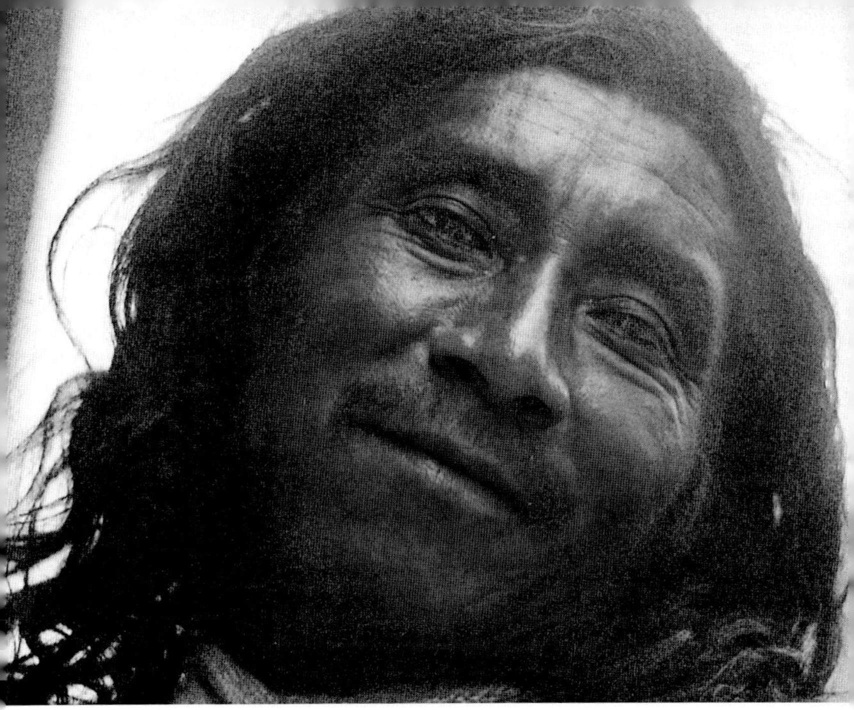

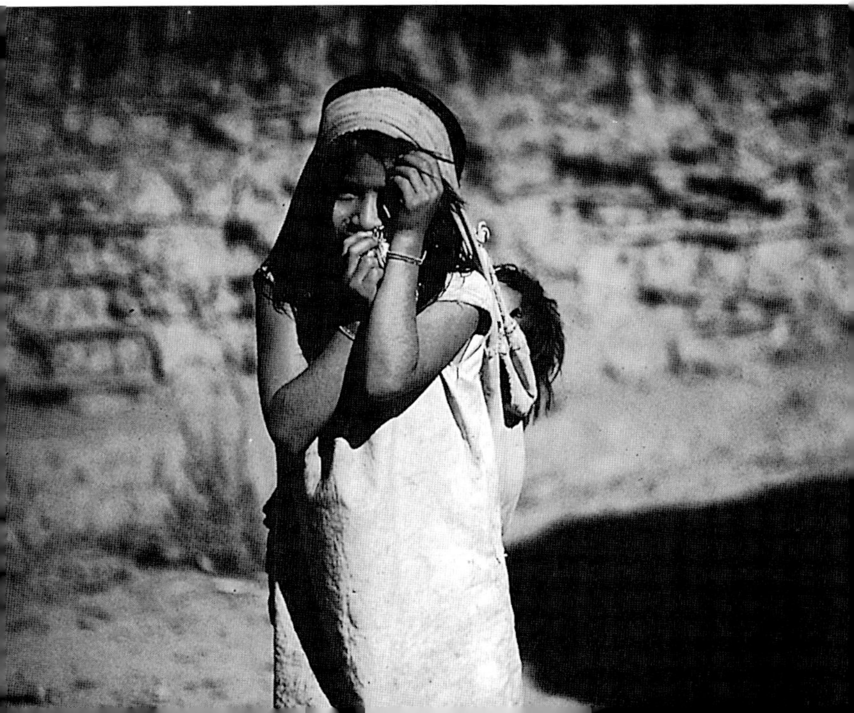

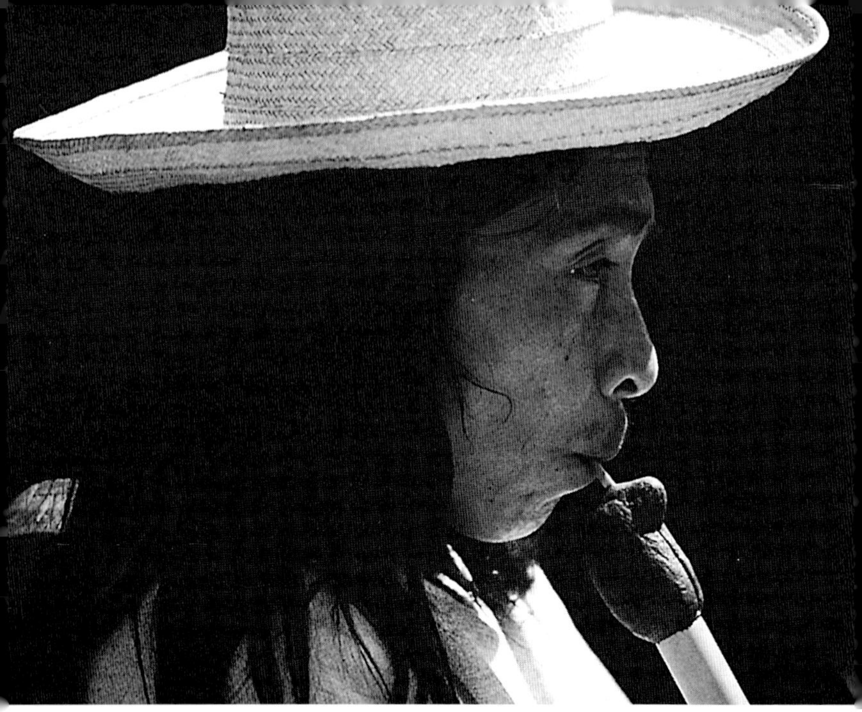
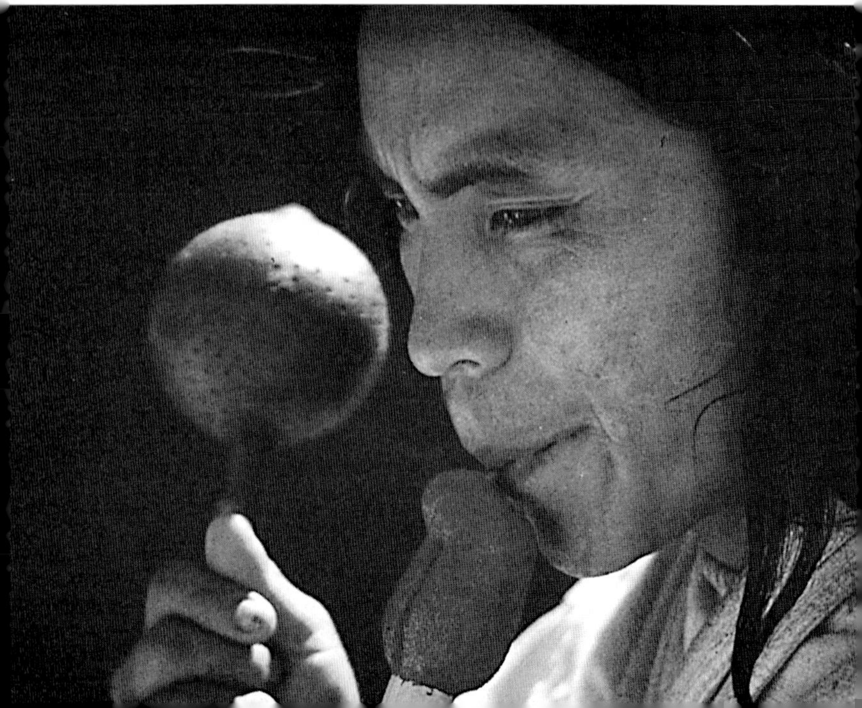

zwischen steilen Berghängen macht eine monumentale Terrassenanlage, wie die «Verschollene Stadt» sie darstellt, überflüssig; im übrigen kann sich der Ort mit der «Verschollenen Stadt» in den Größenordnungen durchaus vergleichen. Beeindruckt waren wir davon, wie gepflegt und ordentlich hier alles war. Aus Anlage und Erhaltungszustand des Ortes sprach allenthalben ein und dieselbe Sorgfalt und Ordnungsliebe. Die Kogi sind in gewissem Sinn die Gärtner der Sierra, und hier hat man wirklich das Gefühl, daß sie diese Rolle souverän beherrschen. Überdies kamen uns die Menschen hier viel lockerer und unbefangener entgegen. Viele unserer Bekannten aus dem Gebiet, wo wir zuerst gedreht hatten, waren mit hier herauf gekommen, aber wir sahen auch eine Menge neuer Gesichter. Früher hielten sich Frauen und Kinder vor uns so weit wie möglich hinter den Kulissen verborgen, aber hier begegnete man uns ständig mit familiärer Aufgeschlossenheit. Ich wurde in die Häuser eingeladen, wo ich mit Frauen und Kindern bekannt gemacht wurde, und solange wir uns in unserer eigenen Unterkunft aufhielten, riß der Strom der Besucher, darunter auch Kinder, nie ab.

Mit der formellen Gastlichkeit – Dorfbewohner machen einem mit Geschenken: Bananen, Orangen oder Eiern ihre Aufwartung – waren wir bereits vertraut; doch hier ging man sehr viel weniger zeremoniell, weit gelockerter mit uns um. Aluako ist eine sehr große Siedlung, ständig von Hunderten Menschen bevölkert. In dem Tal wohnen viertausend Kogi, und schätzungsweise ein knappes Viertel davon hielt sich zu jener Zeit hier auf. Es gab eine Unmenge Kinder in dem Ort; abends pflegten sie sich in Trauben um unsere Unterkünfte zu sammeln. Kate, Sarah oder unseren Kameraassistenten John herumgehen zu sehen, war für sie offenbar eine unversiegliche Quelle unbändiger Heiterkeit. Wir sind nie dahintergekommen, was an den dreien komischer war als an uns anderen; jedenfalls konnte man häufig erleben, wie eine peinlich berührte Mutter einen ihrer kichernden Rangen zum Schweigen brachte, der offenbar gerade einen anzüglichen Witz über ein Mitglied des Trios gerissen hatte.

Die Kogi-Kinder kamen in Schwärmen zu unseren Unterkünften, um entweder drinnen bei uns herumzusitzen oder durch die Türen hereinzulugen. Wir haben nie gesehen, daß Kinder irgendwelche Gruppenspiele miteinander spielten oder sich mit Spielzeug beschäftigten, dafür waren sie beständig am Kichern und Lärmen. Insbesondere Ros gab sich viel mit den Kindern ab. Sie trug ihnen Lewis Carrolls Nonsensverse vom «Jabberwocky» vor, und ihre Zuhörer waren hocherfreut über die fremdartigen Laute; sie pfiff ihnen auch Melodien vor, die sie im Handumdrehen nachpfeifen lernten.

Die außergewöhnlich hohe Lebenserwartung der Kogi muß man in Relation zu einer gleichermaßen hohen Säuglingssterblichkeit sehen. Nach meiner persönlichen Schätzung sterben über sechzig Prozent aller Kinder noch im ersten Lebensjahr, und zwar in der Regel an einer Erkrankung der Atemwege. Die Kogi nehmen das keineswegs auf die leichte Schulter – alle Neugeborenen werden heiß geliebt –, aber vor die Wahl gestellt, einem kränkelnden Kind entweder um den Preis immerwährender Medikamentenabhängigkeit zum Überleben zu verhelfen oder es sterben zu lassen, lassen sie es lieber sterben.

Die überlebenden Kinder wachsen in einem durch Liebe und Gefühlswärme gekennzeichneten familiären Binnenklima auf. In welchem Maß die Kogi Vertrauen zu uns gefaßt hatten, zeigte sich nicht zuletzt auch daran, daß sie ihren Kindern erlaubten, so viel Zeit bei uns im Haus zuzubringen. Wir unseresteils genossen es mit Entzücken.

Ramón

Mit ein Grund für die unbefangene und vertrauensvolle Art, in der wir aufgenommen wurden, war meiner festen Überzeugung nach im Dabeisein Ramóns zu suchen. Er war die wandelnde Garantie dafür, daß von uns keinerlei Bedrohung oder Gefahr ausging, und die Verhandlungen mit den Mamas über die Abwicklung der Dreharbeiten hatte er bald voll im Griff.

Nach Ramóns Ansicht ist die Sonderstellung, die er genießt, Teil seines Familienerbes: Die Sippe seiner Mutter führt ihre Abstammung bis auf Luawiko, einen der ursprünglichen Herren der Schöpfung, zurück. Indes Luawiko blieb bis zu einem gewissen Grad stets ein Außenseiter, und das gleiche trifft auf Ramón zu.

Die beiden älteren Herren der Schöpfung, die durch Entäußerung aus der Mutter hervorgegangenen ersten Vertreter des männlichen Prinzips, heißen Serankua und Seocucui. Serankua war der erste Weber, der Formgeber und Gestalter des Seienden, mit der Bewegung der Sonne und dem Vergehen der Zeit assoziiert, während Seocucui mit Dunkelheit und Tod assoziiert war.

Luawiko war der jüngere Bruder der zwei, ein tumber Tor, auf den

Serankua und Seocucui mit hochnäsiger Verachtung herabschauten. Die beiden Älteren hingen andachtsvoll an den Lippen der Mutter, der sie mit der größten Hochachtung begegneten, Luawiko jedoch, so Ramón, «begriff nichts. Er trieb sich nur herum.»

Eines Tages, so geht die Geschichte weiter, stellte sich heraus, daß die Mutter unter einem schmerzhaften Hakenwurmbefall litt. Das Ungeziefer nistete zwischen ihren Zehen (auch im Mythos sind der Unverblümtheit Grenzen gesetzt, man kann jedoch davon ausgehen, daß in diesem Zusammenhang eine Körperspalte jede andere vertreten kann), und sie flehte ihre Söhne an, sie von dem Parasiten zu befreien. Weder Serankua noch Seocucui traute sich, sie zu berühren, Luawiko jedoch sagte: «Mutter, gib mir eine Nadel, und ich werde den Quälgeist unverzüglich entfernen.» Sie gab ihm die Nadel, und er tat wie versprochen.

Zur Belohnung verlieh die Mutter Luawiko besondere Kräfte, und obwohl Serankua und Seocucui, darob von Eifersucht ergriffen, ihn zu verderben trachteten, «war da nichts Geheimes, keine böse Macht, die ihm hätten Schaden zufügen können, denn die Mutter selbst hatte ihm Kraft gegeben». Zuletzt lernten die beiden Älteren, sich dem Rat des Jüngsten zu fügen.

Ramón versteht sich selbst als Erben dieser Tradition. Er war nie ein *moro* gewesen, aber auch Luawiko hatte in seiner Jugend nichts gelernt. Er sieht sich als ehrfurchtslos, wagemutig und jederzeit bereit, das sachlich Gebotene zu tun, selbst wenn dies engstirnigeren Mitmenschen skandalös erscheinen sollte. Sie werden sich zuletzt seinem Rat fügen müssen. Und mochte Luawiko auch unter den Nachstellungen seiner Brüder zu leiden haben, so entstand gleichwohl aus seinem gequälten Körper das Zuckerrohr. Ja, jenen Apparat, den der Ältere Bruder über alles schätzt und auf keinen Fall missen möchte – die Zuckerpresse oder *trapiche* –, schufen die beiden älteren Herren der Schöpfung aus Luawikos Qual.

Die *trapiche* ist eine imposante, von Stricken aus Kletterpflanzen zusammengehaltene Konstruktion aus mächtigen Holzplanken. Auf zwei riesigen Stützplanken, den Beinen, ruht eine Querplanke, von der horizontal eine lange Stange wegragt, an deren anderem Ende ein Maultier im Geschirr geht. Um die Presse kreisend dreht das Maultier mit der Stange eine aufrechtstehende Holzrolle, die das Mittelstück einer Dreierreihe solcher Rollen ist. Zwischen den sich drehenden Rollen wird Zuckerrohr durchgeschoben und ausgepreßt. Der abtropfende Saft wird in Behältern aufgefangen und vertrocknet zu Rohzuckerfladen. Die *trapiche*, so heißt es, wurde aus dem Leib Luawikos geschaffen.

> Sie schnitten Luawiko hier das Bein ab, beide Beine. Sie machten eine *trapiche* daraus, die Zucker-*trapiche* ist aus Luawikos Beinen gemacht.
> Als dann die Mühle konstruiert war, kam er wieder, er wurde neu geboren. Sie sagten, jetzt würden sie ihm den Garaus machen, schnitten ihm einen Arm ab, steckten ihn in das Mahlwerk und mahlten ihn durch, und heraus kam Zuckerrohr, weißes Zuckerrohr.

Ramón identifiziert sich vollständig mit Luawiko.

> Sie hörten auf, mit Luawiko zu streiten, sie gaben auf und schlossen sich alle Luawiko an, und genau das ist auch mir passiert.

Die Erzählung gibt historisches Geschehen in der Sprache des Mythos wieder. Luawiko ist eine komplexe Figur. In gewisser Hinsicht versinnbildlicht er die Spanier, den Jüngeren Bruder, der nichts lernte, in Unwissenheit aufwuchs, und den die Älteren Brüder erfolglos zu beseitigen suchten. Mochte man ihn noch so oft besiegen, mochte man den Jüngeren Bruder noch so oft in Stücke hauen, er erwachte immer wieder zu neuem Leben und war nicht kleinzukriegen. Zuckerpresse und Zuckerrohr kamen mit den Spaniern ins Land.

Bis ins sechzehnte Jahrhundert basierte die Landwirtschaft der Tairona auf dem Massenanbau von Mais, für den ausgedehnte Be- und Entwässerungsanlagen erforderlich waren. Die Spanier brachten Feldfrüchte mit, die man in der Sierra bisher nicht gekannt hatte, so zum Beispiel die Banane und das Zuckerrohr. Nach dem Zusammenbruch des Wirtschaftssystems der Sierra im Jahre 1600 waren die flüchtigen Indianer für ihr Überleben auf diese Feldfrüchte angewiesen, deren Anbau keine umfangreichen öffentlichen Arbeiten zur Voraussetzung hatte. Bis auf den heutigen Tag spielen sie in der Ernährung der Kogi eine fundamentale Rolle. Ich habe mir sagen lassen, daß auch der Maniok, ein wichtiges Knollengewächs, ursprünglich in Afrika zu Hause war und erst mit den von den Spaniern eingeführten schwarzen Sklaven nach Südamerika gelangte.

Luawiko spiegelt also das Bild der weißen Eindringlinge, und zwar ein erstaunlich positives Bild. Zugleich verkörpert er aber auch die Qualitäten eines bodenständigen Kulturhelden, dem es nichts ausmacht, wenn nötig, die Schranken der Konvention zu durchbrechen, und der so die Kogi lehrt, sich im Bedarfsfall auch bislang Unbekanntes anzueignen und in die eigene Kultur zu integrieren. Von daher fällt einiges klärende Licht auf Ramóns Beziehung zu den Mamas. Man nimmt ihn ernst und begegnet ihm mit Hochachtung, doch nie ganz ohne Vorbehalt. Er ist ungemein nützlich, nach den Maßstäben der Mamas jedoch nicht ganz ausgereift. Im Verhältnis zu ihnen – wenn auch nicht zu uns – ist er in der Tat ein Jüngerer Bruder.

Ein Orakel

Um uns ihre Arbeitsweise zu veranschaulichen, führten uns die Mamas das Einholen eines Orakels vor. In diesem Zusammenhang erklärten sie uns die verschiedenerlei benutzten Perlen wie überhaupt die technische Seite des Wahrsageverfahrens. Mit ihren spitzen Ritualhüten auf den Köpfen hatten sie sich auf einem Berghang oberhalb des Dorfes um die Orakelschale niedergelassen. Die Hüte stellen Häuser dar, jeder eine runde Hütte auf einem runden Schädel, der seinerseits ein Abbild der Welt im ganzen und damit diese selber ist. Der Mama in seinem Hut-Haus wird zur Welt, und die Wahrsageprozedur ist eine Transaktion zwischen Mensch, materieller Welt und *aluna*.

In einer Welt, in der alles und jedes in vier Kategorien eingeteilt ist, gibt es naturgemäß auch vier Kategorien von Steinperlen, nämlich weiße, schwarze, rote und grüne. Die weißen Perlen heißen *abu*, «die Mutter»; sie versinnbildlichen das Wasser in all seinen Aspekten bis hin zur spirituellen Ursee. Die schwarzen Perlen symbolisieren den Geist; sie «datieren» in die Zeit vor Anbeginn der Schöpfung und sind mit dem Tod assoziiert. Grüne Perlen sind Sinnbilder der Pflanzenwelt und finden Verwendung in Weissagungen, die die Vegetation betreffen; rote Perlen symbolisieren Menschenblut und werden für Weissagungen über Krankheitsverläufe gebraucht.

Primär geht es beim «routinemäßigen» Orakel darum, die richtigen Opferplätze herauszufinden. Die Prozedur gehört mit zur Kogi-Praktik des Ausbalancierens und Regulierens der Welt durch Verlagerung von Weihegaben von einem Platz zum anderen, wodurch in der gesamten

Sierra alles immer wieder neu in Balance gebracht wird. Die hierbei verwendete Steinperle heißt *tuma*.

Die *tuma* wurde eigens für den Gebrauch des Wahrsagers gemacht – sie ist ein lebendes Wesen, sie besitzt Leben, sie besitzt eine Seele, nichts fehlt ihr.

Zur Durchführung des Orakels wird die *tuma* in eine aus dem unteren Teil eines großen Kalebassenkürbisses hergestellte Schale – die *tu-tuma* – gelegt.

Der Mama wählt die *tuma* aus und schickt spirituelle Kraft dorthin, wo die Mutter der *tuma* ist, wo die Mutter des Wassers ist, wo die Mutter der Weissagung ist, dorthin schickt er Kraft. Er nimmt das Wasser und gießt es in die *tu-tuma*, und dorthinein wird der Stein geworfen; auch segnet er das Wasser und betet. Jetzt sind sie geläutert: das Wasser, die *tuma* und die *tu-tuma*, sie sind geläutert.
Und alsogleich spricht der Mama zu der *tuma*. Er sagt: Wir werden jetzt miteinander reden, und wirft sie auf der Stelle in den Behälter, und auf der Stelle steigen Blasen auf, Worte steigen auf, und der Mama horcht, was die Blasen sagen, lauscht ihrer Rede. Der Mama vernimmt klar, was not tut.

Was die Grabräuberei so empörend macht, ist nicht zuletzt der Umstand, daß sie den Diebstahl von Orakelperlen mit einschließt. Denn nicht anders als die goldenen Mütter sollten auch sie in ihren Töpfen in der Erde ruhen.

Das waren ihre Häuser. Viererlei Perlen, alle in ihren Töpfen. Wir bewahrten sie stets in Töpfen auf. Auch wir gehen in irdene Gefäße ein und mit uns alles, was unser Bild und Gleichnis ist. Jetzt reißen sie die Wurzeln der Erde heraus, und damit verarmen sie die Erde. Wenn der Jüngere Bruder schließlich auch noch die letzte Perle gestohlen hat, wird alles vertrocknen.

Die Kogi behaupten auch, sie hätten *tumas* und *tu-tumas* aus Gold besessen, die der Jüngere Bruder ihnen gestohlen habe. Im Museo del Oro in Bogotá ist die lebensgroße Puppe eines ganz in Gold gewandeten

«Indianers» zu bewundern. Sie trägt eine goldene Mütze auf dem Kopf, die einer Orakelschale verdächtig ähnlich sieht.

Wann immer die Kogi eigens für die Kamera agierten, boten sie Ernstgemeintes – alles war echt. Die inszenatorische Komponente des Geschehens erschöpfte sich in der Rücksichtnahme auf die Erfordernisse der Kameraarbeit bei der Wahl von Ort und Zeitpunkt, im übrigen war alles echt und nicht gespielt. So auch die Orakelzeremonie, die wir filmten: Was die Blasen sagten, wude genauestens registriert und gedeutet. Die gestellte Frage war das unvermeidliche «Wie spricht man zu den Besuchern?». Die Mamas befragten das Orakel, dann sprachen sie, und Ramón übersetzte.

> Seit Anbeginn ist bei uns,
> den Eingeborenen Kolumbiens,
> alles, alles so geblieben, wie es immer war:
> der Glaube – derselbe,
> die Maske – dieselbe,
> der Tanz – derselbe.
> Alles wohlgeordnet,
> gut bestellt,
> eine Plattform jedem Lebewesen.

> Dem Jüngeren Bruder war anderswo Aufenthalt gewährt,
> in anderen Ländern.
> Und als Markscheide war da das Meer.

> ER sagte: «Der Jüngere Bruder drüben,
> der Ältere Bruder hüben.
> Die Grenze sei nicht überschritten.»
> Denn Kolumbien hier war das Herz der Welt,
> des ganzen Universums.

> Aber der Jüngere Bruder kam aus dem fernen Land hierher,
> und sogleich sah er Gold,
> und sogleich begann er zu rauben.
> Da waren Bildwerke aus Gold,
> Orakelinstrumente aus Gold.
> Der Mama weissagte aus goldenen Schalen,

er hatte eine goldene *tuma*,
hatte dies und das, alles aus Gold,
und der Jüngere Bruder nahm alles mit sich fort in das ferne Land.

Heute wird der Mama von Trauer ergriffen,
er fühlt sich schwach.
Er sagt, daß die Erde im Niedergang begriffen ist.
Die Erde verliert ihre Kraft,
weil sie ihr viel Öl geraubt haben
und Kohle
und viele Mineralien.

Ein Mensch hat viel Flüssigkeit in sich.
Wenn die Flüssigkeit vertrocknet, werden wir mit Krankheit
    geschlagen.
Das gleiche geschieht mit der Erde,
Schwächung bringt dich zu Fall,
Schwächung.

Und so wird die Erde heute das Opfer aller möglichen Krankheiten.
Die Tiere sterben.
Die Bäume vertrocknen.
Die Menschen erkranken.
Zahlreiche Übel werden erscheinen,
und da wird keine Heilung von ihnen sein.
Warum das?

Weil der Jüngere Bruder bei uns ist,
der Jüngere Bruder, der das Fundamentalgesetz
des Universums bricht.
Ein totaler Gesetzesbruch.
Raub.
Plünderung.
Autobahnen bauen,
Erdöl fördern,
Mineralien abbauen.

Wir sagen euch,
wir, die wir hier wohnen,
Kogi,
Asario,
Arhuaco:
Dies ist ein Gesetzesbruch.

Und die Mamas sagen:
«Bitte, BBC,
keiner sonst soll hierherkommen,
kein Plündern mehr,
denn die Erde will zusammenbrechen,
die Erde wird entkräftet,
wir müssen sie schützen,
wir müssen sie achten,
denn er achtet die Erde nicht,
denn er achtet sie nicht.»

Der Jüngere Bruder sagt sich:
«Ja. Da bin ich. Und ich verstehe viel vom Universum.»
Aber er versteht nur, wie man die Welt zerstört,
wie man alles zerstört,
die ganze Menschheit.

Die Erde fühlt.
Sie holen Öl aus ihr heraus,
da fühlt sie Schmerzen.
Also schickt die Erde Übel aus.
Dagegen wird man viele Arzneien nehmen,
Medikamente,
aber zuletzt werden die Medikamente nichts nützen,
und auch die Arzneien werden nichts nützen.

Die Mamas sagen, daß dies eine Lektion ist,
die der Jüngere Bruder noch lernen muß.

9 Was getan sein muß

Ein paar Tage später entstieg Felicity dem Hubschrauber mit der guten Nachricht, daß die «Eilsendung» – wir gebrauchten das Wort inzwischen nur noch ironisch – in Paris ausfindig gemacht und auf den Weg nach London gebracht worden war. Sarah, Kate und Ros flogen im zurückpendelnden Hubschrauber mit nach Santa Marta hinunter, um von dort aus mit dem gesamten Filmmaterial, das wir bis jetzt belichtet hatten, die lange Heimreise anzutreten. Bis nach London brauchten sie vier Tage.

Das Alltagsleben in Aluako war ziemlich außergewöhnlich. Hier befand man sich wirklich in einer anderen Welt. Es war, als lebte man auf einem fremden Stern. Wieder und wieder hatten wir die Kogi sagen hören: «Wir haben nicht vergessen. Wir haben nichts vergessen. Wir wissen noch alles und halten das Gesetz», und hier bekamen wir den augenfälligen Beweis geliefert, daß es so war.

Bei Nacht das vom Vollmond angestrahlte, von seinen vier Feuern erhellte *nuhue* aufsuchen zu dürfen, ist ein tiefbewegendes Erlebnis und ein beachtliches Privileg obendrein. Das Gewölk senkt sich tief ins Tal herunter, bis es direkt auf dem Strohdach ruht. Der Berg im Hintergrund bildet in größerem Maßstab den Umriß des Hauses nach und wird genauso wie dieses vom Gewölk belagert. Im Hausinneren wiederholt sich der Wolkendunst in den dichten Rauchschwaden, die den Dachstuhl füllen, während unten die Feuer von Männern umlagert sind. Zuerst bemerkt man nur einige wenige, nur diejenigen, die den Flammen am nächsten sitzen und von deren weißen Kleidern das Licht widerstrahlt. Doch dann, wenn die Augen sich an die Lichtverhältnisse gewöhnt haben, erkennt man, daß in dem Raum mindestens zweihundert Männer sitzen, etwa fünfzig um jede Feuerstelle. Alle tragen weiße Kleidung und halten einen Poporo in den Händen.

Der Jüngere Bruder meint vielleicht, wir essen kein Salz, wir sind kulturlos, Wilde. Aber mitnichten. Wir essen Salz. Wir sind ein Kulturvolk. Schon die Ahnen haben das Salz hierhergebracht. Und wir alle kommen noch heute zum Salzessen hierher ins Zeremonialhaus. Hier findet man uns noch heute.

Wie kommt es, daß Salz ein so universelles Symbol des Kulturzustands ist? Wie in jedem jüdischen Haus ist es auch in meiner Familie Gepflogenheit, den Sabbat mit dem Essen von Brot und Salz zu eröffnen. Eine der Erzählungen aus «Tausendundeiner Nacht» handelt von einem Dieb, der in dem Haus, das er ausraubt, unverhofft Salz auf die Zunge bekommt und daraufhin das gesamte Diebesgut zurückgeben muß. An der formellen englischen Dinnertafel ist der Standort des Salzfäßchens die Trennungslinie zwischen vornehmen und einfachen Tischgästen: Krethi und Plethi werden «below the salt» plaziert. Als «Salz der Erde» werden im Matthäus-Evangelium Menschen von höherer Moralität als der Durchschnitt bezeichnet.

Im vorliegenden Fall bediente sich Mama Santos der für die rituelle Rhetorik typischen elliptischen Metaphorik. Er benutzte einen Vorstellungskomplex, in dessen Zentrum die Salzlecke – eine offenliegende Salzader im Gestein – stand, als Sinnbild. Wie Tiere immer wieder zu der Stelle kommen, um das Salz zu lecken, so kommt der Kogi im Interesse seiner Selbsterhaltung immer wieder in das *nuhue*. Ähnliche Bilder gebrauchte er auch im Fortgang seiner Rede, geleitet von der – allen Mamas gemeinsamen – Überzeugung, daß der Jüngere Bruder gekommen war, um zu sehen, ob die Kogi noch Respekt verdienten.

Vor langer Zeit wurde uns das Gesetz offenbart. Gegeben wurde es uns zusammen mit einem *cabo*, einem Wächter, und einer Mauer darumherum, damit wir ihm nicht davonlaufen können. Wir haben uns bis heute nicht gegen den *cabo* aufgelehnt. Wir müssen am Gesetz festhalten und ihm folgen. Wir säen nicht Zwietracht zwischen einem Mann und seinem Nachbarn, wir halten Frieden untereinander, wir teilen uns alle dieselbe Bank, und darum sind wir unbesiegt geblieben. Die Gemeinschaft ist das Fundament, und darauf bauen wir. Wenn wir vergessen – ja, dann wird die Welt zugrunde gehen.

Daraufhin beginnen zwei Trommler ihre Instrumente zu bearbeiten. Zwei Flötenspieler mischen sich ins Spiel, der eine mit der weiblichen Flöte, die nur zwei Löcher hat, und einer Kürbisrassel, der andere mit der männlichen Flöte mit sechs Löchern. Die Musik wirkt schlicht und repetitiv, doch mit der Zeit bilden sich komplexe Variationen heraus. Und dann beginnt jemand in der Mitte des Raums zu tanzen, einen langsamen, ausschwingenden Tanz, wie man ihn lernt, wenn man auf die Welt selber lauscht. Die zweihundert anwesenden Männer schauen mit würdigem Ernst zu. Es kommt nicht zur Ekstase, man ist weit entfernt vom Stampfen und Stöhnen des Vaudou. Die Bewegung ist ruhig, entspannt, nachdenklich, eine Bewegung wie in einem Traum. Es ist der Tanz der Welt, getanzt im Welthaus im Herzen des Universums.

Wir sind hier, zusammen mit diesem Berg. Und noch immer ist der Berg nicht leer. Darum können wir sagen: So wie es hier ist, so sollte es sein. Nicht wahr?

Ein Gruß an die Ahnen

In Begleitung von Mama Valencia, Juan Jacinto und zwei *moros* flogen wir von Aluako nach Pueblito, einem Ruinenplatz, wo der Berg leer war und es schon seit Jahrhunderten nicht mehr so war, wie es sein sollte. Mama Valencia führte die zwei Jugendlichen zu einem Ring aus Steinen, der den Platz bezeichnete, wo einstmals ein Zeremonialhaus gestanden hatte. Behutsam steuerte er die beiden um die Anlage herum zur Türschwelle und über diese in das unsichtbare *nuhue* hinein, so als ob es noch da war und voller mit ihren Poporos klappernden Menschen wäre.

Ihr könnt da nicht einfach hineinspazieren wie kleine Jungs. Ihr müßt euch überlegen, was ihr sagen wollt, und dann sorgsam sprechen. Ihr müßt zur Tür gehen und dann sprechen; als erstes müßt ihr die Leute drinnen grüßen. Sie werden fragen: «Wo kommt ihr her?» Und ihr müßt antworten: «Ich komme von da und da her.» Sie sagen: «Und ist euch unterwegs irgend etwas zugestoßen?», und ihr sagt: «Nein, mir ist nichts zugestoßen.»

Sie standen unter freiem Himmel, im hellen Sonnenlicht.

Daraufhin werden sie sagen: «Steht alles zum Besten mit euch?», und ihr werdet sagen: «Ja, mit mir steht alles zum Besten.» Und daraufhin könnt ihr dann eintreten. Ihr geht hinein und sagt den Mamas, was ihr ihnen zu sagen habt.

Sie traten über die Schwelle in den leeren Kreis.

Ihr sprecht: «Ich komme zu Hilfe, ich komme euch Holz und ich komme euch Essen bringen.» Daraufhin werden die Mamas sagen, die Ahnen und Mamas werden sagen: «Ja, das ist gut so. Kommt morgen wieder, dann werde ich für euch auf dem Berg ein Orakel einholen.»

Er blickte auf. Doch da war nichts. Nicht einmal ein Schatten der Vergangenheit.

Aber heute komme ich hierher, um mit den Ahnen und Mamas zu sprechen, und da ist nichts, nur leere Löcher – nichts. Wem werde ich nun hier mein Opfer darbringen?

Sie haben alles zerstört. Die Regierung und der Jüngere Bruder sagen: «Komm hierher, und bring Opfer dar, statte den großen Müttern und den großen Vätern den Tribut ab.» Aber wie soll ich das machen, wenn nichts mehr da ist? Sie selbst haben alles zerstört, sie haben alles gestohlen, wem kann ich da Opfer darbringen?

Da ist Essen, das ich für die Ahnen mitgebracht habe, aber wem kann ich es weihen? Sie sind alle fortgebracht worden.

Man würde das Ritual ausführen, auch wenn es vielleicht sinn- und inhaltslos geworden war. Er zeigte den beiden Jungen, wo sie ihre Opfergaben hinlegen sollten, dem einen die Stelle rechter Hand, wo sich früher die Eingangstür befunden hatte, dem anderen den Platz gegenüber. «Jetzt verabschiedet euch, wie es sich gehört, sagt: ‹Ich muß noch dort drüben einen Besuch machen, aber ich komme wieder.›»

Sie setzten ihre Wanderung über den Ruinenplatz fort. Der Ort war sauber und gepflegt; die Kogi selbst kommen hierher und kümmern sich um die Instandhaltung. Der Kogi-Arbeitertrupp, der sich gerade hier aufhielt, war von Ramón organisiert und auf Lastwagen der Inderena, der Nationalparkverwaltung, aus der Sierra herbeigekarrt worden. Er sollte ein Zeremonialhaus bauen, damit die Opfergaben in gebührender Form dargebracht werden konnten. Die Inderena hatte die Arbeiter auf der Landstraße abgesetzt, und sie waren zu Fuß hierher marschiert. Das war vor zwei Tagen gewesen. Proviant hatte man ihnen nicht mitgegeben, seit sie von den Lastwagen gestiegen waren, hatten sie nichts mehr gegessen.

Wir gaben ihnen zu essen. Dann führte Mama Valencia seine Schützlinge weiter zu einer Gruppe von Steinpfeilern.

Seht her, das war alles einmal eine Stadt. Hier waren Terrassen; heute ist nichts mehr davon übrig. Diese Steine sind *cabos*. Ihr dürft an ihnen nicht vorbeigehen, ohne sie um Erlaubnis zu bitten. Und diese *cabos* waren dazu da, bösen Menschen oder Jaguaren den Zutritt zu verwehren.

Wenn ihr hier durchpassiert, ohne diese Steine um Erlaubnis gefragt zu haben, wer weiß, dann werden andere *cabos* euch ein Stück weiter vielleicht festnehmen. Und wer weiß, was die mit euch anstellen. Wenn ihr hier unerlaubt durchpassiert, werden die hier es anderen *cabos* melden, sie halten alle Verbindung miteinander. Das ist hier so, wie wenn ihr den Präsidenten in seinem Amt besuchen wollt – ihr könnt da nicht einfach hineinspazieren, ohne zu fragen.

Touristen bummelten vorbei, in leichten Sommersachen, die Männer mit nacktem Oberkörper und venezolanisches Dosenbier schlürfend. Sie starrten die weißgewandeten Gestalten an, die ihnen hier seltsam deplaziert vorkamen.

Ich werde jetzt also die Erlaubnis der *cabos* einholen. Ich werde sagen: «Ich bin von da und da her auf Besuch zu euch gekommen. Ich bin gekommen, um mich mit euch allein zu unterhalten.»

Das werde ich jetzt tun. Dann wollen wir sehen, ob sie sich bei mir beschweren werden. Vielleicht werden sie sagen: «Wer kommt da uns besuchen?», und wenn sie sehen, daß ich ein Anführer bin, werden sie vielleicht sagen: «Hör zu, sie haben alles gestohlen, nichts ist uns geblieben.» Daraufhin werde ich ihnen Opfer darbringen und im Geist dazu sagen: «Seht her, ich habe euch Zucker, Fleisch und Kaffee gebracht.» Weil ich ihnen nämlich diese Sachen mitgebracht habe und sie hierhin legen werde, und ich werde sehen, ob sie sie nehmen. Das alles geschieht in *aluna*.

Juan Jacinto blickte sich bestürzt um.

Da seht, den Ahnen hat hier nichts gefehlt, aber sie haben alles zerstört. Da seht, sie haben alle Töpfe zerschlagen. Da ist nichts mehr zu sehen außer leeren Löchern. Und auf den anderen Terrassen ist es genauso, sie haben alles genommen.

Mama Valencia hatte gewußt, was ihn hier erwartete. «Ja», sagte er traurig, «sie haben es alles zerstört.» Die kolumbianischen Touristen schauten neugierig herüber; diese fremde Sprache verstanden sie nicht.

Unterweisung eines moros

In Pueblito gibt es eine Höhle, die früher dazu gedient hatte, den *moro* während der Jahre, die er im Finstern zubrachte, zu beherbergen. Man lud uns ein, sie zu besichtigen, weil Mama Valencia die traditionsreiche Stätte als Kulisse für einen Auftritt vor der Kamera ausgesucht hatte. Ein mit zwei Meter hohen und daumendicken schmalen Steinplatten ausgekleideter Durchlaß führte in das gruftähnliche Höhleninnere. Ein einzelner Lichtstrahl fiel von oben auf die Hinterwand und traf dort auf eine große Spinne.
«Ist sie gefährlich?»
«Sie beißt.»
«Und was hat das für Folgen?»
«Im schlimmsten Fall stirbt man.»
Der Jüngere Bruder hielt mit telepathischen Mitteln eine Blitzkonferenz über das zukünftige Schicksal der Spinne ab, die mit einem einstimmigen Votum endete. Bill hob einen großen Stein auf und klatschte ihn gegen den Fels. Die Spinne gesellte sich zu ihren Ahnen.
Mama Valencia nahm den jüngeren der beiden *moros*, einen dem Aussehen nach etwa neunjährigen Jungen, der auf einem Auge blind war und im Begriff, auf dem anderen die Sehkraft zu verlieren, mit sich in die Finsternis. Dort begann er mit der Unterweisung. Er händigte dem Jun-

gen ein Opferbündel aus – ein Laubblatt, ein Stück Garn und ein kleines Päckchen, das zwischen Daumen und Zeigefinger gehalten wurde.

Der Junge wurde im rechten Denken, rechten Begreifen, rechten Sinn für die Welt unterwiesen. Aus Kogi-Sicht liegt die zukünftige Wohlfahrt der gesamten Menschheit in den Händen dieses Jungen und der paar Dutzend seinesgleichen, die lernen, die Last der Sorge für das Herz der Welt auf sich zu nehmen. Wir fügen der Welt Schaden, der Mutter Wunden zu, aber selbst wenn wir uns allesamt zu Inbildern von Weisheit und Güte wandelten, könnten wir nicht die Arbeit der Mamas verrichten. Hier war eine Lektion in Verantwortungsbewußtsein im Gang, gelehrt wurde, wie man in *aluna* für die Fauna und Flora einer ins Chaos abgleitenden Welt sorgt. Hier sah man die letzten Beschützer der Mutter, einen alten Mann und ein blindes Kind in einer Höhle inmitten einer Ruinenlandschaft.

Es war eine sanfte Lehre. Die Wunde muß gepflegt werden, das Zerbrochene repariert werden. Die Aufgabe ist schwer, aber nicht unlösbar, es sei denn, wir selbst vereiteln die Lösung.

In alten Zeiten brachten die Ahnen hier der Mutter Opfer dar, deshalb bringe auch du ihr jetzt deine Opfer dar, sammle deine Gedanken, denke: Dies ist Nahrung für sie in *aluna*, dies ist ihr Fleisch, ihr Gemüse, ihr Brennholz. Konzentriere dich mit aller Macht, und bringe dein Opfer dar.

Denke auch an die Mütter der Bäume, der Vögel, der Gewässer, und erlege ihnen deinen Tribut. Zuerst opfere auf der linken Seite, dann auf der rechten, dort konzentriere dich auf die Wohnungen der Mütter der Bäume, Vögel, Gewässer, Pflanzungen und Zuckerrohrfelder. Beim Opfern denke an nichts anderes, konzentriere dich mit aller Macht – und opfere nicht nur einer, sondern allen Müttern.

Hier herum hast du viel davon gesehen, wie es steht mit der Welt. Die Mutter und Serankua haben sie zum Besten eingerichtet, sie zur Ordnung geschaffen. Heute siehst du sie im Zustand fortgeschrittener Zerrüttung. Sie haben alle Steine zerschlagen. Die Mutter tat diese Steine an ihren rechten Ort, aber jetzt sind sie um und um gewälzt und zerschlagen. Du mußt dir das so vorstellen, als hätten sie ihr die Gliedmaßen gebrochen und das Rückgrat versehrt. Darum bringe diese Steine in *aluna* wieder in die gebührende Ordnung, und weihe dieses dein Werk der Mutter. Konzentriere dich auf den Gedanken, daß alle diese Steine Mütter sind. Da, dort drüben, da liegt eine auf dem Gesicht, sie kann sich nicht erheben, einer anderen wurden die Hände abgehauen, sie kann nicht essen. Wieder einer anderen wurde ein Bein abgehauen, sie kann nicht mehr gehen. Vergegenwärtige dir dieses Bild in deinem Geist, konzentriere dich darauf, und heile sie, denke sie dir alle in solchen Leiden darniederliegend, und heile sie mit deinem Opfer.

Lege jetzt ihr Essen dort drüben hin. Wenn du dich auf das alles gebührend konzentriert hast, lege deine Opfergaben von Nahrungsmitteln da auf der rechten Seite hin. Denke dir, daß du ihnen Arzneimittel opferst. Sie sind krank und leidend, und du gibst ihnen Arzneien, damit sie sich ausheilen können.

Und was wird nun der Jüngere Bruder sagen? Wird er sagen, es stimmt, daß er der Mutter das Bein abgehauen und sie verstümmelt hat? Wir wollen sehen, was er sagt. Lege also deine Opfergaben dorthin.

Lege es dorthin, lege es dorthin. Jetzt konzentriere deine Gedanken auf den Weg, auf dem die Mutter daherkommen wird, dieses Essen und das Brennholz zu holen. Konzentriere dich, und mache ihn ordentlich und licht, damit ihr auf ihm nichts zustößt. Schaffe ihr einen guten, gefahrlosen Weg. Fülle die Löcher, damit sie nicht stürzt, und zäune ihn ein, damit kein Jaguar sie angreift und keine Schlange sie beißt. Schaffe einen ordentlichen Weg.

Bringe der Mutter jetzt das Opfer von Blut und allem mit Blut Zusammenhängenden; dieses lege auf die linke Seite. Beim Hinlegen konzentriere deine Gedanken auf das Nahrungsmittelopfer, das du dargebracht hast, und dann verabschiede dich von den Müttern.

Hier ist es wie in einem Zeremonialhaus; du darfst deine Gedanken nicht ziellos schweifen lassen, du mußt dich mit aller Macht konzentrieren und dein Opfer hier zurücklassen. Nahrungsmittel, Wasser, Brennholz, alles, was die Mutter braucht, laß es da.

Dann wende deine Gedanken zum Himmel. Konzentriere dich auf Vater Serankua und Vater Luawiko, und sprich zu ihnen in *aluna* so: «Hier bin ich, opfere Nahrungsmittel in *aluna* und sorge für die Mutter.» Sammle deine Gedanken, und bringe dein Opfer auf allen anderen Ebenen dar. Schaffe der Mutter einen ordentlichen Weg.

Sie zeichnen das auf Tonband auf, und sie sollten alles mitbekommen. Erst sind sie gekommen und nahmen uns alles, was wir hatten, heute sind sie hier, um Fotos von uns aufzunehmen. Es ist das gleiche.

Ich wüßte gern, ob es stimmt, daß sie hier meine Stimme aufnehmen, um sie sich später anhören zu können. Vielleicht nehmen sie auch bloß Bilder von uns mit. Wenn sie das tun, werde ich sehr böse darüber sein. Sie denken nicht wie ich. Ich komme hierher, und ich sehe die Löcher, und ich sehe die zerschlagenen Steine, und ich sehe, daß alles zerstört ist, und es tut mir weh. Sie läßt das kalt.

Weihe deine Opfergaben dem Himmel über dir und der Erde unter dir, allen neun von beiden. Erst hatten wir gute Straßen, und sie waren ordentlich. Heute sind sie aufgerissen, und die Steine liegen unordentlich herum. Wenn die Allmutter heute auf diesen Straßen geht, riskiert sie Stürze und einen Beinbruch. Heute sind alle Straßen ramponiert und kaputt.

Begreift der Jüngere Bruder, was er angerichtet hat? Begreift er?

Triumphe der Technik

Da meine erste Glanzidee, wie man nach Pueblito kommen könnte, nämlich per Boot und zu Fuß, bei der praktischen Erprobung im Vorjahr gewisse Nachteile hatte erkennen lassen, war ich jetzt hocherfreut, daß ich eine Stelle entdeckt hatte, wo wir mit dem Hubschrauber landen konnten – eine baumfreie Steinterrasse, die aus der Luft als kreisrunde Lichtung im grünen Laubdach des Urwalds auszumachen war. Erst später, als wir wieder zum Abflug rüsteten, ging mir auf, daß diese Lichtung den Boden eines 120 Meter tiefen Kessels bildete.

Das schuf ein Problem: Nachdem wir unsere Sachen eingeladen und unsere Plätze im Hubschrauber eingenommen hatten, entdeckten wir, daß die Maschine nicht in der Lage war, mit dieser Last 120 Meter senkrechten Steigflug zu bewältigen. Sie hätte gleichzeitig vorwärts fliegen müssen, und das war unter den gegebenen Bedingungen nicht ratsam.

Sie stieg auf bis zur Höhe von 75 Metern, verlor dann Schub und sank wieder zu Boden. Wir stiegen aus und starrten ratlos auf unsere gestrandete Flugmaschine.

Schon seit langem baute sich ein Konfliktpotential auf zwischen dem Film, den ich machte, und der Art, wie ich ihn machte. Es war ein Konfliktpotential, auf das ich die Mamas gleich anfangs hingewiesen hatte: Es ist ein Ding der Unmöglichkeit, einen Film zu drehen, ohne sich dafür unserer Technik, unserer Maschinen zu bedienen. Hubschrauber, Generatoren, Kameras – lauter Dinge, die die gefahrbringende Welt des Jüngeren Bruders repräsentieren – mußten ins Herz der Welt geschafft werden. In der Spanne geistiger Vorbereitung auf die Dreharbeiten hatten die Kogi für diesen Konflikt eine Lösung gefunden, die in ihren Vorstellungsrahmen paßte, während mir etwas Vergleichbares versagt geblieben war. Statt dessen hatte ich mich des Problems in der Weise entledigt, daß ich mich bemühte, nicht allzu viele Gedanken darauf zu verwenden. Aus irgendeinem Grund war ich der Meinung, wenn es den Mamas gelungen war, für ihren Teil der Schwierigkeit Herr zu werden, bräuchte ich mir auf diesem Sektor kein großes Kopfzerbrechen mehr zu machen.

In diesem Moment war ich wieder mit jeder Faser meines Herzens Kind meiner Welt. Ich setzte auf die Maschine. Mit etwas Schneid würden wir unseren Vogel schon aus der grünen Falle hinausmanövrieren. Mit weniger Insassen und Gepäck hoben wir zum zweitenmal ab. Auf der Höhe der Baumwipfel ließ der Pilot den Hubschrauber rotieren, um den niedrigsten Baum in der Runde ausfindig zu machen. Auf den raste er zu und zog die Maschine im Abstand von Zentimetern über ihn hinweg. Er lachte leise in sich hinein. Wir hatten es geschafft und schmetterten den Walkürenritt.

Als Hauptquartier hatte Graham uns ein Haus am Strand nicht weit vom Hotel Irotama gemietet. Der Pilot willigte ein, uns direkt auf dem Strand abzusetzen. Wir hielten das für eine glänzende Idee: Nicht nur ersparte es uns den umständlichen Transport unserer Sachen vom Flugplatz her, sondern es würde auch die sonnenbadende und wasserskifahrende Schickeria aus dem Irotama maßlos beeindrucken.

Am Ende war's dann ziemlich frustrierend. Die Landung auf dem Strand versetzte uns auf einen glitzernden, unangenehm lärmerfüllten Jahrmarkt der Eitelkeiten. Das Meer war warm und widerlich und weit entfernt von der erfrischenden Klarheit, mit der die Flüsse der Sierra zum Baden verlocken. Das Haus mit seinen starren, massiven Decken und Wänden konnte einen förmlich zum Klaustrophoben machen, es atmete nicht wie die strohgedeckten Hütten, und außerdem vermißte ich hier den anheimelnden Geruch eines Holzfeuers. Indes, die Dreharbeiten bei den Kogi waren abgeschlossen, und ich würde mich jetzt *à tempo* wieder in meine eigene Welt hineinfinden müssen.

Dann kam der Schlag, der uns alle zu Boden warf – eine Nachricht aus London. Sämtliche Filmrollen, die Sarah mit zurück nach England genommen hatte, hatten unter Röntgenstrahlung gelitten. Wir würden noch einmal zu den Kogi hinauf und neu drehen müssen.

Es war bestürzend und unbegreiflich. Ich wußte genau, daß Sarah beim Abflug die Dosen mit dem Filmmaterial unter Umgehung der Röntgenkontrolle an Bord der Maschine geschleust hatte. War das Unglück vielleicht während des Flugs passiert? Oder waren die Filmdosen vielleicht schon beim Herflug durchleuchtet worden? In diesem Fall hatte auch das noch unverbrauchte Filmmaterial gelitten.

Aus London wurde uns versichert, der Schaden sei erst nach dem Drehen eingetreten, nicht vorher. Irreparabel verdorben waren einzig die Aufnahmen, die unter ungünstigsten (die Verwendung hochempfindlichen Materials bedingenden) Lichtverhältnissen entstanden waren; wir brauchten demnach nichts weiter zu tun, als die betreffenden Sequenzen an Hand des Drehplans zu identifizieren und neu zu drehen. Um das Schadensrisiko aus etwaigen weiteren ungewollten Röntgenstrahleneinwirkungen zu minimieren, würden wir aus Bogotá einen stärkeren Generator und zusätzliche Lampen herbeischaffen, um diesmal unter besseren Lichtverhältnissen drehen zu können.

Nachdem alles vorbei war, fanden wir heraus, daß der Unfall schon vor Beginn der Dreharbeiten passiert war und mit dem Rücktransport nichts zu tun hatte. Das gesamte Filmmaterial, das wir bei uns hatten, war durchleuchtet worden, und am Ende der Geschichte saßen der Redakteur des Films, Techniker der BBC und ich mit rauchenden Köpfen zusammen, um herauszufinden, wie man den Schaden beheben könnte. Erfreulicherweise gelang uns das sehr gut. Das Glück im Unglück war, daß wir auf diese Weise Gelegenheit erhielten, die am schwächsten belichteten Sequenzen neu zu drehen und dabei die Szene so auszuleuchten, wie wir uns das beim erstenmal einfach nicht getraut hatten. Bill und ich hatten uns bei der Aufstellung von Scheinwerfern im *nuhue* größtmögliche Zurückhaltung auferlegt, weil wir der Ansicht waren, die Kogi würden sich sonst zu sehr gestört fühlen; sie hatten sich jedoch bei der Zusammenarbeit mit uns durchweg so gutwillig und hilfsbereit erwiesen, daß wir, was das betraf, jetzt keine Schwierigkeit mehr sahen. Überflüssig zu sagen, daß es alles andere als einfach war, die erforderlichen Gerätschaften in die Berge hinaufzuschaffen, aber zu diesem Zeitpunkt verfügten wir bereits über eine recht beachtliche Versiertheit in der Bewältigung logistischer Probleme. Und ich war kein bißchen unglücklich darüber, noch einmal zurück zu den Kogi zu müssen, zurück in eine Welt, von der ich schon für immer Abschied genommen zu haben glaubte.

Die Kogi standen vor einem Rätsel – die Erklärung für unsere Rückkehr überstieg ersichtlich ihr Begriffsvermögen –, zeigten sich jedoch unbeirrt hilfsbereit. Man würde noch einmal eine Versammlung organisieren, und wir könnten dann neu drehen, was wir glaubten drehen zu müssen.

Kommunikation mit dem Wasser

Bevor es soweit war, hatten die Kogi in Mingeo ein *pagamento*, ein Opfer, zu leisten. Solche Opfer sind ein Grundelement der Tätigkeit der Mamas. Das Arbeiten in der stofflichen Welt allein reicht für die Aufrechterhaltung der ökologischen Balance nicht aus. Der Mama muß Balance auch in *aluna* schaffen. In der Welt des Eingedenkens und der Seinspotenzen wirkend, ist er ein Gärtner ebensosehr der unsichtbaren wie der sichtbaren Landschaft.

Zur Zeit der Tairona war die Sierra ein Fleckenteppich unterschiedlicher Wirtschafts- und Anbauzonen, die von einer Gesamtregie zu einem funktionalen Ganzen integriert werden mußten. Kein Gebiet konnte auf sich allein gestellt überleben. Obgleich die einzelnen Kogi-Gemeinden heute in materieller Hinsicht in weit höherem Maß autark sind, hat sich die Anschauung von der Sierra als einem ausbalancierten Zusammenhang gehalten. Die Mamas erwirken für die gesamte Sierra spirituelle Harmonie und Balance sowie die Wohlfahrt aller hier lebenden Spezies, indem sie von Ort zu Ort wandern und dabei kleine Zeremonialobjekte («Essen und Brennholz für die Mutter») mit sich führen, die sie – unter meditativem Gedenken an die am jeweiligen Ort residierende Mutter – an heiligen Stätten deponieren.

Durch das Vordringen des Jüngeren Bruders in die unteren Regionen der Sierra wurden die Kogi von einem Teil dieser heiligen Stätten, zumal den an der Küste gelegenen, abgeschnitten. Doch gerade die Stätten nahe beim Meer spielen eine besonders wichtige Rolle – wichtig darum, weil das Meer selbst so wichtig ist. Im Weltbild von Menschen, die glauben, daß die Mutter uranfänglich ein Ozean war und daß die salzigen Wellen das Fruchtwasser waren, aus dem die Welt geboren wurde, muß das Meer einen besonderen Platz einnehmen. Die Muschelschalen am Strand wie die Sterne am Himmel betrachtet man als die Überreste, die von Serankuas Urbefruchtung der Welt geblieben sind – als sein Ejakulat. Das Meer wie der Himmel sind Wandlungsformen der Ursee.

Der Vorstellung, daß Meer und Himmel durch Teilung eines ursprünglichen Ganzen entstanden sind, begegnet man in vielen Kulturen, auch in der unsrigen. Im biblischen Schöpfungsbericht wird «das Wasser [...] von dem Wasser» geschieden (1. Mose 1,7). Das hebräische Wort für Wasser lautet *mayim* (ein Plural), und Himmel heißt im Hebräischen *shamayim*. Auch die Vorstellungsverbindung zwischen der Muschel und der Durchdringung der Welt mit Leben ist kulturelles Gemeingut. Botticellis Gemälde *Die Geburt der Venus*, das die Göttin auf einer Riesenmuschel aus dem Meer aufsteigend zeigt, greift auf die griechische Mythologie zurück. Die Ähnlichkeit zwischen der von Hesiod überlieferten Geschichte – Kronos schneidet dem Uranos die Geschlechtsteile ab und wirft sie ins Meer; aus dem Schaum, der sich um die unsterbliche Haut bildete, entsteht Aphrodite («die Schaumgeborene») – und dem Kogi-Mythologem von der Erzeugung des Lebens im Meer ist verblüffend.

Bei den Kogi ist diese Denkfigur in ein Gesamtbild vom Kreislauf des Lebens und des Wassers integriert. Die Wasser des Lebens sind das verbindungsstiftende Element in der Sierra. Die Kogi wissen genau, daß aus dem Meer und dem Regenwald verdunstendes Wasser zur Wolkenbildung am Himmel führt und sich dann wieder als Regen oder, auf den Gipfelhöhen, als Schnee niederschlägt. Gleich unterhalb der Gletscher liegen die heiligen Seen der Kogi, tiefe Schmelzwasserseen, aus denen die alles Leben in den tiefergelegenen Regionen nährenden Flüsse entspringen. Wie Reichel-Dolmatoff erfuhr, werden die Schneefelder um die Seen «Gonavindua» genannt und jeder solcher See als Vagina der Mutter betrachtet. Wenn man bedenkt, daß in *gonavindua* auch die Bedeutungskomponente «sich regen», bezogen speziell auf die ersten Bewegungen der Leibesfrucht, steckt, dann ist der Vorstellungszusammenhang, in dem das alles steht, fast schon mit Händen zu greifen.

Tatsächlich sprechen die Kogi vom Wasser des neugeborenen Flusses als einem im Fluß gewiegten Säugling, dessen Leben damit beginnt, daß er, das brabbelnde, gurgelnde Wesen, vom Berg herunter zu Tal getragen wird. Das Leben des Wassers verwandelt sich in universales Leben: Wieder und wieder hörten wir sie von dem Wasser sprechen, an dem Pflanzen, Tiere und die Erde gemeinschaftlich teilhaben – einem Wasser, das die Essenz des Lebens, ja *aluna* selber ist.

Wiederholt stellten sie die rhetorische Frage: «Wie kommt es, daß wir am Leben sind?»; die Antwort lautete immer: «Weil wir Wasser in uns haben.» – «Wir wurden am Anbeginn in Wasser gebildet, und daher haben wir heute noch Tränen und Speichel»: Salzwasser in Gestalt von Tränen und Süßwasser in Gestalt von Speichel. Unsere Wasser gleichen den Wassern der Welt und haben teil an ihnen, denn die Welt und alle Dinge in ihr sind ihrerseits lebende Wesen. «Bäume und Berge haben Wasser in sich wie wir. Die Mutter gab allen Dingen Wasser. Wir brauchen Wasser, um leben zu können. Ohne Wasser verdursten wir. Die Erde hat Blut, und sie hat Wasser in sich.»

Der Ursprung der Welt liegt in *aluna*, und *aluna* war am Ursprung das Meer. Daraus folgt, daß die Kommunikation mit dem Wasser den Zugang zur Erinnerung und dem Seinspotential des Universums eröffnet. Die Befragung des Orakels mittels Perlen stellt ein Gespräch zwischen der Perle und dem Wasser dar, das den Mamas die Kommunikation mit dem innersten Sein allen Seins ermöglicht. «Am Anfang gab die Mutter uns Perlen, und wir lebten in *aluna*. Das Wasser ist für uns wie ein Buch, und die Perle schreibt in es hinein.»

Auch der Poporo ist ein Weg, auf dem das Wasser – in diesem Fall die Speichelflüssigkeit – sich äußert. Die Kalkmanschette, die sich um den Rand bildet, besteht aus Speichel (dem Süßwasser des Körpers), vermischt mit Muschelstaub (dem Samen Serankuas, *dua*, dem Samen allen Lebens). Der Kalkwulst entsteht als Nebenprodukt meditativer Versenkung, wenn der Besitzer des Poporos gedankenverloren den Stab ableckt und diesen anschließend am Hals der Kalebasse abstreicht; auch diesen Kalk fassen die Kogi als Buch auf: «Wir schreiben unsere Gedanken in ihn hinein.»

Das Meer aufzusuchen ist deshalb für die Mamas eine hochwichtige Aufgabe, nicht minder wichtig als das Aufsuchen der Berggipfel. Tatsächlich hängen die Küste und die Bergspitzen als entgegengesetzte Enden ein und desselben Landschaftsgefüges miteinander zusammen. Damit die Balance des Gefüges gewahrt bleibt, müssen sie beide in Harmonie gehalten werden. Daß die Wasser in Balance gehalten werden, ist die Grundvoraussetzung für alles andere.

Zu den heiligsten Stätten auf der Landkarte der Kogi zählt eine Gruppe von Süßwasserseen direkt an der Küste bei Mingeo. Sie sind Spiegelungen der Gebirgsseen auf Meeresniveau, und wie in den Seen bei Ciénaga Grande ist in ihnen die Begegnung von Süß- und Salzwasser verkörpert. Zur Zeit der Konquista waren sie Hauptzentren prokreativer Energie gewesen und der Boden um sie herum reich gedüngt mit Goldstatuetten in getöpferten Behältern. Rings um die Seen waren steinerne Wächter aufgestellt. Hier war ein spirituelles Zentrum, das zahlreiche Mütter beherbergte und als Kristallisationspunkt von Gedanken zum Schutz der Spezies der Sierra fungierte, ein Ort der Weihestätten, die unabdingbar nach Opfern verlangten.

Heute ist der Ort ein Energiezentrum ganz anderer Sorte. Das Areal ist planiert, der bedeutendste See trockengelegt, die steinernen Wächter sind allesamt entfernt worden. Die goldenen Mütter sind gestohlen. Hinter einem hohen Sicherheitszaun präsentiert sich dort jetzt das glänzende Metallschlangengeflecht des Rohrleitungssystems von Thermo-Guajira, einem riesigen Kohlekraftwerk.

Hier sollte das *pagamento* geleistet werden. Und während es im Gang war, würde Mama Bernardo sich auf den Páramo begeben, um dort ein gleichwertiges Opfer darzubringen und so die entgegengesetzten Enden der Welt miteinander zu verklammern.

Das Opfer

Als erstes fuhren wir zum Muschelschalensammeln nach Dibulla hinaus. Ein demoralisierendes Erlebnis. Von Muscheln war hier noch weniger zu sehen als im Vorjahr. Das Meer ist am Veröden. Die Mutter ist sichtlich geschwächt. Ärgerlich stocherte Mama Valencia in den von den Wellen angeschwemmten Abfällen herum.

Früher kamen Mamas zum Opfern hierher, und die Mutter schuf massenhaft Muscheln an Land. Aber heute sind sie alle weg. Der Jüngere Bruder leistet der Mutter nicht die kleinste Zahlung, nicht einen Centavo. Was kann ich da machen?

Auch Steine zum Opfern mußten gesammelt werden, kleine Kiesel, die am Strand aufgelesen werden, um in der Pflege bestimmter Partien der Sierra Verwendung zu finden oder im Zuge des das Weltgleichgewicht regelnden Umverteilungsprozesses auf den Páramo hinaufgetragen zu werden. Einer dieser Steine, *harta-ichi* mit Namen, wurde aufgesammelt, weil er für die Hege der Kokapflanze gebraucht wird, ein anderer, *mama-*

quichi, weil er den für das Feueranzünden benötigten Feuerstein enthält und überdies bei Totenbestattungen verwendet wird: Er ist das Samenkorn des Lichts, *mama-quichi-sewa*. Gesammelt wurden außerdem *zela-quichi*, der für die Hege von Pekaris und Schweinen verwendet wird, und *noa-ichi*, «der für unseren Tabaksaft gut ist».

Von Dibulla fuhren wir dann zum Strand unterhalb von Thermo-Guajira, und im Schatten dieses Denkmals, das der Jüngere Bruder seiner Konzeption von Kraft gesetzt hatte, brachten die Älteren Brüder dem Meer ihre Opfergaben dar. Beim Hinabschreiten zur Wasserlinie drehte sich jeder Mama im Uhrzeigersinn um sich selbst, dergestalt die Drehung der Spindel wiederholend, von der der Faden des Lebens und der Welt herunterläuft. Am Wasser stehend, die Gedanken auf die Allmutter und alle lebenserhaltenden Mütter konzentriert, streuten die Mamas Laubbruch vom Páramo auf die Wellen. Neun abgezählte Wellen trugen ihre Weihegaben in den Meerbusen hinaus.

Alle Mamas denken an die Mutter. Das Meer ist uns zugeeignet. Die Mutter hat vieles, was sie uns zueignet. Das Meer ist unsere Mutter. Sie hat viele, viele Dinge, mit denen sie für uns sorgt. Sie sorgt auch für den Jüngeren Bruder, sie sorgt für alles und jedes. Bis zum Ende aller Dinge werden wir diese Wahrheit nie vergessen.

Der Tanz-Mama

Es war Zeit geworden, in die Sierra zurückzukehren und die verdorbenen Aufnahmen neu zu drehen. Hinter dem Strand ragte das Gebirge auf, eine Welt für sich, räumlich nahe, doch dem Wesen nach fern dem tropischen «Paradies», in dem wir uns augenblicklich aufhielten. Die Rückkehr dorthin war wie eine Heimkehr. Doch obwohl wir dort zahlreiche Freunde gewonnen hatten, war nicht jeder erfreut, uns wiederzusehen.

So trat jetzt ein Mama in Erscheinung, den ich nie zuvor bemerkt hatte. Er war offenbar der Kristallisationspunkt gewisser Ängste, und nach allem, was ich hörte, ein Gegner des Filmprojekts. Es hatte von Anfang an und die ganze Zeit über Leute gegeben, die es für ihre Person ablehnten, gefilmt zu werden, und wir hatten dies in allen Fällen peinlich genau respektiert; im gegenwärtigen Fall jedoch schien die Problematik um einiges komplizierter gelagert. Ich redete mit dem Renitenzler, versicherte ihm, daß ich hier auf gar keinen Fall zum Anlaß für Unstimmigkeiten werden wollte, und fragte ihn dann, ob er etwas gegen unsere Anwesenheit habe. Er hatte zwar an diesem Tag schon etwas getrunken und davon auch eine leichte Schlagseite, war jedoch keineswegs so blau, daß er nicht mehr hätte klar denken können. Er erklärte mir, daß er nichts gegen das Filmprojekt als solches hätte, nur selber nicht gefilmt werden wollte.

Während wir im *nuhue* Scheinwerfer montierten, näherte er sich mir, um mir seine Mißbilligung darüber auszudrücken, daß wir uns an diesem Ort aufhielten. Ich wollte eben meiner Crew das Kommando zum Einpacken und Abziehen geben, als er mich mit sich in die Mitte des Raums zog, wo er, mir starr in die Augen blickend und mit beiden Händen unablässig über meine Haare streichend, auf mich einzureden begann. Wir seien Brüder. Seien vom selben Fleisch und Blut. Seine Augen waren glasig und unbewegt, auf seinem Kinn hatten sich Speichelfäden gesammelt. Er ließ sich im Schneidersitz auf den Boden nieder und forderte mich auf, mich zu ihm zu setzen. Dort ging es mit dem Starren, Haarestreicheln und den gemurmelten Freundschaftsbeteuerungen weiter. Dann: Ob ich tanzen könne? Nein, ich kann nicht tanzen. Dann bring ich es dir bei – los, komm. Wir erhoben uns, und er verfiel in diese weit ausschwingende Zickzackbewegung, die ich bereits kannte, nur daß er dabei eine mir neue Wendigkeit und Grazilität an den Tag legte. Ich versuchte seine Bewegungen nachzuahmen.

Mitten in der ringsum herrschenden allgemeinen Geschäftigkeit ergaben wir uns dem Tanz, indessen sich das Zeremonialhaus nach und nach mit Kogi füllte. Die Dämmerung brach herein, die Scheinwerfer gingen an, und die Szene nahm jetzt unbestreitbar kuriose Züge an. Mama Valencia, Mama Santos und Arregocé würden beträchtliches diplomatisches Geschick aufbieten müssen, um etwaige bedrohliche Spannungen schon im Keim zu entschärfen. Der unbekannte Mama, so merkte ich, galt allgemein als ein perfekter Tänzer. Und Tanzen, zumal in solchem leicht entrückten Zustand, ist die aufrichtigste Form des Sprechens. Sein Bemühen, mich in den Tanz hineinzuziehen, war zugleich der Versuch, mich seinem Willen zu unterwerfen und sich selbst zum Herrn der Lage zu machen.

Einer der anwesenden Vasallen machte den Vorschlag, wir sollten den Generator als Geschenk dalassen. Dann hätten sie es jede Nacht so hell wie jetzt im *nuhue*. Mama Valencia und Mama Santos pflichteten bei: Ja, das sei eine gute Idee. Mama Valencia würde die Bitte an uns herantragen. Arregocé war dafür. Wenn schon, denn schon, meinte Mama Valencia:

Das Beste wäre, wir würden gleich mehrere Generatoren dalassen. Allerdings – fügte er dann nach kurzem Zögern hinzu, als sei ihm das überraschend eingefallen – würde der Rauch der Feuer binnen kurzem die Scheinwerfergläser schwärzen.

Tatsächlich, pflichtete Arregocé bei. In Null Komma nichts wäre es aus mit dem Lampenlicht.

Mama Valencia grübelte weiter. Was tun, wenn der Generator einmal streikt? Der Jüngere Bruder weiß, wie man so ein Ding in Schuß hält, die Kogi nicht. Er war dabei, die Lage auf sanftem Weg zu entschärfen und die Vasallen von ihrem Konfrontationskurs wegzulotsen.

Mama Santos zog das Fazit: Da die Sache jetzt geklärt und – traurig, aber wahr – die Bitte um einen Generator vielleicht doch keine so gute Idee sei, sei es an der Zeit, die Diskussion über diesen Punkt für beendet zu erklären.

Der Tanz-Mama, der inzwischen von mir abgelassen und Platz genommen hatte, war unzufrieden. Wir waren immer noch nicht an die Kandare gelegt.

Wenn wir unseren Poporo erhalten, müssen wir vier Tage und Nächte lang fasten. Sie sollen dasselbe tun. Wir Kogi müssen sieben Tage und Nächte ohne Schlaf und ohne Essen aushalten können. Das sollten sie auch einmal tun, damit sie überhaupt etwas begreifen. Pah, diese ganze Filmerei – wenn ihr immer bloß ans Schlafen denkt und die ganze Zeit schlaft, könnt ihr nie etwas begreifen.

Sie haben uns alles genommen, was wir hatten, also werden wir ihnen jetzt sagen, sie sollen einmal sieben Tage und Nächte lang nicht schlafen. Wir wissen, daß sie alles genommen haben, und jetzt kommen sie wieder hierher, um uns herumzuzeigen. Warum lassen sie uns nicht ihre Sachen da, um uns zur Abwechslung mal zu helfen? Sie haben alles genommen – und ziehen vielleicht wir hinüber in ihr Land und stellen ihnen Fragen? Nein. Aber sie kommen hierher und stellen Fragen, so als ob sie diejenigen wären, die ausgeraubt worden sind. Sie haben unsere Mama-Hüte gesehen, sie haben unsere Zeremonialhäuser gesehen, sie haben alles gesehen. Immer wieder kommen sie hier herauf, sie kommen immer wieder, warum kommen sie immer wieder? Haben sie vielleicht ihr eigenes Gesetz verloren?

Ja, sagte Mama Valencia sanft, so muß es sein. Sie haben ihr Gesetz verloren und sind jetzt zurückgekommen, um es sich von uns wiederzuerbitten, aber wenn sie uns dafür helfen, geht das in Ordnung. Sie sind gekommen, um nachzusehen, ob wir unsere alten Sitten noch haben oder ob wir sie verloren haben. Aber sie müssen uns helfen und müssen uns auch in Zukunft helfen, damit wir sie nicht verlieren.

Mit schlenkernden Gliedern, den Kopf vor Wut verdrehend, ging der Tanz-Mama zu Mama Valencia hinüber. «Ich habe ihnen kein Gold gestohlen, *sie* haben es *uns* gestohlen.»

Das konnte Mama Valencia nicht bestreiten.

«Sie haben schon so viele Fotos gemacht.»

Richtig. Wir hatten Fotos vom Zeremonialhaus, von den Bergen, den Flüssen, überhaupt von allem gemacht.

«Wie lange kommt der Jüngere Bruder eigentlich schon hierher und macht Fotos von uns?»

Mama Valencia gab zu bedenken, daß es für sie von Nutzen sein könnte, was wir hier taten. Hatten wir vielleicht vor, sie zu vernichten? Auch das wäre eine Möglichkeit, er selbst glaube jedoch nicht daran.

«Was? Und dabei rauben sie in diesem Augenblick in Bongar Gräber aus! In diesem Augenblick sind sie da unten dabei, uns zu vernichten!»

O ja, sagte Mama Valencia traurig. Er saß aufrecht in seiner Hängematte. Der Tanz-Mama hatte sich inzwischen zu seinen Füßen niedergelassen.

Sie stehlen unser Gold, und sie stehlen unsere Perlen, und dann verkaufen sie die Sachen, sie bekommen Geld dafür, und damit kaufen sie sich Häuser. Sie haben alles genommen, und sie kaufen sich damit, was ihnen gefällt.

Er sprang auf und begann lauthals wetternd im *nuhue* herumzugehen.

Die Mutter sagte, der Jüngere Bruder würde dem Älteren Bruder helfen, aber wo hilft er ihm? Das einzige, was er tut, ist zerstören. Das einzige, was er in der Vergangenheit getan hat, ist unsere Wertsachen ausgraben, und das geht bis heute so.

Sie haben die Sachen ausgegraben, heute sind sie alle in Bogotá oder im Museum in Santa Marta, nur nicht in der Erde, wo sie hingehören, nein, da sind sie nicht mehr.

Jetzt wurde es langsam peinlich. Arregocé, der das Amt des Dorf-*comisarios* bekleidete, beschloß, Autorität zu zeigen, und ermahnte den Tanz-Mama, nicht so zu brüllen. Die Antwort kam mit Donnergepolter.

«Und warum nicht? Bin ich hier vielleicht nicht in meinem eigenen Zeremonialhaus? Ich kann brüllen, wann es mir paßt.»

Arregocé war bedient. «Was fällt dir eigentlich ein? Ich bitte mir etwas Respekt aus – oder soll ich die *cabos* rufen und dich abführen lassen?»

«Bitte sehr, tu dir da nur keinen Zwang an.»

«Ja gibt's denn das? Braucht man hier überhaupt keinen Respekt mehr zu zeigen? Kann man hier einfach so tun, als ob keine *comisarios* da wären? Die *cabos* sollen kommen und ihn abführen.»

Die Brenzligkeit der Lage war mit Händen zu greifen – etwa so, wie wenn bei uns ein Behördenvertreter einen Polizisten anweist, einen Bischof zu verhaften. Der Helfer des Mamas flüsterte Arregocé ins Ohr: «Er ist immerhin ein Mama! Und so redet er doch immer!»

«Aber nicht mit mir. Mit mir nicht. Los jetzt, führt ihn ab!»

Die *cabos* entschieden sich für einen salomonischen Kompromiß. Sie plazierten den Tanz-Mama in der dunkelsten Ecke des *nuhue* handgreiflich auf seinen vier Buchstaben und setzten sich so dicht neben ihn, daß er, zwischen ihnen wie in einen Schraubstock eingespannt, sich nicht bewegen und kaum noch atmen konnte.

Er hatte allerdings ein ernstes Thema angesprochen: Waren wir fähig, uns zu ändern, oder würde der Jüngere Bruder immer bleiben, was er seit dem sechzehnten Jahrhundert gewesen war – ein Dieb, Mörder und Zerstörer? Die ursprüngliche Entscheidung für das Filmprojekt war ein Akt der Verzweiflung; die einzige offenstehende Alternative dazu wäre gewesen, hilflos zuzusehen, wie die Welt an Kräften verliert und stirbt. Aber gibt es überhaupt Hoffnung? Wofür standen wir, die Filmemacher? Für Hoffnung oder Zerstörung?

Im Laufe der vergangenen Monate war mehrmals von einer Prophezeiung die Rede gewesen, die Bestandteil der Kogi-Überlieferung war, und jetzt kam Juan Jacinto noch einmal auf sie zurück.

Vor langer Zeit sagte die Mutter zu dem Jüngeren Bruder: «Eines Tages wirst du dich des Älteren Bruders annehmen. Der Tag wird kommen.» Der Jüngere Bruder weiß, daß er eines Tages die Sorge für den Älteren Bruder übernehmen muß. Viele denken nicht nach, sie rauben, und sie scheren sich nicht um den Älteren Bruder. Doch manche denken an die Indianer – der Präsident zum Beispiel tut so was nicht, ihre Mamas und *comisarios* tun nichts Schlechtes*, sie wissen nicht, was die anderen tun. Sie lernen auch dazu und lehren die jüngere Generation. Manche von den Jüngeren Brüdern denken wirklich nach. Vergessen wir nicht: Sie sind so viele, aber von uns Älteren Brüdern gibt es nur noch wenige. Ich glaube, von jetzt an werden die Bösen nicht mehr hier herauf kommen. Wir wollen keinen mehr von ihnen hier oben haben. Sie haben so viel geraubt und so viel zerstört. Sie bringen uns noch um den Verstand, deshalb schicke ich ihnen jetzt diese Botschaft: «Kommt nicht mehr hier herauf! Wir sind am Ende unserer Kraft, bitte bleibt, wo ihr seid!»

Ich hatte von dieser Prophezeiung erstmals im September gehört. «Es heißt, gegen die Zeit hin, da die Welt sehr entkräftet sein wird, wird einer von den Jüngeren Brüdern heraufkommen, um uns zu helfen.» Mit so etwas hatte ich gerechnet. Tatsächlich hatte ich, als ich die einjährige Wartepause bis zum Beginn der Dreharbeiten vorschlug, meinen Kollegen gesagt, so lange würden die Kogi dazu brauchen, uns in ihre Mythologie einzubauen. Ich bin der Meinung, daß die Kogi vom Wesen der Prophezeiung im Grunde eine ganz andere Auffassung haben als wir. Prophezeiungen sind bei ihnen Beschreibungen von *aluna*, des Ensembles der gewachsenen Möglichkeiten. Das bedeutet, daß ihre Mythologie sich in dem Maße wandelt, wie *aluna* durch den Ablauf der Zeit und der Ereignisse neue Gestalt annimmt. Die Debatten und Probleme, mit denen Graham sich seinerzeit konfrontiert sah, stellten sich in meiner Sicht als Momente des unvermeidlichen Orientierungsprozesses dar, in dem der Stellenwert unseres Handelns bestimmt wurde.

Auch wenn der Jüngere Bruder der Mutter ins Fleisch schneidet – ihr Mineralien, Kohle, Öl abzwackt und die Goldschätze raubt, die das Menstrualblut der Erde sind –, besteht immer noch die Möglichkeit, daß wir uns ändern. Die Kogi wissen, daß dies nicht einfach sein wird.

---

* Das bezieht sich möglicherweise auf den Erzbischof, dessen ergebnislosen Osterbesuch man immerhin als protokollgerechte Ehrenbezeigung verstanden hatte, sowie auf Martin von Hildebrand, der den Eindruck eines Menschen voll Respekt und guten Willens hinterlassen hatte.

272 Was getan sein muß

Da ihr so viel Öl und so viele Mineralien entzogen werden, wird die Erde immer schwächer. Also hat der Mama über die Frage nachgedacht: Wie können wir das dem Jüngeren Bruder begreiflich machen?

Der Mama sagt, es fällt dem Jüngeren Bruder sehr schwer, aufzumerken und zuzuhören, und noch schwerer, das alles aufzugeben. Aber dem Jüngeren Bruder muß das Zuhören beigebracht werden, er muß hören lernen auf die Geschichte des Mama, das Gesetz des Mama, den Glauben des Mama, und wenn da ein Wissenschaftler gleich dem Mama ist, einer, dessen Wissen die Erde betrifft – ich weiß nicht, welche Art Wissenschaftler, aber einer, dessen Wissen die Erde betrifft –, dann möge er Wissen von der Erde sammeln, um sagen zu können: Geht es bergab mit ihr oder nicht? Schwinden die Kräfte der Erde? Warum sind ihre Kräfte geschwunden? Weil sie ihr viel von ihrem Lebensblut abzapfen, Mineralien wegnehmen, und der Mama erschrickt darüber, er ängstigt sich. Sie sagen: Der Jüngere Bruder sammelt mehr Wissen. Aber er sammelt Wissen, wie man die Erde verwüstet, darüber ist der Mama erschrocken, und deshalb sagt der Mama: Sie müssen unsere Geschichte lernen; sie müssen sich anhören, was wir ihnen zu erzählen haben.

«Wenn da ein Wissenschaftler gleich dem Mama ist...» Eine interessante Wendung. Die Mamas sind sorgfältige Beobachter ihrer Welt, sie kennen die Verlaufsmuster der Naturprozesse vom Wetterwechsel bis hin zum Tier- und Pflanzenleben bis in die kleinsten Einzelheiten. Ihre mündliche Überlieferung enthält mehr und genauere Naturbeobachtungen als unsere eigenen Faktensammlungen. Als empirische Ökologen wissen die Mamas einfach mehr als wir, weil sie über mehr Beobachtungsmaterial verfügen. Hinzu kommt, daß sie eine Beweislast der Art, wie sie auf unsere Wissenschaft drückt, nicht kennen.

Um von einem Zusammenhang – einem Kausalnexus – zwischen unterschiedlichen Phänomenen sprechen zu dürfen, bedarf es für uns eines «Beweises». Damit eine dahingehende Hypothese den Anspruch erheben darf, sie sei «zutreffend», muß sie so eindeutig erwiesen sein, daß sie jeden erdenklichen Einwand zum Verstummen bringt. Am Ende wird es uns wohl auch gelingen, zu beweisen, daß es keine eindimensionalen Umweltschäden gibt: daß ein Schaden in der einen Dimension die Welt auch in jeder anderen Dimension schädigt. Noch vor wenigen Jahren tat man in unserer Wissenschaft die Besorgnis über einen möglichen Zusammenhang zwischen Ozonloch, saurem Regen und CO_2-Emission als «Spinnerei» ab, weil der postulierte Kausalnexus nicht eindeutig nachgewiesen war. Die Argumentation vermochte nicht jeden denkbaren Einwand zu widerlegen. Heute nimmt man diese Dinge ernster, aber die Überzeugung der Kogi, daß die Bodenschätze eine essentielle Bedeutung für das Leben der Erde haben, haben wir bis dato noch gar nicht in unseren Bewußtseinshorizont aufgenommen, daher können wir nicht anders, als sie zu ignorieren. Unsere Wissenschaft gründet auf Entdeckungen, von denen wir viele erst von der Zukunft erwarten. Die Wissenschaft der Kogi basiert auf uraltem, jahrhundertelang erprobtem und für richtig befundenem Erfahrungswissen.

«Ich muß ihnen also mit eindringlichen Worten sagen, was wir zu sagen haben», sagte Mama Valencia. «Wenn sie den Älteren Bruder töten, ist es auch um sie geschehen. Mit uns allen ist es dann aus. Ich gehe nach Mingeo und opfere da, alle Mamas tun das, aber sie kommen hier herauf und verstehen nichts vom Opfern, von überhaupt nichts verstehen sie etwas. Das einzige, was sie können, ist glotzen und fotografieren.»

Aus der hintersten Ecke des *nuhue* ließ sich jetzt der Tanz-Mama vernehmen. «Wir wissen noch, wie man den Regen beschwört, wie man die Vögel, die Bäume und die Flüsse segnet. Wir wissen noch alles.»

Ein allgemeines Beifallsgemurmel setzte ein. Die *cabos* lockerten die Umklammerung.

Ermutigt erhob der Tanz-Mama zum zweitenmal die Stimme: «Sie haben kein Recht, mich zu fotografieren. Wenn ich einen von ihnen in die Finger bekäme und ihn hier auf die Knie zwingen würde, der würde noch nicht einmal eine halbe Nacht lang durchhalten.»

Arregocé blaffte: «Bringt ihn bitte zum Schweigen, ja!» Die *cabos* nahmen den Tanz-Mama wieder in die Zange.

Die Debatte ging noch stundenlang weiter. Viele der Anwesenden kamen mehr und mehr zu der Überzeugung, daß der Jüngere Bruder womöglich doch zu richtigem Verhalten in der Lage war, ja sogar, daß die Arbeit an dem Filmprojekt ein Unternehmen von wirklicher Bedeutung in *aluna* war und Harmoniefelder schuf. Mütter waren dazu übergegangen, ihren Kindern zu erzählen, daß es für sie gut sei, wenn sie gefilmt würden – es schütze sie vor Krankheiten. Und auch die Dreharbeiten heute im *nuhue* wurden als harmoniestiftend empfunden, denn ungeachtet ihrer ständigen Reibereien waren hier, genau wie seinerzeit bei der ersten Versammlung in Pueblo Viejo, Bewohner vieler verschiedener

Dörfer zusammengekommen. Aber während damals nur Mamas und *co-misarios* zugegen gewesen waren, waren heute auch Vasallen mit dabei.

«Es ist wahr, wir sind alle miteinander verwandt, wir sind *eine* Familie. Trotzdem sind wir ewig zerstritten. Darum hat uns der Jüngere Bruder alle hier in diesem Zeremonialhaus unter einem Dach zusammengebracht, damit wir uns einig zeigen. Wir Vasallen können uns zwar nicht so gut ausdrücken, aber wir alle sollten bei dieser Gelegenheit mit den Mamas am selben Strang ziehen. Wir Vasallen müssen uns geschlossen hinter sie stellen.»

Nach und nach kam man auf das Thema zu sprechen, das die fundamentalste Sache der Welt bezeichnete: das Wasser.

«Die Berge machen das Wasser, die Flüsse und die Wolken. Wenn man ihre Bäume abholzt, werden sie kein Wasser mehr hervorbringen.

Bei den Flüssen fällen wir keine Bäume, wir wissen, daß sie das Wasser schützen. Wir holzen nicht riesige Waldgebiete ab wie der Jüngere Bruder, wir schlagen nur kleine Lichtungen für unsere Felder. Die Mutter sagte uns, wir sollen nicht viele Bäume fällen, darum schlagen wir nur ganz wenige kleine Stellen kahl.»

Das Weltklima erwärmt sich. Daran gab es für sie keinen Zweifel. Und die Erwärmung sei ein Anzeichen für schwerwiegende Probleme. Ihre Ursachen seien mannigfache, aber alle ließen sie sich zu dem Jüngeren Bruder und der Art, wie er mit der Erde umgeht, zurückverfolgen. Eine der augenfälligsten Ursachen sei das Abholzen der Bäume, die Entwaldung. Indem er überall, wo er hinkommt, den Grund entwalde, entziehe der Jüngere Bruder dem Boden das Wasser und bringt ihn zum Austrocknen. Die Sonne vollende dann das Werk durch vollständiges Ausdörren.

Mama Santos, der für die Wohlfahrt der Bäume verantwortlich ist, hatte das Wort ergriffen: «Wenn der Jüngere Bruder weiterhin alle Bäume fällt, werden infolge der Überhitzung der Erde durch die Sonne Brände auftreten.

Wenn wir Bäume fällen wollen, müssen wir uns an die Mamas und die *comisarios* wenden, denn die Mamas wissen, wo heilige Stätten sind und wo das Bäumefällen zulässig ist. Deshalb holen wir zuvor immer erst ihre Genehmigung ein. Wir sind die Älteren Brüder, und das heißt, daß wir klar denken müssen.»

Für die Kogi hängt alles mit allem zusammen. Es ist ihnen unbegreiflich, daß uns diese Vernetzung der Phänomene nicht in den Kopf will.

Dem «Oberhäuptling» Juan Jacinto war die Aufgabe zugefallen, im Namen der Kogi das Wort an die Häuptlinge der Jüngeren Brüder zu richten: «Sie wollen die Mutter verschachern. Sie haben die Bodenschätze verschachert, jetzt wollen sie die Mutter selbst verschachern. Für Millionen. Wenn ich bloß Spanisch könnte – ich würde zur Regierung gehen und ihr ein Licht aufstecken.»

Seinem Denkhabitus entsprechend wandte sich Arregocé, der *comisario*, im Kommandoton an den Jüngeren Bruder: «Nicht nur wir müssen neue Bäume pflanzen, auch der Jüngere Bruder muß aufforsten. Die Mutter hatte bis ganz zum Meeresufer hin Bäume gepflanzt. Die Mutter hatte auf dem Meeresufer Bäume gepflanzt. Der Jüngere Bruder muß dort aufforsten, er sollte auch hier oben aufforsten. Den Kahlschlag aufforsten, den er selbst angerichtet hat.»

Der Film an sich würde diese imperative Aufforderung schon weitergeben. Aber würde der Jüngere Bruder sie auch akzeptieren? Zwar sprachen die Kogi vordergründig von Bäumen in der Sierra, doch gemeint waren ebensosehr Bäume in der ganzen Welt. Überall brauchten die Bäume Schutz, brauchte die Natur Hege und Pflege. Sicher gab es doch auch in den Ländern des Jüngeren Bruders – in England, Frankreich, Deutschland, den Vereinigten Staaten – Eingeborene, die so dachten? Arregocé hatte sich den Kopf darüber zerbrochen, wie man das, was sie zu sagen hatten, am besten an den Mann brächte.

«Wir müssen diese Dinge aussprechen. Wir sollten es tun, ohne zu drohen oder beleidigend zu werden, aber es ist gut, daß wir darüber sprechen. Wir müssen sorgfältig überlegen, wir sollten mit diesen Menschen zusammenarbeiten, denn vielleicht werden sie uns helfen. Wir müssen über das Vorgefallene so reden, daß der Jüngere Bruder zuhört. Vielleicht gibt es drüben in ihrem Land einige Kogi, und die könnten am Ende sagen, daß der Ältere Bruder nicht gut gesprochen hat, sie sagen vielleicht, er hat das nicht ernst genug genommen und Firlefanz gemacht. Deswegen müssen wir gut sprechen und nur die Wahrheit sagen. Ja, wir müssen denken, daß drüben in ihrem Land vielleicht Kogi sind, die uns zuhören und denken könnten, daß wir bloß Firlefanz machen. Deshalb müssen wir die Wahrheit sagen. Müssen wir deshalb nicht wahrheitsgemäß sprechen?»

Der Tanz-Mama erhob sich und kam aus seiner dunklen Ecke hervor. Und alle Anwesenden lauschten gebannt, als er jetzt zu sprechen anhob.

Sie haben die Wasser genommen.
Die Wasser müssen ihre Nahrung haben,
sie müssen atmen,
doch sie haben die Wasser eingekerkert,
die Wasser eingesperrt.

Wir wissen, daß die Wasser ihre Nahrung brauchen.
Wir sperren sie nicht ein.
Wir sammeln das Wasser in Kalebassen, und so transportieren wir
   es,
wir lassen die Wasser in Ruhe.

Auch der Jüngere Bruder trinkt Wasser,
jedermann braucht Wasser,
die Tiere und Pflanzen brauchen Wasser.
Wenn das Wasser versiegt, werden wir alle sterben.
Alles Wasser, das sie drunten trinken,
kommt aus den Bergen.

Wenn es aber nun hier versiegt, was dann?
Dann werden auch sie sterben.
Sie haben die Wolken vom Páramo weggeholt.
Sie haben die Wolken verschachert.

Sie holen die Steine weg,
aber auch die Steine haben ihre Mütter.

Jetzt müssen sie aufhören, die Steine auszugraben.
Jetzt müssen sie aufhören, die Bäume zu fällen.
Dann wäre alles gut:
wenn sie aufhörten damit.

Wir holen die Steine nicht weg.
Wir fällen die Bäume nicht.
Wir wissen, daß der Geist der Mütter in jenem Stein ist.
Wir wissen: Wenn wir ihn ausgraben, kann die Welt untergehen.
Spreche ich die Wahrheit?

In feierlichem Chor wurde es bejaht.

Allem, was lebt,
den Tieren,
den Pflanzen,
wissen wir Opfergaben zu weihen.
So sollten wir sprechen, meint ihr nicht?

Dann begann der Tanz-Mama zu singen. Es war ein eigenartiger, jaulender Singsang in einer Sprache, die wir noch nie gehört hatten. Er sang in der Sprache der Ahnen, in der Sprache der «Verschollenen Stadt». Es war das Lied der Lieder, ein Lied in der Tairona-Sprache. Und Juan Jacinto sagte zu den Vasallen: «Dies ist das Lied der Mütter.»

Man schaffte Trommeln und Flöten herbei. Mama Valencia erhob sich und gesellte sich zu dem Tanz-Mama. Gemeinsam wogten und webten sie in der Mitte des Welthauses herum. Die spielenden Musikanten stellten sich am Rand ihres Aktionskreises auf.

So sprachen die Kogi auf die wahrhaftigste Weise, die sie kennen.

10 Das Ende vor Augen

Die restlichen Dreharbeiten waren dann rasch abgewickelt und ohne daß sich noch irgendwelche Probleme ergaben. Der Tanz-Mama spielte eine Hauptrolle in den Neuaufnahmen, daneben filmten wir noch einmal das Weben, Spinnen und die anderen Sequenzen, die nach den Informationen aus London in unbrauchbarem Zustand angelangt waren.

Unsere Arbeit in den Dörfern der Kogi war zu Ende, und sie schlossen symbolisch die Brücke hinter uns. Der Jüngere Bruder möge nicht wiederkommen, wurde uns als Losung mit auf den Weg gegeben: Kein anderer solle kommen. Nur ich solle wiederkommen, mit dem fertigen Film nämlich, damit sie sich überzeugen könnten, daß ich Wort gehalten hatte.

Nachdem die Abschiedsformalitäten, einschließlich Verteilung von Geschenken, erledigt waren, schafften wir unsere gesamte Ausrüstung zum Hubschrauberlandeplatz und warteten. Das Warten entwickelte sich zu einer Geduldsprobe, denn die Maschine kam und kam nicht. Bis zum Einbruch der Nacht hatte meine Erfolgsstimmung einen merklichen Dämpfer erlitten. Am Himmel war den ganzen Tag keine Wolke zu sehen gewesen, wir hatten eine ausgezeichnete Fernsicht über eine weite Talstrecke hin. Irgend etwas mußte schiefgelaufen sein; ich begann mir zu überlegen, wie wir zu Fuß von hier wegkommen könnten. Wir wußten nicht, daß es drunten in der Ebene einen Wettersturz gegeben hatte und der Pilot annahm, wir wären hier oben von Wolken belagert.

Als er am darauffolgenden Morgen eintraf, war ich maßlos erleichtert. Während der Hubschrauber zur Landung ansetzte, um uns zum letztenmal von hier abzuholen, wurde mir ein Poporo als Geschenk überreicht – keine nackte kleine Kürbisflasche, wie man sie mir bei meinem ersten Aufenthalt in der Sierra geschenkt hatte, sondern ein in langem Gebrauch

ausgereifter Poporo mit allen Schikanen. Ich betrachtete die Kalkmanschette oben am Hals. In ihr war das Wasser des Menschenleibs mit dem
«Samen allen Lebens» in Gestalt des Muschelschalenpulvers gemischt.
Der Stab, der den Penis symbolisierte, war in die Kalebasse, Symbol der
Frau, eingeführt worden: Mit dem Stab war das Pulver zum Mund geführt worden, wo es ein Brennen erzeugte, das durch Kauen von Kokablättern gemildert wurde. Die Kombination von Muschelschalen aus dem
Meer, Blättern aus der einen, Kalebasse aus einer anderen und Stab aus
wieder einer anderen Höhenregion war als solche ein mikrokosmisches
Modell der Sierra. Die Verbindung von Männlichkeitssymbol und Weiblichkeitssymbol, Feuchtem und Getrocknetem, Heißem und Kaltem,
Pflanzlichem und Tierischem ist ein mikrokosmisches Modell des Kogi-
Gedankenkosmos. Die Kalebasse selbst – mit den Muscheln auf dem
Grund und ihrer gelblich-weißen Kappe – symbolisiert das Gebirge im
Herzen der Welt, das sich aus dem Meer bis in die Region des ewigen
Schnees erhebt. Und jene Kappe entstand aus dem sinnenden, gedankenverlorenen Abstreifen des Stabs am Hals der Kalebasse: aus einem Akt,
dessen eine Dimension die stoffliche Welt und dessen zweite *aluna* war.
Die Kalkmanschette ist eine Urkunde, in der die Gedanken dessen, der sie
hervorgebracht hat, niedergelegt sind.

Weder besitze ich die Gabe der Weissagung aus dem Orakel noch
vermag ich die Gedanken zu lesen, die in meinem Poporo eingeschrieben
sind. Aber er stellt für mich eine Art Verbindung zu den Gebern dar – ein
sewa, eines jener Samenkörner, die Unterpfänder der Balance und Harmonie sind.

Wiedersehen mit der «Verschollenen Stadt»

Mein Interesse für die Sierra hatte mit der «Verschollenen Stadt» begonnen. Die Bekanntschaft der Kogi hatte ich ursprünglich nur gesucht, weil
ich mir davon Verständnishilfen für jene Anlage versprach. Jetzt kehrte
ich noch einmal dorthin zurück. Ich brannte darauf zu wissen, mit welchen Augen ich die Ruinenstätte heute ansehen würde: Würde mir alles
das, was die Kogi mich gelehrt hatten, hier zu neuen Einsichten verhelfen?

Tatsächlich dämmerte mir dann bei meinem Gang über den Ruinenplatz, daß der Vorgang sich in umgekehrter Richtung abgespielt hatte:

Die «Verschollene Stadt» war mir eine Hilfe zum besseren Verständnis der Kogi gewesen. Die raffinierte Planung der Anlage mit ihrem durchdachten System von Wasserwegen und ihrem sorgfältigen Sichanschmiegen an die natürliche Oberflächengestalt der Gebirgslandschaft hatte mich darauf vorbereitet, die Bekanntschaft eines Volks zu machen, dessen Angehörige sich als die Hüter der Natur verstehen.

Die Situierung der Stadt in einem Netz von Treppen und Straßen, das sich über ein riesiges Gebiet erstreckt, deutete darauf hin, daß die Sierra als ein strukturiertes Ensemble betrachtet sein will und die einzelnen Gemeinwesen als Knotenpunkte eines komplexen Beziehungsgeflechts. Die Straßen und Treppen sind gleichzeitig auch Wasserwege – Glieder der von der Tairona-Kultur entwickelten komplizierten Landschaftsarchitektur. Die kolumbianische Archäologie hatte das klar erkannt und deshalb zur Durchleuchtung der Funktionsmechanismen der Stadt eine komplette Längsschnitt-Untersuchung des Buritaca-Tals vom Meer bis hinauf zu den schneebedeckten Gipfeln angestellt. Als isoliertes Gebilde wäre die Stadt eine Absurdität gewesen und hätte als solches nie bestehen können: Sie bezog ihre Lebenskraft aus ihren Verbindungen zur gesamten Sierra, zu der Vielfalt von Lebensräumen und Anbauzonen, und trug umgekehrt ihrerseits zum Unterhalt des Lebens in den anderen Regionen bei.

Die Kenntnis von dem allen hatte mich auf die Geisteswelt der Kogi vorbereitet – eine Welt, die die Erbin jenes Beziehungsgeflechts des Gebens und Nehmens ist. Die «Verschollene Stadt» war für mich das Schlupfloch in diese Welt gewesen, ohne daß ich mir dessen seinerzeit bewußt gewesen war.

Während ich jetzt den unteren Teil der «Verschollenen Stadt» durchstreifte – mir mit der Machete einen Weg durch den grünen Urwalddämmer bahnend, um dann unvermutet vor mächtigen Mauern und monumentalen Treppen zu stehen –, sah ich die Anlage in ganz anderem Licht als damals bei meinem ersten Besuch. Die Peripherie der «Stadt» besteht aus gruppenweise angeordneten, durch Wege und Treppen miteinander verbundenen Wohneinheiten: Es ist vielleicht falsch, das Ganze als ein einziges, einheitliches Gemeinwesen zu betrachten. Ich habe viele kleine Kogi-Dörfer gesehen, die in dieser Weise zusammengeschart waren – genauso eng benachbart wie die Wohn-Gruppen hier –, jedoch politisch streng geschiedene – und nicht selten in traditionsreiche Fehden miteinander verwickelte – Entitäten darstellten.

Dagegen präsentiert sich das Zentrum der Ruinenstätte als unverkennbare strukturelle Einheit von freilich ganz anderer Art als heutige Kogi-Dörfer. Eine auf einem Felskamm angelegte breite Straße führt zu einer Reihe erhöhter Plattformen von schlechthin imponierenden Abmessungen. Dieser gesamte Zentralkomplex ist auf theatralische Effekte hin angelegt: Er ist die Bühne für irgendeine Inszenierung von großer Bedeutung für das öffentliche Leben. Und genau hier hatten wir auch die Kluft vor Augen, die die Kogi von den Tairona trennt. Worin auch immer diese dramatischen Kulthandlungen bestanden haben mögen, sie endeten mit der Zerschmetterung der Tairona-Welt. Sie sind ein Teil der untergegangenen Welt der Krieger-Häuptlinge und Goldarbeiter, der handwerklichen Spezialisten und des Schaugepränges, die im Jahre 1600 hinweggefegt wurde.

Die Kogi bewahrten einen Großteil der präkolumbischen Kultur, die hier zerschmettert wurde. Aber es gab Dinge, die sie nicht kannten und deshalb nicht bewahren konnten. Jetzt, am Ende meiner zweijährigen Reise, sah ich mich vor die Erkenntnis gestellt, daß die «Verschollene Stadt» für immer verschollen bleiben würde. Ramón hatte sich uns eigentlich hier anschließen sollen, aber er kam nicht. Ich hatte damit gerechnet, daß er sich auf dieser Etappe absentieren würde, aber warum ich damit gerechnet hatte, wußte ich selbst nicht. Dabei war die Antwort im Grunde ganz einfach. Den Kogi lag nichts daran, über die «Verschollene Stadt» zu sprechen. Sie hatten der Welt eine andere Botschaft zu bringen. Und was dahintersteckte, würde sich meiner festen Überzeugung nach auf der letzten Etappe unserer Reise, in der Gipfelregion der Sierra, enthüllen.

Der Páramo

Die Schnee- und Eiszone ist die heiligste Region der Sierra; die Kogi betrachten jedes Vordringen dorthin als gefahrbringendes Sakrileg. Hier darf sich nur aufhalten, wer dies unbedingt muß, weil anderswo seine Pflicht zur Sorge für das Wohl der Welt nicht formgerecht zu erfüllen wäre; für jedermann sonst ist der Zutritt verboten. Ich wollte dort hinauf, weil ich mußte, und Ramón hatte seine Zustimmung zu dem Vorhaben gegeben, während die Mamas davon nichts wissen wollten. Sie hatten es mir nicht regelrecht verboten; sie übergingen es einfach mit Nichtachtung.

Der Hubschrauberflug in die Gipfelregion hinauf war ein tief beeindruckendes Erlebnis. Der Schnee funkelte und strahlte in der klaren, frischen Höhenluft. Schon auf den ersten Blick sahen wir jene Signale drohenden Unheils, die die Kogi so sehr beunruhigten. Gletschermoränen – Felsmulden, die aussahen, als seien sie mit einer riesigen Schöpfkelle ausgehoben – waren bar jeglicher Spur von Eis. Die Färbung der Ufer um die dunklen Oberflächen der großen Seen zeigte deutlich, daß der Wasserstand dramatisch zurückgegangen war. Der ewige Schnee war am Schmelzen, die Gewässer am Austrocknen.

Wir landeten in der Höhengraslandschaft unterhalb der Schneegrenze. Noch unter dem Einfluß des raschen Höhenwechsels stehend, bewegten wir uns alle sehr langsam. Ich schaute zu Boden und erschrak.

Wir hatten schon einiges erlebt, ehe wir hier heraufkamen. Über Mangel an Risiken und Gefahren konnten wir uns bestimmt nicht beklagen. Aber das hatte alles mit zum abenteuerlichen Spiel gehört, und was damit an Ängsten und Befürchtungen verbunden war, erhöhte im Endeffekt nur den Reiz der Sache. Außerdem war da immer irgendwer gewesen, der sich auskannte und seine schützende Hand über mich hielt. Doch in diesem Fall gab es niemanden, der einem hätte Schutz gewähren können. Gegen den Tod der Erde gibt es keinen Schutz.

Diese Landschaftszone – Tundra, Páramo, Höhengrasland, alpine Matten, oder wie immer sie in der Nomenklatur der Ökologen heißen mag – ist ein einziger riesenhafter Schwamm. Sie speichert die Wasser der Schneeschmelze und der Höhenregen. Sie speist die Seen, aus denen die Flüsse entspringen. Sie ist der Frischwasserlieferant für alles Leben in der Tiefe; das Leben jedes einzelnen Baums, jedes Tiers, jeder Pflanze, jedes Menschen in der Sierra hängt von dem Wasser ab, das hier oben im Boden und Grasbewuchs gespeichert und dann langsam an die Seen abgegeben wird.

Da war kein Wasser. Das Gras war abgestorben. Es war zu dünnen gelben Spiralen zusammengeschnurrt, die zwischen den Fingern zerbröselten. Der Boden war hart und trocken und von einem dichten Netz feiner Risse überzogen.

Die Berge machen das Wasser, die Flüsse und die Wolken. Wenn man ihre Bäume abholzt, werden sie kein Wasser mehr hervorbringen.

Die winzigen Páramo-Bäume, die nach Zentimetern messen, aber Jahrzehnte und in manchen Fällen sogar Jahrhunderte zum Aufwachsen brauchen, waren tot und entfärbt. Bei der ersten leichten Berührung zerbröckelten sie.

Jüngerer Bruder, hör auf damit. Du hast schon so viel genommen. Wir brauchen Wasser zum Leben. Ohne Wasser verdursten wir. Wir brauchen Wasser zum Leben. Die Mutter lehrte uns richtig leben und gut denken. Wir sind noch hier, und wir haben nichts vergessen.

Die Berghänge der Umgebung waren nackter Fels. Frankie erzählte, vor zehn Jahren seien sie noch ganz mit Schnee bedeckt gewesen. Von Jahr zu Jahr sei der Schnee zurückgegangen. Jetzt war fast nichts mehr da.
      In jeder Minute werden vierzig Hektar tropischer Regenwald abgeholzt.
      Die globale Lufttemperatur steigt seit hundert Jahren. Die Erwärmung macht sich am Äquator am wenigsten, am stärksten an den Polen bemerkbar.
      Die Sierra ist faktisch ein verkleinertes Modell der Erde; was sich hier in der Gipfelregion abspielt, geschieht auch in der Arktis und der Antarktis. Das Eis wird dünner.

Die Erde verfällt, ihre Kräfte schwinden, weil sie ihr große Mengen Öl, Kohle und Mineralien entzogen haben.

Der einst in den prähistorischen Urwäldern gespeicherte und im Boden als Kohle, Erdöl und Erdgas abgelagerte Kohlenstoff wird heute abgebaut und verbrannt und gelangt zuletzt in Form von Kohlendioxid in die Atmosphäre. Der Kohlenstoffausstoß beträgt weltweit jährlich fünf Milliarden Tonnen. Dazu kommen weitere zwei Millionen aus der Zerstörung der Wälder. Über zehntausend Jahre lang lag der Kohlenstoffanteil in der Atmosphäre konstant bei 280 ppm (*parts per million* = Teile pro Million). Heute beträgt er bereits 350 ppm und nimmt von Jahr zu Jahr noch zu. Die Luft, die wir atmen, ändert sich, und das Gleichgewicht des Lebens wankt.

Die Mamas sagen: Bitte, BBC, informiere die anderen Länder: Die Ausplünderung des Planeten muß aufhören, denn die Erde ist dem Zusammenbruch nahe, die Entkräftung der Erde ist weit fortgeschritten, wir müssen sie schützen, wir müssen sie respektieren, denn er respektiert die Erde nicht, er respektiert sie nicht.

Der Jüngere Bruder denkt:
«Hoppla, da bin ich. Ich weiß viel über das gesamte Universum.»
Aber aus all seinem Wissen hat er nichts gelernt, als die Welt zu
    zerstören,
alles zu zerstören,
die ganze Menschheit.

In der Gipfelregion der Sierra zeigt sich die Welt im Todeskampf. Der Wasserkreislauf ist zerschlagen.

> Sie haben die Wolken vom Páramo fortgenommen.
> Sie haben die Wolken verschachert.

Die Folge: In den tiefergelegenen Zonen muß alles sterben. Die Flüsse müssen zu Rinnsalen austrocknen, die Bäume und Pflanzen verdursten. Auch wenn die Rodung nicht mehr weiterginge, würde die Verdunstung aus dem Blattwerk der Bäume weiter abnehmen, weil es immer weniger Blattwerk gibt.

Wenn die Mamas planmäßig ihre Opfer von Ort zu Ort tragen, versinnbildlichen sie nicht zuletzt den Wasserkreislauf. Sie wurden geschult, den Zusammenhang alles Lebendigen mit allem Lebendigen zu verstehen und alles Leben als ein einziges großes Ganzes zu begreifen. Sie empfinden die Erde als einen einzigen lebendigen Organismus, und sie hören sie stöhnen.

> Die Mutter leidet.
> Sie haben ihr die Zähne ausgebrochen,
> die Augen ausgerissen, die Ohren abgeschnitten.
> Sie übergibt sich,
> sie hat Durchfall,
> sie ist krank.

Wenn wir uns die Arme abschneiden, können wir nicht mehr
   arbeiten,
wenn wir uns die Zunge abschneiden, können wir nicht mehr
   sprechen,
wenn wir uns die Beine abschneiden, können wir nicht mehr laufen.
So steht es um die Mutter.
Die Mutter leidet.
Nichts ist ihr geblieben.

Ich schaute auf den ausgedörrten Boden hinab und zweifelte nicht daran, daß es der Todeskampf der Welt war, was ich sah. Indes die Mamas glauben, daß noch Zeit für Hilfe ist. Wir stehen kurz vor dem Untergang, die Erde ist gefährlich erkrankt, aber noch haben wir eine Chance, uns zu retten. Um uns das zu sagen, haben die Mamas zu uns gesprochen.

Wir wissen, was geschieht.
Sie sagen, die Welt wird untergehen.
Aber sie wird jetzt noch nicht untergehen.
Wenn wir uns gut benehmen, wird sie nicht untergehen.
Noch ist die Erde fruchtbar.
Noch trägt sie Frucht.
Noch wachsen Ernten.

Wenn sie stirbt, da wird sie verödet sein.

Vater Serankua schuf diese Erde,
auf daß sie niemals aufhöre zu bestehen
und wir alle immerzu auf ihr leben könnten.

Jüngerer Bruder,
drunten geht dir das Wasser aus.
Denke nicht, daß wir dafür verantwortlich sind,
denke nicht, daß wir vergessen haben, unsere Arbeit zu tun.
Wann wird die Welt untergehen?
Wir wissen es nicht.
Niemand kann das wissen, wir nicht und der Jüngere Bruder nicht.

Die Kogi treffen keine Voraussagen. Sie sagen nur, daß ihrer aufrichtigen Überzeugung nach die Welt zum Untergang verurteilt ist, falls wir uns nicht ändern. Sie wird ihre Fruchtbarkeit einbüßen. Sie sagen, daß ihre Arbeit angesichts unserer Zerstörungswut vergeblich ist.

Sie fordern uns nicht auf, uns ihnen anzugleichen, aber sie sagen, daß wir aufhören müssen, in unserer bisherigen Manier Energieträger aus dem Boden zu holen, und daß wir aufhören müssen, in unserer bisherigen Manier Bäume aus der Erde zu reißen. Mehr noch: Wir müssen wenigstens ein Minimum an Sensitivität für das Leben der Erde entwickeln. Und wir müssen sie, die Kogi, in Frieden lassen. Sie benötigen einen Zugang zum Meer, das heißt, ein Landkorridor über die Küste zum Wasser muß ihnen zurückgegeben werden, und außerdem müssen ihre uralten geweihten Stätten vor dem Zugriff von Grabräubern geschützt werden. Darüber hinaus wollen sie nichts weiter als ihre Ungestörtheit. Was sie von uns brauchen, ist zuallerst, in Ruhe gelassen zu werden, und sonst recht wenig.

Die Mutter wies mich an, wie ich für sie sorgen soll, und ich versage ihr diesen Dienst nicht. Ich bringe ihr Speise und Opfergaben. Ich sorge für sie. Die Mutter wies mir einen einzigen Weg, und ich folgte diesem Weg, ohne abzuschweifen. Ich bog weder nach links noch nach rechts jemals auf Seitenwege ab. Ich tat keinem Ding etwas zuleide. Es ist der Jüngere Bruder, der allem den Garaus macht. Nicht alle Jüngeren Brüder, aber einige.

Darum sende ich jetzt diese Botschaft dort hinüber. Ich möchte den Jüngeren Brüdern einen Rat erteilen. Wenn sie so weitermachen wie bisher, werden sie schon sehen, was dabei herauskommt. Ich kenne noch nicht den Tag, an dem die Welt untergehen wird. Aber untergehen wird sie, wenn sie weiterhin so an Erdöl und allem anderen ausgeplündert wird.

Nachschrift

Nun habe ich die Sierra endgültig verlassen. Aber wenn ich an sie zurückdenke, sehe ich sie nicht mehr als ein Gebiet für sich, klar unterschieden und abgetrennt vom Rest der Welt. Der Páramo hat den Verständigungsprozeß in mir vollendet. Wie in der Welt von *aluna* alle stofflichen Dinge und Verhältnisse in der spirituellen Dimension gespiegelt sind, so ist die Welt der Sierra eine Spiegelung des gesamten Planeten: Sie ist das Herz der Welt. Wenn die Sierra stirbt, so darum, weil die Welt als ganze stirbt.

Nach Abschluß der Dreharbeiten versammelten wir uns in Grahams Lieblingsrestaurant in Santa Marta, dem Pan-American, zu einer Abschiedsfeier. Es gibt in dem Lokal nur ein einziges, schummrig beleuchtetes, aber dafür um so intensiver klimatisiertes Gastzimmer. Man kommt sich darin ein bißchen so vor, als säße man bei Kerzenlicht in einem Kühlhaus. Vielleicht erweckt der Ort in Graham Reminiszenzen ans heimatliche Kanada.

Es war eine bemerkenswerte Runde, die hier zusammengekommen war: Arhuaco-Indianer und Grabräuber, Archäologen und Ex-Guerrilleros, Filmemacher, Ethnologen und Behördenvertreter. Nur die Kogi fehlten. Sie waren in ihrer Bergfeste verschanzt geblieben und warteten. Sie warten noch immer, warten und halten Ausschau, was wir künftig mit der Welt anstellen werden.

Jedem, der dieses Buch aufgeschlossen gelesen hat, dürfte klargeworden sein, wie wichtig es ist, sich von der Sierra fernzuhalten. Menschen guten Willens, wohlmeinende Reisende sind in den Augen der Kogi genauso bedrohlich wie andere Eindringlinge auch. Jeder Eindringling – egal, ob Tourist, Weisheitssucher, Dieb oder Gelehrter – bringt das Herz der Welt seinem endgültigen Zusammenbruch ein Stück näher. Die Mamas haben einmal gesprochen, es ein zweites Mal zu tun, liegt nicht in ihrer Absicht, und niemand sollte sie dazu bringen wollen.

Auf dem Rückflug machten wir Zwischenstation in Miami, und ich nutzte die Gelegenheit zu einer einsamen Tour über die Florida Keys und landete schließlich in Key West. Die Hinreise führte ein Stück durch die Everglades. Dort gibt es Seen, die einst als heilig verehrt wurden, tiefe Süßwasserseen wie die heiligen Seen der Sierra. Ihr Wasser ist das Wasser des Lebens, *aluna*, die Allmutter. Der Guatavitasee, in dem einst El Dorado schwamm, muß ebenfalls solch ein heiliger See gewesen sein. Bedeckt mit dem Gold, welches das Menstrualblut der Mutter, die Essenz der Fruchtbarkeit, ist, muß der Kazike in die Urwasser der Schöpfung eingetaucht, in den Schoß der Welten zurückgekehrt sein. Die Mutter mit seinen Opfergaben neu befruchtend, sorgte er für die Erneuerung des Lebens. Heute tun dies mit ihrer Arbeit die Mamas, so wie es ehedem die Indianer ganz Amerikas taten.

Florida war das erste Stück Nordamerikas, das die Spanier entdeckten. Sie kamen hierher, weil sie Geschichten über irgendwelche «Quellen des ewigen Lebens» gehört hatten, fanden jedoch nicht, was sie suchten, weil sie gar nicht wußten, wonach sie suchen sollten. Der Jüngere Bruder sucht noch heute nach dem ewigen Leben und nach ewiger Jugend und begreift auch heute noch nicht, was die Indianer meinen.

Heute trinkt man in Miami das Wasser, das ehemals jene Seen speiste, und entzieht es diesen damit. Salzwasser sickert in sie ein und tötet das Leben in ihnen. Miami verbraucht das Wasser, von dem sich das Leben der Everglades nährt, und Florida wird demnächst die Folgen zu spüren bekommen.

> Die Mutter leidet.
> Sie haben ihr die Zähne ausgebrochen,
> die Augen ausgerissen, die Ohren abgeschnitten.
> Sie übergibt sich,
> sie hat Durchfall,
> sie ist krank.

Drunten auf Key West, das fest in der Hand der Touristikindustrie ist, stieg ich im Pier House Hotel ab. Der Luxus eines bequemen Betts, eines richtigen Bads, eines Swimmingpools schien mir genau das, was ich jetzt brauchte. Ein komisches Gefühl war es dann allerdings, an einem winzigkleinen, mit Absperrketten gesicherten Stück Strand in einer Art Edel-McDonalds zu sitzen und die Kellnerinnen den Sonnenanbetern zum Abschied «noch einen schönen Tag» wünschen zu hören.

Unter den Strandgästen war auch Mel Fisher – ich kannte sein Gesicht aus dem Film eines Kollegen. Er trug eine mächtige Goldkette um den Hals, an der eine mächtige Goldmünze hing, beides wahrscheinlich aus dem Fund auf der *Atocha*, dem spanischen Schatzschiff, von dem er mit enormer Publizität ein Vermögen an Gold und Silber geborgen hatte. Ich spazierte über die Straße zum Mel-Fisher-Museum hinüber.

Da lagen die Barren. Sie waren einmal goldene Mütter gewesen, die von den Spaniern eingeschmolzen und im Jahre 1622 nach Spanien verschifft worden waren. Die Riffe vor Florida hatten dem Transport ein vorzeitiges Ende gemacht, und das Gold war vom Meer verschlungen worden. Mel Fisher und die Treasure Salvors Incorporated haben es unlängst wieder ans Tageslicht gehoben, und jetzt liegt es hier, um neuerlich seine Rolle als Gegenstand andächtiger Verehrung zu spielen. Es ist Geldwert und zugleich mehr als Geldwert. Es besitzt eine mystische Kraft: Die Menschen kommen herbeigeströmt und staunen es an, weil es wertvoll ist, weil es alt ist, vor allem aber, weil es Gold ist.

Wenn der Jüngere Bruder sich taub stellt gegen die Warnungen, wenn der Schnee weiter schmilzt und das Klima sich weiter erwärmt, dann werden die Meere steigen. Unsere Wissenschaft sagt, daß dies unvermeidlich ist.

Das Mel-Fisher-Museum an der äußersten südlichen Landspitze von Florida wird das erste sein, wonach der Ozean die Hand ausstreckt. Wenn die Fluten es hinweggespült haben, werden wir wissen, daß Mama Valencia und sein blinder Schüler das Ende der Geschichte markieren. Die Mutter wird tot sein und binnen kurzem wir alle auch.

Die Älteren Brüder haben getan, was sie konnten. Jetzt liegt die Verantwortung bei uns.

Anmerkung zu den Übersetzungen

Sämtliche in diesem Buch wiedergegebenen Kogi-Worte von Bedeutung wurden in der Muttersprache der Sprecher vorgetragen. Unter dem Gesichtspunkt der Übersetzung zerfallen sie in drei Kategorien:

1. Worte der Mamas und Gruppendiskussionen im *nuhue*. Sie wurden auf Tonband aufgezeichnet und im nachhinein übersetzt. Die Übersetzung besorgten zwei Kogi: Juancho, der über passable Spanischkenntnisse verfügt, und ein englischsprachiger Kogi, der nach Abschluß der Dreharbeiten aufgetaucht war. Er war von Missionaren als Kind außer Landes gebracht und in den USA erzogen worden. Als Erwachsener kehrte er dorthin zurück, wo er seiner Meinung nach wirklich zu Hause ist, und lebt heute wieder als Kogi unter Kogi. Die Arbeit erfolgte unter der Regie von Graham, der die Tonbandaufnahmen abschnittweise vorspielte, Fragen zu den einzelnen Abschnitten stellte und so die Aufhellung der häufig komplexen Sinnkonstruktionen erwirkte.

2. Äußerungen Ramóns. Sie wurden entweder in Spanisch oder – der häufigere Fall – in Kogi, unmittelbar gefolgt von einer Übersetzung ins Spanische, vorgetragen. Wo Ramón als Simultandolmetscher die Äußerungen Dritter übersetzte, ist dies von Fall zu Fall im Text bezeichnet.

3. Meine Alltagsgespräche mit einzelnen Kogi. Geführt wurden sie entweder in dem stockenden Spanisch, das eine Reihe von ihnen spricht, oder – der häufigere Fall – im Beisein Juanchos, der als Simultandolmetscher fungierte.

In der Sierra existieren drei lebende Eingeborenensprachen; zwar ordnet man üblicherweise jeweils eine von ihnen jeweils einer der drei hier ansässigen Ethnien als Stammessprache zu, aber nach meiner Erfahrung sind viele Familien mindestens zweisprachig, und gelegentlich konnte ich auch erleben, daß Kogi-Mamas wichtige Erklärungen in Asario abgaben. Überdies existieren bei den Kogi von Gruppe zu Gruppe beträchtliche Schwankungen in der Aussprache. Was beispielsweise im Mund des einen «Serankua» lautet, hört sich im Mund eines anderen wie «Seidschankua» an, wo der eine «Luawiko» sagt, sagt ein anderer «Aluako», und so weiter. Da keiner von uns es auch nur entfernt zur Beherrschung des Kogi brachte, verboten sich uns angesichts dieses Sachverhalts Mutmaßungen über sprachhistorische Zusammenhänge von selbst. Ich habe im Text auf die Aussprachevarianten zurückgegriffen, die mir persönlich die vertrautesten geworden sind.

Eine weitere Schwierigkeit ergab sich daraus, daß die Mamas sich einer hochkomplexen Ausdrucksweise bedienen: Zu ihrem sprachlichen Standardrepertoire gehören beziehungsreiche Metaphern, deren Bedeutung den mit der Übersetzung sich abmühenden Nicht-Mamas nicht immer auf Anhieb klar war. Die Mamas gaben sich große Mühe, sich für uns möglichst einfach und klar auszudrücken, aber die Tatsache ist nun einmal nicht zu verbergen, daß ihr Sprachgebrauch ein Weltbild spiegelt, das selbst ein komplexes Metapherngeflecht darstellt.

Die Tairona-Sprache, die von Zeit zu Zeit in rituellem Kontext, zumal in Gesängen, verwendet wurde, bot alle geschilderten Probleme in einer verschärften Form, vor der wir, wie ich betrübt eingestehe, die Waffen strecken mußten.

Quellenverzeichnis

Acosta, J.: *Compendio histórico del descubrimento y colonización de la Nueva Granada*. Paris 1848.

Aguado, P. de: *Recopilación historial de Santa Marta y Nuevo Reino de Granada de las Indias del Mar Océano*. Bogotá 1906 (Biblioteca de Presidencia de Colombia).

Aguado, P. de: *Historia de Santa Marta y Nuevo Reino de Granada*. 3 Bde. Madrid 1931.

Bacon, R. (?): *The Mirror of Alchimy*. London 1597.

Bischof, H.: *Die spanisch-indianische Auseinandersetzung in der nördlichen Sierra Nevada de Santa Marta (1501–1600)*. Bonn 1971 (Bonner Amerikanistische Studien 1).

Bray, W.: *The Gold of El Dorado* [Katalog zur Ausstellung in der Royal Academy]. London 1978.

Bray, W.: Across the Darien Gap. A Columbian View of Isthmian Archaeology. In: *The Archaeology of Lower Central America*. University of New Mexico Press, Albuquerque 1984.

Castaño, C.: Consideraciones en torno a los elementos arquitectónicos y urbanisticos de Buritaca 200. In: *Revista de Arqueología 5* (Madrid 1984), H. 39.

Castellanos, J. de: *Elegías de varones ilustres de las Indias*. Madrid 1847.

Castellanos, J. de: *Historia del Nuevo Reino de Granada*. *Madrid* 1886.

Celedón, Rafael: *Gramática de la lengua Koggaba con vocabulario y catecismo*. Paris 1886 (Collection linguistique américaine 10).

Falchetti, A. M.: Desarrollo de la orfebrería tairona en la provincia metalurgica del norte colombiano. In: *Boletin 19* (Museo del Oro, Bogotá 1987).

Groot, M. A. M. de: Arqueología y conservación de la localidad precolombina de Buritaca 200 en la Sierra Nevada de Santa Marta. In: *Arquelogía de la Sierra Nevada de Santa Marta 1* (Instituto Colombiano de Antropología, Bogotá 1985).

Hammen, T. van der, und P. M. Ruiz (Hg.): *La Sierra Nevada de Santa Marta*

(Colombia) transecto Buritaca-La Cumbre. Berlin, Stuttgart 1984 (Studies on Tropical Andean Ecosystems 2).

Herrera, A. de: *Historia general de los hechos de los castellanos en las Islas y Tierra Firma del Mar Océano.* Asunción o. J.

León, A., M. A. Lonzano und D. Rojas: *Colombia – the Set.* Bogotá 1987.

Mason, A.: *Archaeology of Santa Marta, Colombia – the Tairona Culture.* Chicago 1939 (Field Museum of Natural History, Anthropological Series 20, Nr. 1–13).

Mason, P.: *Deconstructing America.* London 1990.

Mayr, J. (Hg.): *The Sierra Nevada of Santa Marta.* Bogotá 1985.

Moser, B., und D. Taylor: *The Cocaine Eaters.* London 1965.

Oviedo y Valdés, G. F. de: *Historia general y natural de las Indias Islas y Tierra Firma del Mar Océano.* Asunción o. J.

Pagden, A.: *The Fall of Natural Man.* London 1982.

Preuss, K. T.: *Forschungsreise zu den Kágaba. Beobachtungen, Textaufnahmen und sprachliche Studien bei einem Indianerstamme in Kolumbien, Südamerika.* 2 Bde. Wien 1926/1927.

Reclus, E.: *Voyage à la Sierra Nevada de Sainte Marthe, paysage de la nature tropical.* Paris 1861.

Reichel-Dolmatoff, G.: *Datos histórico-culturales sobre las tribus de la antigua gobernación de Santa Marta.* Instituto Etnologico del Magdalena, Santa Marta 1951.

Reichel-Dolmatoff, G.: Contactos y cambios culturales en la Sierra Nevada de Santa Marta. In: *Revista Colombiana de Antropología 1* (Bogotá 1953).

Reichel-Dolmatoff, G.: Notas sobre el simbolismo religioso de los indios de la Sierra Nevada de Santa Marta. In: *Razón y Fabula 1* (1967).

Reichel-Dolmatoff, G.: Templos Kogi. Introducción al simbolismo y a la astronomia del espacio sagrado. In: *Revista Colombiana de Antropología 19* (Bogotá 1975).

Reichel-Dolmatoff, G.: Training for the Priesthood Among the Kogi of Colombia. In: J. Wilbert (Hg.), *Enculturation in Latin America. An Anthology.* University of California Press, Berkeley 1976 (Latin American Studies 37).

Reichel-Dolmatoff, G.: *Conceptos indígenas de enfermedad y equilibrio ecológico. Los Tukano y los Kogi.* Rom 1977.

Reichel-Dolmatoff, G.: The Loom of Life – a Kogi Principle of Integration. In: *Journal of Latin American Lore 4* (Los Angeles 1978), H. 5.

Reichel-Dolmatoff, G.: *Los Kogi.* Una tribu de la Sierra Nevada de Santa Marta, Colombia. 2 Bde. 2. Aufl., Bogotá 1985.

Reichel-Dolmatoff, G.: The Great Mother and the Kogi Universe. A Concise Overview. In: *Journal of Latin American Lore 13* (Los Angeles 1987), H. 1.

Reichel-Dolmatoff, G.: *Goldwork and Shamanism. An Iconographic Study of the Gold Museum.* Bogotá 1988.

Reichel-Dolmatoff, G. und A.: Investigaciones arqueológicas en la Sierra Nevada de Santa Marta. Parte 4. In: *Revista Colombiana de Antropología 4* (Bogotá 1955).

Simón, Fray P.: *Noticias historiales de las conquistas de Tierra Firma en las Indias Occidentales.* Bogotá 1882.

Soto Holguín, A.: *Informe de trabajos e investigaciones relizados en el Proyecto Buritaca 200 («Ciudad Perdida») de junio de 1976 a septiembre de 1982.* Bogotá 1982.

Soto Holguín, A.: *La Ciudad Perdida. História de su hallazgo y descubrimiento.* Bogotá 1988.

Soto Holguín, A., und G. Cadavid: Buritaca 200 – Ciudad Perdida. In: *Revista Lámpara* Nr. 76 (Bogotá 1979).

Valderrama, B.: *La ciudad perdida – Buritaca 200.* 2. Aufl., Bogotá 1981.

Valderrama, B.: *Taironaca. Una história de ciudades perdidas, indígenas, guaqueros, colonos y marimberos en la Sierra Nevada de Santa Marta.* Bogotá 1984.

Bildquellenverzeichnis

Bill Broomfield – *zwischen Textseite 128 und 129* Bildtafel 8; *zwischen Textseite 176 und 177* Bildtafel 5 (unten); *zwischen Textseite 240 und 241* Bildtafel 6 (unten), 7 (oben), 8.

Felicity Nock – *zwischen Textseite 64 und 65* Bildtafel 1, 2, 3, 5 (unten), 6 (unten), 8 (oben); *zwischen Textseite 128 und 129* Bildtafel 1, 2, 3, 4, 5, 6, 7; *zwischen Textseite 176 und 177* Bildtafel 3 (oben), 4, 5 (oben), 6 (oben), 7 (oben); *zwischen Textseite 240 und 241* Bildtafel 1 (oben), 3 (oben), 4.

Graham Townsley – *zwischen Textseite 176 und 177* Bildtafel 1, 6 (unten), 7 (unten); *zwischen Textseite 240 und 241* Bildtafel 2, 3 (unten), 5, 6 (oben), 7 (unten).

Allan Eveira – *zwischen Textseite 64 und 65* Bildtafel 4, 5 (oben), 6 (oben), 7, 8 (unten); *zwischen Textseite 176 und 177* Bildtafel 3 (unten), 8; *zwischen Textseite 240 und 241* Bildtafel 1 (unten).

«Und wenn der große Phönix frei fliegt, sieh genau hin, was er behutsam zwischen seinen Krallen trägt.» *No-Eyes*

Mary Summer Rain
Der Phönix erwacht *Weisheit und Visionen*
(rororo transformation 8558)

Spirit Song *Der Weg einer Medizinfrau*
(rororo transformation 8537)

Weltenwanderer *Der Pfad der heiligen Kraft*
(rororo transformation 8722)

Chögyam Trungpa
Das Buch vom meditativen Leben
(rororo transformation 8723)
Die Shambhala-Lehren vom Pfad des Kriegers zur Selbstverwirklichung im täglichen Leben.

Peter Orban/Ingrid Zinnel
Drehbuch des Lebens *Eine Einführung in die esoterische Astrologie*
(rororo transformation 8594)

Stephen Arroyo
Astrologie, Psychologie und die vier Elemente
(rororo transformation 8579)
Einer der führenden Astrologen Amerikas skizziert die Bedeutung der vier Elemente als archaische Kräfte für die Seele und weist auf die bislang ungenutzten Möglichkeiten hin, astrologisches Wissen in der Psychotherapie einzusetzen.

Lynn Andrews
Die Medizinfrau *Der Einweihungsweg einer weißen Schamanin*
(rororo transformation 8094)

Paul Hawken
Der Zauber von Findhorn *Ein Bericht*
(rororo transformation 7953)
Ein Erlebnisbericht aus der berühmten New Age-Community.

Janwillem van de Wetering
Ein Blick ins Nichts *Erfahrungen in einer amerikanischen Zen-Gemeinde*
(rororo transformation 7936)

Margaret Frings Keyes
Transformiere deinen Schatten
Die Psychologie des Enneagramms
(rororo transformation 9165)
Ein praktisches Buch, das die tiefe Weisheit des Enneagramms für jeden zugänglich macht.

Das gesamte Programm der Taschenbuchreihe «transformation» finden Sie in der Rowohlt Revue. Jedes Vierteljahr neu. Kostenlos in Ihrer Buchhandlung.

Barbara von Bellingen
Tochter des Feuers *Roman aus
der Morgendämmerung der
Menschheit*
(rororo 5478)
Im Jahre 1883 machten
französische Archäologen
einen zauberhaften Fund: in
einer Höhle entdeckten sie
das winzigkleine geschnitzte
Porträt einer jungen Frau –
das Gesicht einer Neander-
talerin, eingekerbt in einen
Mammutzahn vor mehr als
30 000 Jahren.

Luzifers Braut *Roman*
(rororo 12203)
Die ergreifende Geschichte
der jungen Susanna, einer
Wirtstochter aus Köln, die in
den Teufelskreis eines Hexen-
prozesses gerät: hinterhältige
Verhöre und grausame Fol-
tern, Ohnmacht und Qualen,
eine wundersame Rettung, die
Flucht durch das vom
Dreißigjährigen Krieg heim-
gesuchte Land.

Kurt Vonnegut
**Schlachthof 5 oder der
Kinderkreuzzug**
(rororo 1524)
Kurt Vonnegut, in Amerika
berühmter Verfasser von
satirischen Science-fiction-
Romanen, weiß ebenso
unterhaltsam wie anspruchsvoll zu erzählen.

Katzenwiege *Roman*
(rororo 12449)
«Vonnegut ist einzigartig
unter uns», schrieb Doris
Lessing. «Er ist ein Idylliker
und Apokalyptiker in einer
verwegenen Mischung»
(FAZ).«Katzenwiege» gilt als
ein Klassiker seines irr-
witzigen Gesamtwerks.

Robert Shea /
Robert A. Wilson
Illuminatus!
Band 1:
Das Auge in der Pyramide
(rororo 4577)
In einer visionären Vermi-
schung von Erzähltechniken
des Science-fiction-Romans,
des Polit-Thrillers und des
modernen Märchens jagen die
Autoren den staunenden, er-
schrockenen und lachenden
Leser durch die jahrhunderte-
lange Geschichte von Ver-
schwörungen, Sekten,
Schwarzen Messen, Sex und
Drogen. «Ein Rock'n'Roll-
thriller» («Basler Zeitung»)
und Geheimtip für die
Freunde der literarischen
Phantasie.

Band 2:
Der goldene Apfel
(rororo 4696)

Band 3:
Leviathan
(rororo 4772)